KB179272

피렌체 사람들 이야기

피렌체 사람들 이야기

단테부터 갈릴레이까지,
세상을 바꾼 르네상스인들

폴 스트래던 지음 | 이종인 옮김

책과함께

일러두기

- 이 책은 Paul Strathern의 THE FLORENTINES(Atlantic Books London, 2021)를 우리말로 옮긴 것이다.
- 옮긴이가 덧붙인 해설은 괄호와 '—옮긴이'를 표시해 구분했다.

아라벨라에게

프롤로그

시인 단테는 1265년에 태어났고, 과학자 갈릴레오는 1642년에 죽었다. 이들이 태어나고 죽은 약 400년 동안 서유럽에서는 획기적인 대사건이 발생해 서유럽의 문화를 완전히 바꾸어놓았다. 그것은 바로 우리가 르네상스라고 알고 있는 역사적 대사건이다. 이 시기에 회화·조각·건축·문학·철학·과학·천문학·항해술·정치·경제·종교 등 여러 분야의 지식이 획기적인 방식으로 변모해 이제 더는 과거의 모습으로 돌아갈 수 없게 되었다. 이 400년 세월을 그토록 창의적인 시대로 바꾸어놓은 주체는 바로 이탈리아 피렌체에서 살았던 사람들이다. 그들은 그때까지 일관되게 존속된 서유럽인의 정체성과 인생 철학을 완전히 새롭게 바꾸어놓았다. 그에 따라 이전과는 다른 인간 중심의 새로운 학문이 생겨났다. 피렌체인들이 기존의 문화를 획기적으로 변모시킬 수 있었던 데에는 기독교 이전 고대 그리스-로마 문헌을 재발견한 것도 한몫했다. 하지만 그보다 더 중요한 점은, 피렌체인들이 생소한 고대의 이교도 문화를 전수하면서 갈등을 겪은 뒤에 그것을 수용하고 동화하는 과정에서 놀라운 적응력과 창의력을 발휘해 자신들의 사회를 확 바꾸어놓은 것이다.

르네상스가 도래하기 이전의 오랜 세월은 나름의 정교한 질서가 구축되는 과정이었다. 그러기 1000년 전에 지중해 문화권을 지탱해온 로마 제국이 붕괴했다. 그리하여 유럽은 역사적으로나 정신적으로나 황폐한 상태로 추락해 엄혹한 암흑시대를 견뎌야 했다. 학문의 중심도 몇 군데 살아남지 못해서, 바닷가 섬이나 깊은 산속처럼 외딴 지역의 수도원들이 겨우 명맥을 유지했을 따름이다. 그러나 당시 그런 세상을 지탱하던 유일한 중심인 기독교의 적극적인 선교 활동 덕분에 암흑시대는 점차 중세로 진화했다. 중세 사람들은 지성과 신앙을 하나로 결합시킨 신학적 지식을 소중한 자산으로 여기며 서유럽의 문화를 보존했다. 이 문화를 단절시키지 않고 보호하기 위해 기독교는 광범위한 지역에 영향을 미치는 정통 교리를 교단의 통제 속에서 확립했다. 여러 세기가 지나면서 그 교리는 중세의 일상생활에 스며들어 마침내 서방 세계를 지배하는 거대한 단일 지적 담론으로 자리 잡았다. 그러나 단 하나의 목소리에는 어김없이 단조로움이 깃드는 것처럼, 중세 기독교 문화는 서서히 정체停滯의 조짐을 보이기 시작했다.

이러한 퇴조의 기미에 승세하여 기독교 정통 교리의 틀을 부수어버린 새로운 역사적 원동력이 바로 르네상스다. 이 역사적 운동의 탄생지는 이탈리아 중북부 토스카나 지방의 피렌체이고 그 운동의 주체 세력은 피렌체 사람들이다. 이들의 새로운 사상은 이승을 여행길로 여기고 저승을 본향으로 여긴 기독교적 영성이 아니라, 지금 여기 지상에서 생생하게 활동하며 즐기려는 인간의 본성을 더 중시했다. 그들은 이 새로운 사상을 통칭해 인문주의(휴머니즘)라고 했다. 그 이름이 말해주듯,

인문주의는 신의 섭리에 의존하거나 신성이라는 형이상학적 주제에 집중하지 않고, 인간의 개성을 중시하고 일상생활에서 그것이 모든 행위의 중심 기준이 되어야 한다는 사상이다. 이 같은 인간 중심 사상은 이미 1500년 전인 기원전 5세기의 그리스 철학자 프로타고라스가 주장한 "인간은 만물의 척도다"라는 말에서 잘 드러났다. 따라서 1000년이나 기다려 다시 찾아온 인문주의는 조급할 수밖에 없었다. 이 사상은 지상 모든 것의 기준이 되는 인간성의 이해를 높이고자 했고 심리적 자기 정체성에 대한 인식의 범위를 확대하고자 애썼다. 그리하여 사람들은 자신들에 대해 더 잘 알게 되었고, 사람들 사이에서 어떤 문제가 생기면 막연히 하늘에 기도만 올릴 게 아니라 이성에 호소하면 좀 더 합리적으로 해결할 수 있다고 믿게 되었다.

이 새로운 철학 사상은 피렌체에서 시작해 피렌체 사람들에 의해 이탈리아 전역으로 퍼져 나갔다. 이 사상이 뿌리내린 곳이 어디든, 그 사상의 고향이 피렌체라는 사실은 널리 인정되었다. 이윽고 이탈리아를 벗어나 유럽으로 전파되었을 때도 여전히 르네상스의 고향은 피렌체라는 인식표가 붙었다. 당연한 일이지만, 외국의 이질적 요소도 이 풍부한 사상에 나름의 기여를 했다. 북유럽의 주요 무역 도시에서 인문주의는 지역의 여러 문화 요소를 받아들이면서 더욱더 번창하고 발달했다. 그러나 지방색이 강한 소규모 왕국들에서는 인문주의가 공허한 과시의 허세적 양상을 보이기도 했다. 금욕적이고 속 좁은 사람들은 이런 과시나 사치를 용납할 수 없었고, 아예 용납하려 들지도 않았다. 그러나 이 같은 저항 속에서도 인문주의라는 새로운 사상은 은밀한 방식으로 그들의 억압적 사고방식에 스며들었다. 르네상스 시대는 여러 측면에서 근대가 시작된 시대다. 우리가 생각하는 방식, 우리가 우리의 정체성을 파악하는 방식, 우리가 인간 사회의 발전에 거는 기대, 천상의 삶 못지않게 지상의 삶도 중요하다는 현실적 인생관… 이런 모든 것이 다른 많은 것들과 함께 르네상스 시대에서 유래했다.

서유럽이 겪은 인간 문화의 다양한 변모는 원래의 고향에서 멀리 벗어나 다른 곳에 뿌리내려도 여전히 그 발원지의 인식표를 고스란히 간직했다. 가령 종교 개혁은 다양한 방식으로 발전했지만 독일 중·북부가 그 고향이라는 사실이 망각되지는 않았다. 산업혁명은 발원지 영국의 울타리를 벗어나 유럽 전역, 그리고 제국주의 시대에 이르러 전 세계로 확산되었어도 사람들은 그 고향이 영국임을 잊지 않았다. 비교적 가까운 오늘날의 사례를 들어보자면, 실리콘 밸리에서 시작한 디지털 혁명은 그 뿌리가 캘리포니아라는 사실이 한시도 부정되지 않았다. 이와 마찬가지로 르네상스는 곧 피렌체였고, 르네상스 정신은 곧 피렌체 사람들이었다. 르네상스의 사상이 유럽 어디에서 뿌리를 내렸든, 그 고향은 피렌체, 그 조상은 피렌체 사람들이었다. 이 책에서 나는 피렌체라는 도시와 피렌체 사람들이 어떻게 르네상스를 탄생시켰고, 그것을 어떻게 발전시켰으며, 유럽 전역으로 이 새로운 운동을 어떻게 확산시켰는지 그 과정을 정밀하게 추적하고자 했다.

차례

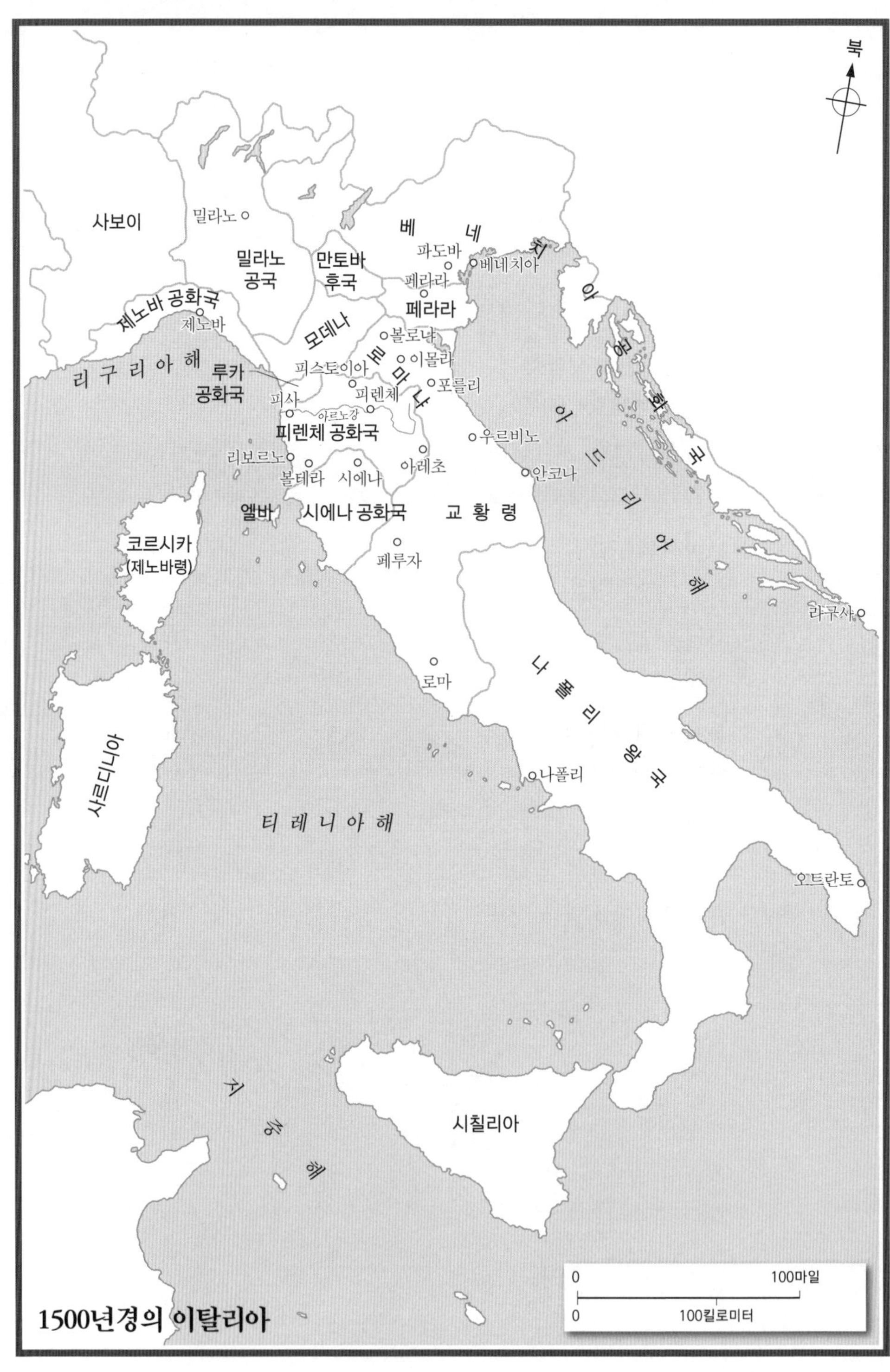

1500년경의 이탈리아

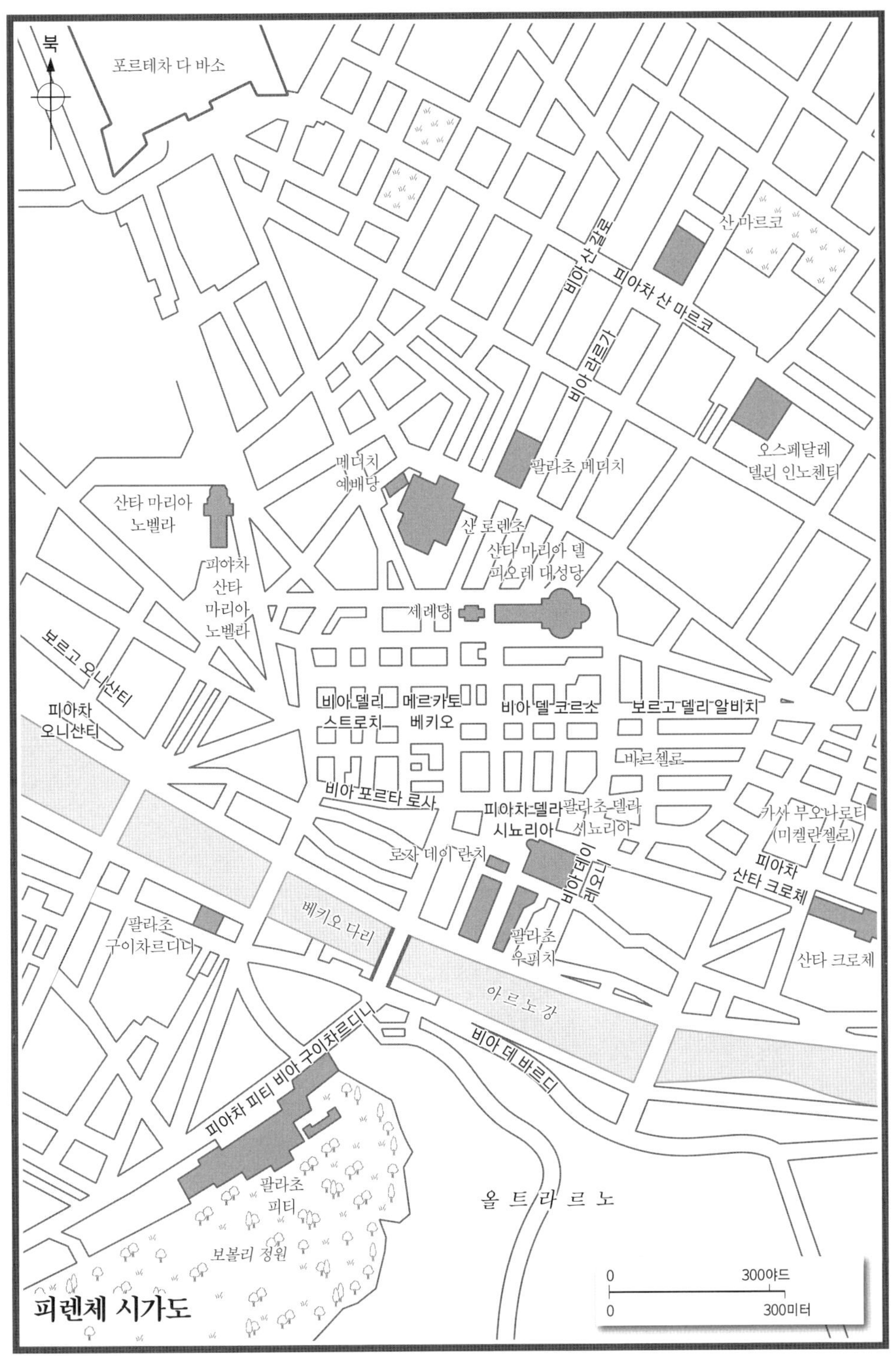

북
포르테차 다 바소
산 마르코
비아 산 갈로
피아차 산 마르코
비아 리카솔리
비아 라르가
오스페달레
델리 인노첸티
팔라초 메디치
메디치
예배당
산타 마리아
노벨라
산 로렌초
산타 마리아 델
피오레 대성당
피아차
산타
마리아
노벨라
세례당
보르고 오니산티
피아차
오니산티
비아 델리
스트로치
메르카토
베키오
비아 델 코르소
보르고 델리 알비치
바르젤로
비아 포르타 로사
피아차 델라
시뇨리아
팔라초 델라
시뇨리아
카사 부오나로티
(미켈란젤로)
로자 데이 란치
비아 데이 네리
피아차
산타 크로체
산타 크로체
팔라초
구이차르디니
베키오 다리
팔라초
우피치
아르노 강
비아 데 바르디
피아차 피티 비아 구이차르디니
팔라초
피티
보볼리 정원
올트라르노
0
300야드
0
300미터
피렌체 시가도

메디치 가계도

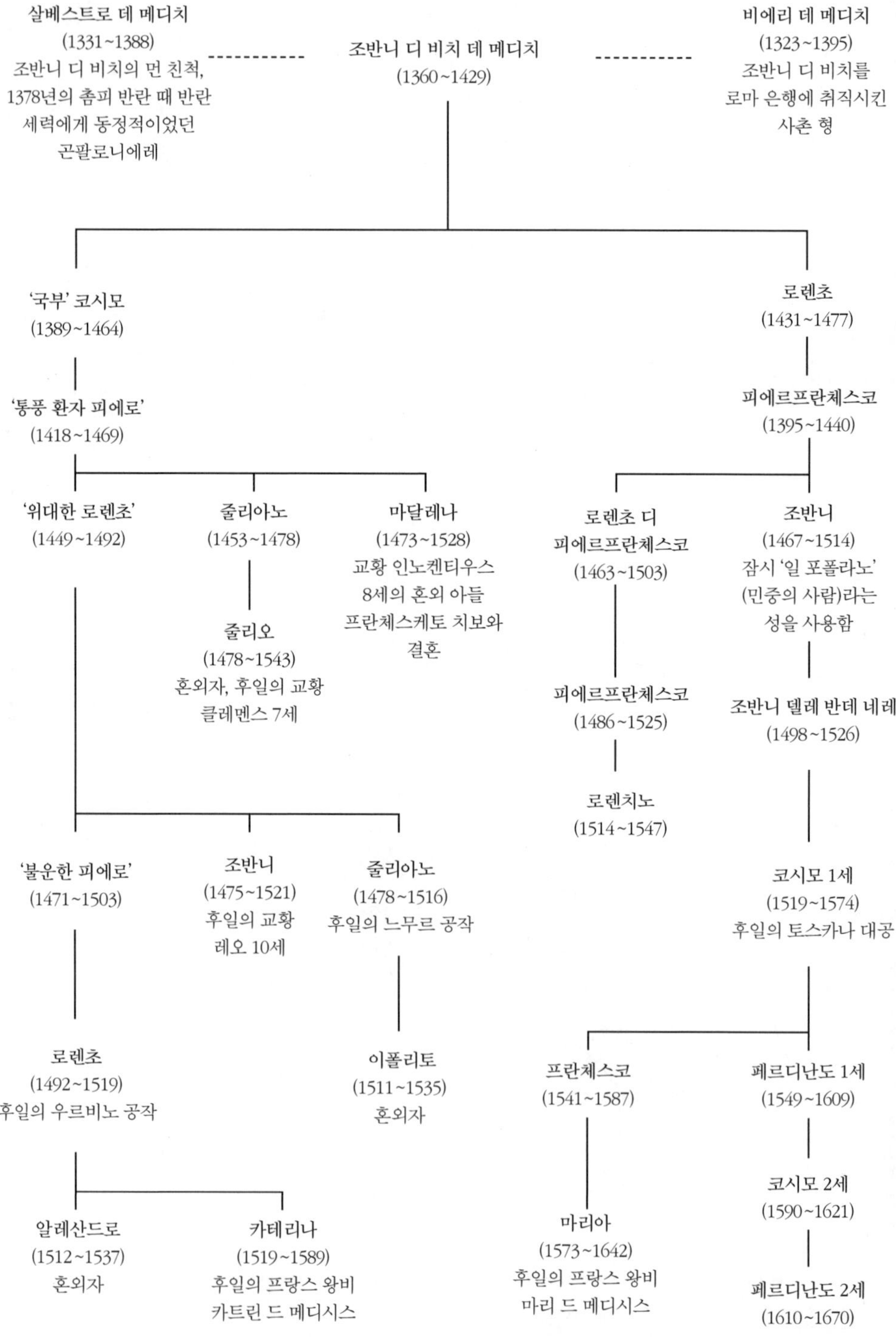

살베스트로 데 메디치
(1331~1388)
조반니 디 비치의 먼 친척,
1378년의 촘피 반란 때 반란
세력에게 동정적이었던
곤팔로니에레
조반니 디 비치 데 메디치
(1360~1429)
비에리 데 메디치
(1323~1395)
조반니 디 비치를
로마 은행에 취직시킨
사촌 형
'국부' 코시모
(1389~1464)
로렌초
(1431~1477)
'통풍 환자 피에로'
(1418~1469)
피에르프란체스코
(1395~1440)
'위대한 로렌초'
(1449~1492)
줄리아노
(1453~1478)
마달레나
(1473~1528)
교황 인노켄티우스
8세의 혼외 아들
프란체스케토 치보와
결혼
로렌초 디
피에르프란체스코
(1463~1503)
조반니
(1467~1514)
잠시 '일 포폴라노'
(민중의 사람)라는
성을 사용함
줄리오
(1478~1543)
혼외자, 후일의 교황
클레멘스 7세
피에르프란체스코
(1486~1525)
조반니 델레 반데 네레
(1498~1526)
로렌치노
(1514~1547)
'불운한 피에로'
(1471~1503)
조반니
(1475~1521)
후일의 교황
레오 10세
줄리아노
(1478~1516)
후일의 느무르 공작
코시모 1세
(1519~1574)
후일의 토스카나 대공
로렌초
(1492~1519)
후일의 우르비노 공작
이폴리토
(1511~1535)
혼외자
프란체스코
(1541~1587)
페르디난도 1세
(1549~1609)
코시모 2세
(1590~1621)
알레산드로
(1512~1537)
혼외자
카테리나
(1519~1589)
후일의 프랑스 왕비
카트린 드 메디시스
마리아
(1573~1642)
후일의 프랑스 왕비
마리 드 메디시스
페르디난도 2세
(1610~1670)

1

요동치는 정세와 위대한 서사시

단테 이야기

1308년, 유배된 피렌체 시인 단테 알리기에리는 생애의 중반에 도달해 나아갈 길이 전혀 보이지 않은 채 깊은 숲속에서 길을 잃었다고 썼다. 그는 현재 자기가 있는 곳에 어떻게 해서 도착했는지 전혀 생각이 나지 않았다. 그의 마음은 안갯속처럼 흐릿했다. 마치 깊은 잠에서 깨어난 듯한 상태였다. 겁에 질려 잠시 걷다가 그는 계곡 끝자락의 산기슭에 도달했다. 그는 고개를 들어 새벽 햇살에 멱을 감는 고지대를 올려다보았다. 그 척박한 산등성이를 올라가다가 마침내 피곤한 다리를 쉬려고 잠시 걸음을 멈추었다. 다시 출발하고 얼마 지나지 않아 바로 앞쪽에서 깡충거리며 뛰어오는 표범을 만났다. 달려오는 맹수의 점박이 피부가 바람에 일렁였다. 이제 태양은 하늘에서 떠오르기 시작했고 아침 햇빛을 받으며 달리는 저 민첩한 표범은 단테에게 희망의 영감을 안겨주었다. 그러나 그 표범은 갑자기 사라졌고 이제 포효하는 사자가 그에게로 달려왔다. 이 무서운 짐승을 피하자마자 침을 흘리는 날렵한 암늑대를 마주쳤다. 그는 겁을 먹고 산등성이를 다시 내려가 햇빛이 들지 않는 어두운 숲속의 정적 속으로 빠져들었다. 산기슭을 향해 내달리는 동안 그는 저 앞쪽에 있는 유령 같은 형체를 보았다.

"도와주세요!" 단테가 외쳤다. "당신이 사람인지 유령인지 모르겠지만."

그 유령 같은 형체가 대답했다. "아니, 나는 사람이 아니요. 과거에는 사람이었지만. 나는 선량하신 아우구스투스 카이사르의 시대에 로마에서 살았던 사람이요. 가짜 신과 거짓말하는 신이 판치던 때였지요. 나는 트로이에 대해 노래한 시인이었소…."

"그렇다면 시인 베르길리우스이십니까? 한평생 시인으로서 저에게 영감을 주신 바로 그분?"

"내가 그 사람이요."

"오, 저를 이 무서운 늑대로부터 구해주십시오."

"그 암늑대는 아무도 통과시켜 주지 않고 바쳐진 제물은 모조리 먹어치워 버리오. 그 옆을 지나가는 모든 자를 삼켜버리지요. 사냥개가 나타나는 그날이 오기 전까지는. 그 개는 이 세상의 어느 도시에서나 빠짐없이 그 암늑대를 사냥합니다. 마침내 그 개가 암늑대를 '지옥'으로 몰아넣을 겁니다. 늑대는 원래 그곳에서 '질투'가 놓아주었기 때문에 탈출할 수 있었지요."

베르길리우스는 계속 이야기했다. "아마 나를 따라오는 것이 당신에게 득이 되리라 생각합니다. 내가 당신의 안내자가 되어 영원한 곳을 통과하도록 해드리지요. 그곳에 가면, 당신은 끔찍하게 울부짖는 사람들과 두 번째 죽음을 애걸하는데도 영원히 고문을 당해야 하는 사람들의 비명을 들을 겁니다. 그런 다음에 또 다른 장소로 가서 또 다른 사람들을 보게 될 겁니다. 그들은 불 한가운데에 있지만 행복한 자들인데,

그 불로 자신을 정화하고 나면 언젠가 위로 올라가 축복받은 자들 사이에 끼게 되리라는 것을 알기 때문이지요. 그런 다음에 당신이 원한다면 이 축복받은 영역과 그곳의 황제를 만나볼 수 있을 텐데, 나는 당신을 그곳으로 안내하지는 못합니다. 내가 그분의 법에 저항하는 자였기 때문이지요. 그 영역 바로 앞에서 나보다 훨씬 고귀한 영혼이 당신을 천국으로 인도할 것입니다."

단테가 대답했다. "시인이시여, 당신이 알지 못한다는 그 하느님의 이름으로 비오니, 나를 당신이 방금 말한 곳, 천국의 입구에 있다는 '성 베드로의 문' 앞까지만 안내해주십시오."

그렇게 하여 베르길리우스는 앞장섰고 단테는 그 뒤를 따랐다.

이렇게 시작하는 단테의 《신곡La Divina Commedia》은 이제 서구 문학의 정전 가운데 가장 훌륭한 서사시로 널리 인정받는다. 그 폭넓은 야망과 범위는 사자死者의 땅과 그곳에서 만난 영혼을 묘사하는 데 온 힘을 쏟은 단테의 상상력에 의해 실현된다. 여러 가지 측면에서, 이 작품은 과거 세계를 요약하고 그 시대를 주름잡은 역사적 인물을 노래한 시다. 이 작품은 중세의 정신으로 충만하지만, 그가 만난 인물들에 대한 깊은 심리적 통찰, 저승에 대한 생생한 묘사가 르네상스 시대의 도래를 예고한다. 그가 저승 여행에서 만난 사람들은 저마다 그들이 이승에서 보낸 세월의 업보에 따라 그에 합당한 대우를 받는다. 이 점에서 단테의 사상은 철저히 중세적이다. 그러니까 이승은 저승의 예고편에 불과하고, 우리가 이승에 있는 동안 세운 공로에 따라 천국(보상), 연옥(단련), 지옥(저주)이 결정된다는 것이다. 《신곡》에는 가톨릭 정통 교리와 그 교리를 뒷받침하는 아리스토텔레스의 철학이 뒤섞여 있지만, 동시에 이는 현대 세계에도 적용되는 시임을 금방 알아볼 수 있다.

이 서사시를 쓸 때, 단테는 과거의 전통과 완전히 결별하고 고향 피렌체의 토스카나 방언을 사용했다. 그 당시 진지한 학자들이나 학문에서는 전부 교회, 학자, 지식인 계급이 사용하는 라틴어를 사용했다. 그런데 단테는 방언으로 글을 씀으로써 자신의 작품을 모든 사람이 읽을 수 있도록 했다. 설사 글을 읽지 못하는 사람일지라도 누군가 큰 목소리로 읽어주면 그 뜻을 알 수 있었다. 실제로 단테의 시는 토스카나 방언이 오늘날 말하고 쓰는 이탈리아어의 밑바탕이 되게 하는 데 획기적으로 기여했다. 그래서 많은 이들이 단테를 현대 이탈리아어의 아버지라고 생각한다.

그러나 한편으로 《신곡》에는 어둡고 사악한 면이 있다. 단테는 이 대작을 쓰기 8년 전인 1300년에 피렌체를 다스리는 '9인 위원회'인 '시뇨리아signoria'의 임원으로 선출되었다. 두 달간의 이 공직 임기를 마친 지 2년 만에 단테는 당시 깊이 분열된 도시의 소란스러운 '민주주의'와 사이가 틀어졌다. 그 결과로 그에게 고향에서 영구 유배 선고가 내려졌고, 만약 고향으로 돌아오면 화형대에서 불태워 죽이겠다는 경고까지 받았다. 그러니 단테의 정치적 몰락을 주도한 반대 당파의 사람들이 3부작인 《신곡》의 1부 〈지옥 편〉에 등장하는 것은 그리 놀라운 일이 아니다. 그 대표적 인물이 필리포 아르젠티다. 이승에 있을 때 그는 키가 큰 백발의 귀족으로 화를 잘 내기로 유명했다. 단테의 동시대 논평가들은, 그가 사람들이 보는 앞에서 단테의 따귀를 때렸는데 단테는 그런 엄청난 모욕을 당하고서도 대응할 수단이 없었다고 언급했다. 아르젠티의 형제는 단테가 추방된 뒤 단테의 재산을 몰수했고, 그 집안 사람들은 단테의 사면과 귀향을 추진하던, 단테에게 우호적인 사람들에게 거세게 반발해 그 꿈을 수포로 돌아게 했다.

아르젠티는 〈지옥 편〉의 앞부분, 그러니까 단테와 베르길리우스가 분노의 죄악을 저지른 자들이 가는 지옥의 다섯 번째 원에 자리한 스틱스강을 배를 타고 건너갈 때 등장한다. 아르젠티는 더러운 오물을 뒤집어쓰고 있었지만 단테는 그를 금방 알아본다. 베르길리우스는 이렇게 설명해준다. 아르젠티는 이승에 있을 때 오만한 자부심으로 가득했고, "그의 기억을 빛내줄 선행을 한 적이 없습니다. 그래서 그는 돼지처럼 저런 오물 속에서 영원히 살아가야 합니다." 아르젠티를 보는 순간, 단테는 그의 손에 당했던 굴욕적인 일을 떠올렸다. 울화가 치민 단테가 베르길리우스에게 이렇게 말했다. "저자가 똥통 속으로 가라앉기를 얼마나 바랐던지요." 베르길리우스는 스틱스강을 건너가기 전에 그런 일이 벌어질 거라고 말한다. 잠시 후, 단테는 지옥에 떨어져 분노하는 동료들에게 아르젠티가 온몸을 뜯기는 광경을 목격한다. 스스로도 엄청난 화를 참지 못한 아르젠티는 심지어 스스로를 공격해 자기 살을 물어뜯었다.

단테 알리기에리는 1265년 5월경에 태어난 것으로 보인다. 이렇게 추산할 수 있는 것은 자신이 "우리 인생의 한중간에 있다"라고 노래한, 《신곡》의 저 유명한 첫 구절 덕분이다. 성경에 따르면 인간의 수명은 '세 번의 20년과 10년', 즉 70년이다. 단테가 저 위대한 시를 썼을 때 인생의 한중간에 있었다면 아마 35세였을 것이다. 앞에서 말한 것처럼, 그는 1308년에 그 시를 쓰기 시작했으나 실제로 착수한 것은 1300년으로, 그 당시 그는 시뇨리아의 임원으로서 정치 경력의 최정상에 있었다. 이런 화려한 경력은 유배당한 그가 얼마나 깊은 나락으로 떨어졌는지 끊임없이 상기시키는 과거지사였을 것이다.

단테의 생년월일을 알려주는 또 다른 지표는 그가 언젠가 자신의 별자리는 제미니Gemini 자리라고 언급한 점이다. 율리우스력에 따르면 그 날은 대략 5월 11일에서 6월 11일 사이의 어느 날이다. 제미니는 그리스 신화에서 쌍둥이 카스토르와 폴룩스를 일컫는 말이다. 이 별자리를 가지고 태어나는 사람의 특징은 매우 지적이고 지식욕이 크다는 것이다. 그러나 적응력이 매우 뛰어나 때로는 변덕스럽거나 충성심이 약한 사람으로 인식된다.

오늘날 점성술은 미신적인 의사 과학으로 치부되지만, 단테의 시대에는 많은 사람이 천문학과 밀접한 관계가 있다고 생각했다. 사람이 태어날 때의 황도 별자리가 사람의 성격과 운명을 결정하는 중요한 요소로 인식되었다. 단테 시대보다 약 1000년 전 인물인 위대한 기독교 철학자 성 아우구스티누스는 점성술의 결정론이 기독교의 기본 교리인 자유 의지와 크게 상충한다는 것을 알아보았다. 그렇지만 후대의 저명한 중세 신학자이며 단테의 동시대인인 토마스 아퀴나스는 고대 그리스 철학자 아리스토텔레스에게 기대어 점성술과 기독교 교리를 서로 조화시키려 했다. 아리스토텔레스에 따르면 우리의 영혼을 주관하는 분은 하느님이지만, '달[月] 아래'에서 태어난 인간 신체의 행로와 운명을 결정하는 것은 천상의 별이다. 이는 교묘하지만 그릇된 논증이다. 과거에도 그랬고 지금도 그러하다. (그러나 아퀴나스 이후 200년 후에 엄청나게 박학하지만 악명 높은 이탈리아인 지롤라모 카르다노는 이 황당한 논증을 그 논리적 결론까지 밀어붙여 예수 그리스도의 별자리까지 알아냈고, 종교 재판소는 그런 대담한 소행을 심판해 그를 투옥했다.) 단테는 뛰어난 지적 분별력을 지닌 사람이었음에도 점성술에 관한 한 그것이 사람의 성격과 운명을 결정한다는 당대의 미신을 적극적으로 수용했다.

이렇듯 점성술은 완전히 내칠 수 없는 그런 물건이었다. 점성술의 관행은 진정한 인간의 지식을 진보시키는 데 나름으로 기여했다. 비록 오도되고 잘못된 전제를 밑바탕으로 삼았으나, '너 자신을 알라'라는 고대의 철학적 가르침을 일깨우는 보조 도구 역할을 했다. 우리가 제미니의 경우에서 살펴보았듯이, 점성술에서 인간의 성격을 규정하는 방식은 나름의 심오한 특징을 갖고 있었기에 간단히 내칠 수 있는 것이 아니었다. 그 유산을 말해보자면, 비록 인간의 성격을 불완전하게 분류했지만 현대 심리학 실습의 예고편이 된다.•

단테의 아버지는 소규모 대금업자였는데 이따금 토지와 같은 부동산에 투기를 했다. 어머니는 저명하고 유서 깊은 아바티 가문 사람이었으나 단테가 어릴 때 사망했다. 단테가 따뜻한 정서가 부족하고 지나치게 근엄한 것은 아마도 이런 배경 탓일 것이다. 아버지마저 그가 18세 때 사망한 바람에 단테는 혼자 힘으로 세상을 헤쳐 나가야 했다.

그 무렵 피렌체는 이탈리아반도의 여러 도시 국가 가운데서도 상당히 번창하는 축에 들었다. 이는 유럽 전역에 걸쳐 양모 무역과 은행업

• 이와 유사한 현상이 중세의 연금술에서도 발견된다. 연금술은 조잡한 금속을 황금으로 바꾸겠다는 시도였으므로 오도된 일이었다. 그렇지만 화학이라는 학문에 초창기 전문 지식을 제공하기도 했다. 특히 연금술은 복잡한 실험실 기술과 도구를 발전시켜 후대에 물려주었는데, 이것들이 화학의 발전에 엄청난 도움이 되었다. 갈릴레이와 동시대 사람으로 '근대 화학의 아버지'라 일컬어지는 아일랜드인 로버트 보일이 연금술 실험을 계속했다는 것은 결코 우연의 소치가 아니다. 심지어 아이작 뉴턴조차 내심 연금술을 믿었다. 만약 역사가 하나의 기준이 된다면, 진정한 학문들 틈에 숨어 있는 이런 의사 과학을 발굴하는 작업은 앞으로도 계속될 것이다. 가령 마르크스주의나, 심지어 초끈 이론도 그러한 예다. 기후 변화의 사상과 관련된 우리의 황당한 희망도 언젠가는 비과학적 근거에 바탕을 두고 있음이 밝혀질 것이다.

을 펼친 덕분이었는데, 이 두 업종은 서로 긴밀하게 연결되어 있었다. 그 당시 거의 모든 유럽 도시는 자체 주화를 발행했다. 그리하여 주화의 함량 미달, 위조, '잘라내기' 등으로 국제 무역에서 사기가 횡행할 여지가 컸고 혼란이 자주 일어났다. 관계 당국조차 불경기에는 주화의 귀금속 함량을 축소하는 경향이 있었다. 그리고 비양심적인 시민들은 주화의 가장자리를 조금씩 잘라내 그 부스러기를 모아두었다가 위조 주화를 만들어냈다. 그런 위조 행위를 막기 위해, 주화 가장자리를 깔쭉깔쭉하게 만들거나 글자를 새겨 넣어 테두리를 약간 높여서 발행했다.

피렌체가 1252년에 처음으로 자체 주화인 피오리노 도로fiorino d'oro(화보 1)를 주조했을 때 관계 당국은 각 주화에 순금 54그레인grain이 들어 있다고 보장했으며, 상인들에게 주화를 가죽 지갑에 보관하여 자연 마모되지 않도록 하라고 당부했다. 테두리가 마모되면 손쉽게 잘라내기나 위조 행위를 할 수 있었기 때문이다. 플로린florin이라는 이름으로 알려지는 이 주화는 곧 유럽 전역뿐만 아니라 발트 지역에서 레반트에 이르는 광범위한 지역 안에서 믿을 만한 통화로 인정받았다. 그럼으로써 피렌체 은행가들과 번창하는 양모업에 좋은 영향을 끼쳤다. 피렌체의 양모업자들은 잉글랜드와 플랑드르 지역(네덜란드와 현대 벨기에의 북부 지방)에서 생산되는 양털을 론강 하류를 거쳐 알프스를 넘어오는 경로로 수입했다. 그러다 나중에는 해로도 활용되었다. 갤리선이 플랑드르의 브뤼주 항구를 출발해 스페인을 돌아서 피사나 리보르노 같은 토스카나의 항구에 들렀고, 그런 뒤에는 육로로 피렌체까지 수송했다. 피렌체의 숙련된 양모 소매업자들이나 염색업자들이 이 양털을 가공해 멋지게 염색된 옷감이나 의복으로 만들어 다시 해외에 사치품으로 수출했다.

피렌체는 공화정 체제였는데 그 시민들은 이 민주 정부를 자랑스럽게 여겼다. 이 도시에서 발행하는 화폐인 플로린에는 앞면에 왕이나 통치자의 얼굴이 새겨진 것이 아니라 도시의 상징인 백합이 새겨져 있었고, 뒷면에는 도시의 수호성인인 세례자 요한의 얼굴이 새겨져 있었다. 단테가 출생한 당시에 피렌체의 인구는 8만 명에 육박했다. 당시 다른 유럽 도시와 비교해보면, 런던은 8만 명, 파리는 20만 명이었다. 피렌체는 명목상 민주 정부였지만 실제로는 선별된 시민만 투표권을 갖고 있었다. 투표권을 얻으려면 30세 이상의 남자이면서 도시 내 여러 동업 조합 중 어느 하나의 조합원이어야 했다. 도시 내 유력 가문과 파당 사이의 지속적인 경쟁 관계 때문에, 피렌체의 정치 제도는 이 기간에 여러 차례 단기적 조정이 이루어졌다. 이러한 변화를 거친 이후에 비로소 좀 더 오래가는 정부 형태를 갖추었다.

선거 방식은 이러했다. 최근에 관직을 맡지 않았고 빚도 지지 않은, 동업 조합의 조합원 이름을 모두 적어서 가죽 주머니들 안에 넣는다. 이 주머니들에서 제일 먼저 여덟 명의 이름을 뽑아 시뇨리아의 임원으로 삼고, 마지막 아홉 번째 이름에는 곤팔로니에레gonfaloniere('깃발을 드는 자')라는 명칭을 부여하는데, 시뇨리아의 의장이면서 도시 국가의 수반이 된다. 시뇨리아의 동료 임원들과 마찬가지로 의장의 임기도 딱 2개월이다. 이러한 다소 거추장스러운 정부 형태는 아리스토텔레스가 규정한 민주 제도의 요건에 부합했다. 통치자들의 임기가 그처럼 짧아야만 독재 정권을 예방할 수 있으니 말이다. 그러나 선거가 빈번하게 시행되니 연속성이 없었고, 그 결과 도시의 유력 가문들이 배후 조종할 길을 열어놓았다. 서로 끊임없이 경쟁하는 관계인 이 그 가문들은 자신들의 기존 이익을 지키는 데 몰두했다.

단테는 아버지가 사망한 후 당시 62세이던 브루네토 라티니의 보호를 받게 되었다. 저명한 학자였던 라티니는 도시의 공직을 맡기도 했다. 그는 피렌체 정부를 위해 멀리 스페인과 파리까지 여러 차례 해외 출장을 다녀오기도 했다. 젊은 단테의 독서와 교육에 깊은 영향을 미친 라티니와 단테는 긴밀한 유대 관계를 맺은 것으로 알려져 있다. 라티니는 키케로와 아리스토텔레스의 저작을 번역하기도 했다. 그러나 가장 중요한 저작은 프랑스어로 쓴 《보물의 책Li Livres dou Trésor》이다. 중세의 지식을 집대성한 이 책을 일부 인사는 초창기 백과사전의 일종으로 보았다. 단테는 이 보호자를 좋아하고 존경했지만 《신곡》에서 그를 지옥의 일곱 번째 원에 배치했다. 하느님과 자연을 상대로 죄를 지은 자들이 가는 곳이었다. 단테는 저주받은 자들 사이에 있는 라티니를 보고 엄청나게 슬퍼한다. "그들은 모두 불의 낙인이 찍혔고, 오래되거나 새로운 상처가 온몸에 가득했으며, 불에 데이는 고통을 호소했다."

신뢰할 만한 동시대 피렌체인으로 통하는 연대기 기록자 조반니 빌라니는 라티니의 저서를 높이 평가했다. "그는 세속적인 사람이었지만, 우리가 그를 여기서 언급한 것은 그가 피렌체 사람들을 세련되게 만들어주고 그들에게 온갖 기술을 가르쳤기 때문이다. 그는 잘 말하는 방법, 정책에 따라 우리의 공화국을 운영하고 통치하는 기술을 알려주었다." 토스카나 방언을 세련되게 말하는 방법이야말로 단테가 위대한 서사시에서 시도했던 바로 그것이었다. 그런데 왜 그는 라티니를 지옥에 떨어뜨렸을까?

그 단서는 빌라니의 평가에 등장하는 '세속적'이라는 말에서 찾아볼 수 있다. 여러 장점을 지닌 라티니였지만 그는 도시 안에서 남색가로 널리 알려져 있었다. 현대적 감수성의 관점에서 볼 때, 단테가 지옥에서 영원한 징벌을 받는 라티니를 보고 느끼는 갈등의 감정은 수상하다고는 할 수 없어도 복잡해 보인다. 단테가 라티니를 그토록 사랑하고 존경했다면, 왜 그를 지옥의 지독한 고통 속으로 떨어뜨렸을까? 사실을 말하자면, 단테는 하느님의 영원불변한 법을 철저히 믿었다. 바로 이 점에서 단테의 기질은 매우 중세적이다. 그가 볼 때 '자연 질서에 반하는 죄'를 저지른 자는 중죄인이므로 반드시 징벌을 가해야 했다. 그가 이승에서 보낸 생애가 그 점을 빼놓고는 아무리 고결했다 할지라도.

빌라니가 라티니에 대해 서술한 대목을 같은 저자가 단테의 성격을 묘사한 대목과 비교해보면 시사하는 바가 크다.

> 단테라는 사람은 아는 것이 많아서인지 오만하고, 말이 없고, 남들을 깔보았다. 그는 철학자 연하면서 남들의 호의에는 그다지 신경 쓰지 않았고 보통 사람들과 대화할 때도 그리 자연스럽지 않았다. 그러나 이 위대한 시민의 고상한 미덕과 지식을 생각할 때 그를 영원히 추억하는 것이 적절할 듯하다.

단테가 보인 초연함에도 불구하고 그의 생애에서 가장 의미심장하고 오래 지속된 사건은 열정과 관련된 사건이었다(물론 그는 열정이라는 천박한 표현을 한사코 거부하겠지만). 단테가 평생 사랑한 사람은 베아트리체 포르티나리라는 여성이다. 그는 어릴 때부터 그녀를 사랑했고, 그가 다른 여자와 결혼해 네 자녀를 둔 뒤에도 여전히 그녀를 사랑했다.

단테는, 베아트리체를 처음 본 것은 자신이 아홉 살 때였고 그녀는 한 살 아래였다고 썼다. 오월제의 어느 날에 베아트리체의 아버지인 저명한 은행가 팔코 포르티나리의 집에 단테의 아버지가 아들을 데려갔을 때 그 두 사람은 처음 만났다. 단테는 나중에 이 사실을 이렇게 기술했다. "그녀는 아주 고상한 색깔인 주홍색의 단정하고 우아한 드레스를 입고 어린 나이에 어울리는 허리띠와 장식을 착용한 차림이었다. … 그녀는 인간의 딸이 아니라 신의 딸처럼 보였다."

그 어린 나이에 단테는 첫눈에 사랑에 빠졌다. 하지만 이를 세속적 사랑으로 보아서는 안 될 것이다. 사실 단테의 사랑은 그 전 수백 년 동안 프랑스의 음유시인들이 노래한 궁정 연애의 메아리를 발전시킨 것이었다. 그런 특징에 합당하게, 그는 계속 아리스토텔레스의 영혼 이론에 따라 자신의 사랑을 묘사한다. 아리스토텔레스는 신체라는 비활성 물질에 생명을 불어넣는 것은 영혼이라고 보았다. 영혼은 또 정신적 요소도 지니고 있는데, 단테가 베아트리체에게 느끼는 것과 같은 그런 순수한 사랑을 할 수 있는 힘이었다.

단테가 두 번째로 베아트리체를 만난 것은 그로부터 9년 뒤, 피렌체의 거리에서였다. 자전적 작품인 《새로운 삶La Vita Nuova》에서 단테는 베아트리체의 모습을 이렇게 그렸다. "하얀 드레스를 입은 그녀가 자신보다 나이 든 숙녀들 사이에 있었다." 베아트리체는 단테 곁을 지나치면서 고개를 돌려 친숙하게 인사를 했으나 걸음을 멈추지는 않았다. 그때 단테는 처음 그녀의 목소리를 들었는데, 그녀의 인사는 그의 사랑을 확정해주었다. 그 목례는 그에게 엄청난 기쁨을 안겨주었고 그는 황급히 자신의 방으로 돌아와 거리에서 벌어진 일을 깊이 성찰했다. 그는 베아트리체를 생각하다가 선잠에 빠져들었는데 마치 환각제를 먹은 듯한 강렬한 도취 속에서 생생한 꿈을 꾸었다. 단테가 볼 때 그것은 순수한 상징적 사건이었다. 그는 그 꿈을 가리켜 '놀라운 계시'라고 했다. 하지만 현대인의 관점에서 볼 때, 그 꿈에는 온갖 프로이트적 이미지가 등장했을 것이고, 그런 이미지는 단테가 말하는 바와는 상당히 거리가 있다는 해석도 해볼 수 있는 꿈이었을 것이다.

단테의 계시 혹은 꿈속에서 그는 자신의 방에 '불의 구름'이 가득 차오르는 것을 느꼈다. 이 구름의 한가운데에서 "무서운 외모이지만 기쁨에 넘치는 어떤 형체"가 나타났다. 이 남자는 여러 말을 중얼거렸으나 단테는 그중에서 "나는 너의 주님이다Ego dominus tuus"라는 말만 알아들었다. 그의 양팔 안에는 한 여인이 잠들어 있었는데 "그녀의 알몸은 피처럼 붉은 천에 싸여 있었다." 단테는 그 여인이 베아트리체임을 알아보았다. 그 커다란 형체는 한 손에 불이 붙은 듯한 어떤 물체를 들고 있었고 단테에게 이렇게 말했다. "네 심장을 살펴보아라Vide cor tuum." 잠시 뒤, 그는 잠든 여자를 깨워서 그녀에게 자신의 손에 들고 있던 불타는 물체를 먹으라고 했다. 단테에 따르면, "그녀는 아주 사납게 그것을 먹어치웠다." 그러자 그녀를 안고 있던 그 형체는 조금 전에는 그토록 즐거운 표정이었으나 이제 비통한 눈물을 흘리기 시작했다. 그는 울면서 그 반투명의 형체를 양팔에 다시 안더니 "내가 보기에 그는 그녀를 하늘로 데려가는 듯했다." 그 광경에 단테는 극심한 고통을 느꼈고 그 바람에 잠에서 깼다.

단테는 그 계시가 무엇을 의미하는지 곰곰 생각하다가 시인 친구들에게 물어보기로 마음먹는다. 그는 이미 어느 정도 명성과 지혜를 얻은, 자기보다 나이 든 사람들에게 조언을 구했다. 혹시 이 꿈에 대한 해석을 해주실 수 있는지요? 단테는 나중에 이렇게 썼다. "그 당시 아무도 그 꿈의 의미를 알아내지 못했다. 그러나 이제는 머리가 가장 둔한 사람에게도 그 의미가 분명해졌다." 그러나 우리 가운데 재주가 좀 떨어지는 사람들은 감정이 충만하면서도 육감적이고 난폭한 분위기를 풍기는 이 계시가 상당히 모호하다고 생각한다. 실제로 단테의 시인 친구들도 그에게 '다양한 의견'을 제시했다. 그러나 단테는 이제 사랑하는 베아트리체가 그에게 무엇을 의미하는지 확실히 깨닫는다. "그녀는 형언하기 어려울 정도로 정중했고, 나를 축복해주면서 모든 악덕을 파괴하는 미덕의 여왕이었다." 베아트리체는 그의 영적 생활의 안내자 겸 보호자가 될 것이었다. 그리하여 나중에 그가 《신곡》을 쓸 때, 그녀는 단테를 천국으로 인도하는 안내자로 나온다. (그러나 단테의 저 난폭한 청년 시절의 꿈은 그가 지옥과 연옥 여행 중에 목격하는 온갖 야만, 공포, 슬픔의 이미지의 예고편으로 해석할 수도 있을 것이다.)

그러는 사이 현실 속 삶은 계속되었다. 당시의 관습에 맞추어 단테의 집안에서는 그를 22세 때 젬마 도나티라는 여자에게 일찍 장가를 보냈다. 아마도 1287년에 결혼한 것으로 보인다. 베아트리체는 그로부터 약 3년 뒤에 강력한 금융가 집안의 후예인 시모네 데이 바르디에게 시집갔다. 그러나 그 결혼은 단테의 애틋한 감정을 조금도 흩뜨려놓지 못했다. 베아트리체는 이 변화무쌍한 세상에서 언제나 정숙을 지키는 고정된 점이었다. 그의 영원한 아름다움이었다.

그 무렵 단테는 피렌체 시인들 모임의 구성원이 되었다. 그들은 함께 '돌체 스틸 노보dolce stil novo'(달콤한 새 스타일)라는 새로운 시 쓰기 방식을 창조했다. 이 새로운 시 형태는 '사랑amore'과 '고상함gentilezza'에 집중하는 동시에 이탈리아 문학에 내적 성찰이라는 새로운 요소를 도입했다. 이러한 문학적 특징 말고도 상징, 은유, 두운, 언어유희 같은 문학적 수법을 이용해 토스카나 방언에 지성과 스타일을 도입했다. 그래서 전에는 촌스럽고 조야했던 지방의 방언이 당시 이탈리아반도 내에서 사용되던 많은 방언 중에서 가장 오묘하면서도 세련된 형태의 방언으로 격상되었다. 사실 지금에 와서 후일의 지혜로 되돌아보면, 이러한 현상에서 문학적 르네상스의 시초를 엿볼 수 있다. 이런 새로운 스타일 덕분에 단테는 베아트리체라는 계시에 정확성을 부여할 수 있었다. 그것은 구체적 형태의 정확성이라기보다, 그의 본성에 깃든 정신적 특성을 인도해주는 빛과 같은 것이었다.

이 모든 것은 단테가 깊숙이 개입하고 있던 현실 생활에서 멀리 떨어져 있었다. 이탈리아반도는 정치적 소요 속으로 추락했고, 도시 국가들은 분열하여 서로 대항했다. 심지어 한 도시 국가 안에서도 분열이 존재했다. 피렌체는 점점 더 격화되는 씁쓸한 사건들에 의해 갈가리 찢겼다. 종교적·계급적 갈등이 폭발적으로 뒤섞인 그러한 사건 중에서도 유럽의 두 실세 교황과 신성로마제국 황제 사이의 권력 투쟁이 대표적이었다.

교황은 서구 기독교권 전체의 신자를 대상으로 자신의 영적 리더십을 주장했고, 성 베드로 옥좌의 후계자로서 그 자신이 지상의 하느님의 대리인이라고 역설했다. 반면에 신성로마제국 황제는 자신이 기원후 800년에 등극해 프랑스, 독일, 이탈리아의 대다수 지역, 스페인 북부 등으로 제국의 영토를 확장한 강력한 프랑크족 통치자 샤를마뉴 대제의 후예라고 주장하면서 자신이야말로 저 오래된 서유럽 로마 제국의 황제들을 잇는 진정한 황제라고 주장했다.

교황 지지자들은 자신들을 가리켜 '교황당Guelf party'이라고 불렀고, 황제 지지자들은 '황제당Ghibelline cause'의 기치 아래 함께 모였다.* 교황당은

* 교황당(Guelf)과 황제당(Ghibelline)이라는 명칭은 서로 다른 대의 아래 뭉친 독일의 지지자들 이름을 이탈리아식으로 변형한 것이다. 겔프는 바바리아 공작 가문인 벨프(Welf)가에서 유래했고,

이탈리아 북부에서 신성로마제국 황제의 영향력이 점점 커지는 것을 막아야겠다고 생각했다. 반면에 황제당은 교황이 지상에서 행사하는 세속적 권력에 의문을 제기했다. 이러한 당파의 분열은 이탈리아 북부, 그중에서도 특히 피렌체에서 엄청난 갈등의 시간을 불러왔다.

이곳 피렌체에서는 수백 년 동안 서로 다른 가문들 사이에서 치열하면서도 유혈 낭자한 경쟁이 벌어졌다. 1200년경, 피렌체는 '100개의 탑이 있는 도시'로 널리 알려졌다. 그 탑 가운데 일부는 높이가 45미터에 이르렀고 높은 층의 벽에는 빈 구멍이 여기저기에 뚫려 있었다. 겨울에는 판자로 폐쇄하지만 따뜻한 계절에는 밀랍 바른 종이로 가려놓는 이 구멍은 외부에서 적이 공격하면 탑 아래로 구정물을 쏟아붓는 용도였다. 이 탑의 낮은 층들은 올리브유 통, 와인 통, 각종 도구, 말린 토마토나 마늘 같은 식료품, 괭이나 낫 같은 농기구 등을 보관하는 창고로 사용되었다. 집 안의 여러 다른 식구들이 사용하는 생활 공간은 각각 다른 층에 있었는데, 그 공간들은 개방된 나무 통로로 연결되었다. 꼭대기 층은 보통 주방이었다. 그렇게 배치하면 취사로 발생하는 연기나 냄새가 탑 내부에 퍼지지 않고 공중으로 날아갈 수 있었기 때문이다. 생활 조건은 집안 형편이나 그 층을 사용하는 집단의 형편에 따라 안락하거나, 사치스럽거나, 아니면 단출했다.

성벽이 약 3제곱킬로미터 이내의 지역을 둘러싸고 있던 당시에 피렌체에 그처럼 많은 탑형 건물이 있었다니, 상상하기가 쉽지 않다.• 이 높

기벨린은 비벨링겐(Wibellingen, 오늘날의 바이블링겐Waiblingen)에서 유래했다. 이 도시는 슈투트가르트 북동쪽 교외에 있으며, 과거에 독일 호엔슈타우펜(Hohenstaufen) 왕들의 영지였다.

• 몇 채의 탑을 빼놓고 오늘날의 피렌체에서는 이런 형태의 건물이 전부 사라졌다. 그렇게 된 이유는 곧 설명할 것이다. 그러나 당시의 피렌체가 어떻게 생겼는지 알아보고 싶으면 산 지미냐노라는 산

은 사각형 탑은 그 주인, 가족, 하인과 식솔의 궁극적 보호처였다. 귀족, 상인, 장인 들의 가족은 어둠이 내리고 인근 수도원과 교회에서 저녁 기도 종소리가 울리면 이 탑 안의 생활 공간으로 돌아왔다. 그러면 새벽이 올 때까지 몇 시간 동안 젊고 우락부락한 자들이 동네의 골목길을 돌아다니면서 서로 욕설을 하거나 위협하거나 저주를 퍼부었다. 이윽고 어두운 밤이 되면 야간의 정적을 깨트리는 것은 인근 숲과 들판에 서식하는 때까치와 쏙독새의 울음소리, 도시를 둘러싼 산등성이에서 들려오는 부엉이 소리, 강변에 서식하는 왜가리의 꽥꽥거림뿐이었다.

새벽이 되어 동쪽 하늘이 희미하게 밝아오면 탑의 맨 아래층에 있는 무거운 문의 빗장이 열리고 탑의 주민들은 그 문을 통해 밖으로 나와 각자 일을 보러 갔다. 한 무리의 농부는 저마다 농기구를 챙겨 도시 밖의 들판으로 가서 농사일에 매달렸다. 나무 나막신을 신은 한 떼의 노동자들은 딸각거리는 소리를 내며 양모 빗는 작업장이나 염색 공방으로 출근했다. (이 양모 노동자들을 가리켜 '촘피ciompi'라고 불렀는데 포장된 도로에서 딸각거리는 소리를 내는 그들의 나막신에서 유래한 이름이다.) 푸주한, 제빵사, 또 다른 업종의 자영업자들은 길거리에다 자신들의 임시 가게를 설치했다. 건설업자들은 사다리를 놓고 작업 현장에 올라가고, 나무를 톱질하고, 돌을 날랐다. 이와 비슷하게, 후대에 들어와 대금업자들은 그들의 탑 옆에 설치한 팔라초palazzo 앞에 벤치를 설치했다. (그들은 최초의 은행가banker였는데 이 이름은 그들이 설치한 작업장인 벤치, 즉 '반코banco'에서

등성이 소도시를 방문하거나 산 지미냐노를 그린 그림을 찾아보라. 이 도시는 피렌체에서 남서쪽으로 30여 킬로미터 떨어진 곳에 있다. 산 지미냐노에는 여전히 밀집된 탑형 건물이 남아 있는데, 그중 어떤 것은 높이가 45미터에 이른다. 중세 때 이런 탑의 존재는 이탈리아 북부 거의 모든 도시가 지닌 특징이다.

유래했다.) 한편 어부들은 어깨에 그물을 둘러멘 채 강변의 수문을 통과해 강으로 갔다. 그들은 맨발로 안개 낀 아르노강의 강둑을 따라 진흙과 갈대 사이에서 질퍽거리며 나아갔다.

이처럼 분주하게 이동하는 여러 무리 가운데 어떤 한 무리가 뻔뻔하게도 지름길로 간다면서 이웃의 '영지'를 무단 침입하면 곧장 제지당했다. 경쟁 집단 사이에서는 싸움이 빈번하게 벌어졌으며 그렇게 하여 보복과 복수가 되풀이되었다. 피렌체 연대기 기록자 조반니 빌라니는 그런 광경을 이렇게 묘사했다. "몹시 치열하고 비상한 그런 다툼은 거의 날마다 혹은 이틀에 한 번꼴로 벌어졌다. 시민들은 도시의 여러 지역에서 자신들이 사는 탑의 방어를 강화하면서 구역별로 혹은 파당별로 싸웠다. 그리고 도시에는 탑형 건물이 많았다."

그렇게 말한 다음, 빌라니는 보충 설명을 덧붙였다. "이런 개인들 간의 싸움은 너무나 빈번하고 익숙한 일이었지만, 어느 날 싸움을 했다면 그다음 날은 함께 밥을 먹고 술을 마시면서 그 싸움에서 서로가 내보인 무용과 솜씨를 자랑스럽게 이야기했다."

이처럼 서로 사이좋게 지내는 때도 있었지만, 1200년 무렵 피렌체는 놀라울 정도로 살인 비율이 높았고 살인 다음에는 보복과 복수가 뒤따랐으며, 그렇게 하여 가문들 사이의 불화는 여러 세대를 이어가며 계속되었다. 그리고 1215년에 벌어진 여러 사건(그중 두 사건은 관련이 있다)은 그 후 100년 이상에 걸쳐 피렌체 사회의 모습을 바꾸어놓는다.

귀족 가문들은 도시의 저택 말고도 콘타도contado에 방비가 강화된 시골 별장을 갖고 있었다. 콘타도는 피렌체를 둘러싼 교외 지역을 뜻하는데, 당연히 피렌체에서 이 지역을 관할했다. 피렌체 귀족들은 무더운 여름 석 달 동안에는 이 교외 별장으로 피서 가서 봉건적 방식으로 영지를 관리했다. 1215년 어느 여름날 오후, 한 귀족 가문이 도시의 성벽에서 약 8킬로미터 떨어진 곳에 있는 별장의 정원에서 파티를 열었다. 많은 사람이 참석하는 파티에서 주인은 관례적으로 기다란 식탁의 한 가운데에 앉았다. 그러면 좌우로 함께 앉은 참석자들은 정원에서 벌어지는 오락거리를 구경하면서 식탁 위에 산더미처럼 쌓인 음식을 자기 식기에 덜어 와서 먹었다. 대체로 이런 자리에서는 음악가, 재담꾼, 마술사, 만담가 등이 출연하여 사람들을 즐겁게 해주었다.

그런데 한 식탁에 앉아서 음식을 덜어 먹던 두 청년은 경쟁 가문의 자제들이었다. 한 가문은 부온델몬티가, 다른 가문은 우베르티가였다. 어느 순간, 흥이 오른 재담꾼이 두 청년이 덜어 먹던 식기를 확 빼앗았다. 그러자 한 청년이 상대방 청년을 비난했고 곧 두 사람 사이에 싸움이 벌어졌다. 그러더니 파티 전체가 아수라장이 되었다. 그 와중에 우베르티가 청년의 머리 위로 식기가 날아와 깨졌고, 부온델몬티가 청년은 칼에 찔렸다. 마침내 치안이 바로잡혀 손님들이 각자 집으로 돌아간 뒤, 두 가문의 수장들은 향후 대책을 숙의했다. 두 가문은 점점 더 난폭해지는 보복이 이어지는 장기적 복수(벤데타vendetta)는 피하고 싶어 했다. 그래서 사태를 잘 수습하기 위해 부온델몬티 가문의 결혼 적령기 청년과 우베르티 가문의 지파인 아미데이 가문의 한 처녀를 혼인시키기로 합의가 이루어졌다.

결혼 하루 전날, 약혼한 젊은 부온델몬티가의 청년 부온델몬테가 말을 타고 피렌체 거리를 달려가고 있었다. 그때 도나티 가문의 한 여자가 자기 집 창문 앞에서 그를 불렀다. "부온델몬테, 아미데이 집안 여자와 결혼하려 하다니, 부끄러운 줄 아세요. 그 여자는 못생겨서 당신한테 어울리지 않아요." 그러면서 그 여자는 자기 딸을 가리켰는데 상당한 미녀였다. "난 이 애를 당신을 위해 키웠어요." 그 여자가 말했다. 그 아름다운 처녀를 보자 부온델몬테는 매혹되었고 곧바로 마음을 바꾸었다. 비록 약혼자의 몸이었지만 그 도나티 가문 처녀와 결혼하겠다고 맹세했다.

이튿날 아미데이가 사람들은 교회 문 앞에 모여 혼례를 준비하고 있었으나, 부온델몬테는 말을 타고 도나티가로 달려가 그 아름다운 처녀와 약혼하겠다고 서약했다. 아미데이가 사람들은 무슨 일이 벌어졌는지 알았을 때 그 모욕에 격분했고, 부온델몬테가에 복수하겠다고 맹세했다. 한 무명의 연대기 기록자는 그 며칠 후에 어떤 일이 벌어졌는지 기록해놓았다.

> 두 겹짜리 비단 상의에 소매 없는 외투를 걸친 부온델몬테가 다리 위를 말 타고 건너갈 때, 스키아타 델리 우베르티가 다가와 철퇴로 그의 머리통을 내려쳐서 말에서 떨어뜨렸다. 그 즉시 우베르티의 아미데이 집안 친구가 넘어진 자의 위에 올라타 칼로 마구 찔러서 죽인 뒤 둘 다 도망쳤다.

방금 말한 다리가 그 유명한 폰테 베키오Ponte Vecchio('오래된 다리')다. 양옆에 가게가 죽 늘어서 있고, 피렌체 도심에서 부온델모티 가문 사람들이 살던 강 건너 올트라르노 지구를 연결하는 다리였다. 원래의 로마 시대 다리는 1117년의 대홍수로 떠내려갔고 돌로 새로 지은 것이었다. 방금 말한 살인은 너무나 중요한 사건이어서 부온델몬테가 피살된 장소에는 오늘날까지 그 청년이 피살된 장소임을 설명하는 표석이 세워져 있다. 부온델몬테는 심지어 단테의 위대한 서사시 《신곡》 〈천국 편〉에서 언급될 정도였다. 단테는 아미데이가 사람들의 청년 살해는 피렌체의 평화가 종말을 맞이했음을 보여주는 사건이라고 서술했다. "그 이전에 도시는 통곡할 만큼 저주받은 슬픔도 없었고, 그 위신과 권능을 누리는 가운데 평화로웠다." 이러한 단테의 서술에는 그 이전 시대를 장밋빛으로 보는 관점이 깔려 있다. 하지만 그 후에 벌어진 사태를 감안하면 충분히 그렇게 말할 만했다.

피렌체에서 서로 다투던 가문들은 이제 사소한 의견 차이는 젖혀놓은 채 거대한 두 경쟁 집단으로 뭉쳤다. 이 전쟁은 도시를 둘로 완전히 찢어놓았다. 한 집단은 황제당에 충성을 맹세했고, 다른 집단은 교황당에 충성을 바치겠다고 맹세했다. 이렇게 하여 피렌체는 대규모 전쟁에 빠져들었고 그 여파는 이탈리아 북부뿐만 아니라 다른 지역으로까지 파급되었다. 황제당과 신성로마제국의 황제에게 충성을 바치겠다는 집단은 자신들의 봉건적 권리를 지키려는 알베르티가나 아미데이가 같은 귀족 가문이었다. 반면에 도시의 상인, 노동자, 상점 주인 같은 포폴로popolo('민중')는 교황당을 선택하고 교황을 지지했다.

도시에서 끊임없이 벌어지는 내전을 종식시키기 위해 시뇨리아는 그보다 여러 해 전에 포데스타podestà를 임명하기로 결정했다. 포데스타는 도시의 치안 유지를 총괄하는 고위 행정관이다. 자리의 중립성을 확보하기 위해, 포데스타는 도시 내의 가문과 아무런 인연이 없는 외국인을 임명하게 되어 있었다. 그러나 시간이 흐르면서 신성로마제국 황제가 이탈리아 북부 여러 도시에서 자기 사람을 포데스타로 임명했다. 1246년, 신성로마제국 황제 프리드리히 2세는 자신의 혼외 아들인 안티오크의 프리드리히를 피렌체의 포데스타로 임명했다. 겉으로는 중립성을 표방했지만 안티오크의 프리드리히는 자연스럽게 황제당의 편을 들었고, 그 당은 그 같은 지원에 힘입어 도시에 대한 권력을 강화해갔다. 교황당과 황제당 사이의 치열한 길거리 싸움이 벌어진 후, 교황당은 도시 내의 탑형 건물을 버리고 콘타도의 별장으로 도망쳤다. 황제당은 즉시 탑 안으로 들어가 그 건물을 파괴해버렸다. 이렇게 해서 교황당원 소유의 탑형 건물 36채를 완전히 파괴했다.

1250년, 황제 프리드리히 2세가 사망했다. 교황당은 그 기회를 이용하기 위해 지지 세력을 규합했다. 그들은 피렌체에서 남동쪽으로 20여 킬로미터 떨어진 콘타도의 한 마을인 필리네에서 황제당을 상대로 전투를 벌였다. 교황당은 그 전투에서 승리를 거두어 피렌체로 행군했고 새로운 정치 체제를 수립하기 시작했다. 가족용 탑은 전부 다 규모를 축소하라는 지시를 내렸고 그 높이는 최대 20미터로 제한되었다. 이와 동시에 교황당은 영토 확장 정책을 수립하고 피사와 시에나의 황제당을 공격하기 위한 군사를 모병했다.

1260년, 황제당은 다시 한번 교황당으로부터 권력을 빼앗았다. 그들은 즉시 교황당의 근거지들을 제거하기 시작했다. 그들은 103개의 팔라초, 500채 이상의 주택, 85개의 교황당 탑을 파괴하라고 지시했다고 한다. 1266년, 피렌체의 교황당은 프랑스 교황 클레멘스 6세의 군대와 함께 여러 교황당 도시의 연맹에 합류했고, 이탈리아의 남부 베네벤토 전투에서 황제당 군대를 섬멸했다. 이 일은 이탈리아 내에서 신성로마제국 황제의 권력이 쇠퇴하는 결과를 가져와 황제당은 한동안 궁지에 몰렸다.

이듬해 교황당은 피렌체로 진군했고 황제당원들은 도시에서 도주했다. 교황당은 이번에는 피렌체를 항구적으로 장악하기로 작정하고 곧바로 도시를 변모시키는 계획에 착수했다. 도시의 중심부에 있는 대규모 탑 단지와 팔라초(대저택 혹은 궁전)로 구성된 우베르티 가문의 요새는 완전히 파괴되어 가루가 되었다. (이 지구가 발전하여 오늘날의 피아차 델라 시뇨리아의 넓은 단지가 되었다.) 그와 동시에 도시의 포장 공사를 시작하고 투표 제도를 개혁했다. 이렇게 해서 아홉 위원을 선출하여 그중 한 사람이 곤팔로니에레가 되는 선거 제도가 확립되었다. 이 정치 제도는 그 후 몇백 년 동안 존속한다.

바로 이 시기에 양모 산업이 번창하기 시작했다. 피렌체와 토스카나의 항구 도시인 피사와 리보르노의 관계도 정상화되어 피렌체는 바다에 접근할 수 있게 되었다. 또 양모를 수입하여 염색한 고급 옷감과 의복을 국제 시장으로 수출하는 믿을 만한 상업 루트가 확립되었다. 이제 피렌체는 번영의 시기로 접어들었고, 피렌체의 은행들은 양모업을 재정적으로 지원하기 위해 북유럽의 여러 도시에 지점을 설치했다. 이와 동시에 피렌체는 피오리노 도로를 계속 주조해 이 주화는 유럽 전역에서 믿을 만한 통화로 자리 잡고 피렌체의 상업적 명성을 더욱 높여주었다. 단테는 바로 이런 도시에서 1265년에 태어났다.

알리기에리 가문은 오랫동안 교황당을 지지해왔고 지성적인 청년 단테는 언제나 공직 생활을 하고 싶어 했다. 그렇게 하기 위해서는 먼저 시내의 여러 동업 조합 가운데 하나에 입회해야 했다. 단테는 명성 높은 '의사 및 약종상 조합Arte dei Medici e Speziali'에 가입했다. 이 무렵 많은 약종상이 서점도 함께 경영했다는 사실이 단테의 선택에 영향을 미쳤을 것이다. 피렌체의 여러 문서 보관소에는 단테가 여러 위원회에서 연설하고 투표했다고 언급한 문서들이 보관되어 있다. 이런 위원회들은 시뇨리아와 곤팔로니에레로 대표되는 중앙 정부에 소속된, 하위 자치 단체의 통치 기관이었다. 예를 들어 '6인 상업 위원회'는 무역에 대해 조언하는 위원회였고, 전쟁 중에는 '10인 위원회'라는 조직이 군사 업무를 관장했다.

교황당이 광범위한 승리를 거두긴 했어도 황제당과의 경쟁 관계가 이탈리아 북부에서 지속되어 여러 도시에서 여전히 황제당을 지지했다. 그런 도시 중 토스카나 지방의 아레초는 피렌체에서 남동쪽으로 약 80킬로미터 떨어진 아펜니노산맥의 산기슭에 자리 잡은 곳이었다. 두 당의 노골적 반목은 1289년에 다시 표면화하여 피렌체의 교황당은 아레초의 황제당을 상대로 캄팔디노 전투에서 싸웠다. 이 전투에서 우리는 단테의 다른 면모를 엿보게 된다. 당시 24세이던 단테가 기병대의 최전선에서 싸운 것이다.

동시대인 빌라니의 보고에 따르면, "아레초의 군대는 기병 800명과 보병 8000명 모두 정선된 병력이었고, 그중에는 과거에 참전 경험이 있는 역전의 용사도 상당수였다." 비록 아레초 기병대는 수적으로 1 대 2 정도로 피렌체 기병대에게 밀렸지만 적군의 기병대를 아주 우습게 여겼다. "그들은 피렌체 기병이 여자처럼 장식을 하고 머리카락을 빗질한다며 경멸하고 조롱했다." 전투에서 "두 군대는 전선의 양 가장자리에 기병대를 배치하여 이탈리아에서 치러진 그 어떤 전투보다 정연한 대오를 갖추고 치열하게 격돌했다." (이 문장은 과거 로마 시대의 효율적인 군사 전략을 감안하지 않은 것처럼 보인다.)

단테의 동료 기병대원 중 일부가 지나치게 몸단장을 한 것은 사실이지만, 그 전투는 경험 많고 잘 단련된 병사들이 매우 진지하게 임한 진투였다. 그 전투에는 양군 모두 합해서 2만 명 이상이 참여했다. 빌라니는 전투 결과를 이렇게 기록했다. "아레초 사람들은 패배해 달아났고, 기병과 보병을 합해 1700명 이상이 죽고 2000명 이상이 포로로 붙잡혔다."

단테는 이 전투를 생생하게 기억했고 더 나아가 《신곡》에서 회상하기까지 한다. "나는 기병들이 앞으로 나아가고, 점호를 받고, 때로 목숨을 구하기 위해 퇴각하는 장면을 본 적이 있다." 이 전투에 참여해 승리를 거둔 영웅들은 단테의 손에 의해 천국에 배치되었고, 적들은 연옥에 가거나 지옥에 떨어져 영원한 고문을 당하는 것으로 묘사된다.

이 전투가 벌어진 다음 해에 단테는 베아트리체가 스물넷의 나이로 사망했다는 소식을 들었다. 단테는 엄청난 충격을 받았고 '위엄을 완전히 잃은 홀아비가 된 느낌'이라고 적었다. 그는 '그 황량한 도시'에서 울고 있는 자신을 발견했다. 이런 깊은 시적 슬픔을 느끼는 시기였지만 그사이에 단테의 아내 젬마는 네 자식을 출산한 것으로 알려져 있다. 동시에 그는 공직 생활에서도 출세를 거듭해 1300년에는 시뇨리아의 위원으로 선출되었다.

그러나 피렌체의 정치는 다시 한번 요동쳤다. 도시를 통치하는 교황당이 흑파와 백파로 분열된 것이다. 흑파는 교황청과 더욱더 긴밀한 동맹 맺기를 선호한 반면에, 백파는 교황청이 피렌체 정치에 간섭하는 데 반대했다. 단테는 백파 소속이었고 백파는 승리를 거두어 마침내 흑파를 도시에서 쫓아냈다. 피렌체 당국은 교황 보니파키우스 8세가 흑파의 도시 공격을 배후에서 지원한다는 사실을 알았을 때, 단테를 단장으로 하는 외교 사절단을 로마로 보내 교황과 협상하도록 했다. 단테 자신이 이 협상단 파견의 배후 주도 인물이었고, 교황은 그런 사실을 미리 보고받아서 알고 있었다. 협상단이 교황을 만났을 때 교황은 협상단의 제의를 일축하고 그들을 피렌체로 돌려보냈다. 하지만 단테에게는 로마에 그대로 머물라는 지시를 내렸다. 이러한 조치와 연동된 합동 작전의 일환으로, 교황당의 흑파는 외부 민병대의 도움을 받아 피렌체의 권력을 장악했고 이어 단테는 궐석 재판을 받았다.

흑파가 장악한 피렌체 당국은 단테에게 2년의 유배형을 선고했고 엄청난 벌금을 납부하라고 명령했다. 피렌체에 있던 재산이 모조리 몰수되었기에 단테는 벌금을 납부할 수 없었다. 그러자 기간이 훨씬 늘어난 유배형이 다시 선고되었고, 만약 유배 기간에 피렌체로 돌아온다면 화형에 처해질 것이라는 경고를 받았다.

단테는 자신의 실각을 배후에서 조종한 교황의 기만적 행위에 대해 나중에 복수한다. 그는 《신곡》에서 보니파키우스 8세가 지옥 여덟 번째 원의 세 번째 구덩이에 처박히는 것으로 묘사했다. 이곳은 성직 판매 죄를 저지른 교황이 가는 곳이었다. 금전적 이익을 얻기 위해 성직을 천거하거나 그 선거권을 매매하는 죄악을 의미한다. 이 죄를 저지른 죄인은 먼저 둥그런 구멍에 머리만 내놓은 채 처박히고 그의 두 다리는 기름불에 잠긴 채 계속 불태워진다. 그 불의 강도는 그가 이승에서 저지른 죄가 어느 정도냐에 따라 달라진다. 이 죄인은 그보다 더 악질인 죄인에 의해 교체되고 원래의 죄인은 땅속에 영원히 파묻힌다. 단테는 자신이 지옥에서 보니파키우스 8세를 만날 수 없다는 것을 알고 있었다. 교황은 시인이 지옥 여행을 할 때 여전히 살아 있었기 때문이다. 이런 사실을 우회하기 위해 단테는 현재의 불구덩이를 차지한 교황 니콜라우스 3세로 하여금 다음에 이 구덩이에 들어올 사람은 보니파키우스 8세라고 선언하게 한다. 이는 교황청 내에서 점점 심각해지는 부정부패에 대한 은유로 볼 수 있다.

단테는 다른 곳에서 보니파키우스 8세를 추가로 언급하면서, 그가 이전 교황인 카일레스티누스 5세를 속여서 사임하게 만들고 그 자신이 성 베드로의 옥좌에 올랐다고 암시했다. 이렇게 보니파키우스 8세는 기만의 상징적 인물이 되었고 그보다 한 단계 더 나쁜 죄악인 배신의 상징이 되었다. 이러한 도덕적 추락은 단테가 지옥의 아홉 번째 원에 도달했을 때 그 밑바닥을 내보인다. 이곳은 지옥에서 가장 낮고 가장 어두운 곳으로, 지옥의 가장 깊은 밑바닥이다. 단테는 어둠과 안개 속에서 공포에 사로잡혀 대마왕大魔王 루시퍼의 기괴한 모습을 쳐다본다. 대마왕은 얼음 호수에 가슴까지 갇혀서 꽁꽁 얼어 있다. 루시퍼의 몸에서는 세 쌍의 거대한 박쥐 날개가 뻗어 나와 있고, 그 거대한 상체 위에는 얼굴이 셋인 머리가 달려 있다. 각각의 머리는 희생물을 씹어 먹고 있어서 유혈 낭자한 침을 흘린다. 그중 가운데 입에서는 은전 30냥에 그리스도를 팔아먹은 대역죄인 가룟 유다가 씹어 먹히는 중이다. 좌우의 두 입은 브루투스와 카시우스의 몸뚱어리를 탐식한다. 이 두 로마인은 원로원에서 그들의 은인인 율리우스 카이사르를 칼로 찔러 죽인 자들이다. 여기서 한 가지 알아두어야 할 점은, 단테는 카이사르의 과실이 역사의 전환점이 되었고 그 결과 로마 제국이 쇠퇴했다고 보았다는 것이다. 로마의 위대한 시절로 되돌아가고자 하는 것은 제국이 멸망한 이후 수백 년 동안 이탈리아인들이 품어온 한결같은 소망이었다. 단테에게 이 소망은 기독교가 이 세상을 지배하는 것 다음으로 중요했다.

단테의 동료 피렌체 문필가 보카치오의 증언에 따르면, 단테와 젬마의 중매결혼은 행복하지 않았다. 따라서 단테가 유배형을 받았을 때 젬마가 피렌체에 그대로 머물고 따라가지 않은 것은 그리 놀라운 일이 아니다. 사랑하는 베아트리체에게 몰입하는 남자와 결혼 생활을 영위하기란 쉬운 일이 아니었을 것이다. 단테가 마음속으로 베아트리체를 연모한다는 사실은 피렌체의 많은 사람들 사이에 널리 알려져 있었다. 게다가 젬마는 도나티 가문 출신이었는데 이 가문은 흑파 소속이었다.

단테는 이제 씁쓸한 유배 생활을 시작했다. "그것은 낯선 사람의 집을 찾아가 짜디짠 빵을 먹고, 그 집의 계단을 무거운 발걸음으로 올라가야 하는 생활"이었다. 이 무렵 단테는 지식인이자 시인으로서 높은 명성을 얻어 여러 궁정과 도시에서 환대를 받았다. 그는 볼로냐와 파도바에서도 한동안 살았고 루카에서는 젠투카라는 여성과 한동안 동거했던 것으로 알려졌다. 젠투카는 《신곡》의 〈연옥 편〉 부분, 탐식가들이 가는 연옥의 여섯 번째 테라스에 배치된다. 이곳에서 탐식가들은 맛 좋은 열매가 달린 나무들 사이에 둘러싸여 있지만 아무리 손을 뻗어도 그 열매가 손에 닿지 않아 쫄쫄 굶는다. 그들의 죄악이 다 정화되어 천국으로 올라가기 전까지는 말이다. 유배 중일 때 단테는 백파가 다시 피렌체의 정권을 잡기 위해 벌인 여러 음모에 적극적으로 가담했다. 하지만 그때마다 음모자들은 스파이에게 배신을 당했고, 1308년에 피렌체 당국은 단테에게 종신 유배형을 선언했다. 이제 교황당 흑파가 도시를 완전히 장악했고 단테는 그토록 사랑하던 도시에 다시 돌아갈 전망이 아예 사라지고 말았다.

1308년에 단테가 《신곡》을 쓰기 시작한 것은 우연의 일치가 아니다. 이 무렵 그는 자신이 피렌체로 영원히 돌아갈 수 없다는 사실을 알았기에, 다시 보지 못할 도시에 대한 그리움과 피렌체 정신이 이 위대한 작품 전편에 감돈다. 《신곡》은 〈지옥 편〉, 〈연옥 편〉, 〈천국 편〉 3부작으로 구성되었는데, 각 부는 33개의 칸토canto가 있으며 칸토는 다시 테르차리마terza rima(단테 특유의 삼행시)의 형태를 갖춘 47편의 시로 구성된다. 피렌체 사람들과 거기서 일어난 사건들이 이 작품에 배치되어 역사에 등장하는 모든 성인, 죄인, 남자 영웅, 여자 영웅, 악당의 표상으로 제시된다. 가령 보니파키우스 8세의 사례에서 볼 수 있듯이, 이런 인물은 역사에 실존했던 개인일 뿐 아니라, 좀 더 보편적으로 적용되는 신화의 지위를 획득하여 원형적 인물의 중요성을 띠게 된다. 이 서사시를 읽는 즐거움 중 하나는 이 시들이 현실, 상징, 알레고리, 신학이라는 네 차원에서 의미 작용을 하며 서로 연결되어서 어떻게 읽고 해석하느냐에 따라 그 의미가 달라진다는 점이다.

특히 단테가 베아트리체의 안내를 받으며 천국을 여행하는 3부에서, 이 시는 신학적 의미를 추구하는 진지한 여행이 된다. 실제로 베아트리체 자체가 신학을 상징한다. 그러나 지난 여러 세기에 걸쳐 날카로운 독수리 눈을 가진 학자들이 지적했듯이, 단테의 신학이 그 자신이 우리가 믿어주기를 바라는 것처럼 전적으로 기독교 정통 교리만 옹호하는 것은 아니다. 예를 들어 단테는 때때로 아베로이스주의의 이단적 이론을 빌려온다.

이 부분은 관련 맥락뿐만 아니라 구체적인 설명이 필요하다. 로마 제국이 멸망하면서 고전 문학의 많은 저작, 특히 철학서가 인멸되었다. 그러나 서구에서 인멸된 그 책들이 중동 지역으로 건너갔고, 시간이 흐른 뒤 칼리프 왕조의 아랍 사상가들이 여기게 깊이 관심을 보였다. 이 왕조 시대에 진보적 이슬람 문명이 인도에서 스페인에 이르는 광범위한 지역에 전파되었다. 아랍 학자들은 많은 고전 저작의 번역본을 연구하는 데 그치지 않고 그 저작들에 대한 논평서까지 저술했다.

12세기의 아랍 학자 아베로이스Averroes(이븐 루시드의 유럽식 표기)는 알안달루스(이슬람이 지배하던 스페인의 도시로, 오늘날의 안달루시아)에서 살았다. 세월이 흘러 아리스토텔레스 철학에 대한 아베로이스의 번역서와 논평서가 유럽으로 다시 역수입되었고, 거기서 당시 유럽 대륙에서 국제적으로 통용된 언어인 라틴어로 번역되었다. 아리스토텔레스 철학은 중세 기독교 정통 교리의 지적 기반이었기에, 아베로이스의 새로운 저작들은 유럽 지식인들에게 지대한 관심을 불러일으켰다. 오늘날 많은 학자들은 이를 유럽 사상의 변모를 알려주는 예고편으로 보며, 이 사상적 변모가 나중에 르네상스로 발전했다고 여긴다. 르네상스라는 용어는 '재탄생'이라는 뜻인데, 초기 르네상스 사상에 엄청난 영감을 준 것은 이 고전 사상의 재탄생이다.

아베로이스의 아리스토텔레스 해석에 따르면, 모든 인간이 동일한 지성을 소유하고 있으며 그 덕분에 인간의 지식은 보편성을 획득할 수 있다. 그러나 13세기 기독교 철학자이자 신학자인 토마스 아퀴나스는 그를 이단으로 배척했다. 그런데도 아베로이스의 사상은 지속적으로 영향을 미쳤다. 단테는 그 사상에 끌렸다. 그래서 저마다의 영혼은 나름의 지성을 가지고 있고 그것이 보편 지성의 흔적을 간직한다는 아베로이스의 해석을 선호했다.

단테는 자신이 《신곡》에서 해설하는 신학에 이단의 오점이 묻어 있다는 사실을 인정하려 하지 않았다. 그래서 단테는 지옥의 여섯 번째 원을 이단자들이 가는 곳으로 설정했다. 이단자들은 그곳에 떨어져 불타오르는 무덤 속에서 온몸을 데이며 영원히 고통받는다. 단테가 지옥 여행을 하는 동안 그곳에서 피렌체 황제당의 지도자인 파리나타 델라 우베르티(우베르티 가문의 팔라초는 해체되어 피아차 델라 시뇨리아가 되었는데, 그는 바로 이 가문의 수장이다)를 만난 것은 조금도 놀라운 일이 아니다. 이탈리아에서 황제당을 후원했던 신성로마제국의 황제 프리드리히 2세 또한 지옥의 여섯 번째 원에 떨어져 있다. (아이러니하게도, 아베로이스를 비롯한 아랍 철학자들의 저서를 반포하는 데 핵심적 역할을 한 것은 프리드리히 2세의 시칠리아 궁정이다.) 게다가 단테는 지옥의 여섯 번째 원에다 경쟁하던 피렌체 시인 카발칸티도 배치했다. 카발칸티는 단테와 함께 '달콤한 새 스타일'의 시를 쓴 인물이자 '나의 으뜸가는 친구'라는 칭송을 들었으나 영혼의 불멸을 부정하는 아베로이스 사상을 믿은 '잘못'으로 여섯 번째 원에 떨어진 것이다. 《신곡》 전체가 영혼 불멸을 기본 전제로 삼는데, 그걸 부정했으니 지옥에 떨어질 수밖에 없었던 것이다.

단테는 1320년에 《신곡》의 〈천국 편〉까지 써서 이 대작을 완성했다. 그전 2년 동안은 라벤나에 있는 구이도 노벨로 다 폴렌타 군주의 궁정에서 지냈다. 그다음 해인 1321년에 구이도 군주는 그를 베네치아에 외교 사절로 파견했다. 단테는 포강 유역의 습지대를 거쳐서 돌아오다가 말라리아에 걸려 며칠 만에 사망했다. 향년 56세였다.

2

부, 자유, 재능

르네상스가 촉발되기 위한 도시의 조건들

단테가 사망할 무렵, 이른바 르네상스•의 최초 태동은 이미 피렌체시에서 시작되고 있었다. 왜 유럽 문명의 엄청난 변화가 하필이면 피렌체라는 도시에서 벌어졌을까? 그리고 왜 그 시기에 발생했을까? 첫 번째 질문에는 많은 답변이 나왔다. 그런 답변들 가운데 반복적으로 떠오르는 주제는 돈, 약간의 시민적 자유, 상상력에 대한 구속의 부재 등이며 부, 자유, 재능으로 요약된다. 이 세 요소는 서로 상승 작용을 일으켜

• 이 단어가 최초로 사용된 것은 단테가 사망하고 약 200년 뒤, 바사리가 '리나시타(Rinascita)'라는 말을 처음 사용하면서부터다. 그러나 역사가들이 이 사건에 르네상스라는 명칭을 부여하면서 개념화하기까지는 그로부터 600년 넘는 시간이 소요되었다. 르네상스가 막 태동할 당시의 사람들은 그 현상을 충분히 이해하지 못했다는 사실을 명심하는 것이 중요하다. 당대 사람들은 그들 주위에서 광범위한 변화가 일어나고 있다는 정도만 알았을 뿐이다. 우리가 앞으로 살펴보겠지만 이런 현상은 사람들의 경탄과 상상력을 불러일으킨 동시에 당혹감과 엄청난 실존적 불확실성도 촉발했다. 오늘날 분명하게 밝혀진 바와 같이 엄청난 변화를 맞이한 시대에 살던 사람들은 그 역사적 의미와 파급 효과를 충분히 인식하지 못한다. 현대에서 그러한 사례를 하나 든다면, 인공 지능의 발전이 우리의 삶을 바꾸어놓은 결과에 대한 양가감정을 들 수 있다. 역사의 많은 사례가 그러했듯이, 변화가 일어나는 당시에 우리는 현재 우리가 하는 일이 무엇인지 잘 알지 못해도 계속 밀고 나가는 것이다.

예술, 지성, 상업 분야에서 개인적 재능의 개화를 가져왔다. 좀 더 큰 맥락의 여러 가지 상황도 저마다 일정한 역할을 했다.

당시 이탈리아반도는 자주 다툼을 벌이는 여러 도시 국가로 분할되어 있었다. 우선 밀라노, 베네치아, 제노바, 피렌체, 로마, 나폴리, 이렇게 6대 도시 국가가 있었고, 그 외에도 군소 도시 국가가 다수 있었는데 이 군소 국가들은 안보를 위해 강성한 이웃 도시 국가들과 동맹을 맺었다. 대다수 도시 국가는 대체로 왕, 공작, 교황, 귀족 가문, 보잘것없는 폭군이 다스렸다. 베네치아와 제노바만 예외였는데, 이 두 도시는 선출된 과두가 다스렸다. 다른 도시들에 비해 이 같은 정치적 자유를 누린 데다 해안 지대에 자리 잡은 이점 덕분에 이 두 도시는 해양 상업 국가로 발전할 수 있었다. 또 다른 주요 예외 도시는 피렌체였다. 오로지 이 도시만이 민주제에 가까운 정치 제도를 보유했다. 비록 불안정하고 비효율적이고 종종 부패하기도 했지만, 피렌체는 적어도 명목상 민주 국가였다. 시민들은 그 제도를 자랑스럽게 여겼고 자신들에게 도시의 운영에 대해 발언할 권리가 있다고 생각했다. 20세기 미국 철학자 존 듀이John Dewey가 (특히 자신의 조국과 관련하여) 이해했듯이, 어떤 사회의 특징을 규정하는 것은 민주제도의 정신이다.

이 같은 정신이 적극적으로 권장하는 것은 자유, 적극적 활동, 개인주의다. 그리고 여기서 교육에 대한 믿음이라는 부산물이 빈번히 생겨난다. 단테 사망 이후 10년 이내에, 피렌체는 초등학교 여섯 군데, 고등학교 네 군데의 교육 시설을 두어 600명의 학생(여학생 포함)을 가르쳤다. 길드 조합원들에게 자녀들을 학교에 보내라는 권고가 점차 더 자주 이루어졌다. 점점 더 많은 상류 계급 여성들도 집안의 가계부를 관리하고 남편의 농장과 영지를 돌보아야 하는 상황에 놓였는데 이런 일들을 해내자면 문자 해독과 계산 능력이 필수였다. 이렇게 문물이 발전하고 있었음에도 피렌체는 정치적으로 자주 동요했다. 도시 내 유력 가문들 사이의 불화 때문이기도 했지만, 좀 더 큰 맥락에서는 이탈리아 전역의 도시 국가들 사이에서 빚어지는 끊임없는 정치적 분열로 악화된 현상이었다. 이 같은 정치 상황은 2000년 전 아테네의 분열적인 정치 상황과 상당히 닮았다. 그 오래전에도 그러한 정치 상황은 아테네 중심의 서구 문화에 엄청난 변화를 가져왔다. 그러니 피렌체를 제2의 아테네라고 보는 것도 과장은 아니다.

이런 일반적 유사성이 있긴 했으나, 르네상스가 반드시 피렌체에서 발생해야만 하는 현상은 결코 아니었다. 13세기 초에 시칠리아에 머물던 신성로마제국 황제 프리드리히 2세의 궁정은 나중에 많은 이들이 르네상스의 모태라고 부르는 분위기를 띠었다. 프리드리히 2세가 '세상의 경이stupor mundi'라고 불린 것은 결코 우연이 아니었다. 탁월한 인물이었던 이 황제는 궁정에서 과학, 문학, 철학, 언어학(그 자신이 6개 국어를 유창하게 구사했다) 등 모든 학문을 적극적으로 권장했다. 20세기 영국 역사가 J. H. 플럼J. H. Plumb은 이렇게 말했다. "아랍인들이 황제에게 지리를 가르쳐주고 세계 지도가 그려진 은제 구형球形을 헌상했다." 프리드리히 2세는 고대 그리스 철학자들의 아랍어 번역본을 다시 라틴어로 번역하는 작업을 적극적으로 지원했다. 황제는 또한 아프리카산 기린, 표범, 코끼리, 크고 이국적인 그린란드산 흰 큰매 등 경이로운 동물들을 사육하는 동물원도 운영했다. 그의 지적 호기심과 모험심은 끝이 없는 듯했다.

그러나 프리드리히 2세는 무엇이든 제멋대로 하는 성격이었고 교황에게 도전하는 행위에서 특별한 즐거움을 느꼈다. (그는 교황에게서 네 차례나 파문을 당했다.) 교황 그레고리우스 9세에 의해 파문을 당한 후에는 그 교황에게 도전하려는 뜻에서 십자군 운동에 나서 예루살렘을 함락시켰고 그곳에서 황제 대관식을 올렸다. (이렇게 되자 교황은 그에게 내린 파문을 해제하는 것 말고 다른 방도가 없었다.) 그런데 프리드리히 2세의 제멋대로인 성격은 마침내 약간 수상한 분야로 확대되기 시작했다. 그는 과학적 지식을 추구하기 위해 자신의 궁정에서 독창적인 실험을 수행했다. 한 남자를 통 속에 억지로 구겨 넣고 그가 죽을 때 과연 그의 영혼이 몸 밖으로 빠져나가는지 보려 했다. 또 두 갓난아기를 인간의 손이 미치지 못하는 고립된 공간에 놓아두고 그 아이들이 과연 하느님이 아담과 이브에게 내려주었다는 최초의 언어를 할 수 있는지 살펴보려 했다. 독수리의 두 눈을 실로 꿰매어, 독수리가 먹이의 위치를 시각으로 알아내는지 후각으로 알아내는지 알아내려고도 했다.•

프리드리히 2세가 자신에게 장기간 봉사한 최고 참모 피에트로 델라 비냐를 우리 속에 가두어 일반 대중에게 전시하자, 황제의 태도가 학문

• 이 같은 실험의 잔인성은 당시의 맥락에서 이해되어야 한다. 그로부터 약 400년 뒤의 인물인 프랑스의 합리주의 사상가이자 과학자 르네 데카르트는 최초의 근대 철학자로 널리 인정된다. 데카르트는 육체는 순전히 기계적인 것이고 영혼이 감정과 의식을 부여한다고 생각했다. 그리고 동물은 영혼을 소유하고 있지 않으므로 자동 기계에 지나지 않는다고 생각했다. 그러므로 동물들은 괴로워하거나 고통을 느끼는 것처럼 보일 뿐이라고 생각했기에 이른바 생체 해부 작업에 나섰다. 그는 과학적 탐구를 진행하는 과정에서 새, 토끼, 고양이, 말 등 무수한 동물의 내부 장기를 검사하기 위해 살아 있는 동물의 몸을 절개했다. 그가 벌인 일 중에 더 악랄한 짓은 자기 정부의 강아지를 판자에다 묶어 놓고 그 강아지가 살아 있는 상태에서 배를 가른 것이다. 현대인 중에 이런 악랄한 만행을 저지른 사람이 전혀 없지는 않다는 사실을 기억할 필요가 있다. 심지어 현대에 들어와서도 인류를 위한 의학 증진과 치료약 개발을 하기 위해 진정제를 놓지도 않은 채 생체 실험을 하고 있다. 그러나 항생제, 무수한 백신, 수혈, 장기 이식, 화학 요법 등이 없었다면 우리는 어떻게 되었을까? 동물의 희생이 전제되지 않았다면 이런 획기적 의학 발전은 인간이 이용할 수준으로까지 발전하지 못했을 것이다.

의 범위를 훌쩍 벗어났음이 분명해졌다. 다행히 '세상의 경이'는 그 이듬해인 1250년에 사망했다. 그리하여 그의 궁정은 해산되었고 이 시기 상조의 르네상스는 자연스럽게 쇠퇴하고 말았다.

우연히도 1250년은 또 다른 전前 르네상스 시기의 개척자와 같은 인물이 사망한 해이기도 하다. 그의 이름은 피보나치Fibonacci('보나치의 아들'이라는 뜻)인데, 1170년에 피사에서 태어난 그는 평생 '피사의 레오나르도'라는 이름으로 알려졌다. 그 당시 피렌체시에서 약 80킬로미터 떨어진 아르노강 하류에 있던 피사는 지중해 무역의 중심지로서 중요한 항구 도시였다. 비록 단기간이기는 하지만 실제로 피사는 지중해 전역에서 주요 해상 국가로서 제노바나 베네치아와 어깨를 나란히 한 적도 있다. 더 중요한 것은, 피사가 피렌체와 무역을 함으로써 두 도시 사이에서 아이디어가 더 쉽게 퍼져나갔다는 점이다.

피사, 제노바, 베네치아의 해상 무역 루트는 지중해 전역으로 뻗어나갔다. 이러한 연결 고리는 카디스에서 레반트(근동)로 이어졌고 또 바르바리아 해안(북아프리카)에서 흑해 북부의 크림반도까지 확장되었다. 주요 무역 상품은 양곡, 소금, 목재 등이었고, 지중해 동부로부터 귀금속, 노예, 동양의 향신료 등이 수입되었다.

그러나 일부 무슬림 지역과 무역을 하는 데는 문제가 있었다. 그 당시는 유럽인들이 사라센(중동의 무슬림을 가리키는 유럽의 용어)과 전쟁을 벌이던 십자군 운동 시기다. 우리가 앞에서 언급한 바와 같이, 십자군 병사들은 예루살렘을 점령했고 레반트 해안 지역에 그들 고유의 '왕국'을 건설하기 시작했다. 이 같은 정황에서도 지중해 다른 지역에서는 무슬림과의 교역이 전처럼 계속되었다. 실제로 유럽 무역업자들은 항구 도시에서 고유의 '구역'을 하사받아 거기에 자신들의 상품을 보관하는 창고를 지었다.

피보나치가 탄생한 1170년 무렵, 피사는 북아프리카에서 중동에 이르는 지중해 전역에서 무역 식민지를 여섯 군데 건설한 것으로 알려져 있다. 성공을 거두어 존경받는 무역업자였던 피보나치의 아버지 굴리엘모는 북아프리카 항구 도시 부지아(오늘날 알제리 동부의 베자이아)의 피사 영사 겸 세관 관리로 임명되었다. 우리는 젊은 피보나치의 교육과 관련해서는 믿을 만한 증거를 확보하지 못했다. 아마도 아버지의 피사 본사 사무실에서 상업 관련 기술을 배운 것 말고는 정식 교육을 받지 못했을 것이다. 하지만 그가 열다섯 살 무렵인 1185년에 부지아에 있던 아버지와 합류하기 위해 800킬로미터가 넘는 장거리 여행을 했다는 사실은 확실히 알고 있다. 그리고 바로 이 여정에서 피보나치는 유럽인의 사상과 실천을 바꾸어놓는 엄청난 발견을 했다.

그 무렵 유럽은 아직도 1000여 년 전 고대 로마가 물려준 다음의 숫자 체계를 사용하고 있었다.

I II III IV V VI VII VIII IX X … XX … XL … L … LX … C

이것을 요즘 사용하는 숫자에 대응시키면 이러하다.

1 2 3 4 5 6 7 8 9 10 … 20 … 40 … 50 … 60 … 100

로마식 숫자 체계는 불분명해서 특히 높은 단위의 숫자를 곱하거나 나누려고 하면 몹시 복잡해졌다. 실제로 이 체계는 손가락으로 숫자를 헤아리거나 간단한 형태의 주판을 사용할 때나 알맞았다. 당시 중세 유럽에서 대부분의 상업용 계산은 이런 주판을 사용했다. 그러나 합산을 할 때도 로마 숫자는 어색했다.

XII + IV = XVI

게다가 곱하기와 나누기를 하려면 로마 숫자 체계는 너무나 복잡해서 어떻게 하여 그 숫자가 도출되었는지 금방 알아보기가 어렵다.

XV × III = XLV

피보나치는 부지아에 도착했을 때 아랍 상인들이 자신들 고유의 숫자 체계를 사용한다는 사실을 알아보았다.

٠	١	٢	٣	٤	٥	٦	٧	٨	٩
0	1	2	3	4	5	6	7	8	9

아래쪽 수열은 현대에 우리가 사용하는 숫자 형태이며, 한 숫자가 다른 숫자로 어떻게 진화했는지를 보여준다.

아라비아숫자는 두 가지 측면에서 로마 숫자와 뚜렷하게 다르다. 우선 로마 숫자에는 영, 즉 '숫자 없음'을 가리키는 숫자가 없다. 아라비아숫자 체계(이 체계는 상당 부분 인도에서 온 것이다)에서 '숫자 없음'을 나타내는 기호는 제피룸zephyrum인데 이것이 이탈리아로 건너와 제피로zefiro가 되었고, 마지막에 베네치아로 가서 제로zero로 굳어졌다. 숫자 0이 '숫자 없음'을 표시하는 기능보다 더 중요한 것은, 이것이 있음으로써 비로소 십진법이 가능해졌다는 것이다. 위의 도표를 보면 9 다음에 오는 숫자가 10이 되는 것에서 우리는 십진법의 단서를 파악할 수 있다. 즉, 숫자 앞에 1을 내세우면 그다음 열 자리 수가 된다는 것을 알 수 있다. 두 번째 줄이 19에 도달하면 20으로 넘어가고 그다음 열 자리는 숫자 2를 앞세우면 되는 식으로 수열이 무한히 계속될 수 있다. 이 모든 점이 우리 현대인의 눈에는 아주 간단해 보이지만, 당시 수학에서는 일대 혁명을 가져왔다. 이제 50을 가리키는 L이라는 로마 숫자는 필요 없어졌다. 50은 다섯 번째의 1에서 9까지의 숫자를 시작하는 기호일 뿐인 것이다. 마찬가지로 100을 뜻하는 로마식 숫자 C도 불필요해졌다. 100은 열 번째의 1에서 9까지의 숫자를 시작하는 기호일 뿐이다. 이렇게 하여 영어의 십진법decimal system이 생겨났는데, 이 단어는 10을 가리키는 라틴어 데키무스decimus에서 유래한 표현이다.•

회계 장부에 거래 기록을 작성할 때 아라비아숫자를 사용하면 일이 한결 쉬워졌다. 더하기 숫자는 판매 쪽에다, 빼기 숫자는 매입 쪽에 기록했다. 그리고 이 숫자를 전부 합하면(혹은 빼면) 비교적 쉽게 최종 결산을 얻을 수 있었다. 십진법을 사용하면 이 숫자들을 쉽게 계산할 수 있었고, 동시에 오류와 사기를 금세 적발할 수 있었다.

피보나치는 무역업자로 일하는 동안 지중해 동부를 두루 여행했다. 그는 틀림없이 안티오크, 아크레, 자파, 티레, 라타키아의 피사 식민지

• 서구의 언어와 달리, 아랍어는 글을 쓸 때 오른쪽에서 왼쪽으로 쓴다. 따라서 아라비아숫자도 이 순서를 따라가며 10단위를 나타내는 제로는 숫자의 맨 왼쪽에 표시된다. 서구인들이 숫자를 왼쪽에서 오른쪽으로 읽는 것, 혹은 높은 단위에서 낮은 단위로 내려가면서 읽는 것은 실제 숫자에 아무런 영향을 미치지 못하므로 하나의 관습일 뿐이다. 예를 들어 297이나 낮은 단위부터 먼저 쓰는 792나, 이런 관행을 알면 결국 같은 숫자가 된다.

를 방문했을 것이고 그 과정에서 아랍의 수학을 더 깊이 이해하게 되었을 것이다. 그는 곧 아랍의 수학이 유럽 수학보다 훨씬 발전했다는 사실을 분명하게 알아차렸다.

13세기의 첫 몇 년간 30대 초반에 불과했던 피보나치는 피사로 되돌아와 그곳에 정착한 것으로 보인다. 거기서 그는 자신이 그동안 얻은 아랍 수학 지식을 총집결해 《산술 교본Liber Abaci》을 집필하여 1202년에 완성했다. 그 시점은 유럽에 인쇄술이 도입되기 훨씬 전이었기에 책을 널리 유통하려면 필사를 시켜야 했다. 필경사들 대다수는 수도원의 사제로, 그들의 작업은 주로 종교적 문헌을 옮겨 적는 데 집중되었다. 그래서 피보나치의 《산술 교본》이 일반 대중에게 널리 퍼지는 데에는 시간이 조금 걸렸다. 그중 한 부가 프리드리히 2세의 손에 들어갔고, 깊은 인상을 받은 황제는 피보나치를 궁정에 초대했다.

피보나치는 유럽 중세의 저명한 수학자로 널리 알려져 있고 오늘날에는 피보나치수열(1, 1, 2, 3, 5, 8, 13)로 기억된다. 이 수열에서 각각의 수는 바로 앞의 두 수를 합한 것이다. 오랜 세월이 흐르는 동안, 이 수열은 해바라기 머리의 씨앗 배열에서부터 유전 염색체의 염기 서열 등 자연 안에서 널리 발견되었다. 이 수열은 일정하게 진행된다는 점에서 황금비율•을 연상시키며, 구체적 세계와 추상적 세계 양쪽 모두에서 근

• 황금비율은 수학자들에게 거의 신비에 가까운 매혹거리다.

A ———————— B ———————— C

이 행에서 AB와 BC의 길이 비율은 AC와 AB의 길이 비율과 같다. 이 비율은 기하학에서 핵물리학에 이르기까지 다양한 순수 수학 혹은 응용 수학의 분야에서 나타난다. 다른 분야를 살펴보면, 미술가들과 건축가들이 미학적 효과를 위해 이 비율을 사용하고, 음악가들은 새로운 음의 조화를 위해 이 비율을 고려하며, 금융가들은 주식 시장의 동요 패턴을 파악하는 데 이 비율을 동원한다. 유클리드는 기원전 4세기에 이 비율에 대해 알았고, 피보나치수열에서도 이 비율은 핵심이

본적인 수열로 인식된다. 피보나치는 여든 무렵에 사망했는데 고향 도시에서 크게 존경받았다. 시간이 흘러 그의 숫자 체계는 피렌체의 회계 장부에 일대 혁명을 일으키고, 나아가 그 도시가 유럽을 변모시키는 데에도 핵심적 역할을 한다.

금융업의 초창기 형태가 피렌체에서 확립된 시기는 12세기 후반이다. 유럽의 은행업은 1157년에 베네치아에서 시작된 것으로 보이는데, 곧 이탈리아 북부 대다수 도시에도 은행이 생겨나기 시작했다. 무역업자들은 해외 사업을 확장하거나 수행하는 과정에서 자금 조달이 절실했는데, 이는 은행에서 융자를 얻을 수 있을 때만 가능했다. 그러나 은행업에는 한 가지 중요한 문제가 있었다. 돈을 빌려주고 이자를 받는 고리대금업이 성경에 의해 철저히 금지되어 있었던 것이다. 그러나 돈을 불릴 전망이 없다면, 대금업자가 남들에게 돈을 빌려줄 이유가 없었다. 특히 채무자가 돈을 떼어먹을 위험성이 있을 때는 더욱 그러했다. 이 때문에 초창기 대금업자, 그 뒤를 이은 대규모 은행가들은 고리대금업을 금지하는 칙령을 우회할 방법을 찾아내야 했다.

그래서 채무자는 일정한 금액을 빌리려 할 때 돈을 빌려주는 은행가의 위험 부담을 덜기 위해 일정한 추가 액수를 '보험'으로 내놓아야 했다. 보통 빌리려는 금액의 대략 10~12퍼센트에 해당하는 금액을 내놓을 것을 요구했다. 채무자가 원금을 돌려주면 위험 부담의 가능성이 아

며, 현대의 과학 사상가 로저 펜로즈(Roger Penrose)도 이 비율을 이용했다. 이 비율은 무리수다. 다시 말해 이 수는 정확한 숫자나 분수로 표기할 수 없다. 이 비율을 1을 기준으로 맞세워보면 1:1.61803398…로 마무리가 지어지지 않는다. 이것은 파이(π)처럼 약분할 수 없다.

예 사라진다는 사실은 별로 고려되지 않았다. 이익 동기가 논리 문제를 쉽게 제압해버린 셈이다.

고리대금업 금지를 우회하는 또 다른 방법들도 고안되었다. 당시에 거의 모든 주요 무역 도시가 자체 통화를 주조하는 상황이었기에 도시 사이에 무역이 이루어질 때 언제나 환율 문제가 발생했다. 이 환율을 간단히 조작하는 일은 흔히 일어났다. 또 많은 주화가 함량 미달이었는데, 주화의 가장자리를 잘라내 원래의 가치가 하락한 상태에서는 더욱 그러했다. 그러나 가치가 떨어지지 않는 피렌체 플로린은 곧 기준 통화가 되었고 몇 년 뒤에는 베네치아의 두카트ducat도 그런 자격을 획득했다. 그리고 여러 해에 걸쳐 이 두 통화는 화폐 가치가 거의 동등하게 유지되었다. 그러나 그 '거의'가 어느 정도 환율 조작의 여지를 남겨놓았다.

피렌체와 브뤼주(브루게) 사이에서 양모 거래 같은 사업을 하려면 먼 도시로 돈을 이체하는 것이 필수적이었다. 교황청 납부금을 징수하는 사업에도 은행이 반드시 필요했다. 기독교권 전역에서 거액의 돈을 거두어 로마의 교황에게 보내야 했다. 무장 경비가 따라붙은 채 금, 은, 주화 등을 노새의 등에 실어서 수송하는 행렬은 먼 오지를 관통할 때, 혹은 알프스산맥을 넘을 때 강도나 산적의 공격에 취약했다. 마찬가지로 지중해를 횡단하는 갤리선도 해적의 약탈에 취약했다. 그러나 어느 은행이 브뤼주나 바르셀로나 혹은 로마 같은 주요 징수처에 충분한 자금을 확보한 지점을 설치한다면, 돈의 이체는 약속어음이나 환어음 같은 것으로 이루어질 수 있었다. 양쪽 도시에 있는 은행가들에 의해 결제될 수 있는 이 서명되고 날인된 증서가 도둑과 해적에게는 아무런 쓸모도 없었다.

새로운 아라비아숫자는 피렌체에 이어 거기서 남쪽으로 약 80킬로미터 떨어진 시에나의 회계 장부에도 서서히 사용되었고, 그런 다음에는 이탈리아 북부 전역과 그 너머의 지역에서도 사용되었다. 그 덕분에 은행업은 더욱더 번창했다. 그러나 이 무렵 피렌체는 교황당과 황제당으로 분열된 반면, 독립적인 경쟁 도시 시에나는 철저히 황제당으로 통합되어 있었다. 따라서 시에나의 은행들이 분열에 허덕이는 피렌체 은행들보다 훨씬 잘 굴러갔다.

1255년에 이르자 시에나에서 그란 타볼라가 시에나의 최대 은행으로 부상했다. 이 은행의 창업자인 진취적 사업가 오를란도 본시뇨리는 교황 인노켄티우스 6세 덕을 톡톡히 봤다. 교황은 그란 타볼라를 교황청 은행으로 지정하여 유럽 전역에서 들어오는 교황청 납부금을 수금하게 했고, 그 과정에서 이 은행은 큰돈을 벌었다. 그리하여 21세기 독일인 역사학자 볼프강 라인하르트Wolfgang Reinhard에 따르면, 그란 타볼라는 곧 '유럽에서 가장 규모가 큰 상업 은행 중 하나'가 되었다.

12세기 초에 시에나는 그 지역의 주교가 통치했으나 같은 세기 중반에 이르러서는 이웃의 좀 더 큰 국가인 피렌체처럼 공화국이 되었다. 그러나 시에나의 경우, 민주적 정치 기구가 곧 상업 은행 과두인 노베스키 가문의 손에 들어갔고, 금융 동업 조합인 '11인 위원회'가 도시를 다스렸다. 그리고 피렌체와의 경쟁은 불가피하게 '교황당 대 황제당' 시기에 노골적인 갈등 관계로 변모했다. 시에나 인구는 피렌체 인구의 절반이 약간 넘는 5만 정도였지만 독립 국가의 지위를 유지했다.

여기서 우리는 다시 한번 르네상스의 3대 요소인 돈, 약간의 시민적 자유, 재능을 엿볼 수 있다. 시에나의 은행들은 관대한 후원자였고 도시는 탁월한 예술가를 많이 보유한 것을 자랑스럽게 여겼는데 그중에서도 구이도 다 시에나가 이 시기에 가장 뛰어난 인물이었다. 그러나 구이도는 여전히 중세를 풍미한 비잔틴 양식의 영향을 크게 받았다. 비잔틴 회화에는 원근법이 존재하지 않았고 등장인물의 얼굴은 비잔틴 이콘화 특유의 정형화된 이목구비를 보였다. 게다가 시에나는 단테 같은 문학 천재를 배출하지 못했고 이제 막 발전하기 시작한 새로운 인문주의에 관심을 기울이는 철학적 전통도 없었다. 시에나가 그 나름의 르네상스를 후원할 수 있는 여유는 있었지만, 르네상스는 그곳에서 꽃필 운명이 아니었다.

본시뇨리가 사망한 1273년 이후 상황이 바뀌었다. 그의 후계 은행장들은 그만한 비전과 기량을 갖추지 못했고, 프랑스의 필리프 4세를 비롯한 주요 고객들에게 은행이 진 빚을 두고 분쟁이 벌어졌다. 결정타는 그란 타볼라가 교황청 은행의 자격을 잃은 것이었다. 단테의 철천지 원수였던 교황 보니파키우스 8세가 교황청 납부금 수금 업무를 피렌체 은행가들로 교체해버린 것이다.

그란 타볼라의 도산에 이어 시에나의 다른 여러 은행도 도산했다. 이 일이 피렌체 은행들에 이득이 되었을지 몰라도 피렌체 당국은 고민거리를 떠안게 되었다. 왜 이런 일이 벌어졌을까? 이런 일이 피렌체의 은행에 벌어지지 않도록 미리 방지하려면 어떻게 해야 할까? 현지의 종교 당국자들이 그랬듯이, 고위 인사 중 많은 사람이 은행 업무에 무지했다. 산타 마리아 노벨라 수도원의 영향력 높은 수도사들은 은행가와 대금업자를 두고, "그들은 기독교 신자의 의무를 열심히 실천하지 않고 계산만 하면서 시간을 보낸다"라고 비난하는 설교를 했다. 그 결과, 1299년에 금융업을 관장하는 조합인 '교환 동업 조합Arte del Cambio'은 은행업과 회계 장부에 아라비아숫자의 사용을 금지하는 포고령을 하달했다. 역설적이게도 아라비아숫자는 조작하기가 너무 쉬워서 위조를 용이하게 한다는 이유였다. 그러나 실제로는 로마 숫자보다 위조하기 더 쉬운 것도 없었다. 그 숫자는 펜으로 한번 내리긋기만 하면 얼마든지 숫자를 바꿀 수 있었다.

이러한 좌절 속에서도 피렌체의 은행들은 계속 번창했다. 바르디, 페루치, 아차이우올리 세 가문이 피렌체 3대 은행을 소유하고 운영했다. 이중에서도 바르디 은행이 근소한 차이로 가장 큰 성공을 거두어 예루살렘에서 바르셀로나까지, 콘스탄티노플에서 런던에 이르기까지 지점을 설치했다. 이런 지점들은 믿을 만한 사람이 관리해야 했기에 지점장이나 직원은 가문 사람이거나 결혼으로 맺어진 인척이었다. 지점장들은 지점의 소유권을 일부 가진 파트너였으며, 때로는 더 큰 은행이나 회사의 주식을 보유했다. 지점장의 보수는 그가 올린 수익과 밀접하게 연관되었다. 지점장은 경험과 대외적 인간관계가 어떠냐에 따라, 은행을 대신해 사업 거래를 체결할 재량이 부여되기도 했다. 이렇게 하여 지점장은 상당한 액수의 돈을 축적할 수 있었다. 그러나 기껏해야 여섯 명 정도의 직원을 데리고 해외 지점장 노릇 하기가 쉬운 일은 아니었다. 40년 이상 베네치아에서 은행 지점장으로 일한 베르나르도 다반차티의 증언을 보라. 그는 피렌체와 베네치아가 서로 불편한 상황이었을 때 이렇게 썼다. "우리는 현재 아무것도 할 수가 없습니다. 외국인들은 날마다 부당한 대우를 견뎌야 합니다. 나는 집사장, 장군 혹은 유사한 징벌을 내릴 수 있는 그 외 유력자들 때문에 끊임없이 고통을 겪고 있습니다. 우리 불쌍한 외국인들에게 피해를 입히려 하는 사람은 언제나 존재합니다."

이 시기에 피렌체 은행 본점과 해외 지점들 사이의 금전 거래는 대부분 환어음으로 이루어졌는데 이것은 오늘날의 수표와 아주 비슷하다. 바르디 은행 지점들 사이에서 이체되는 환어음은 신임할 만한 바르디가의 전령들이 수송했는데, 이들은 종종 하위직 외교관 노릇도 하고 때로는 도시를 위해 스파이 역할도 수행했다. 이 전령들은 피렌체에 각종 정보와 현지 소식을 제공하는 중요한 역할을 했고, 그런 정보들은 도시의 방어나 공격 같은 계획을 세우는 데 유용하게 활용되었다. (단테가 유배 기간에 음모를 꾸미고 있다는 정보를 전한 사람도 이런 전령이다.) 이 시기 내내 도시 국가들 사이에서 소규모 전쟁이 자주 터졌는데, 도시 외곽에 용병부대가 캠프를 설치하는 모습을 목격한 전령들이 핵심적 정보를 가져왔다.

1164년에 이르러, 바르디 가문의 가장은 신성로마제국 황제로부터 세습 작위(백작)와 피렌체 외곽의 영지를 하사받았다. 은행가로 성공을 거두어 단단한 입지를 다졌을 무렵, 바르디 가문은 피렌체에서 북쪽으로 30여 킬로미터 떨어진 베르니오 마을을 통째로 소유했다. 이 지역은 너무나 멀리 떨어진 콘타도여서 피렌체에서 거의 독립을 유지하는 상태였다. 베르니오에는 공동체 마을 아홉 개뿐만 아니라 방어가 강화된 성까지 갖춰져 있었다. 바르디 가문의 늘어나는 재산과 권력이 엄청나 공화국에 위협이 된다고 판단한 피렌체시 당국은 바르디 가문에 그 성을 팔라는 명령을 내렸다. 피렌체 시내에 은행뿐만 아니라 올트라르노에 멋진 팔라초까지 소유한 바르디 가문은 그 명령에 복종할 수밖에 없었다. 바르디 가문이 아르노강 왼쪽 강변에 인접한 부지를 사들이면서 지은 이 궁전은 현재 비아 데 바르디가 그 지역 일대의 경계를 이루고 있다. 이 땅은 원래 대대로 도시의 어부들과 가난한 사람들이 살아온 곳으로, 보르고 피딜리오시Borgo Pidigliosi('벼룩의 소굴')로 알려진 구역이다.

사실 바르디 가문은 피렌체 정부를 접수한다거나 베르니오를 독립적인 도시 국가로 만들 생각은 없었다. 그들의 권력 기반은 피렌체의 다른 은행업 가문들과 힘을 합치면 시뇨리아의 임원을 선출하는 데 충분히 영향력을 발휘할 수 있었고, 더 나아가 도시 내 금융업의 자유와 관련된 대부분의 정책을 결정하는 데에도 상당한 영향력을 행사할 수 있었다. 그렇지만 아라비아숫자를 금지한 결정이나, 바르디 성을 팔라는 명령 등은 피렌체 은행가들의 권력이 절대적인 것이 아니었음을 보여준다.

1300년대 초, 바르디 가문은 은행업에서 계속해서 이익을 내기 위해 도매 상품 시장으로 사업 범위를 확장했다. 그들은 양곡 수송 사업에 집중했고 곧 프랑스와 이탈리아 중부 도시들 사이의 양곡 수송을 독점하기에 이르렀다. 이 사업은 엄청난 성공을 거두어 1320년대 초에 이르자 바르디 은행은 동료 은행인 페루치와 함께 자본, 전문 기술, 해외 지점(유럽 지역은 물론이고 레반트와 그 외의 지역까지 포괄했다) 개수 등의 측면에서 유럽 내 가장 성공적인 기업이 되었다. 오로지 한자 동맹이 독점하는 지역인 독일 북부와 발트해 인근만 그들의 영향력이 미치지 못했을 따름이다. 북유럽의 항구들과 도시들이 상업적·방어적 동맹을 유지하기 위해 만든 결사체인 한자 동맹은 발트해, 독일 북부, 플랑드르 전역의 80개 도시를 상대로 독점 무역 관계를 유지했다. 심지어 킹스린 항구를 통해 잉글랜드와도 연결되어 있었다.

한자 동맹과 남유럽(주로 이탈리아) 은행들 사이에서 연결 고리 역할을 하는 항구 도시가 플랑드르의 브뤼주였다. 이 도시는 잉글랜드의 양모에서 그린란드의 물개 가죽에 이르기까지, 또 러시아의 모피에서 동양의 향신료에 이르기까지 다양한 물품을 거래하는 무역의 중심축이었다. 특히 이 마지막 물품은 향신료 루트를 거쳐서 남유럽에 들어왔는데, 향신료 루트란 중국, 인도, 동양에서 시작해 중앙아시아를 거쳐 레반트와 흑해의 여러 항구에서 끝나는 길이었다. 북유럽에서 새로운 사치품으로 떠오른 향신료는 이탈리아 무역업자들에게 수익성 높은 품목이었다.

이 같은 유럽에서의 무역은 처음에는 알프스산맥을 넘는 전통적인 루트로 이루어졌다. 그러나 1277년에 최초의 제노바 갤리선이 브뤼주에 도착하면서 해로가 확립되었다. 이베리아반도를 돌아 비스케이만을 건너 영국 해협을 통과해 북해로 들어오는 루트였다. 베네치아도 곧 이 해로를 이용했다. 따라서 1309년에 세계 최초의 증권 거래소가 브뤼주에 세워진 것은 조금도 놀라운 일이 아니다. 세상에 알려진 이 최초의 증권 거래소bourse에서는 환어음을 취급했고, 더 중요하게는 은행이나 회사의 소유주들이 팔아서 현금화하려는 '주식'을 취급했다. 최초의 증권 거래소 이름은 판 데르 뵈르저 가문이 운영하는 브뤼주 여관에서 유래했다. 이곳에서 증권 거래가 처음 시작되었기 때문이다.

브뤼주도 르네상스가 꽃필 수 있는 후보지의 자격을 갖추었던 듯하다. 게다가 브뤼주는 앞의 두 후보를 자격 미달로 만든 결점들, 다시 말해 시칠리아 프리드리히 2세의 정신적 불안정과 시에나의 금융업 도산으로 고통을 겪지도 않았다. 그러나 르네상스가 브뤼주에서 시작되지 못한 결정적 이유는 그 지리적 위치 때문이다.

르네상스를 엄청나게 자극한 여러 사상은 동양에서 건너왔다. 지난 천 년이 넘게 서방 세계에서 사라졌던 고전 작품들을 번역한 아랍어 판본이 다시 라틴어로 번역되었다. 여기에 더하여 아랍 사상가들은 그런 고전 사상의 범위를 확대하는 데 크게 기여했을 뿐만 아니라 멀리 인도에서 처음 사용된 숫자 체계를 더 발전시켜서 활용하기도 했다. 이런 사상들이 동양에서 서양으로 이전되는 과정은 남유럽과 레반트 지역 사이의 통행을 손쉽게 해준 지중해에 의해 한층 더 촉진되었다. 브뤼주는 이런 철학적·학문적 자극으로부터 소외되어 있었다. 이러한 사상과 발전은 마침내 알프스산맥 너머 파리와 같은 학문의 중심지와 브뤼주처럼 번창하는 국제 무역의 중심에까지 스며들었지만, 그렇게 되는 데에는 시간이 걸렸다. 브뤼주에는 창의적 상업 정신이 깃들긴 했으나, 여러 면에서 이탈리아에서 멀리 떨어져 있었다.•

페루치 가문이 소유한 피렌체의 은행은 바르디 은행과 협력해가며 일했다. 연대기 기록자 조반니 빌라니는 페루치 은행의 주주로 알려져 있다. 이 은행은 1300~1308년에 빌라니를 은행 대리인으로 고용했다. 그래서 빌라니는 이탈리아, 프랑스, 스위스, 플랑드르에 출장을 다니며 일정한 수수료를 받고 물품을 사고파는 일을 했다. 아쉽게도 그의 상업적 활동은《연대기》에서 전혀 언급되지 않았다. 이 책은 주로 피렌체 사람들과 그 도시에서 일어난 사건들에만 집중했다. 그러나 14세기 전반에 작성된 페루치의 회계 장부 한 무더기가 후대까지 전해졌다. 이 문서는 피렌체에서 두 번째로 규모가 큰 은행의 사업 방식을 속속들이 들여다보게 해주었다. 이 시기에 페루치 은행은 전략적 요충인 로도스섬을 통치한 '병원 기사단'과 밀접한 관계를 맺고 있었다. 또 양곡 도매

• 그렇지만 브뤼주가 그 나름으로 거의 독립적인, 북부 르네상스의 중심지였다는 사실을 부인하기는 어렵다. 이런 사실은 1429년에 사망한 화가 얀 반 에이크가 잘 보여준다. 가령 〈아르놀피니 부부의 초상〉 같은 그림에 나타나는 리얼리즘과 세부는 유화 물감의 도움을 받은 탁월한 기량과 기술을 보여준다. 이런 기술은 프레스코화를 주로 그린 피렌체 화가들의 기술 범위를 훌쩍 뛰어넘는 심오한 면모를 보여준다. 이런 기술을 구사하는 데에는 새로 발명되어 널리 보급된 안경이 중대한 역할을 했다. 안경이 세부를 아주 꼼꼼하게 들여다볼 수 있게 해주었기 때문이다.

업에도 진출해 사업을 다변화했고, 파트너인 바르디 은행과 제휴해 양곡을 프랑스 남부에서 이탈리아 중부의 여러 도시로 수송하는 수익성 높은 사업을 독점적으로 운영했다.

세 번째로 큰 피렌체 은행인 아차이우올리는 스스로 축적한 부를 가장 건설적으로 사용했다. 앞으로 살펴보겠지만, 그들은 예술의 후원자가 되는데 특히 소설가 보카치오와 화가 조토를 많이 지원했다. 니콜로 아차이우올리는 은행의 나폴리 지점을 운영하는 과정에서 나폴리의 로베르토 왕과 친밀해져 마침내 왕국의 대집사장(최고참 고문과 최고참 행정관 자리를 합한 것과 같은 직위)에 임명되었다. 나중에, 아차이우올리 가문이 그리스에서 은행을 경영한 덕분에 네리오 1세 아차이우올리는 아테네 공작이 되어 제4차 십자군 운동 시기에, 부르고뉴 사람들이 1205년에 세운 아테네 공국을 다스렸다. 그리하여 그다음 세기에 네리오 1세 가문 출신 다섯 사람이 계속해서 이 공국의 통치를 담당했다.

이 피렌체 3대 국제 무역 은행과 그들의 동시대인들과 시에나 선구자들과 관련해 한 가지 중요한 사실을 언급할 가치가 있을 듯하다. 이 사실은 중세 금융을 전공한 학자 레이먼드 드 루버Raymond de Roover가 잘 지적했는데, 그는 1963년에 이렇게 썼다. "이탈리아 상인들은 일군의 상업적 법률을 발전시켰는데, 이 법은 처음에는 관습법이었다가 〔한참〕 뒤에는 법령으로 성문화되었다. … 〔이러한〕 율령들은 보편적으로 채택되어 오늘날의 상업 기반을 구축했다."

르네상스는 사상과 학문, 문학 분야에서 근대 세계의 시작을 알리는 사건이었다. 그러나 종종 간과되는 사실이 하나 있으니, 르네상스가 현대 사회의 기반을 다졌다는 사실이다. 바로 많은 사람이 현대 사회에서 중요한 양상이라고 인식하는 금융과 상업 말이다.

3

난세에 빛나는 밝은 눈

조토와 보카치오 이야기

1300년대 초에 이르러 피렌체는 교황당과 황제당이 갈등하던 시기에서 벗어나 유럽의 선두 도시 가운데 하나로 성장하기 시작했다. 이 도시에 부와 어느 정도 시민적 자유가 있다는 것은 이미 증명되었다. 반면에 1302년에 단테에게 내려진 유배형은 르네상스 개화의 세 번째 요소인 독창성 넘치는 상상력(재주)의 발현이라는 측면에서 볼 때 그리 좋은 조짐이 아니었다. 그러나 피렌체 사람 중에 그런 재주를 지닌 사람이 단테만은 아니었다. 신기한 영감을 표출한 사람들이 '달콤한 새 스타일'을 표명한 시인과 작가 무리만은 아니었던 것이다. 사실 르네상스에 의해 가장 변모한 분야는 예술 분야, 그중에서도 회화였다. 그래서 대다수 사람들은 르네상스의 본질이라고 하면 곧장 회화를 연상한다. 현대 미국인 르네상스 전문가 라우로 마르티네스Lauro Martines는 여기에 대해 다음과 같이 심오한 근거를 제시한다.

예술 사회학에서 집중적으로 살펴보는 중요한 문제는 예술가들이 사회적 체험을 비유적 언어로 어떻게 바꾸는가 하는 것이다. 하나의 사회적 구조와 사회적 변화로서 사물을 바라보는 방식은 독특한 스타일로 표현되는데 이런 때 그 같은 비유적 언어가 생겨난다. 예술의 본질은 우리의 생각과는 무관하게 언제나 그대로이지만, 동시에 그것은 신비한 사회적 언어로 말을 걸어오기도 한다.

르네상스 회화의 기원은 보통 '조토'라고 간략하게 알려진 조토 디 본도네의 작품으로 잘 설명된다. 그때까지 중세 예술을 지배해온 비잔틴 전통과 획기적으로 결별한 화가가 바로 조토다.

조토는 1267년경 피렌체에서 대장장이의 아들로 태어났다. 그는 피렌체에서 북동쪽으로 40여 킬로미터 떨어진 베스피냐노 마을에서 가족 혹은 친척의 손에서 컸던 듯하다. 장난을 좋아하고 귀염성 있는 성격의 똑똑한 소년이었던 그는 어린 나이에도 산등성이에서 방목하는 양 떼를 보살폈다. 조토 생애의 자세한 내용은 주로 조르조 바사리의 《가장 저명한 화가, 조각가, 건축가 들의 생애》를 따른 것이다. 바사리는 조토 사후 약 200년 만에 그의 전기를 썼는데, 그렇게 오랜 세월이 흘렀지만 조토의 생애에 관련된 이야기가 상당히 남아 있었다. 그러나 그런 이야기들이 시간이 흐르면서 미화되었는지 아닌지와 관련해서는 별다른 증거를 제시하지 않았다. 어쨌든 증거와 무관하게 그 이야기들은 이 화가에 대해 많은 것을 알려준다.

바사리에 따르면 어린 조토는 양 떼를 돌보면서 방목지 근처의 땅이나 바위에다 돌로 그림을 그리면서 시간을 보냈다. 어느 날 피렌체 출신 화가 치마부에가 피렌체에서 베스피냐노로 여행을 왔다가, "뾰족한 돌을 가지고 암석의 평평한 부분에 양을 그리는 광경"을 보았다. 치마부에는 무학의 소년이 그린 사실적인 그림을 보고 깊은 인상을 받아 자기 화실로 와서 도제로 일해보라고 제안했다. 조토의 가족은 동의했고 어린 소년은 치마부에와 함께 피렌체로 갔다. 치마부에는 그 당시 그 도시에서 가장 유명한 화가였다. 비록 비잔틴 양식으로 그림을 그렸어도 그의 작품은 양식화된 등장인물에게 실제와 같은 분위기를 부여했고, 적절한 신체적 균형이 잡힌 사지四肢와 그림자 효과를 가미하여 리얼리즘의 요소를 더 강화했다.

조토는 빠르게 스승의 기술을 흡수했다. 그는 특히 치마부에의 사실주의적 양상에 깊이 흥미를 느꼈고, 양치기 시절에 그렸던 양 그림의 자연주의 양상을 더욱 발전시켰다. 바사리가 기록한 이야기에 따르면, 어느 날 스승의 화실에 혼자 남은 조토가 치마부에가 그린 어떤 인물의 코에 파리를 아주 사실적으로 그려 넣었다. 나중에 스승은 코에 앉은 파리를 보고 손을 여러 번 흔들어 쫓으려 했고, 그는 그런 스승을 보면서 은근히 재미있어했다. 이 이야기(혹은 전설)는 조토가 사실적인 세부에 얼마나 신경 썼는지를 잘 보여준다.

바사리가 들려주는 또 다른 이야기는 조토의 조숙한 재능은 물론이고 그의 독립적인 자신감을 보여준다. 치마부에의 화실에 재주 많은 젊은 화가가 있다는 소문은 피렌체 밖으로 퍼져나가 마침내 로마에까지 전해졌다. 교황까지 흥미를 느껴서 피렌체로 전령을 보내 조토의 재능을 보여주는 증거물을 가져오게 했다. 조토는 전령이 지켜보는 가운데 붓을 붉은 물감에 쓱 집어넣더니 "팔을 크게 돌리거나 컴퍼스를 쓰지도 않고" 완벽한 동그라미를 그려냈다. 전령이 다른 그림도 그려달라고 요구하자, 조토는 이 동그라미 하나면 충분히 자신의 재능을 보여줄 수 있다고 고집했다. 전령은 조토가 자기를 우롱했다고 확신하며 화실을 떠났다. 교황을 실망시키지 않기 위해 전령은 다른 화가들의 드로잉을 몇 점 수집해 조토의 동그라미 그림과 함께 로마로 가져갔다. 교황은 다른 드로잉에는 별로 관심을 보이지 않고 조토의 붉은 동그라미에 매혹되었는데, 전령이 그 동그라미를 그린 방식을 보고하자 더욱더 매혹되었다. 교황은 전령에게 이렇게 말한 듯하다. "자네는 조토의 동그라미보다 더 단순하군." 이 재치 넘치는 말은 동그라미가 품은 이중적 의미 때문에 그 후 일종의 욕설이 되었다. 토스카나 방언에서 톤도tondo라는 단어는 동그라미와 바보를 동시에 의미한다.

조토의 스승 치마부에는 아주 뛰어난 사람이었고 높은 예술적 기준을 가지고 있었다. 바사리에 따르면, 그는 자기 작품에서 결점을 발견하면 "그 작품이 아무리 고귀하다 할지라도 즉각 없애버렸다." 그는 조토에게 아주 엄격한 스승이었다. 치마부에가 아시시 마을로부터 성 프란체스코의 생애를 묘사하는 대형 프레스코화 제작을 수주하자, 조토는 스승을 따라 산을 가로질러 남동쪽으로 200여 킬로미터에 이르는 여행을 수행하며 조수로 일했다. 이 프레스코화는 지금도 아시시에 가면 관람할 수 있는데, 어느 부분을 치마부에가 그렸고 어느 부분을 조토가 담당했는지 오늘날까지도 학자들 사이에서 논란거리다. 이 그림에서 우리는 조토의 실력이 점차 늘었다는 것, 그리고 그가 스승에게서 많은 것을 배웠다는 사실을 알 수 있다.

조토는 곧 그 자신의 이름으로 그림을 그려달라는 주문을 받아 개성적 스타일을 발전시켰다. 자연을 직접 모방하는 그의 스타일은 '일 베로il vero'(진실한 것)라는 명칭이 붙었다. 그의 그림 속에 등장하는 인물들은 사실적인 배경 속에 배치되었고, 실제와 같은 자세를 취했다. 이는 정형화한 인물과 배경이 등장하는 비잔틴 양식과 뚜렷하게 구분되는 양식이다.

조토의 그림에서 발견되는 이러한 변화는, 그 당시 막 생겨나기 시작했던 다른 오묘한 전前 르네상스의 여러 변화와 궤를 같이하는 현상이다. 업무 특성 탓에 은행가들은 인생에 대해 좀 더 합리적인 접근 방식을 취하기 시작했다. 금전과 거래에서는, 중세 내내 교회가 권장해온 신앙의 신비주의와 비합리주의적 요소가 끼어들 여지가 없었다. 막연한 전망보다는 정확한 회계 장부가 상업 활동에서는 필수 요건이었다. 이러한 태도는 은행가와 상인에게서 시작되어 포폴라니popolani(소규모 자영업자와 숙련된 장인 계급)에게로 확산되었다. 마르티네스가 설명한 대로, 조토의 스타일은 "상업상의 거래로 먹고사는 사람들의 자기확신과 실용주의를 포착했다".

그러나 이처럼 신비주의적 세계관에서 회계 장부의 정확성으로 옮겨간 태도가 곧 종교적 신앙의 약화를 의미한다고 보아서는 안 된다. 이 회계사들과 상인들은 예전과 마찬가지로 독실한 기독교 숭배자들이었다. 이런 점은 회계 장부의 맨 앞쪽에 '하느님과 이윤의 이름으로'라는 문구를 써넣는 당시 상인들의 습관에서 충분히 엿볼 수 있다. 이 문구는 나름의 방식으로 중세적 세계관과의 깊은 일체감을 보여준다. 이윤은 이 세상의 회계 장부 속에서 얻어질 수 있지만, 우리는 또 저승에 가면 하느님의 심판을 받아야 한다. 죽음 이후에 우리의 지상 생활은 회계 장부처럼 결산되어야 한다는 말이다. 천상의 회계 장부에서 선행은 이윤으로 잡히고 죄악은 손실로 잡혀, 이 손실은 이윤에서 공제된다. 심판의 날은 우리 인생의 회계 장부를 결산하는 날인 셈이다.

이와 마찬가지로, 조토의 그림은 좀 더 절제되고 합리적인 현실 감각을 보여주긴 해도 이러한 방향 전환이 신앙으로부터 벗어나는 것은 아니었다. 조토의 그림은 거의 언제나 종교적이었다. 수태고지, 성모, 십자가형, 성 프란체스코를 비롯한 성인들의 삶에서 가져온 장면 등이 주된 소재였다. 물론 그는 구경꾼들을 묘사하면서 동시대 인물들을 끼워 넣는가 하면 심지어 자신의 모습을 그려 넣기도 했다. 우리는 이런 묘사 덕분에 조토가 어떻게 생겼는지 잘 알 수 있다. 코에 파리를 그려 넣고 완벽한 동그라미를 그리기도 했지만, 그런 그림들 속에서는 진지하고 말이 없고 자부심 강한 인물로 등장한다. 아마도 이런 특성이 그가 자신에 대해 전달하고자 하는 모습이었을 것이다. 또한 우리가 확보한 가장 믿을 만한 단테의 초상화도 조토가 제작했다. 바사리에 따르면, '조토는 단테에게 아주 좋은 친구'였다. 조토는 유배 중인 시인을 페라라에서 만났고, 단테는 그곳에서 조토가 그림을 한 건 이상 수주하게 해주었다고 한다.

조토의 단테 초상은 피렌체의 한 프레스코화에서 등장한다(화보 2). 이 초상은 바르젤로 포데스타(치안 최고 행정관으로 근무했던 외국인)를 위한 거주용 건물로, 대규모 총안銃眼을 갖춘 포데스타 예배당의 벽에 그려졌다. 이 초상은 단테 사후 약 15년이 지나서 그려졌는데 청년 시절의 모습을 충실하게 묘사했다고 알려졌다. 단테가 조토를 알게 된 것은 아마 청년 시절이었을 것이다. 조토가 그린 단테의 얼굴은 이목구비가 선명하여 강인한 사람이라는 느낌과 더불어 청년의 감성 속에 깃든 여성성도 암시한다. 이는 우리가 알고 있는 20대의 단테 모습과 일치한다. 《새로운 삶》을 집필한 명망 높은 저자는 동시에 캄팔디노 전투에서 기병대의 최전선에 배치되어 싸우기도 했으니.

조토는 20대 초반에 치우타(리체부타의 약칭)와 결혼했다고 알려져 있다. 조토 부부는 슬하에 여덟 자녀를 두었고 그중 한 아이는 화가가 되었다. 1301년 즈음, 조토는 피렌체에서 집을 샀다. 가난한 대장장이의 아들로 태어나 어린 시절 양치기였던 조토로서는 상당한 성취였다. 이제 조토의 창의적 재능은 빛을 발했고 그의 작품은 나이 든 스승 치마부에의 작품을 훌쩍 능가했다. 그의 새로우면서도 사실적인 스타일은 부유한 후원자들의 상상력을 사로잡았고, 바르디 가문과 페루치 가문으로부터 제작 의뢰를 받고 아차이우올리 가문으로부터 후원도 받았다. 그는 남은 생애를 대체로 이탈리아 전역을 여행하면서 주문받은 그림을 그렸고, 나아가 조각과 건축 일까지 맡았다.

조토가 후세를 위해 그려둔 자전적 초상의 모습과 달리, 바사리는 그가 유머러스한 성격이었다고 서술했다. 조토는 여행 중에 나폴리를 방문했는데 그곳의 왕 로베르토가 묵시록에 나오는 장면들로 한 예배당을 장식해달라고 요청했다. 전설에 따르면, 단테가 그런 장면의 이미지를 제안했고 조토가 그대로 그려주었다고 한다. 바사리는 이 시기의 화가를 이렇게 묘사한다. "왕은 조토가 그림 그리는 모습을 구경했고 화가가 하는 말 듣기를 기꺼워했다. 조토는 재치 있고 늘 유머 넘치는 답변을 해서 왕은 그의 그림뿐만 아니라 그의 이야기에도 크게 흥미를 보였다." 조토는 당시 교황청이 있던 아비뇽까지 가서 교황 클레멘스 5세를 만나기도 했다. 또 거기서 더 멀리 프랑스 북부 루아르 지방까지 작업하러 간 것으로 알려졌다.

다시 피렌체로 돌아와서 조토는, 역시 단테를 존경하던 작가 보카치오와도 친구가 되었다. 조토에 대한 다소 다른 이야기는 바로 보카치오에게서 흘러나왔다. 바사리는 보카치오의 증언에 근거해 이렇게 말한다. "피렌체를 통틀어서 그보다 더 못생긴 사람은 없었다." (조토의 자화상 한 점이 이런 진술을 은근히 암시한다.) 이와 관련해 또 다른 이야기가 보카치오의 견해를 확인해주는 듯하다. 조토가 이탈리아 중부를 여러 차례 여행하는 동안 그의 아내 치우타와 점점 늘어나는 아이들 무리가 변함없이 동행했다. 조토가 파도바의 스크로베니 예배당에서 그림을 그리고 있을 때 단테가 찾아왔다. 시인은 화가가 쾌활하게 작업에 몰두하는 동안 못생기고 지저분한 아이들이 화가 주위를 마구 뛰어다니는 모습을 보고 다소 놀랐다. 단테는 조토에게 이처럼 아름다운 그림을 그리는 사람이 어떻게 저렇게 못생긴 아이들을 낳았느냐고 물었다. 늘 재치가 넘치는 조토는 이렇게 대답했다. "밤에 만들어서 그렇습니다."

조토가 스크로베니 예배당에 그린 일련의 프레스코 벽화는 많은 사람들에게 걸작으로 평가된다. 그 벽화에는 성 처녀 마리아 생애의 여러 장면, '최후의 심판'을 묘사한 대형 그림 등이 그려져 있다. 이 그림들은 그 스타일이 독창적일 뿐만 아니라, 묘사된 사건의 해석도 독창적이다. 이 벽화는 일곱 가지 미덕과 일곱 가지 악덕도 묘사하는데, 각각의 장면에 등장하는 알레고리풍 인물들은 회색만 사용함으로써 마치 대리석 조각상 같은 분위기를 풍긴다. 이 벽화는 조토의 예술적 능력의 전성기인 1305년경에 그려졌다.

피렌체에서 사는 동안 조토는 화실에 도제를 여럿 두어서 그림 그리는 작업을 돕게 했다. 그 무렵 도시 당국은 일련의 문화 사업, 특히 건축에 착수했는데, 이탈리아 금융업의 최고 중심지(물론 베네치아는 이런 호칭에 적극 반발했겠지만)라는 피렌체의 위상을 충실히 반영하기 위함이었다. 이런 건축 공사에서 주축은 새로 건설하는 대성당으로, 나중에 산타 마리아 델 피오레('꽃의 성모 마리아')라는 이름으로 명명된다.• 이

• 오늘날까지도 피렌체의 스카이라인을 압도하는 이 건축물은 두오모(Duomo)라는 이름으로 널

건축물의 공사는 이곳을 고딕 양식으로 설계한 아르놀포 디 캄비오의 감독 아래 일찍이 1296년부터 시작되었다. 캄비오가 사망하고 12년 정도 지났을 무렵 조토는 이 장기 공사의 수석 건축가로 임명되었는데, 그가 주요하게 기여한 부분은 우아한 구조를 자랑하는 독립적 건물인 캄파닐레Campanile(종탑 건물)였다. 종탑은 전면을 백색과 다채색 대리석으로 장식해, 대성당 및 예배당의 외관과 조화를 이루었다. 조토는 유능한 건축가였을 수도 있으나 건축 분야에서의 야망과 능력은 획기적인 회화 작품에서 보여준 바와는 상대가 되지 못한다. 캄파닐레는 멋진 건축물이기는 하지만 그 스타일은 철저히 고딕 양식이다.

조토는 1337년에 고향 마을에서 일흔 정도의 나이에 세상을 떠났다. 바사리는 그의 죽음에 대해 이렇게 서술했다. "조토는 산타 마리아 델 피오레 교회의 묘지에 매장되었는데, 그 위치는 교회 입구 왼쪽이며 거기에는 그를 추모하는 하얀 대리석 기념비가 세워졌다." 1977년에 발굴 작업이 이루어지면서 이 무덤은 조토의 신체적 비밀과 관련된 놀라운 사실을 밝혀주었다. 조토의 유골이 발굴되어 2000년에 법의학적forensic 검사가 이루어졌을 때, 그 유골은 생전에 상당한 양의 화학 물질을 흡입했음이 객관적 증거에 의해 밝혀졌다. 그중에서도 화가의 물감에 많이 사용되는 비상과 납 성분이 압도적이었다. (조토는 생전에 그런 화학 물질을 직접 갈아서 사용했다.) 더욱이 두개골의 치아가 상당히 짓눌려져 마모된 상태였는데 이는 그가 종종 붓을 입으로 물고 작업했음을 알

리 알려져 있다. 일반 대중의 오해와 달리, 두오모라는 단어는 이탈리아어에서 '대성당'을 뜻하며 돔(dome)과는 아무런 관련이 없다. 돔 구조는 이 구조물이 설계된 지 100년도 한참 지나서 도입된 양식이다.

려준다. 그 유골은 분명 화가의 것이었다. 그런데 아주 놀라운 비밀을 하나 더 밝혀주었다. 그 유골은 키가 아주 작고 머리가 아주 크고 앞으로 툭 튀어나온 매부리코에 역시 튀어나온 눈을 가진 남자의 것이었다. 신장은 대략 120센티미터였을 것으로 보이는데 아마도 난쟁이로 태어난 사람이었을 것이다. 이 점은 피렌체의 산타 크로체 교회의 벽화에 등장하는 난쟁이가 조토의 자화상일 것이라는, 몇백 년에 걸친 전설과 일치한다. 다른 자화상들은 일부러 이 진실을 감추기 위해 극력 애를 쓴 것이다. 특히 밑에서 자신의 얼굴을 올려다본 자화상은 화가가 오만한 성격의 소유자라는 인상을 주는데, 이는 우리가 바사리의 기록으로 알고 있는 그의 상냥한 성격과는 매우 동떨어진 모습이다.

이제 조토의 친구인 작가 보카치오에 대해 알아보자(화보 3). 조토는 이 작가와 서로 비슷하게 현실적인, 혹은 허세 없는 인생관을 공유했다. 보카치요는 조토가 죽기 약 24년 전, 단테가 죽기 8년 전인 1313년에 태어났다. 그는 단테를 직접 만나보지는 못했으나 다소 거리를 둔 채 그를 존경했다. 앞으로 살펴보겠지만, 보카치오는 이탈리아 문학의 탄생을 가져온 위대한 피렌체 3대 작가 중 한 사람이다. (세 번째 인물은 페트라르카인데 다음 장에서 다룬다.)

조반니 보카치오는 사생아로 태어난 듯하다. 그의 출생지는 피렌체에서 남서쪽으로 30여 킬로미터 떨어진 작은 마을인 체르탈도다. 이곳은 바르디 은행을 위해 일한 피렌체 상인이었던 그의 아버지 보카치노 디 켈리노의 고향이기도 했다. 그의 어머니는 성명 미상이다. 어린 보카치오는 피렌체에서 성장하면서 가정교사의 교육을 받았는데 이 교사가 그에게 단테의 작품을 열광적으로 소개했다.

1326년, 보카치오의 아버지는 마르게리타 데이 마르돌리라는 피렌체 양가집 규수와 결혼했다. 이 무렵 보카치오의 아버지는 나폴리의 한 은행 지점장으로 임명되었다. 어린 보카치오는 아버지를 따라가 아버지가 일하는 은행의 서기로 도제 생활을 했다. 이 은행에서 산수와 회계를 배웠으나 그런 분야는 그의 기질과 맞지 않았다. 그리하여 아버지는 그를 나폴리 대학에 입학시켜 공부하게 했다. 1224년에 신성로마제국의 황제 프리드리히 2세가 건립한 이 대학은 유럽의 고색창연한 대학 중 하나로, 토마스 아퀴나스가 한 세기 전에 수학해 이미 유명해진 곳이었다. 그러나 보카치오는 회계 공부가 그러했듯이 법률 공부에도 곧 환멸을 느꼈다.

나폴리의 로베르토 왕에게 봉사하는 은행가인 아버지의 영향력 덕분에 이제 20대가 된 청년 보카치오는 궁정을 들락거리기 시작했다. 그러면서 그는 마리아 드 아퀴노라는 여성과 사랑에 빠졌는데, 왕의 혼외 딸로 태어난 그녀는 당시에 유부녀였다. 그와 동시에 그는 산문 로망스를 쓰기 시작했고 그의 애인은 그런 로망스 작품 다수에서 피암메타Fiammetta('작은 불꽃'이라는 뜻)라는 이름으로 등장했다. 보카치오는 니콜로 아차이우올리와도 친한 사이가 되었다. 피렌체 은행가 출신인 니콜로 아차이우올리는 궁정에서 상당한 영향력을 행사하다가 마침내 나폴리 왕국의 대집사장에 오른 인물이다.

바로 이 시기에 보카치오는 자신의 천직이 시인임을 깨닫고 고대 그리스 신화에 바탕을 둔 장시를 여러 편 썼다. 그중 하나는 〈일 필로스트라토Il Filostrato〉라는 제목을 달고 있었는데 '사랑 때문에 쓰러진 자'라는 뜻의 그리스어와 라틴어를 합성한 말이다. 이 시의 내용은 신화적인 트로이 전쟁 이야기를 각색한 것인데, 보카치오는 당대 나폴리 궁정의 분위기를 은근히 암시하면서 피암메타를 연모하는 마음을 노래한다. (보카치오의 이 이야기는 나중에 초서와 셰익스피어에게 영감을 불어넣었다.)

피암메타에 대한 보카치오의 연정은 곧 누구나 아는 사실이 된다. 베아트리체에 대한 단테의 사랑이 그러했듯이, 이 사랑 또한 순결한 '시적' 사랑이었음이 확실하다. 하지만 결정적 차이가 하나 있었다. 보카치오는 때때로 피암메타에게 말을 걸었고, 두 남녀는 서로의 감정을 알았으며, 서로 은근한 애정을 품었던 듯하다. 그렇지만 보카치오는 1340년에 나폴리를 떠난 것으로 알려졌다. 두 남녀의 '일'이 궁정 사람들의 입방아에 오른 지 2년도 채 안 된 시점이었다.

보카치오가 나폴리를 떠나게 된 데에는 여러 사건이 얽혀 있었다. 먼저 피암메타의 남편이 질투했을 가능성이 있다. 또 1340년에 소규모 전염병이 발생하여 떠날 수 있는 사람은 전부 다 그 도시를 떠났다. 동시에 정치적 상황도 악화되어 위태로워졌고 나폴리의 로베르토 왕과 피렌체 사이의 긴장이 격화되었다. 그러기 2년 전에 이미 보카치오의 아버지는 이런 정치 상황 때문에 피렌체로 돌아갔는데 아마도 그래서 그다음 해에 도산한 듯하다. 그리고 설상가상으로 보카치오의 생모까지 이 무렵에 사망했다.

보카치오는 피렌체로 돌아와서 별로 즐거움을 느끼지 못했다. 아버지는 그에게 행정부의 말단 서기 자리를 얻어준 듯하다. 그리고 바로 이 시기에 보카치오는 자신의 첫 걸작 〈피암메타〉를 썼다. 이 작품에서 처음으로 보카치오의 독창성이 분명하게 드러난다. 이 작품은 비가悲歌, elegy 형식을 취했는데, 피암메타의 목소리로 판필로Panfilo라는 남자에 대한 그녀의 감정을 서술한다. 이 이름은 보카치오의 가명이라는 사실 말고는 모호한 단어다. 판필로는 그리스어 판pan과 필로philo의 합성어로 '모두에게 사랑받는'이라는 뜻이지만, '모든 사람의 애인'이라는 뜻도 있다.

남자의 이름과 마찬가지로, 판필로에 대한 피암메타의 감정은 양면적이다. 피암메타는 자신의 비가를 가리켜 '그녀 자신이 사랑에 빠진 숙녀들에게 보내는 경고'라고 말한다. 이 시에서 그녀는 판필로와의 애정 관계가 내포하는 위험성을 서술한다. 19세기 영국 비평가 존 애딩턴 시먼즈John Addington Symonds는 이 작품을 이렇게 평가했다. "이 작품은 문학사에서 밖으로 드러난 작가의 주관적 정서를 묘사하려는 첫 시다. 베르길리우스와 오비디우스의 시대 이래로 이 같은 심리 분석의 분야가 나타난 적은 없다. 이 놀라운 작품의 저자는 여성의 은밀한 심리를 세세하게 분석함으로써 인간 감정을 탁월하게 해부하는 심오한 해부학자다."

위의 문장은 〈피암메타〉에 표현된 참신함과 깊은 통찰을 드러내준다. 이 작품의 전문적 서술은 학술적이었을 뿐만 아니라 심리적이고 정서적이었던 것이다. 그보다 앞서 단테는 베아트리체가 문자 그대로 자신의 심장을 먹어치우는 꿈을 묘사한 바 있었다. 그런데 보카치오에 이르러, 단테가 품은 소중한(혹은 심리적으로 어느 정도 암시된) 연정은 포기하고 좀 더 분명한 암시가 제시된다. 예컨대 피암메타가 자신의 느낌을 묘사하는 다음 문단을 들 수 있다.

> 나는 피곤하여 보드랍고 웃자란 풀밭 위에 누웠다. 그런데 나는 풀밭에 숨어 있던 뱀에게 발견된 듯하다. 내가 풀밭 침대에 누워 있는데 뱀이 내 왼쪽 가슴 아랫부분을 깨물었다. 그 깨물음의 고통은 처음 내 속으로 들어왔을 때 나를 불태우는 듯했다. 그러나 잠시 뒤 다소 안심이 되면서, 그러나 어떤 더 나쁜 일이 벌어질지 모른다고 두려워하면서, 나는 그 뱀

을 손으로 잡아 가슴에 가져오며 그 뱀에게 내 가슴의 온기를 전달할 수 있다면, 그 결과 그 뱀이 이런 배려를 고마워하며 나에게 좀 더 온순하게 대할 것이라고 공상했다. 그러나 뱀은 오히려 그런 호의로 더욱 대담해지고 고집스러워져서 그 끔찍한 입을 아까 상처 냈던 부분에 또 들이댔다. 그리고 한참 지나, 내 피를 빨아 마신 다음, 내가 저항하는데도 내 영혼을 뽑아냈다. 그리고 그 영혼을 가지고 내 가슴에서 떠났다.

보카치오는 이 반투명한 베일을 두른 비유에서 자신이 어떤 감정을 서술하는지 잘 알았다. 보카치오와 피암메타가 실제로 성관계를 맺어 그들의 사랑을 완결하지는 않았지만 여기서 그는 (피암메타의 관점에서) 그녀가 이 사건을 어떻게 느끼는지를 비유적으로 생생하게 표현한다. 이는 그들이 꿈꾸던 직접적인 성행위가 실제로 벌어졌을 때의 상황을 아주 솔직하게 묘사한 것이다.

여러 외부 사건들 탓에 보카치오는 피암메타를 잃고 나폴리를 떠나야 했다. 그런데 또다시 외부 사건들 탓에 피렌체를 떠나야 했는데 그러면서 자신의 최고 걸작을 쓰게 되었다. 우리는 이 상황을 좀 더 자세히 알아보기 위해 다시 한번 혼란스러운 피렌체 정치 상황을 살펴보아야 한다.

1330년대 후반에 이르러, 이탈리아 내 여러 도시 국가 사이의 경쟁으로 피렌체는 엄청난 경제적 불확실성의 시대로 접어들었다. 바르디가, 페루치가, 아차이우올리가가 운영하던 피렌체 3대 은행은 유럽 무대에서 최고 경쟁자인 베네치아 은행들에 의해 은밀하게 시장을 잠식당하고 있었다. 사태가 이렇게 된 데에는 3대 은행 모두가 잉글랜드 왕 에드워드 3세에게 막대한 자금을 대부해준 결과로 벌어졌고 사태가 심각해졌다.

군주와 통치자가 이러한 중세 은행의 발전에 근본적 장애물이라는 사실이 다시금 드러났다. 은행들은 엄청난 돈을 소유했지만 권력은 가지고 있지 않았다. 어떤 군주가 돈을 빌려달라며 은행을 찾아오면, 그건 거절하기 어려운 요청이었다. 그 은행들이 그 군주의 왕국 안에서 벌어지는 거래에 생계를 의존할 때는 말이다. 피렌체 은행들은 런던에 세운 지점들에 기대어 양모 무역을 원활하게 수행했고 피렌체의 양모 산업은 그런 무역에 의존했다. 당시 에드워드 3세는 현금이 부족한 상황이었는데 장차 백년전쟁으로 알려지는 프랑스와의 전쟁을 시작하려 했다. 백년전쟁은 1337년부터 1453년까지 거의 계속해서 벌어진 전쟁을 통칭하는 용어다. 피렌체 3대 은행은 잉글랜드에서 사업을 계속하려면 왕이 군대를 동원하는 데 필요한 막대한 자금을 왕에게 빌려주어야 했다. 일단 대부를 한 건 해주면, 원금을 되돌려 받을 전망이 있는 한, 또 다른 대부를 거절하기는 불가능했다. 그리하여 몇 년 사이에 왕에게 빌려준 돈은 엄청난 액수로 불어났다. 예를 들어 바르디 은행은 50만 플로린 금화를 대부했고, 페루치 은행은 그보다 약간 적은 액수를 빌려주었다.

그런데 베네치아 사람들이 이런 일들에서 어떤 역할을 했는가? 최근의 학술 연구는 베네치아 사람들이 피렌체 은행들을 크게 망쳐놓은 은밀한 요인임을 밝혀냈다. 피렌체는 내륙에 있는 도시여서 해양 무역을 하려면 바다를 항해하는 갤리선에 의존해야 했다. 이보다 50년 전, 피사의 해군이 제노바인들에게 파괴되었을 때 베네치아인들이 그 빈자리를 꿰차고 들어와 피렌체의 해외 무역을 담당했다. 이렇게 하여 베네치아는 토스카나 지역과 브뤼주 사이의 피렌체 양모 무역이 베네치아 갤리선을 통해 이루어지게 만들었고, 이 갤리선의 선장들은 피렌체 양모 무역에 대한 핵심 정보(그 수량, 가치, 손익 등)를 베네치아에 제공할 수 있었다. 그리고 베네치아에 유리하게 작용하는 요소가 하나 더 있었다. 비록 베네치아 두카트가 아직 피렌체의 플로린 수준에 못 미치는 경쟁 화폐였지만, 베네치아는 이제 지금地金 시장을 장악했기에 금값을 조종할 수 있었다. 따라서 플로린의 현행 환율은 베네치아에서 결정될 수 있었다.

한편 피렌체는 인접한 소규모 도시 국가 루카를 정복하려는, 비용이 많이 들고 어리석은 활동을 벌이기 시작했다. 토스카나 지방의 북서쪽 구석에 있는 루카는 해안으로 나가는 피렌체의 무역 루트를 가로막을 수 있는(하지만 별로 현실성은 없는) 위험성이 있는 지역이었다. 이 전쟁에 필요한 비용은 급격한 세금 징수로 이어졌고, 이는 시민들에게 광범위하고 심각한 불만을 불러일으켰다. 그러자 시민 반란을 두려워한 오래된 귀족 가문, 은행가, 상인 등 통치 집단은 과격한 조치를 취했다. 그들은 주변을 두리번거리며 임시로 피렌체의 통치를 맡아줄 강력한 인물을 찾기 시작했다. 결국 그들은 프랑스 귀족 고티에 드 브리엔•을 선택했다.

피렌체의 통치 가문들은 파를라멘토parlamento(의회)를 소집했다. 의회는 14세 이상의 모든 시민을 시내 중심부에 있는 피아차 델라 시뇨리

• 고티에 드 브리엔 백작은 파리에서 동쪽으로 160여 킬로미터 떨어진 곳에 대규모 개인 영지를 소유했다. 그는 다시 한번 피렌체와 동맹을 맺은 나폴리 왕 로베르토와 긴밀한 동맹을 맺었다. 고티에는 이 당시 아테네 공작을 겸임했는데 실제로는 명예직이나 다름없었다. 이 당시 아테네는 카탈로니아 사람들이 점령했기 때문이다. 그로부터 50년이 지난 후, 아차이우올리 가문에서 이 호칭을 획득했다. 네리오 아차이우올리가 카탈로니아 사람들을 몰아내는 데 기여했기 때문이다.

아(시뇨리아 광장)에 소집해 현안을 제시했다. 시민들은 고티에 드 브리엔을 1년 동안만 피렌체의 통치자로 옹립하게 해달라는 요구를 받았고, 이에 대해 찬성 혹은 반대를 표명해야 했다. 이 무렵에 시민들은 통치 가문에 심한 염증을 느끼고 있었던 터라 찬성하는 데에서 더 나아가 "종신! 종신!"이라고 외쳤다. 고티에 드 브리엔이 종신 통치자가 되기를 원했던 것이다.

그렇게 하여 1342년에 고티에 드 브리엔이 임명되었고, 그는 시민들의 충성에 대한 보상으로 포폴라니 계급 사람들을 통치 기관인 시뇨리아에 발탁하기 시작했다. 이런 조치는 당연히 통치 가문 사람들을 화나게 만들었다. 그러나 곧 고티에 드 브리엔이 독재자로서 통치하고 싶어 한다는 점이 분명해졌다. 그가 무거운 전쟁세 철폐를 거부하자, 시민들은 그에게 반기를 들었다. 도시의 모든 시민은 들고일어났고 고티에 드 브리엔은 400명의 군사와 함께 팔라초 델라 시뇨리아•로 퇴각했다.

이 당당한 석조 건물은 피렌체의 대성당 산타 마리아 델 피오레의 최초 설계를 담당했던 건축가 아르놀포 디 캄비오가 14세기 초에 완공한 것이다. 그는 역시 자신이 설계한 건물인 바르젤로를 이 건물의 모델로 삼아, 그 건물 비례를 확대하고 외부를 총안이 있는 커다란 사각형 모양으로 만들었다. 시뇨리아 임원들의 임기 중에 쓰일 관저로 지어진 이 건물은 시내 중심부에 있는 피아차 델라 시뇨리아를 내려다보았다. 팔라초 위로 우뚝 솟은 90여 미터 높이의 종탑은 그 전 세기인 13세

• 이 건물은 이후 여러 세기에 걸쳐 다른 이름들로 불렸고, 현재 '팔라초 베키오'로 알려져 있다. 그러나 뜻을 분명하게 하기 위해 나는 이 책의 전편에 걸쳐 팔라초 델라 시뇨리아라는 이름을 일관되게 사용했다.

기 초에 도시의 스카이라인을 지배했던 높다란 방어용 탑을 그 모델로 삼은 것이다. 이 종탑의 종을 울려서 의회에 참석할 시민들을 소환했는데, 그 소리가 암소의 울음소리와 비슷하다고 해서 시민들은 '라 바카La Vacca'(암소)라고 불렀다. 이렇게 해서 팔라초 델라 시뇨리아는 이 도시 공적 활동의 핵심이 되었다.

고티에 드 브리엔과 휘하 부대가 이 당당한 건물 안에서 칩거하자, 피렌체 시민들은 하나가 되어 들고일어났다. 연대기 기록자 빌라니는 자신이 목격한 광경을 이렇게 기록했다. "모든 시민이 말을 타거나 걸어서 거리로 나왔다. 시민들은 각자 동네 광장에 모여 깃발을 흔들며 소리쳤다. '〔아테네〕 공작과 그 부하들에게 죽음을! 민중 만세! 피렌체 만세! 자유 만세!'"

곧 군중은 팔라초 델라 시뇨리아의 높다란 창문 아래에 모여 고티에 드 브리엔을 추궁하며 그의 피를 요구했다. 그런 긴장된 상황의 폭발력을 누그러뜨려 보려고 고티에는 휘하 병사들에게 재판 없이 감옥에 가둔 죄수들을 모두 풀어주라고 지시했다. 동시에 그는 자신이 임명한 치안대장과 그의 아들을 죄수들과 함께 팔라초에서 내쫓았다. 빌라니는 미움받던 이 두 사람에게 군중이 어떻게 반응했는지를 기록했다.

> 그들은 먼저 아들에게 달려들어 아버지가 보는 앞에서 사지를 찢어서 육니肉泥로 만들어버렸다. 그런 뒤, 그 아버지를 공격하여 똑같이 해놓았다. 군중 가운데 한 사람은 긴 창으로 그 살덩어리를 찔러댔고, 또 다른 사람은 칼로 살덩이를 쿡쿡 찔렀다. 그들은 노래를 부르고 그 전리품을 높이 들어 올리면서 거리를 돌았다. 어떤 사람들은 그런 동물적 분노에 도취되어 심지어 그 살을 씹어 먹기까지 했다.

군중이 이렇게 히스테리에 빠져 정신이 없는 사이에, 고티에 드 브리엔과 휘하 부하들은 팔라초 델라 시뇨리아를 빠져나와 도시의 성문 밖으로 도주하는 데 성공했다.

1340년대 초에 이르러 피렌체 3대 은행인 바르디, 페루치, 아차이우올리는 전보다 더 심각한 곤경에 빠졌다. 사실 그들은 겨우 연명하는 수준이었다. 은행의 미수금 부채에 더하여, 베네치아인들의 은밀한 통화 조작이 피렌체의 통화에 영향을 미치기 시작했다. 빌라니는 이렇게 기록했다. "1345년에는 은이 많이 부족해 피렌체는 은화를 주조하지 않았다. … 은이 부족한 것은 모든 은화가 용해되어 해외로 반출되었기 때문이다." 이는 심각한 문제였다. 플로린 금화는 국제 무역에서 사용되었고 은화는 현지 상업을 위해 도시 내에서 유통되는 것이었기 때문이다. 그런데 이제 베네치아의 배후 조작으로, 국제 시장에서 평가되는 은화의 내재 가치가 액면 가치보다 더 높아졌다. 따라서 모리배들이 은화를 수집해 녹인 뒤에 그것을 해외에서 팔려고 하는 것은 전혀 놀라운 일이 아니었다.

이런 상황에 대응하기 위해 피렌체 당국은 새로운 은화를 주조하기 시작했다. 빌라니는 이렇게 기록했다. "백합과 성 요한이 장식된 아주 아름다운 은화로 누오비 구엘피nuovi guelfi라고 불렀다." 그러나 이 조치는 실제로는 은밀한 평가 절하였다. 누오비 구엘피 은화는 이전의 은화보다 액면 가치가 높게 부여되었으나 은의 함량이 그에 맞추어 늘어나지는 않았기 때문이다.

고티에 드 브리엔과 휘하 부하들을 쫓아낸 후, 군중은 통치 가문들을 상대로 파괴 행각에 나섰다. 바르디 가문이 특히 피해가 컸는데 여러 채의 저택이 약탈되거나 파괴된 이후에야 비로소 안정을 되찾았다. 그들 가문의 세 사람이 시에나의 위조범들과 은밀하게 공모했다는 사실이 알려지면서 바르디가는 더 큰 곤경에 내몰렸다. 그들은 교황령과 경계를 이루는 지역인 카스트로 남쪽의 깊은 산중에 주조소를 세워놓고 위조 화폐를 제조했던 것이다. 이는 심각한 문제였기에 피렌체 당국은 곧바로 카스트로를 급습했다. 다시 빌라니의 기록이다. "두 위조범은은 잡혀서 불태워졌는데, 그들은 바르디 가문의 세 사람이 시켰다고 자백했다." 바르디가 세 사람은 외국으로 달아났고, 궐석 재판에서 화형을 선고받았다.

이 무렵 바르디 은행은 몹시 절망적인 상황에 처했다. 잉글랜드의 에드워드 3세에게 빌려준 돈은 거의 두 배로 불어나, 50만에서 90만 플로린 금화가 되어 있었다. 신성로마제국 황제의 후손인 시칠리아 왕 피에트로 2세도 바르디 은행에 10만 플로린을 빚졌다. 페루치 은행은 에드워드 3세에게 60만 플로린, 시칠리아 왕에게 10만 플로린을 대부한 상태였다. 게다가 페루치 은행은 왕들에 대한 대부를 조달하기 위해 고객의 예치금을 전용해 다른 계좌 주인들에게도 30만 플로린을 빚진 상태였다.

그런데 1345년 1월, 영국 왕실은 "잉글랜드 조칙을 반포하여 왕실의 채권자들에게 갚아야 할 돈의 지불을 유예한다고 선언했다." 잉글랜드의 에드워드 3세가 부채 상환 약속을 어긴 것이다. 시칠리아 왕도 곧이어 동일한 선언을 했다. 하나의 카드 묶음처럼 움직인 피렌체 3대 은행은 먼저 바르디, 이어 페루치, 마지막으로 아차이우올리가 도산했다. 이것이 이야기의 전부가 아니다. 다시 빌라니다. "바르디와 페루치에 돈을 맡긴 다른 많은 회사와 개인도 … 모든 것을 잃었다." 3대 은행이 붕괴하기 이전에 유럽의 금융 중심지 피렌체에는 80개가 넘는 은행이 사업을 벌이고 있었다. 이중에 열두 개 정도를 제외하고 모두 부도가 났다.

생애 후반에 부오나코르시 은행에서 일한 빌라니마저 스틴케 감옥에 갇히는 신세가 되었다. 이 사실은 그의 연대기에, 역사가에게 바치는 설교 형식으로 모호하게 언급되어 있다.

> 중요한 사건들의 역사를 서술하는 것이 주된 임무인 사람은 진리에 관한, 침묵을 지켜서는 안 된다. 그는 후배 세대에게 귀감이 되어야 하고 그들에게 행동에 신중을 기해야 한다고 경고해야 한다. 그러나 이미 지나간 일에 대해서 우리는 용서를 갈망한다. 왜냐하면 이미 벌어진 일이 이 저자에게도 벌어졌고 그것이 그와 그의 양심을 무겁게 짓누르기 때문이다.

그렇지만 그가 자신을 고용한 은행가들에게 깊은 분노를 느꼈다는 데는 의심의 여지가 없다.

> 오, 저주받아 마땅한 저 게걸스러운 늑대들이여. 그들은 우리를 눈멀게 하고 우리 시민들을 미치게 하는 탐욕으로 가득하다. 통치자들에게서 이윤을 거두기 위해 그들은 전 재산을 걸고, 그것도 모자라 다른 사람들의 돈까지 끌어온다. 그들은 자신들의 권력과 지위를 도박으로 날리고, 모든 것을 탕진하며 우리 공화국의 가난한 사람들을 망하게 만든다.

빌라니에 따르면, 잉글랜드 왕이 바르디와 페루치 두 은행에 진 빚만 해도 "왕국 자체만큼 값나갈 정도로 어마어마한 액수였다." 21세기의 파산한 은행들과 달리, 크든 작든 이런 은행들이 국가로부터 '구제 금융'을 받을 가능성은 없었다. 피렌체의 대형 은행들은 현대 용어로 말한다면 "너무 커서 망할 수 없을지 모른다." 그러나 현대 정부와 다르게, 피렌체 도시 국가는 그런 문제에 개입할 처지가 아니었다. 바르디 은행과 휘하 무역 회사는 '유럽에서 가장 큰 상인'이었다. 피렌체 3대 은행은 국제적 규모로 금융과 무역에 종사하면서 유럽, 북아프리카, 레반트에서 지점을 운영했다. 반면에 피렌체 정부는 정치적으로 혼란스러운 도시 국가의 정부에 불과했고 연간 에스티모estimo를 가지고 정부를 운영했다. 에스티모란 모든 시민이 '자신의 능력과 가능성에 따라' 납부해야 하는 세금이다. 루카와 장기전을 펼치는 바람에 세금 부담은 급격하게 커지고 이미 지난 여러 해에 걸쳐 누적되었던 터라 바르디와 페루치 그리고 소규모 은행들을 구제하기 위해 세금을 더 부과하는 것은 생각조차 할 수 없는 일이었다.

에스티모는 그 이름이 암시하듯, 연간 수입으로 드러난 개인의 부를 감정한estimate 것이다. 이런 조세 제도는 지주에게는 유리한 반면, 임금 소득자에게는 불리했다. 언제나 그렇듯이, 소득이 높은 사람들은 소득을 감추거나 하다못해 최소화하려고 최선을 다했다. 이것은 필연적으로 소득이 낮은 사람이 세금을 더 많이 부담해야 한다는 뜻이었다.

에스티모는 종종 권력자들이 정적의 가문을 견제하기 위해 사용하기도 했다. 그런 가문들의 수입을 과장되게 부풀려서 과세하는 식이었다. 그러나 에스티모 제도는 부의 과도한 과시를 억제하는 효과가 있었다. 이는 모든 사람이 어느 정도는 평등하다는 환상을 유지함으로써 시민들에게 민주주의 정신을 촉진했다.

루카와의 전쟁을 비롯해 자금이 필요한 시기에 피렌체 당국은 프레스탄체prestanze라는 특별세를 부과할 수 있었다. 정부에 일시금으로 납부하는 형태의 '자발적' 대부였다. 돈을 빌려준 사람은 그에 대한 대가로 원금의 5퍼센트를 이자로 받았다. 성경은 고리대금업을 명시적으로 금지했으므로, 이런 조치는 종교 당국자들 사이에서 논쟁거리였다. '보험'을 부과하거나 환율을 조작하는 은행과 달리, 프레스탄체는 비록 좋은 목적을 위한 것이긴 했으나 노골적인 고리대금이었다. 그리하여 프란체스코 수도회는 이것이 고리대금이 아니라고 천명한 반면에 아우구스티누스회와 도미니크회는 고리대금이 맞는다는 입장을 취했다. 이때는 프란체스코회가 승리를 거두었으나, 은행과 프레스탄체에 관련된 고리대금 논쟁은 그 후에도 계속되었다.

바르디가, 페루치가, 아차이우올리가는 은행이 파산했어도 모든 걸 잃어버렸던 것은 아닌 듯하다. 빌라니 같은 소규모 업자는 파산하여 스틴케 감옥에서 한동안 옥살이를 했을지 모르나(이런 선고형은 종종 의무적으로 고문하는 기간이 포함되었다), 다른 많은 사람들은 숨겨둔 자금이 충분히 있어서 심한 궁핍을 모면할 수 있었다. 통치 가문들 중에 깡그리 망한 경우는 거의 없었다. 그 후 아차이우올리 가문이 성공을 거둔 사례를 보라. 약 40년 뒤에 그 가문의 가장은 아테네 공작 자리를 얻었다. 마찬가지로 바르디 가문도 올트라르노의 바르디 영지에 세운 가문의 팔라초를 여전히 유지했다. 페루치 가문도 여전히 피렌체 정계에서 어느 정도 영향력을 행사하는 세력으로 남았다. 이렇듯 통치 가문들과 은행가들이 도시의 정치에 계속해서 어느 정도 영향력을 행사하긴 했지만, 그들의 사태 장악 능력은 떨어졌다. 충성심을 확보하고 특히 투표에서 표를 얻으려면 그에 합당한 대가를 지불해야 했다. '후원'은 값비싼 사업이었다. 선거에서는 엘리트 가문들이 서로 경쟁했기 때문에 언제나 불확실한 요소가 끼어들었다. 어떤 특정한 가문이 주도적 세력으로 등장하면 무슨 일이 벌어질지 두고 보아야 했다. 개인 소유 은행들이 정부보다 더 커져버린 공화국의 민주 제도는 불가피하게 불안정할 수밖에 없었다.

이쯤에서 피렌체 은행 위기 사태의 전반적 피해 규모를 간단히 살펴보는 것도 가치 있는 일일 것이다. 중세에 벌어진 사태의 금전적 수치를 현대의 그것과 비교하는 것은 불가능하다. 중세 은행들의 비용과 현대 은행들의 비용은 차이가 크기 때문이다. 예를 들어 중세의 수공업은 현대의 대량 생산에 의해 대체되어서 많은 비용과 가치를 계산하기 어렵다. 그러나 상대적 가치의 관점에서 어느 정도 윤곽을 제시하는 것은 가능하다. 1340년대 중반에 장인은 연간 약 40플로린까지 벌어들이는 것으로 추정된다. 고위 정부 관리는 이보다 세 배 많은 돈을 벌었고, 부유한 가문은 약 1000플로린을 투자하면 중간급 규모의 새 팔라초를 지을 수 있었다. 그러므로 100만 플로린 이상이 되는 바르디 은행의 채권만으로도 팔라초 1000채를 짓거나, 장인 2만 5000명의 임금을 지불하거나, 시뇨리아의 임원부터 가장 낮은 직급인 필경사, 세금 징수원, 육체노동자들의 봉급을 합한 도시의 행정 비용을 몇 년 동안 감당할 수 있었다.

그 당시 도시 주민의 과반수 이상이 너무 가난해서 에스티모조차 납부하지 못했다. 그렇다고 가난한 사람들이 세금을 전혀 내지 않았다는 뜻은 아니고, 그들도 간접세를 냈다. 매일 아침 소농들이 돼지, 양, 소를 몰고 가거나, 건초 더미를 싣고 가거나, 과일과 채소를 실은 수레를 밀고 농촌에서 도시로 들어가면, 세금 검사관이 성문에서 기다리고 있다가 각 품목에 따라 일정한 액수의 스쿠디scudi(가장 낮은 통화 단위)를 징수했다. 와인과 소금, 빵을 만드는 밀가루에도 간접세가 부과되었다. 가벨라gabella라고 부른 이 세금은 수입세였던 셈이다.

그러다가 1348년에 은행 파산보다 훨씬 무서운 운명이 도시에 들이닥쳤다. 흑사병(페스트)이 흑해 북안 크림반도의 항구인 카파(오늘날의 페오도시아)에서 출발한 갤리선에 실려 이탈리아에 도착한 것으로 추정된다. 카파는 몽골족에게 포위 공격을 당했는데, 이 기수 전사들이 중앙아시아에서 예르시니아 페스티스Yersinia pestis라는 박테리아를 옮겨 왔다. 몽골족이 흑사병으로 죽은 자들의 시신을 성벽 너머로 내던져 포위당한 성내의 시민들에게 전염병이 퍼진 것이다.

전염된 사람들을 실은 갤리선이 1348년 1월에 베네치아와 나폴리에 도착한 후 흑사병이라고 알려진 전염병이 이탈리아 전역으로 퍼져나갔다. 이 전염병은 감염된 갤리선이 피사에 도착한 후에 토스카나 지방에 퍼진 것으로 보인다. 봄이 되자 병은 피렌체까지 퍼졌다. 그해 말의 상황을 빌라니는 이렇게 기록했다. "그 전염병은 피스토이아와 프라토[도시 성문에서 북쪽으로 몇십 킬로미터 가면 나오는 소규모 두 읍]보다는 이곳 피렌체에서 더 맹위를 떨쳤다. 볼로냐[북쪽으로 80여 킬로미터 떨어진 도시]와 로마냐[동쪽으로 아펜니노산맥을 넘어가면 나오는 아드리아해 연안 지역]에서도 인명 피해가 피렌체보다 덜했다."

빌라니는 그 전염병의 증상을 이렇게 묘사했다.

> 이 병은 사타구니와 겨드랑이에 종양이 생기는 것으로 그 증상이 드러난다. 전염된 자는 피를 토하기 시작하고 사흘 이내에 죽었다. … 이 전염병은 언제까지 지속될 …

이 대목이 빌라니 연대기의 맨 마지막 부분이다. 해당 날짜를 써넣기 직전에 빌라니 역시 흑사병으로 더 쓸 수가 없었다. 이 전염병은 유럽 전역을 신속하게 휩쓸어, 당시 유럽 전체 인구 가운데 적게 잡으면 30퍼센트, 많이 잡으면 60퍼센트 혹은 그 사이의 어느 규모에 달하는 인명 피해를 냈다. 이 병으로 죽은 사람은 2500만 명 정도로 추산된다.

4

토스카나 문학의 거장들

보카치오와 페트라르카 이야기

보카치오는 1341년경에 나폴리에서 피렌체로 돌아왔다. 그리하여 그는 흑사병이 창궐하기 이전에 그 도시에서 벌어진 혼란스러운 사건들을 고스란히 목격했다. 그가 도착할 무렵, 피렌체는 인구 8만 명이 조금 안 되는 유럽 선두 도시 중 하나였다. 그러나 이처럼 번창하는 도시에서도 살아가기는 쉽지 않았다. 피렌체 시민 2만 5000명은 양모업에 종사해 수입을 얻었는데, 불경기에 많은 사람이 해고되어 1000명 이상이 공공 구호금의 지원을 받았다. 또 다른 사람들은 영락하여 도시 내 거지가 되었다. 넝마를 걸친 사람들이 교회나 수도원 바깥에 길게 줄을 섰고, 몇몇은 아침마다 부유한 사람들의 팔라초 바깥에 모여 있다가 빵 조각이나 먹다 남은 음식 혹은 꿀꿀이죽 같은 것을 내다 주면 고맙게 받아 갔다.

낮이면 이런 거지들이 번화한 거리나 광장, 시장에 몰려들었다. 이들은 너덜너덜한 옷을 걸치고 해쓱한 몰골로 지나가는 사람들에게 동냥을 달라고 호소했다. 그중 많은 이가 그들을 부양하지 못하는 가정에서 내쫓긴 사람이었다. 주인에게 해고된 하인도 있었고, 남루한 인생을 영위하는 '타락한' 여자들, 쫓겨난 아내들, 너무 늙어 매춘부 노릇조차 할 수 없는 여자도 있었다. 관련 사료에 따르면 일부는 전쟁에서 돌아온 용병, 고아원에서 도망친 사나운 아이들, 정신이 허약한 사람들, 수감생활을 오래 하다가 나와 기아와 질병에 시달리는, 나이를 알 수 없는 사람들도 있었다. 또 피사에서 출항하는 갤리선에 징벌 대신 노잡이로 부역하다가 몸이 상해서 돌아온 사람, 도시 성벽 안에서 피난처를 찾아보려 한 농부도 있었다. 농부들은 소작지에서 쫓겨났거나 무법천지의 산적 때문에 농촌에서 도망한 사람들이었다. 인생을 제대로 감당하지 못하는 허약한 사람들이 모두 여기에 포함되었다. 그들은 인생의 음모와 불행에 걸려든 사람이거나 몸과 마음이 허약해서, 이도 저도 아니라면 불운으로 영락한 사람이었다.

이런 도시를 배경으로 하여 보카치오는 자신의 최대 걸작을 썼다. 단테의 등장인물들은 죽어서 저승의 배정된 지역에서 거주했지만, 보카치오의 인물들은 모두 살아 있고 이런 낯익은 풍경 속을 돌아다니면서 단테가 그토록 저주했던 온갖 죄악을 저지를 기회를 찾는 사람들이었다. 바로 이런 사람들이 그가 창작하고 그에게 연민을 불러일으키는 인물들이었다.

피렌체에 흑사병이 퍼졌을 때 서른다섯 살이었던 보카치오는, '유럽에서 가장 고상한 도시'라는 평가를 받던 도시에 그 전염병이 어떤 악영향을 미쳤는지 묘사했다. 이제 흑사병이 널리 퍼진 도시는 노천 시체 안치소와 같은 끔찍한 풍경과 악취를 풍겼다. 그는 '눈으로 직접 본' 광경을 아주 생생하게 묘사했다.

어느 날 나는 거리에서 흑사병으로 죽은 거지의 너덜너덜하고 지저분한 옷을 보았다. 거리에 버려진 그 옷을 돼지 두 마리가 발견했다. 돼지들은 그들의 전형적인 방식대로 그 옷에다 코를 들이밀더니 이리저리 뒤지기 시작했다. 그러다가 옷을 이빨 사이에 물고 마구 흔들자 옷자락이 돼지의 뺨에 탁탁 부딪혔다. 돼지들은 곧 마치 독약을 먹은 것처럼 길바닥에 쓰러졌다. 그러더니 거의 곧바로 죽었고, 죽은 몸뚱이가 저 남루한 비렁뱅이의 옷 위에 덜렁 나자빠졌다.

그 도시에서 도망쳐 나올 수 있었던 다른 사람들과 마찬가지로, 보카치오는 콘타도로 갔다. 그 자신의 증언에 따르면, 그는 피렌체를 내려다보는 산등성이에 있는, 한적한 피에솔레의 외진 별장에 피신했다. 그로부터 몇 년 뒤에 그를 아주 유명하게(혹은 악명 높게) 만들어준 이 책에서 보카치오는 그 시절을 소상하게 묘사했다.

나는 사랑에 빠진 숙녀들을 구원하기 위해, 백 가지 이야기를 여기에 기록해두려고 한다. 이 이야기는 고상한 숙녀 일곱 명과 고결한 청년 세 명이 치명적인 흑사병을 피해 피신처에 머무른 열흘 동안 서로 주고받은 것들이다. 이 이야기들에서 독자는 즐겁거나 비극적인 사랑을 발견할 것이고, 과거에서뿐만 아니라 오늘날에도 얼마든지 벌어질 수 있는 운명의 사건을 만날 수 있을 것이다.

노벨라novella(주로 고대와 중세의 설화를 다루는 글 형식으로, 짧은 이야기라는 뜻의 이탈리아어—옮긴이)를 비롯해 조금 긴 에피소드까지 망라하는 이 이야기들은 나중에 이탈리아어가 되는 피렌체 방언으로 쓰였고, 그 방언으로 쓴 산문 중에 최초로 위대한 작품이다. 보카치오는 책 이름을 《데카메론Decameron》이라고 지었다. 이것은 '10'을 의미하는 그리스어 데카déka와 '날'을 의미하는 헤메라hēméra의 합성어로, 소설의 시간적 틀이 되는 열흘을 뜻한다. 이 소설은 때때로 단테의 《신곡La Divina Commedia; Divine Comedy》과 대비해 《인곡Umana Commedia; Human Comedy》으로 불리기도 한다. 정말로 이 두 작품은 꽤나 대조적이다. 단테는 저승 세계를 표현할 때 아주 근엄한 얼굴로 심판하거나 숭고한 경배를 바친 반면에, 보카치오는 아주 세속적인 성격의 생생하면서도 구체적인 이야기를 썼다. 그 이야기들은 통속적인 주제(종종 아주 파격적이다)부터 배신과 황음의 상스러운 이야기, 과감한 모험, 소란스럽기 짝이 없는 비행非行에 이르기까지 다양한 범위를 아우른다.

보카치오가 영웅으로 떠받든 단테가 종교를 높이 찬양했다면, 보카치오는 성직자들과 교회를 마구 조롱하는 쪽을 선택했다. 이러한 반反종교적 태도는 흑사병의 처참한 파괴 현장을 목격한 많은 사람의 생각과 일치한다. 그런 상황에서 그들은 아무리 경건한 태도로 기도를 올려도 끔찍한 죽음의 고통에 빠진 가련한 희생자들을 구할 수 없었다. 흑사병에 대한 끔찍한 공포를 느끼고 그들 자신도 그런 처참한 죽음을 맞이할 운명이라는 생각이 들자, 많은 이들이 예절과 규범을 내팽개치고 방탕한 생활에 몸을 내맡겼다. 어떤 사람들은 알몸으로 거리를 뛰어다니다가 즉흥적으로 환락 행각에 빠져들었다. 어떤 사람들은 술을 진탕 마셨고, 부유한 사람들의 집을 약탈했으며, 온갖 신성 모독적 행위를 자행했다. 이런 행태에 대한 증거는 당대의 보고서에서 많이 발견된다. 소란스럽고 종종 음탕한 이야기를 들려주려는 보카치오의 충동 속에는 이런 자포자기의 심정이 깃든 듯하다.

온갖 투박한 야성미와 술수를 품은 《데카메론》 속의 이야기들을 본 많은 이들이 중세의 생활이 실제로 그러했을 것이라고 생각했다. 그러나 이렇게 말하면 좀 기이하게 들릴지 모르겠지만, 그 이야기들 중 상당수의 원작은 중세 때의 것이 아니다. 대부분은 헤로도토스의 저서나 《아라비안나이트》의 셰에라자드가 들려주는 이야기처럼 여러 옛 자료에서 가져온 것들이다. 그래서 많은 이야기가 고전풍이고 실제로 어떤 이야기는 고전이다. 그 이야기들의 기원이 무엇인지 알아내기 어려운 경우도 있지만, 어쨌든 그것들은 시간의 검증을 견뎌냈다. 재미있으면서도 교훈적인 그 이야기들은 우리 인간의 약점과 노골적인 야망을 자세히 들려준다. 간단히 말해서, 매우 인간적이다. 그리고 보카치오가 그런 방향에 맞추어 이야기해서 더욱더 인간적이다. 이 책은 좀 더 박식하고 세련된 특징을 보이는, 곧 도래할 르네상스 시대로 진입하기 직전의 중세 문학이다. 그 르네상스는 바야흐로 새로운 인문주의를 표방할 터였다. 아니, 이런 포르노그래피 같은 이야기, 즐거운 농담, 세속적인 음담패설이 철학과 무슨 관련이 있단 말인가? 그 질문에 대해 우리는 이렇게 대답할 수 있을 것이다. 그 이야기들의 인문주의는 그 인간적 특성에 깃들어 있다.

이런 이야기들의 도덕성을 신랄하게 지적할 수도 있겠지만, 그보다는 그것들이 정확하게 무엇을 말하려 하는지 알아볼 필요가 있다. 먼저, 지나치게 문제적 반향을 일으키는 바람에 때때로 어떤 판본에서는 삭제되는 이야기를 보자. (어떤 외국인 번역자들은 초창기 이탈리아 문학의 고전적 산문 작품을 상대한다는 사실을 잘 알았기에, 절망에 빠져 양손을 번쩍 들면서 이 이야기를 다룬 페이지들을 이탈리아 원문 그대로 내버려두었다.)

많은 시인들이 우리의 귀에 들려줄 만한 이야기가 아니라고 여긴, 이 이야기의 줄거리는 무엇인가? 이 이야기의 여주인공은 '마음이 단순한' 알리베크로, '아름다우면서도 신체가 잘 발달한 14세 소녀'다. 북아프리카에서 사는 알리베크는 비록 기독교인은 아니지만 이 종교에 깊은 인상을 받아서 한 기독교 신자에게 '하느님을 잘 섬기는' 방법이 무엇이냐고 물었다. 가장 잘 봉사하는 신자는 세속적 안락을 멀리하고 사막 한가운데로 들어가 숨어 사는 사람이라고 그 신자가 말했다. 그래서 '논리적이기보다는 청소년다운 강력한 충동에 사로잡힌' 그녀는 사하라 사막으로 가서 그 은자들이 살아가는 방식을 직접 살펴보기로 한다. 그녀가 찾아낸 첫 번째 수도자는 '아주 어리고 아름다운 소녀'가 찾아온 것을 보고 그녀를 다른 곳으로 보냈다. "그녀를 자신의 보호 아래 두었다가는 악마가 곧바로 자신을 사로잡을 것 같았기 때문이다." 두 번째 수도자도 미지근한 태도를 취하기는 마찬가지였으나, '아주 친절하고 신앙이 독실한 루스티코라는 젊은 수도자'를 찾아가보라고 안내했다. 마침내 알리베크는 루스티코의 암자에 도착했다. 루스티코는 자신이 '쇠와 같이 단단한 의지의 소유자임을 스스로에게 증명하고 싶어서' 알리베크에게 그날 밤 자신의 암자에서 묵으라고 초청했다. 그는 그녀를 위해 종려나무 잎사귀로 엮은 침대를 만들어주었다.

밤중에 루스티코는 자신의 암자에서 잠든 아름다운 소녀 말고는 아무것도 생각할 수가 없었다. 그는 머리를 쥐어짜며 '그녀에게 살며시 다가가되, 호색한 접근이 아니라는 것을 이해시킬 수 있을지'를 생각했다. 이어 그는 잠자는 소녀를 깨워 악마가 얼마나 강력한 존재인지를 설교했다. 그러면서 그 악마를 다시 그가 도망쳐 나온 지옥으로 돌려보내는 사람을 하느님은 가장 기특하게 여긴다고 말했다.

긴 이야기를 짧게 줄이자면, 이 두 사람은 알몸 상태로 무릎을 꿇고

기도를 올리게 되었다. 그러나 루스티코는 너무나 욕망에 사로잡혀서 '육체의 부활'을 체험하게 된다. 순진한 알리베크는 루스티코에게 물었다. "당신 앞에 툭 튀어나온 저것은 무엇인가요? 그런 건 본 적이 없어요." 루스티코는 "이것이 바로 내가 말한 그 악마입니다"라고 대답했다.

알리베크는 자신에게는 처치해야 할 그런 악마가 없는 것에 하느님에게 감사했다. 루스티코는 그녀의 말에 동의한 뒤, 그녀는 그가 갖지 못한 것을 갖고 있다고 말했다. "그게 뭔데요?" 알리베크가 물었다. "당신은 지옥을 가지고 있어요." 루스티코가 대답했다. 이어 하느님이 그 악마를 지옥으로 돌려보내기 위해 그를 그녀에게 보내셨다고 말했다. "아, 수도자님, 내가 정말로 지옥을 가지고 있어요? 그럼 하느님이 원하시는 대로 그 악마를 지옥으로 보내도록 해요." 곧바로 두 사람은 그 행위에 돌입했고 그 후에도 계속 되풀이했다.

그러다가 알리베크가 그에게 말했다. "내 생각에, 악마를 지옥으로 보내기 위해 온 힘을 쏟지 않는 사람은 바보예요." 여러 날 동안 두 사람은 악마 퇴치 작업을 계속했고, 마침내 지쳐버린 루스티코는 '열광적인 알리베크'의 끊임없는 요구를 당해낼 수가 없었다.

이 이야기는 아주 짜릿하지만 현실성은 별로 없다. 이야기는 계속 진행되지만 결국 이렇다 할 도덕 없이 끝난다. 다만, "하느님의 은총을 바란다면 악마를 지옥으로 돌려보내고, 그러면 관련자 모두가 (심지어 하느님과 악마조차) 커다란 즐거움을 얻게 될 것"이다. 보카치오의 서술은 경박하지만, 어린 알리베크의 충동과 루스티코의 강력한 욕망을 묘사할 때 날카로운 심리적 통찰을 보여준다. 이 이야기의 출처에 대해, 보카치오는 작품 속 화자로 하여금 제노바에서 전해오는 오래된 이야기라고 말하게 한다. 그러나 학자들은 아마도 베네치아의 이야기일 것이며, 13세기 말 중국에서 돌아온 마르코 폴로가 해준 쿠블라이 칸 이야기에서 영향을 받았을 것이라고 본다. 이 이야기의 궁극적 주제는 1360년대보다는 1960년대에 더 어울리는 교훈으로 보이는데, 보카치오는 이처럼 흥미로운 이야기와 엉터리 도덕으로 가득한, 800페이지나 되는 대작을 1360년대 무렵에 완성한 것으로 보인다.

그동안에 보카치오는 피렌체 행정부에서 중요한 자리에 올랐다. 도시의 인구를 8만 명에서 5만 명으로 감소시킨 흑사병 창궐 이후에 급속히 승진한 것이다. 1350년, 보카치오는 피렌체 외교 사절단의 단장이 되어 멀리 베네치아, 밀라노(피렌체의 주요 동맹), 아비뇽(교황청 소재지), 브란덴부르크까지 일행을 인솔했다. 이런 바쁜 외교 활동을 펼치는 와중에 보카치오는 자신이 어렸을 때 라벤나에서 사망한 단테의 전기까지 집필했다. 그 당시 피렌체에는 유배 이전에 단테와 알고 지내던, 나이 든 사람들이 여전히 살아 있었다. 보카치오는 이런 원로들의 증언도 전기를 쓸 때 참고했으나, 현대 학자들의 연구에 따르면 그 증언 모두가 신뢰할 만한 것은 아니라고 한다. 둘의 성격은 사뭇 달랐지만 보카치오는 단테를 매우 존경했다. 그래서 그는 베아트리체에 대한 단테의 사랑을 두고 '오늘날의 세상에서 대단한 경이'라고 규정했다.

이 무렵 보카치오는 토스카나 문학의 3대 거인 중 한 사람인 프란체스코 페트라르카를 만났다. 그는 보카치오보다 열 살 연상이었고 생애의 대부분을 유배 상태로 지냈다. 페트라르카의 철학적 인문주의는 보카치오가 나폴리에서 지내던 어린 시절부터 그에게 상당한 영향을 미쳤다. 그렇지만 인문주의가 《데카메론》에 미친 영향이 철학적이지는 않았다. 보카치오는 이 유명한 시인이 피렌체를 방문했을 때 처음 만났는데, 그를 환영하는 대표단의 단장이었다. 보카치오는 페트라르카를 자신의 집에 유숙시켰고 그 과정에서 친밀한 사이가 되었다. 이 교제는 페트라르카가 피렌체를 떠난 이후에도 이어졌다. 페트라르카는 보카치오의 소란스러운 문학적 기질을 다소 진정시키는 데 영향을 미친 듯하다.

1360년 무렵 보카치오는 또 다른 대작인 《저명한 여성들에 관하여De Mulieribus Claris》를 쓰기 시작했다. 이 책은 신화 시대에서 시작해 과거 역사 시대, 그리고 당대에 이르기까지 유명한 여성 106명의 생애를 기록한 것이다. 페트라르카의 영향도 받고 그 자신도 이미 원숙한 나이였음에도 보카치오는 여기에 악명 높은 여성도 다수 포함시켰다. 그가 다룬 여성은 이브, 클레오파트라, 봄의 여신이면서 매춘부의 수호성인인 로마 여신 플로라, 9세기 잉글랜드 여성 조안 등 아주 다양하다. 특히 맨 마지막 인물인 조안은 남자로 변장하고 다니다가 마침내 교황이 되었으나, 종교 행사를 치르면서 아이를 낳다가 사망했다.

1361년, 피렌체에 쿠데타가 벌어졌다가 실패해 음모자들이 일제히 검거되어 처형되었다. 보카치오는 그 음모에 어떤 역할도 하지 않았으나 그의 친구 몇 사람이 연루되어, 그는 고향 마을인 체르탈도로 은퇴하는 것이 현명하겠다고 판단했다. 여기서 그는 여생을 보냈다. 그는 뚱뚱하고 불평 많은 노인이 되어 여자들이 자기를 무시하며 신경을 쓰지 않자 점점 더 불만 많은 노인이 되어갔다. 결국 그는 자기 자신과 세상에 절망했다. 화가 난 나머지 자신의 저작에 영감을 준 원천인 소장 도서들을 불태워 버리려 했으나 페트라르카가 극력 말리는 바람에 그만두었다. 보카치오는 1375년 말 한겨울에 예순둘의 나이로 세상을 떠났다.

프란체스코 페트라르카가 태어난 곳은 아레초라는 토스카나 지방의 독립 도시지만 그의 아버지와 어머니의 집안 모두 대대로 피렌체 사람이었다. 그가 아레초에서 태어난 것은 아버지가 그곳으로 유배되었기 때문이다. 어린 시절 그는 피렌체에서 상류로 거슬러 올라가는 아르노 강변 인치사 마을에서 성장했다. 그는 어머니 손에서 자랐고 유배 중인 아버지는 몰래 이 마을로 어머니를 찾아왔다. 페트라르카의 아버지는 단테의 친구였고, 마찬가지로 유배 중이었던 단테는 1321년까지 생존했으나 고향에 돌아가지는 못했다. 1321년은 페트라르카가 태어나기 약 17년 전이다. 이 무렵 페트라르카의 집안은 프랑스 남부 도시 아비뇽에서 살았다. 교황 클레멘스 5세는 교황청을 로마에서 프랑스 아비뇽으로 옮겨 물의를 일으켰는데,• 교황청 공증인(교회법을 다루는 법률가)이던 페트라르카의 아버지도 교황을 따라 거기로 가서 살게 된 것이다. 아버지는 아들에게 법률 공부를 하라고 고집했다. 어린 페트라르카는 그다지 내키지는 않았으나 착한 아들답게 7년간 법률을 공부했다. 처음에는 몽펠리에 대학을 다녔고 이어 볼로냐 대학으로 옮겼는데 이때 동생 게라르도도 함께 다녔다. 대학 시절, 페트라르카는 라틴 문학을 발견하고서 깊이 흥미를 느꼈다. 부모가 세상을 떠나자 법률 공부를 포기하고 26세에 아비뇽으로 돌아갔다.

그곳에서 페트라르카는 교황청의 고위 성직자들과 교유했다. 재치 넘치는 유창한 언변과 박학다식 덕분에 어디를 가든 친구를 많이 사귀

• 빌라니에 따르면 클레멘스 5세는 자신이 교황으로 선출되는 데 도움을 준 프랑스 왕 필리프 4세에게 은밀하게 교황청 이전을 약속하여 이렇게 행동할 수밖에 없었다. (클레멘스 5세는 교황 피선의 통상적 자격인 추기경도 이탈리아인도 아니었지만 교황에 선출되었다.) 아비뇽으로의 교황청 천도는 결국 대분열을 불러왔다. 로마와 아비뇽에 각각 교황이 따로 존재하게 된 것이다. 나중에 제3의 교황이 나타나면서 3인 교황 시대가 열렸는데, 이때 각 교황은 나머지 두 교황을 불법이라며 파문했다.

었고, 아비뇽에서는 귀족 가문인 콜론나가의 두 형제와 매우 친밀한 교우 관계를 맺었다. 동생 자코모 콜론나는 롱베즈의 주교였고, 형 조반니 콜론나는 추기경이었다. 자코모의 알선에 힘입어, 페트라르카는 교황 베네딕투스 12세에 의해 롱베즈 성당의 한직인 참사회원으로 임명되었다. 롱베즈는 프랑스 툴루즈에서 남서쪽으로 약 50킬로미터 떨어진 작은 읍이었다. 이 한직 덕분에 페트라르카는 거기서 나오는 봉급으로 생활할 수 있었다.

페트라르카는 그 후 여러 해 동안 플랑드르, 보헤미아(체코 공화국), 당시 중세 문화의 지적 중심지였던 파리를 비롯해 두루두루 여러 지역을 여행했다. 그는 파리에서 성 아우구스티누스의 저작을 만났다. 4세기 사람인 성인은 로마 제국의 마지막 위대한 철학자였다. 성 아우구스티누스는 기독교와 깊은 관계를 맺으면서 동시에 혼란스러운 관계를 유지하기도 했다. 흥미로운 것은 플라톤의 철학과 기독교의 교리를 결합시킨 사람이 바로 그였다는 사실이다. 그 덕분에 기독교는 예전과 달리 지적 호소력과 깊이를 갖출 수 있었다. 우리가 앞으로 살펴보겠지만, 플라톤에 대한 관심의 부활은 르네상스에 아주 중대한 영향을 미친다.

17세기 프랑스 철학자 데카르트는 모든 것에 의심을 품으며, "나는 생각한다, 그러므로 나는 존재한다Cogito, ergo sum"라는, 회의론을 넘어서는 저 유명하고 굳건한 결론을 내렸다. 그런데 이보다 거의 1500년 앞서서 성 아우구스티누스는 "나는 세상에 의해 기만당하지만, 그래도 나는 존재한다Si fallor, sum"라는 명제를 이미 내놓았다. 이 같은 내적 성찰과 자아 발견을 향한 위대한 발걸음은 페트라르카의 인품 형성에 결정적 영향을 미쳤고, 인문주의 철학을 발전시키는 밑바탕이 되었다. 인문주의가 발달함에 따라 새로운 인간, 바로 그것이 생겨나고 있었다. 인문주의의 창시자 페트라르카는 자신에게 사상적 영감을 안겨준 성 아우구스티누스를 중시하여 어디로 가든 반드시 그의 저작을 휴대했다.

페트라르카는 늘 새로운 명승지나 흥미로운 장소를 찾아다녀서 '최초의 관광객'이라는 별명을 얻었다. 그는 장서가 많다고 소문난 수도원이나 교회의 도서관을 일부러 찾아갔다. 그 덕택에 다수의 서지학 관련 발견을 했고 망각되거나 알아보지 못한 원고도 다수 발굴했다. 그런 곳에 머무르는 동안에도 그는 지속적으로 친밀한 교우 관계를 많이 맺었으며, 나중에는 그들과 끊임없이 편지를 교환하며 우정을 지켰다.

페트라르카의 첫 대작은 라틴 육보격 운율로 쓰인 〈아프리카〉라는 서사시다. 이 시는 로마 장군 스키피오 아프리카누스의 빛나는 군사적 업적을 노래한 것이다. 스키피오는 기원전 202년에 북아프리카의 자마 전투에서 카르타고 사람들을 결정적으로 물리친 로마 장군이다. 페트라르카는 〈아프리카〉 덕분에 높은 명성을 얻었고, 그 당시에 다시 제정된 계관 시인에 추대되었다. 고대부터 있었으나 한동안 중단된 계관 시인 자리에 임명된 사람에게는 월계수 잎사귀로 만든 관이 하사되었다.

페트라르카의 높은 영예, 그가 지은 라틴어 서사시는 르네상스 직전의 고전에 대한 관심을 예고하고 중세 시대의 종언을 고하는 징표였다. 페트라르카가 이러한 시대 변천에 결정적 역할을 한 것은 그가 만들어낸 신조어 '암흑시대'에서도 엿볼 수 있다. 그는 중세 전체를 가리켜 이 말을 썼으나, 지금은 기원후 476년에서 새로운 밀레니엄이 시작되는 1000년까지를 가리키는 용어로 사용된다. 하지만 이제 이마저도 점점 더 의문시되는 상황이다.

나는 앞에서 동시대 사람들은 지금 무슨 일이 벌어지는지 의식하지 못한다고 말했으나, 페트라르카는 14세기 이탈리아 세계에서 엄청난 변화가 일어나고 있다는 사실을 민감하게 의식한 듯하다. 이러한 유럽 사상의 대변화를 이끌고 나간 힘은 인문주의였고 페트라르카는 그 새로운 사상을 초창기에 적극적으로 지지한 인물이다.

이런 새로운 전망의 전반적 의미를 이해하려면 그보다 선행하는 정신 세계를 파악할 필요가 있다. 우리가 이미 살펴본 바와 같이, 중세에 기독교는 일상생활의 모든 부분을 지배하는 중요한 요소였다. 우리가 이승에서 보내는 생활은 다가올 세상(저승)에 대한 예고편에 지나지 않는다. 우리는 사후에 이승에서 어떤 생활을 영위했는지에 따라 심판을 받고, 단테가 《신곡》에서 묘사한 것처럼 공과에 따라 각자 지옥, 연옥, 천국으로 가게 된다. 이에 반하여 인문주의는 이승에서 우리의 인간성을 적극적으로 표현하면서 살아야 한다고 역설한다. 다시 말해 저승보다 이승을 중시하며 인간의 본성에 충실한 삶을 살아야 한다고 보았다.

이처럼 본질적으로 이교도적 정신이 고대 세계의 철학자, 저술가, 예술가 들의 정신세계에 깊이 스며들어 있었다. 바로 이 점 때문에 고전 시대의 저술가들에 대한 관심이 높아졌다. 재발견된 이들의 저서가 서유럽 세계에 전파되기 시작했다. 이런 저서들은 동양에서 왔다. 먼저 동부 비잔티움 제국에서 왔고 나중에는 아랍 세계에서 이븐시나의 아리스토텔레스 번역본이 들어왔다. 또 우리가 앞에서 살펴본 대로, 이런 새로운 학문은 피보나치가 유럽에 소개한 인도-아랍 숫자 체계 등 다른 동양의 사상도 포함되었다. 그보다 시간적으로 조금 더 뒤에, 학자들은 새로 발견된 고전 저작들의 오래된 필사본을 재발견하고 수집하기 시작했다. 그전까지 사람들은 이런 원고들이 완전히 인멸되었다고 생각했다.• 이 수고본 재발굴 작업에서도 페트라르카는 주도적 역할을 했다.

교육 역시 바뀌기 시작했다. 스콜라 철학에 바탕을 둔 중세의 교육은 문법, 수사학, 논리학을 강조했다. 그러니까 라틴어로 쓰고, 말하고, 생각하는 방법, 즉 명석함, 세련된 논증, 이성을 중시했다. 하지만 이런 교육은 점차 경직된 형식주의에 빠져들었다. 라틴어가 기독교권 유럽에서 전반적으로 학자들에게 보편적 언어이기는 했지만, 단테나 보카치오, 페트라르카가 사용한 이탈리아 구어와는 달랐다. 설득력 높은 담론의 한 형태인 수사법은 일상생활과는 별로 관계가 없었고 법률 분야와 정치적 연설이 허용되는 일부 영역에서만 필요했다. 마지막으로, 논리학은 여전히 1500년 전에 그 창시자인 아리스토텔레스가 제정한 삼단논법의 구조를 고수했다. 귀납법의 한 방법인 삼단논법은 앞의 두 전제에서 결론을 끌어내는 논리다. 가령 이런 식이다.

모든 사람은 죽는다.
소크라테스는 사람이다.
그러므로 소크라테스는 죽는다.

앞으로 살펴보겠지만, 새로운 지식은 삼단논법 같은 추상적 사고방

• 알렉산드리아 대도서관은 고대 세계에서 가장 많은 두루마리 수고본을 수집한 기관이어서 지중해 세계 전역의 학자들이 이 도서관으로 몰려들었다. 기원전 48년, 율리우스 카이사르의 실화(失火)로 불타버리는 바람에 희귀한 고전 저서가 다수 인멸되었다. 기원후 270년경에는 규모가 크게 축소된 이 도서관이 또다시 유사한 화재 사고를 겪었다. 알렉산드리아 대도서관에 일어난 화재로 얼마나 많은 지식이 사라져버렸는지 헤아릴 수조차 없을 정도다. 그런 고전 저서들이 인멸되지 않았더라면 그것들이 인류 역사의 발전과 그 방향에 미쳤을 영향도 엄청났을 것이다.

식이 아닌, 과학적 방법과 체험의 탐구를 통해 점점 더 많이 개발되었다.

이러한 광범위한 변화의 폭은 곧 나타나는 교육의 심화 과정에서 엿볼 수 있다. 새로운 인문주의는 이제 스콜라 사상이 아니라 인문학(그 당시에는 스투디아 후마니타티스studia humanitatis라고 했다)을 강조하기 시작했다. 아리스토텔레스 논리학의 경직된 논증은 새로 발견된 고대 그리스와 로마의 고전적 저서에 바탕을 둔 심리적·도덕적 철학을 강조하면서 뒷전으로 밀려났다.

이 시기에 라틴어는 보편어였으나 고대 그리스어는 사실 서유럽에 알려지지 않았다. 페트라르카는 이런 상황을 두고 이렇게 말했다. "호메로스는 그에게 벙어리였고 그는 호메로스에게 귀머거리였다." 당시 통용되던 고대 그리스인들의 저작은 모두 원본이 아닌 라틴어 번역본이었다. 그러나 아랍 세계에서 건너온 새로운 번역본들은 전혀 알려지지 않았던 저작들을 소개했을 뿐만 아니라 기존 저작들에 대해서도 새로운 전망을 제시했다. 그리고 새로운 합리적 접근법이 소개되자, 합리적 논증이 아리스토텔레스 논리학의 제약을 벗어나 힘을 얻기 시작했다.

페트라르카는 계관 시인이라는 명성을 누리고 있었기에 이탈리아 전역의 어느 궁정을 가든 환영받았다. 지적이고 박식한 그를 여러 통치자가 '정직한 중개인'으로 여겼다. 그래서 그를 외교 중개인으로 고용했고, 페트라르카는 그에 부응하여 도시 국가들 사이의 협상을 측면에서 거들었다. 그는 또 대성당의 참사회원이라는 한직을 얻은 덕분에 봉급을 받으며 자유롭게 여행할 수 있었다. 그런 생활을 하는 동시에 결혼을 할 수는 없었다. 사정이 그렇기는 해도 여행하다가 여러 여성과 밀접한 관계를 맺었고 아들 하나와 딸 하나를 두었는데, 두 자녀 모두 적

출로 인정받도록 교회가 조치를 취해주었다.

1345년, 페트라르카는 아주 중요한 발견을 했다. 그는 베로나를 방문해 대성당의 도서관을 뒤지다가 이전에 알려지지 않은 키케로의 편지를 한뭉텅이 발견했다. 키케로는 기원전 1세기에 로마에서 웅변가이자 철학자로서 명성이 높았고, 기원전 63년에는 두 집정관 중 한 명이었다. 페트라르카의 키케로 서한집 발견은 엄청난 변화를 불러일으켰는데, 심지어 어떤 이들은 이 발견을 초기 르네상스의 출발점으로 보기도 한다. 키케로가 이 시점부터 유럽 사상에 미친 영향은 그가 계몽 시대(르네상스 다음 시대)에 미친 영향에서 충분히 엿볼 수 있다. 18세기 역사가 에드워드 기번Edward Gibbon은 자신의 시대와 그 앞의 르네상스 시대에 키케로가 미친 영향에 대해 이렇게 썼다. "나는 언어의 아름다움을 맛보았고, 자유의 정신을 호흡했으며, 그의 원칙과 모범을 통해 사람은 공과 사를 철저히 구분해야 한다는 것을 알게 되었다."

페트라르카가 키케로를 발견함으로써 작동시킨 사태 발전의 중요성은 아무리 강조해도 지나치지 않다. 이미 1500년 전에 '인간이란 무엇인가'라는 질문에 아주 낭랑한 목소리로 분명하게 대답한 사람이 존재했으니 말이다. 페트라르카가 확립한 인문주의는 이런 것이었다. 이제 인간은 자기 자신의 본질에 대하여 좀 더 큰 그림을 그려야 한다. 단지 지상에서 하느님의 명령만 충실히 수행하는 존재가 아니라, 이 새로운 세상에서 좀 더 이성적 존재로 성장하여, 좀 더 보람찬 일을 할 수 있다고 생각해야 한다. 페트라르카는 여기서 그치지 않고 아름다운 시를 지어 이 세상에 지울 수 없는 흔적을 남겼다. 그러나 이 세상 역시 페트라르카에게 엄청나게 강력하고 지속적인 영향을 끼쳤다.

서른두 살 때, 페트라르카는 동생 게라르도와 두 하인과 함께 프랑스 남부에 있는 해발 1800미터가 넘는 방투산에 올랐다. 그는 이런 등산을 시도한 것은 기원전 200년에 해발 1500미터가 넘는 하이무스산을 오른 마케도니아의 필리포스 왕(알렉산드로스 대왕의 후예)에게서 얻은 영감 때문이라고 말했다. 페트라르카는 고전 저술가들에게서 깊이 영향을 받았지만, 이 등산이 그의 마음에 미친 영향은 매우 근대적이었다. 사람들은 19세기 초 영국 낭만파 시인들이 자연의 아름다움에서 영감을 받아 상상력을 발휘한 최초의 인물들이었다고 말하지만, 이보다 400년 전에 페트라르카는 자연에서 경험한 것으로부터 깊이 영향을 받았다. 그런데 그 영향은 영국 낭만파 시인들의 그것과는 미묘한 차이를 보인다.

페트라르카는 지친 상태로 방투산 꼭대기를 향해 터벅터벅 올라가면서도 눈앞에 펼쳐진 광경의 장엄한 모습에 경탄하지 않을 수 없었다. 한쪽으로는 저 멀리 마르세유 근처의 지중해까지도 볼 수 있었다. 다른 방향을 보면 론강 계곡 일대와 리옹 너머의 산맥까지 볼 수 있었다. 마침내 정상에 도달했을 때, 그는 호주머니에서 성 아우구스티누스의 《고백록》을 꺼내 들었다. 그가 펼친 페이지에는 우연히도 이런 문장이 있었다.

> 사람들은 산봉우리들의 까마득히 높은 정상, 파도가 굽이치는 바다, 굽이쳐 흐르는 강물, 대양의 파도, 밤하늘을 가로지르는 별들, 이런 것들을 보면 경이롭게 여기고 두려운 마음에 사로잡힌다. 그러면서 정작 자신에 대해서는 깊이 생각하지 않는다.

페트라르카는 읽던 책을 닫았고 자기를 둘러싼 자연경관에 그토록 매혹된 것에 스스로 화가 났다. 그는 문득 성인의 말씀이 심오하다는 사실을 깨달았다. "영혼보다 더 경이로운 것은 없다. … 나는 나 자신을 향해 내면의 눈을 돌렸고, 그때부터 저 밑바닥에 도달할 때까지 내 입에서는 그 어떤 말도 나오지 않았다." 성인은 스스로를 질책했다. "우리는 외부를 두리번거리며 우리 내면에서 발견해야 할 것을 찾으려 한 것이다. … 그 어떤 산맥도 인간적 성찰의 산맥과 비교될 수는 없다."

이러한 자연 체험에서 페트라르카가 보인 반응은 해석하기 나름이다. 어떤 사람들은 바로 이 체험에서 온전한 근대인의 탄생을 본다. 근대인은 자연 속의 인간이 아니라 자연으로부터 독립한 인간을 지향하며, 자연의 도움이 없어도 혼자만의 힘으로 온전한 존재가 될 수 있다고 보았다. 이와 대조적으로, 어떤 사람들은 그가 두 가지 힘 사이에서 분열되어 있었다고 본다. 그러니까 보다 영적인 중세의 정신이 충만한, 심오한 내면적 세계와 르네상스 정신의 특징인 새로운 것을 발견하려는 모험 정신 사이에 갇혀 있고 그런 갈등이 그의 대표작에서 언뜻언뜻 드러난다는 것이다. 어느 쪽이 되었든, 페트라르카가 전보다 심오한 자기인식을 성취했고 내부 세계와 외부 세계라는 두 세상에서 살아가는 자신을 의식했다는 사실만큼은 분명해 보인다.

페트라르카는 그의 '시적 사랑'인 '라우라'에게 바친 소네트로 널리 기억된다. 단테에게 베아트리체가 있고 보카치오에게 피암메타가 있다면, 페트라르카는 라우라를 향한 사랑에서 그 나름의 독창적 방식으로 영감을 받았다. 그는 라우라에게 바치는 소네트를 300편 이상 썼는데, 라우라는 아비뇽 지역의 귀족과 결혼한, 덕성 높은 여성인 라우라 데 노베스로 추정된다. 페트라르카의 소네트에서 매우 이상적인 여성으로 묘사한 부분 말고 그녀의 생애에 대해 알려진 바는 거의 없다. 그렇지만 세부 묘사가 가끔 라우라의 모습을 생생하게 살려놓는다. 한 소네트에서 페트라르카는 '그녀의 금빛 곱슬머리로 불어오는 미풍'과 '그를 찌르는 듯이 쳐다보는 그녀의 밝은 눈'을 노래한다. 이런 점으로 미루어 볼 때, 라우라는 단테의 베아트리체보다 더 현실적이지만 보카치오의 피암메타가 보여준 열정은 없어 보인다. 이처럼 인물 묘사가 많지 않은데도 몇몇 평론가는 라우라를 '이상적인 르네상스 여인'으로 평가한다. 〈소네트 33〉에서처럼, 종종 그녀는 시인에게 어떤 영향을 미친 점 말고는 그 어떤 구체적인 모습으로 등장하지 않는다.

나는 혼자서 생각에 잠겨, 어떤 사막의 해변 근처에서
사람들과 멀리 떨어진 채 방랑하기를 즐긴다.
조심스럽게 나의 먼 행로는 일찍이 인간의 족적이
미치지 않은 곳을 탐구해간다.
그리하여 나는 대중의 시선으로부터 훌쩍 벗어나
내 근심을 바람에 날려 보낸다.
그러면 나의 쑥 들어간 뺨과 수척한 눈에
내면 깊숙한 곳에서 나를 불태우는 불꽃이 나타난다.
아, 나는 쓸데없이 저 먼 곳들로 방황하네.
그 어떤 고독도 나의 심란함을 달래주지 못하네.
불활성의 사물들조차 내 영혼을 은밀하게 사로잡는
저 불꽃을 틀림없이 알리라.
정복되지 않는 사랑은 그 저항할 수 없는 힘으로
나의 행로 주변을 맴돌다가 마침내
나의 길로 나를 만나러 오는구나.

이 시에서 시인은 고독을 추구하지만 사랑으로부터 달아나지 못한다.

페트라르카는 라우라를 여러 차례 만나 말을 걸었으나, 그녀는 결코 시인이 다가오는 것을 바라지 않았다. 그가 사랑한다고 말하자, 라우라는 "나는 당신이 생각하는 그런 부류가 아닙니다"라고 답했다. 그녀의 이런 냉담한 태도는 페트라르카의 열정을 순화했다.

마침내 라우라의 사망 소식을 들었을 때, 그는 마음의 동요를 크게 느꼈고 자신의 사랑을 다시 한번 확인했다. 나중에 그는 이렇게 회상했다.

> 젊은 시절, 나는 압도적 힘으로 나를 짓누르는 순수한 사랑 때문에 끊임없이 갈등했다. 그것이 나의 유일한 사랑이었다. 만약 그 사랑이 때 이르게 죽어서 그 서늘한 불꽃을 꺼트리지 않았더라면 나는 그 사랑으로 계속 갈등했을 것이다. 그 죽음은 씁쓸했지만 그런 유익한 측면도 있었다. 나는 육욕으로부터 완전히 자유로운 생활을 한 사람이라고 말하고 싶으나, 정말로 그렇게 살았다고 말하면 그건 거짓말일 것이다.

한편 고향 피렌체와 페트라르카의 관계는 언제나 모호했다. 뛰어난 재능을 지녔던 페트라르카의 아버지는 고향 도시 행정부의 고위직까지 올라갔다. 그는 개혁 위원회의 위원장이 되었고 외교 사절단의 단장으로서 여러 번 해외에 파견되었다. 그러나 친구 단테와 마찬가지로 백파 교황당원이었던 그는 날조된 죄목으로 유배형을 받아 가족을 제외한 모든 것을 잃었다. 페트라르카는 이 일을 결코 잊지 않았다. 그런 동시에 보카치오와 친밀한 교우 관계를 맺고 지속적으로 서신 교환을 했다. 한편 보카치오는 평생 피렌체에 깊은 애착을 느꼈다. 피렌체시 당국에 페트라르카 가족의 유배형을 취소하고 약 50년 전에 몰수한 페트라르카 아버지의 재산을 돌려주라고 설득한 사람도 보카치오다. 페트라르카는 친구를 만나러 피렌체를 찾아가기는 했으나 그곳에 정착하지는 않았다. 하지만 여행을 다니는 내내 피렌체를 자신의 고향이라고 자랑스럽게 말했다.

여러 해 방랑한 끝에 마침내 1369년, 페트라르카는 파도바 외곽의 아르콰라는 작은 마을의 수수한 집에 정착했다(오늘날에는 그를 기념하여 아르콰 페트라르카로 불린다). 5년 뒤, 이곳에서 69세의 나이로 숨을 거두었다. 그로부터 약 500년이 흐른 뒤, 피렌체시는 페트라르카 전신 조각상을 제작해, 다른 피렌체 유명 인사들의 조각상과 함께 우피치 궁전의 벽감에 세웠다. 이 동상은 오늘날까지도 그 자리에 그대로 서 있다.

피렌체의 3대 문인에 대한 최종 발언권은 19세기의 르네상스 학자, 시먼즈에게 넘기는 것이 좋을 듯하다.

> 단테는 《신곡》에서 우주를 드러내 보였다. "그러나 인간의 영혼 또한 우주다." 페트라르카는 이 내면의 소우주를 노래한 천재 시인이었다. 보카치오는 이 두 시인과는 뚜렷이 다르면서도 멋진 방식으로 일상생활을 묘사했다. 단테의 베아트리체는 가장 고상한 생각과 가장 순수한 영혼의 움직임을 표상하는 알레고리였고, 페트라르카의 라우라는 멀리서 숭배하는 아름다움의 상징이었으며, 보카치오의 피암메타는 가장 뜨거운 열정을 불붙이며 반응하는 여자 애인의 대표였다. … 50년이라는 짧은 기간에 이탈리아의 천재성은 이처럼 매우 빠른 움직임을 보였다. 르네상스가 중세로부터 그처럼 빠르게 도래한 것이다.

5

전쟁과 평화

호크우드와 다티니 이야기

우리가 다음에 다룰 인물은 피렌체에서 멀리 떨어진 땅에서 태어났으나 제2의 고향 피렌체에서 영광된 만년을 보냈다. 이 사람은 전설적인 잉글랜드 용병대장 존 호크우드 경Sir John Hawkwood인데, 이탈리아에서는 조반니 아쿠토Giovanni Acuto('예리한 사람 존') 혹은 호크보드Haukevvod 또는 이탈리아 구어로 아코Acko라는 이름으로 알려져 있다.

14세기에 피렌체를 비롯해 많은 도시 국가에서는 자체 상비군을 보유하지 않았다. 그래서 전쟁을 치를 때면 용병대장(콘도티에레condottiere)과 용병부대를 고용해야 했다. 이는 비용은 물론 불확실성이 큰 일이었다. 가령 루카 전쟁 때 피렌체 용병부대는 루카에서 고용한 용병부대를 상대로 싸움을 하려 들지 않았다. 용병부대가 이 같은 태도를 보이는 경우는 잦아서, 전투가 두 용병부대 사이의 기동 훈련 정도로 그치는 때가 많았다. 그런 훈련을 하다가 전술적으로 막다른 골목에 내몰리면 곧바로 자신들이 패배했다는 신호를 보냈다. 이렇게 하면 아무도 다치지 않았으며, 두 부대는 각각 고용주에게 돌아가 봉급을 요구했다. 가끔 전투가 치열해지기도 했는데, 군인들이 갑자가 화가 나거나 고용주가 승리해야만 봉급을 지급한다는 조건을 단 경우에 국한되었다. 이처럼 용병부대는 전투를 잘 벌이지 않으려 했지만, 용병은 대체로 거칠고 다루기 어려운 자들이었다. 그들은 봉급을 보충하기 위해 강탈, 강간, 약탈 같은 무법 행위 저지르기를 무척 좋아했다. 그들이 정복하거나 입성한 마을에서는 반드시 이런 비정한 행위가 벌어졌다.

14세기 후반, 존 호크우드 경은 이탈리아에서 가장 성공적인 용병대장이라는 명성을 얻었다. 피렌체에는 불운하게도 그는 밀라노와 피사 당국, 교황령 같은 곳의 권력자들에게 고용되었는데 이들은 종종 피렌체에 맞서는 동맹에 가담했다. 호크우드가 초창기에 피렌체를 대하는 태도는 그리 상서롭지 못했다. 1363년과 1369년, 그 도시를 지나치던 그의 용병부대는 도시 성문 외곽에 급속히 들어선 교외 지역을 위협했고, 한 번 이상 도시의 성문 안으로 일제히 화살 공격을 퍼부었다. 그러나 그보다 더 나쁜 사태가 미래에 기다리고 있었다.

1375년, 호크우드와 휘하 용병부대는 피렌체 영토로 쳐들어와 도시의 외곽 지역을 마구 약탈했고, 용병대장은 영토 내 모든 도시를 침탈하겠다고 위협하면서 거액의 돈을 요구했다. 이제 그의 최종 목적지는 피렌체시라는 점이 모든 사람에게 분명해졌다.

당시 호크우드의 얼굴을 알 수 있는 것은 자그마한 채색 드로잉이 유일하다. 호크우드의 전기 작가 프랜시스 스토너 손더스Frances Stonor Saunders는 이 그림에 대해 이렇게 말한다. “이 그림은 전면에 나선 그의 모습을 보여준다. 그는 화려하게 장식된 백마에 올라탔고, 손으로 칼을 단단히 쥐고 있으며, 머리와 목은 투구와 황금 갑옷으로 장식되어 있다. 기병대 뒤로는 피렌체의 어느 마을에서 잡혀 목에 밧줄이 걸린 채 끌려가는 포로들이 보인다." 이 그림 속의 용병부대는 나팔을 부는 길잡이의 안내를 받고 있다. 그가 들고 있는 기다란 트럼펫에 달린 깃발에는 호크우드의 개인 문장紋章인 가리비 조개가 새겨져 있다. 그림의 배경에는 또 다른 문장도 보이는데, 교황청을 상징하는 삼중관과 X자로 교차하는 두 개의 열쇠다. 이것은 의미심장한 단서다. 호크우드는 그러기 얼마 전 교황 그레고리우스 11세에게 고용되었는데, 그와 휘하 용병부대가 봉급을 징수하기 위해 로마에 도착했을 때 교황은 그들에게 지급할 돈이 마련되어 있지 않다고 실토해야 했다. 그러면서 이 용병부대가 피렌체를 침탈하면 그 돈을 쉽게 받아낼 수 있을 것이라고 말했다. 이탈리아에서 최고 부자 도시인 피렌체는 당시에 용병부대를 고용하지 않은 상태였다.

호크우드는 그 즉시 부대를 이끌고 북쪽 토스카나 지방으로 진격하여 시골 지역을 초토화하면서, 가는 길에 마주치는 도시마다 '보호해준다'는 명목 아래 거액의 돈을 받았다. 이런 강탈 소식이 피렌체에 도달하자, 통치 기구인 시뇨리아는 황급히 도시의 약탈을 모면할 방안을 논의했다. 마침내 그들은 호크우드를 만나 협상할 사절 두 명을 파견하기로 결정했다. 사절들은 '어떤 대가를 지불하더라도 합의를 끌어내라'라는 지시를 받았다. 그들은 호크우드 용병부대의 소재를 알려주는 항간의 소문을 따라 급히 말을 타고 교외로 달려갔다. 마침내 그들은 동쪽으로 가서 산맥을 넘어, 이몰라라는 소도시의 오래된 나무다리 옆에 있던 호크우드를 만났다. 예상대로 협상은 일방적으로 진행되었다. 호크우드는 13만 플로린이라는 엄청난 돈을 4회 분할로 요구하는 동시에 용병들을 위한 식량과 와인에다가 '선물'까지도 추가로 요구했다. 당대 연대기 기록자의 말에 따르면, 여섯 달도 채 못 되어 "토스카나 지방의 모든 황금이 그 영국인의 발밑으로 들어갔다." 어쨌든 이렇게 해서 피렌체는 간신히 약탈을 모면할 수 있었다.

존 호크우드는 1323년경 런던 북동쪽 에섹스의 농촌 지역에 있는 시블 헤딩엄이라는 마을에서 태어났다. 당시는 살기가 몹시 힘든 시대였다. 그 앞의 여러 해 동안 기근이 북유럽을 휩쓸었다. 홍수를 동반한 엄혹한 겨울이 닥쳐오는가 하면 그다음에는 몹시 무더운 여름과 흉년의 가을이 찾아왔다. 호크우드의 아버지는 소규모 장원을 소유한 지방 관리였으나, 자녀가 일곱이나 되었기에 하급 상류층이라 해도 살아가기가 녹록지 않았다.

존 호크우드는 아버지가 사망한 당시 열일곱 살이었다. 아버지가 남긴 얼마 안 되는 재산은 대부분 맏형(이름은 같은 존)에게 넘어갔다. 어린 존은 20파운드와 논밭을 조금 물려받았을 뿐이다. 몇 년 뒤, 에드워드 3세는 나중에 백년전쟁으로 알려지는, 프랑스를 상대로 벌인 전쟁을 위해 병력을 모집했는데, 그는 여기에 응모했다. 처음에는 궁수로 병사 생활을 시작했으나 탁월한 군사적 재능을 보여 계속 승진했다. 그는 잉글랜드가 승리를 거둔 유명한 크레시 전투(1346년)에서 싸웠고 전후에 고향으로 돌아온 듯하다. 그 후 10년 동안 그가 어떻게 살았는지는 알려진 바가 거의 없으나, 여러 번 절도 행위와 소란한 싸움을 벌여 '치안 질서를 어지럽히는 잡범'으로 당국의 치안 장부에 기록되었다는 사실은 알려져 있다. 이 시기에 그는 결혼해서 딸을 하나 두었다.

그 후 이렇다 할 기록이 없다가, 또다시 프랑스를 상대로 혁혁한 승리를 거둔 푸아티에 전투(1356년)에서 모습을 드러냈다. 이 전투에서 그는 매우 용맹했고 심지어 '흑태자Black Prince'(에드워드 3세의 맏아들)의 목숨을 구해주기까지 했다. 이 용맹한 무공 덕분에 기사 작위를 받았다고 하는데, 이에 대한 공식 기록은 없다. 휴전되고 몇 년이 지나 호크우드는 악명 높은 용병 집단인 화이트 부대에 들어갔다. 1361년에 프랑스 남부를 향해 출발한 이 부대는 난폭한 약탈자 무리가 아니라, 기병 3500명과 보병 2000명으로 구성되고 잘 훈련된 민병대였다. 부대원은 대부분 영국인이었으나 개중에는 독일인, 혹은 다른 나라 사람도 상당수 섞여 있었다. 화이트 부대는 여러 창기병 소대로 조직되었는데, 한 소대는 기병 네 명과 수행 병사(종종 창을 든 자와 시종)로 구성되었다. 전투에 돌입할 때, 이 창기병 소대는 단단한 창의 벽을 이루는 창수들을 대동했다. 화살을 쏘면 신속하게 다시 화살을 장전해주는 조수를 거느린 궁수도 창기병 소대와 함께했다. 화이트 부대는 이런 군사 조직에 의해 배양된 끈끈한 전우애로 명성이 높았고, 나름의 민주적 분위기도 있었다.

화이트 부대는 독일인 부대장인 알베르트 슈테르츠의 지휘를 받으며 프랑스 남부로 진군하여, 남프랑스와 북이탈리아에서 발생한 권력의 공백을 자신들에게 유리하게 이용하려 했다. 이는 아비뇽의 교황 인노켄티우스 6세의 권력 기반이 허약한 데다 신성로마제국 황제 카를 4세가 개입하지 않아서 발생한 상황이었다. 화이트 부대는 아비뇽에 접근하면서 론강을 건널 때 전술적 요충에 해당하는 퐁생테스프리 다리를 장악해, 교황청 납부금이 아비뇽으로 들어가는 길을 막아버렸다. 인노켄티우스 6세는 화이트 부대원 전원을 파문하는 것으로 보복했으나, 곧 마음을 바꾸어 그 부대를 교황군으로 고용하는 편이 낫겠다고 결정했다.

호크우드는 화이트 부대에 들어가고 2년이 지난 1363년에 부대원의 박수 투표에 의해 부대장으로 선발되었다. 슈테르츠는 이제 호크우드 밑에서 근무하는 신세로 영락했는데 이를 괘씸하게 생각했다. 호크우드는 개의치 않고 부대를 이끌고 이탈리아 북부로 행군했다. 곧 피사 당국에 15만 플로린을 받고 6개월 동안 근무하는 조건으로 고용되어, 피렌체를 상대로 싸우게 되었다.

1364년의 무더운 여름에 호크우드와 휘하 부대는 피사에 도착했다. 여기서 그들은 용병대장 리미니의 말라테스타가 지휘하는 피렌체 용병부대가 동쪽으로 몇십 킬로미터 떨어진 아르노 강변의 카시나에 주둔했다는 소식을 들었다. 말라테스타는 잘 훈련된 독일인 용병으로 보병 1만 1000명, 기병 4000명으로 구성된 용병부대를 이끌었다. 이 전투 직전에 슈테르츠는 화이트 부대 용병 상당수를 데리고 말라테스타에게로 탈주했다. 그 결과 호크우드는 영국인 용병 800명에 피사 시민 가운데에서 급히 모병한 4000명 정도만 거느리게 되었다. 피사 신병들은 전에 한 번도 전투에 나선 적이 없는 병력이었다.

그러나 호크우드는 전혀 좌절하지 않고 자신의 부대원을 이끌고 피사를 출발하여 무더운 햇볕이 내리쬐는 전장으로 갔다. 3킬로미터 정도 행군한 후, 그는 부대에게 정지를 명하고 바다에서 한낮의 해풍이 불어오기를 기다렸다. 그 바람은 보통 들판에 엄청난 먼지바람을 일으켰다. 그는 그 먼지바람을 엄호의 배경으로 삼아 공격할 생각이었다. 저 멀리 말라테스타의 병사들이 갑옷을 벗고 강에서 목욕하는 모습이 보였다. 그러나 불운하게도 호크우드의 척후병들은 제노바 궁수 부대원 600명이 근처의 가옥에서 매복한 사실을 눈치채지 못했다. 호크우드의 병사들은 목욕 중이던 병사들을 향해 돌격했으나 궁수들이 곧 화살을 쏘아 그들을 고꾸라트리기 시작했다.

호크우드의 용병들은 전술적으로 후퇴했으나, 피사의 신병들은 겁을 먹고 산지사방으로 달아났다. 그런 뒤에 벌어진 패주를 호크우드는 그저 지켜보는 수밖에 없었다. 사상자 수는 사료에 따라 크게 엇갈린다. 당대의 한 사료는 호크우드 병사들 중 30명이 죽고 300명이 부상을 당했다고 기록했는데, 당시의 전투 양상에 비추어볼 때 이는 합리적 추산으로 보인다. 용병부대가 기동 훈련 같은 전투를 자주 벌였다는 사실을 고려하면 말이다. 다른 연대기 기록자들은 이 수치보다 열 배는 많은 수치를 제시했다. 어느 쪽이 사실이든 간에, 호크우드가 참패했다는 것은 의심의 여지가 없다.

앞으로 살펴보겠지만, 피렌체 사람들은 이 전투를 그들이 거둔 큰 승리 가운데 하나라고 자랑한다. 그 전투에 가담한 피렌체 사람은 거의 없었지만, 그 승리가 그 도시에 어떤 의미였는지는 너무나 분명하다. 호크우드 부대에게 패한 도시들의 운명은 너무나 끔찍하다는 소문이 널리 퍼져 있었기 때문이다. 하지만 이런 소문은 사실인가? 냉정한 용병대장 호크우드는 고용주에게서 고액의 돈을 빼앗는 데만 관심 있고 휘하 부대원들에게는 강간과 강탈을 권장하는 그런 사람인가? 반대로, 부대원들을 잘 대해주는 유능한 군사 지휘관이고 패배한 적들에게는 관대한 사람인가? 아니면 교황 인노켄티우스 6세, 그레고리우스 9세, 밀라노의 비스콘티, 간교한 추기경인 제네바의 로베르토, 피사의 통치자 등등, 자주 바뀌는 고용주가 쓰고 버리는 장기판의 말 같은 존재인가? 다양한 고용주, 다양한 별명만큼이나 호크우드의 성품에 관해서도 다양한 설명이 나와 있다.

초서는 잉글랜드 왕 리처드 2세의 사절로 이탈리아를 방문했을 때 호크우드를 여러 번 만났다고 알려졌다.• 호크우드는 동료 영국인에게 좋은 인상을 남기지는 못한 듯하다. 초서는 그를 가리켜 '개인적 이익에 만 관심 있는 노련하고 냉정한 직업 군인'이라고 평가했다. 어떤 사람들은 초서가 쓴 《캔터베리 이야기》의 첫 번째 이야기인 '기사 이야기'에 영감을 주었다고 말한다. 초서의 기사는 다른 이름으로 용병이라 불러도 무방할 것이다. 그는 용기, 예절, 친절(특히 여성에게) 등을 강조하는 중세의 기사도 정신을 별로 지키지 않는 사람이니 말이다. 우리가 아는 호크우드의 행동에서도 기사도 정신 같은 것을 보여주는 증거를 찾아보기는 어렵다. 그는 용병대장에게 기대되는 최소한의 기대치마저 지키지 않는 경우도 흔했다. 물론 때때로 고상함이 엿보이는 행동도 보여주었다. 호크우드의 전기 작가 손더스는 이에 대해 '동기의 문제'라고 핵심을 찔렀다. 손더스는 다음과 같이 지적했다. "그는 아무런 변명도 하지 않았다. 그에게 활력을 부여하는 내적 힘, 그가 머릿속에서 구상했던 삶의 명백한 이정표가 될 만한 개인적 설명을 남겨놓지 않았다." 호크우드의 삶과 경력에 대한 여러 기록이 남아 있기는 하지만 결국 "그는 흐릿한 거울을 통해서 보는 것처럼 하나의 수수께끼"라는 주장이다.

손더스가 말한 동기의 문제를 감안하면, 호크우드가 참여했던 어떤 중요한 사건에서 그의 성격적 특징을 짐작할 수 있다. 우리는 호크우드와 그의 부대가 저 악명 높은 체세나 학살에 참여했다는 것을 확실히 알고 있다. 체세나 학살은 1377년 2월의 사흘 낮 사흘 밤 동안에 벌

• 이때 초서가 보카치오와 페트라르카를 만났을 것이라는 주장도 그럴 법하다. 이 두 인물은 그들 나름으로 초서에게 영향을 미쳤으며 작품 측면에서도 영향을 끼쳤다. 가령 많은 사람들이 보카치오의 《데카메론》은 초서의 《캔터베리 이야기》에 영향을 미쳤다고 생각한다.

어진 잔인한 사건이다. 이 학살을 둘러싼 여러 사건은 호크우드와 그의 부대가 이탈리아에서 어떤 처지에 놓였는지를 상징적으로 보여준다. 피렌체 대주교 안토니노 피에로치(나중에 성 안토니누스가 되는 인물)에 따르면, 아드리아 해안 중부에서 가까운 로마냐의 작은 도시 체세나에서 벌어진 일은 "엄청나게 기괴한 야만의 분출이었고 … 트로이 전쟁 이래 가장 불공정하고 심각한 잔혹함의 사례였다."

이 사건의 발단은 나이 많은 교황 그레고리우스 11세가 제네바의 로베르토 추기경에게 교황령의 일부인 체세나의 반란을 진압하라고 공식적으로 지시한 것이었다. 교황은 '어떤 대가를 치르더라도' 그 반란은 반드시 진압되어야 한다고 강조했다. 제네바의 로베르토와 그의 용병 부대, 즉 호크우드 부대와 강력한 브르타뉴인 특수 부대는 체세나를 겁박해 신속하게 그 도시로 들어갔다. 그러자 추기경은 그 도시를 내려다보는 요새인 로카 무라타를 거주지로 정했다. 호크우드 부대와 브르타뉴인 부대는 도시 성벽 밖에다 월동 진지를 구축했는데, 날이 몹시 추운 데다 용병들이 이전에 농촌 지역을 철저히 약탈하고 파괴해버린 탓에 먹을 것이 부족해져 순무 같은 채소를 배급받아야 하는 상황에 처했다. 2월 1일, 일부 브르타뉴 병사들이 도시 안으로 들어가 푸줏간의 시렁에 걸린 고기를 훔치려 했다. 푸주한이 고기 자르던 칼로 그들을 공격하자 주변 시민들도 브르타뉴 병사들에게 달려들어 일부를 살해했다.

이 사태에 대해 보고받은 로베르토 추기경은 상급자인 그레고리우스 11세가 내린 지시를 떠올리며 어떤 대가를 치르더라도 체세나를 굴복시켜야겠다고 마음먹었다. 만약 체세나의 거친 시민들을 제대로 통제하지 못한다면, 그는 교황의 총애를 잃어버릴 뿐만 아니라 병든 상급자의 사후에 교황 자리에 오를 희망마저 날아갈 터였다(교황은 이듬해에 사망했다). 그래서 로베르토는 대응 방안을 마련했다. 체세나 시민들에게 즉각 소유 중인 무기를 전부 반납하고 시민 50명을 인질로 제공하라고 요구했다. 차후에 시민들이 올바르게 행동하면 인질들을 사면하겠다고 말했다. 추기경은 더는 보복하지 않을 것임을 시민들에게 이해시키기 위해 호크우드 용병부대를 30여 킬로미터 위쪽으로 길을 따라 가면 나오는 도시 파엔차에 파견했다는 사실을 알렸다.

그날 밤, 로베르토 추기경은 야음을 틈타 발 빠른 전령을 호크우드에게 보내 즉각 도시로 돌아오되 은밀하게 행군해 시민들이 눈치채지 못하게 하라고 지시했다. 당대 시에나 출신 연대기 기록자 도나토 디 네리의 보고에 따르면, 추기경은 호크우드가 체세나로 되돌아오자 이렇게 말했다. "당신은 부대를 끌고 도시로 들어가 정의를 확립하시오."

호크우드는 대답했다. "추기경 님, 괜찮으시다면 제가 도시로 들어가 시민들이 무기를 반납하고 전하의 권위에 복종하도록 조치하겠습니다."

"아니오, 나는 피와 정의를 원하오."

"하지만 어떤 결과가 기다릴지를 생각해보십시오."

로베르토는 그의 말을 강력하게 제지하며 "이건 나의 명령이오"라고 말했다.

전기 작가 손더스는 이 상황을 이렇게 표현했다. "두 가지 갈등이 시작되었다. 하나는 체세나의 모든 남녀와 아이의 생명을 구하는 것이고, 다른 하나는 호크우드의 명성을 유지하는 것이었다."

그다음 날 밤, 완전 무장한 수천 명 규모의 호크우드 부대와 브르타뉴인 부대가 도시의 성문 안으로 들어가 어두운 밤거리를 저벅저벅 걸어가면서 단검, 장검, 도끼를 휘두르며 우레와 같은 고함을 질렀다. 병사들이 건물에 불을 지르자 시민들이 집 밖으로 튀어나왔고, 그 즉시 병사들은 칼과 도끼를 휘두르며 닥치는 대로 죽이기 시작했다. 남자들 수백 명이 잠옷 바람으로 도망치고 그들의 아내와 자녀도 간신히 도시의 북동쪽 성문까지 달려갔다. 하지만 여기서 시민들은 미리 완전 무장하고 기다리던 브르타뉴 병사들과 잉글랜드 병사들을 맞닥뜨렸다. 곧 학살이 이어졌다. 리미니의 연대기 기록자 마르코 바탈리는 이렇게 썼다. "그들이 눈에 보이는 족족 수많은 남자, 여자, 아이를 죽여 광장마다 시신이 즐비했다."

대혼란, 살해, 강탈 다음에는 공공건물을 비롯한 도시의 모든 건물에 대한 조직적 약탈 행위가 이어졌다. 그 도시에 살던 시민 1만 5000명 중에 약 절반이 그날 밤에 살해당했다. 나머지 시민은 부상을 당하거나, 강간을 당하거나, 간신히 도망쳤다. 그들은 '알몸에, 가족 없이 혼자서, 완전히 굶주린 상태로' 얼어붙은 농촌을 방황했다.

이 대학살 소식이 이탈리아 전역에 퍼졌고, 이어 해외로까지 전해졌다. 여러 주가 지나자 그 소식은 호크우드의 고국에까지 전해졌고, 잉글랜드의 설교자이자 개혁가인 존 위클리프는 설교에서 이 사건을 언급했다.

호크우드는 추기경 로베르토의 계획을 만류하려 애썼지만 그가 대학살 사건에 참여했다는 사실에는 의심의 여지가 없다. 그렇지만 많은 사람들이 한 가지 기이한 부작위不作爲에 대해서는 입을 모아 증언한다. 연대기 기록자들은 목격자의 증언을 듣고 기록을 작성했는데 그 누구도 호크우드가 그 학살에 직접 참여했다거나 칼을 휘둘렀다는 기록을 남기지 않았다. 그러나 전기 작가 손더스가 지적한 대로, 그는 성채의 흉벽에 올라가 그 사건을 내려다보기는 했다. 《증보增補 연대기Chronicon Estense》라는 연대기를 쓴 페라라 출신의 한 동시대 기록자는 이렇게 주장했다. "전적으로 악인이라고 할 수 없는 존 호크우드 경은 체세나 여인 1000여 명을 리미니로 보냈다." 물론 이렇게 했다고 해서 호크우드의 죄악이 면책되는 것은 아니다. 그래서 손더스는 그 사실을 인정하며 이렇게 썼다. "그는 대학살 사건의 전술적 가치에는 의문을 품었다. 하지만 학살 자체에는 아무런 감정이 없었다. 그가 볼 때 그것은 직업상 벌어질 수 있는 일이었다."

이 대학살 사건 이후, 쉰네 살이 된 호크우드와 화이트 부대는 그레고리우스 11세 쪽에서 요청하는 용병 업무는 일제히 거절했다. 같은 해 후반에 그는 두 번째 결혼을 했는데 상대는 밀라노의 통치자 베르나보 비스콘티의 혼외 딸이었다. 그리고 그보다 뒤에 그는 베로나에 맞서 싸우는 피사를 위해 자신의 부대를 지휘했다. 이 과정에서 그는 카스타냐로 전투에서 저 유명한 승리를 거두었다. 자신의 잘 단련된 용병들에게 자신이 선택한 장소로 적을 자극하여 유인하게 함으로써 거둔 대승이었다. 이 전투에서 그는 적과의 전면전을 피하면서, 적의 측면을 공격한 다음에 기병대 돌격으로 그들을 지쳐서 나가떨어지게 했다(기병대 돌격 중 한 번은 그 자신이 직접 지휘했다). 호크우드의 또 다른 전기 작가 윌리엄 카페로William Caferro는 이 전투를 '아주 멋진 승리이자 그 시대의 위대한 군사적 업적'이라고 평가했다.

밀라노의 통치자이자 드센 성격의 장인과 말다툼을 벌인 뒤, 호크우드는 피렌체와 용병 계약을 했다. 그리하여 이 도시는 그의 생애 만년에 근거지가 되었다. 도시는 그를 방어자이자 구원자로서 환영했다. 한 무명의 목격자는 그 광경을 이렇게 묘사했다.

호크우드 경이 휘하 부대와 함께 피렌체에 들어왔다. … 그는 피렌체 대주교의 궁전 앞에서 말을 내렸고 우리 시뇨리아와 다른 위원회들은 그를 극진히 존중하는 자세로 맞았다. 그에게 다량의 밀랍과 질 좋은 과자들, 비단과 양모 휘장들이 선물로 바쳐졌다. … 호크우드 경에게 높은 영예가 수여되었다.

그런 영예 중 특히 중요한 것은 세금 면제라는 특혜였다. 그 무렵 호크우드는 엄청난 재산을 모았다. 몹시 힘들게 싸워서 번 돈이었기에 그는 좀처럼 그 돈을 내놓으려 하지 않았다. 따라서 많은 재산에 부과될 세금을 면제받는 것은 영예로운 일이었을 뿐만 아니라 큰 이득을 안겨주는 조치였다. 호크우드가 두 번째 아내를 데려와 집으로 삼은 저택은 전에 파르마 주교가 살던 곳이었다. 호크우드의 높은 지위에 걸맞은 아주 장대한 규모의 팔라초였다. 이렇게 하여 전설적인 영국인은 생애 말년을 저명한 피렌체인으로 마쳤다. 이 도시에서 그는 1394년에 71세의 나이로 죽었다.

나중에 시뇨리아는 호크우드를 피렌체의 영원한 영웅으로 추모하기로 결정했다. 그들은 당대의 가장 유명한 피렌체 화가인 파올로 우첼로에게 대성당의 벽에다 호크우드의 초상을 프레스코화로 그리게 했는데 지금도 볼 수 있다. 튼튼해 보이는 백마를 타고서 지휘봉을 휘두르는 전사의 모습이다. 날씬한 용모는 그의 별명인 아쿠토('예리한 사람')의 분위기를 풍긴다. 그러나 이 사후 초상이 과연 사실적 묘사인지는 호크우드 사람됨만큼이나 비밀스럽다.

단테, 보카치오, 페트라르카 같은 문인을 배출한 시기 내내, 호크우드와 사나운 용병들이 이탈리아 전역을 누비며 파괴와 비참의 흔적을 그 뒤에 남겼다는 사실을 우리는 명심해야 한다. 르네상스의 고향 피렌체는 호크우드 같은 용병대장에 의해 하루아침에 잿더미가 될 수도 있었는데, 그가 자신의 생애 만년에 머무를 곳으로 피렌체를 선택한 것이 도시로서는 큰 행운이었다. 즉 호크우드는 막 태동하기 시작한 르네상스를 보호해준 피렌체의 은인이라고 할 수도 있다. 이런 강인한 전사가 없었다면 서구 문화의 변모가 일어날 공간도 존재하지 못했을 것이라는 사실을 떠올리면 역사의 아이러니가 아닐 수 없다.

고대 그리스의 아테네가 그러했듯이, 이 시기에 전반적으로 시민들 사이의 갈등은 표면 바로 아래에 잠복해 있다가 1378년의 이른바 촘피 반란 사건으로 격렬하게 터져 나왔다.

여러 해 동안 촘피(소모梳毛와 염색 등에 종사하는 양모 노동자들)는 적은 임금을 받고 열악한 환경에서 일했다. 그들의 임금은 겨우 목숨을 부지할 수 있는 정도였고, 그들이 일하는 작업장이나 세탁소는 노동력 착취 공장이나 다름없었다. 노동자들 대다수가 하루에 열여섯 시간씩 일했다. 조금이라도 반항의 기미를 보이면 고용주가 가혹한 징벌을 가했다. 적발된 자들은 매질을 당하거나, 투옥되거나, 심지어 손목을 잘리기도 했다. 촘피는 동업 조합을 결성할 수 없었고, 그 결과 투표권을 가질 수 없었으며, 이는 정부 운영에 아무 발언권이 없음을 뜻했다. 촘피는 임금이 너무 낮아서 세금을 내지는 않았지만, 정부는 필요할 때마다 임금 삭감이라는 형태로 세금을 거두었고, 다른 시민들에게는 자발적 대부인 프레스탄체를 요구했다.

피렌체는 루카와 장기간 전쟁을 벌이는 바람에 점차 국고가 비어갔다. 그 때문에 종전이 되자 도시 전체에 즐거운 분위기가 돌아왔고 부유한 시민들은 축하 파티와 연회를 벌였다. 환호의 합창과 음악이 샹들리에로 불 밝힌 저택들에서 흘러나오는 동안, 어두운 작업장의 출입문으로 흘러 들어오는 그런 환락의 소리를 겨우 들을 수 있는 노동자들은 깊은 분노를 느꼈다. 촘피 사이에 널리 불만의 목소리가 퍼져나갔고 1378년 7월 18일 아침, 그들은 나막신을 딸깍거리며 작업장으로 향하지 않고, 대오를 이루어 함성을 지르며 피아차 델라 시뇨리아로 시위 행진을 했다. 그런 사태 발전을 지켜보던 최하층 민중('포폴로 미누토popolo minuto')이 곧 그들에게 합류했다. 포폴로 미누토는 막노동을 하거나 남들의 동냥을 받아야만 살아갈 수 있는 사람들이었다. 그 당시 살베스트로 데 메디치라는 사람이 시뇨리아의 곤팔로니에레를 맡고 있었다. 유서 깊은 가문 출신인 살베스트로가 억압받는 하층민에게 동정심을 품고 있었다는 것은 널리 알려진 사실이었다. 그와 시뇨리아는 재직 기간에 부유한 가문들의 권력을 축소하는 여러 조치를 취했다.

성난 군중은 팔라초 델라 시뇨리아 앞에 집결하여 "포폴로 만세! 포폴로 만세!" 하고 외쳤다. 이제 거리는 무정부 상태가 되었고 무리는 바리케이드가 세워진 부자들의 팔라초를 강제로 밀고 들어가기 시작했다. 그들은 곧 양모 동업 조합의 집회소인 팔라초 델라르테 델라 라나에 집중했다. 그 조합의 구성원들은 염색된 양모에 가치를 덧입혀 옷감을 만들어내는 사람들이 아니라, 완제품을 사고파는 조합원이었다. 양모 동업 조합의 건물은 박살이 났고 집권당인 교황당의 집회소도 파괴되었다. 동시에 감옥은 강제로 개방되었고 포데스타는 거리로 끌려 나와 교수형에 처해졌다.

이 같은 사태에 대응하기 위해 실베스트로 데 메디치와 시뇨리아는 교황당 지도자들에게 유배형을 선포하고 교황당이 최근에 부과한 억압적인 법률을 폐지했다. 그러나 곧 그런 조치들만으로는 충분치 않다는 것이 드러났다. 성난 군중은 혁명을 성취해야겠다는 쪽으로 내달렸다.

실베스트로 데 메디치가 2개월 임기를 마치고 교체되었을 때, 촘피와 포폴로 미누토는 또다시 파괴적인 거리 시위에 나섰는데 이때 그들의 지도자는 미켈레 디 란도라는 맨발의 양모 노동자였다. 이번에 그들은 경비병을 제압하고 팔라초 델라 시뇨리아 안으로 쳐들어갔다. 곧 라바카가 도시 전역에 울려 퍼지면서 시민 의회(파를라멘토)가 소집되었다. 미켈레 디 란도가 군중의 환호로 곤팔로니에레로 확정되었고 새 시뇨리아가 취임했다. 그들이 최초로 내린 조치는 새로운 동업 조합 세 개를 제정한 것이었다. 하나는 염색 노동자 조합, 또 하나는 상의上衣 노동자 조합, 마지막 하나는 포폴로 미누토를 위한 조합이었다(이 세 번째 조합에 촘피의 대다수가 가입하여 과반수를 이루었다).

미켈레 디 란도에 대해서는 그가 양털 소모 노동자로 고용되어 일했다는 점 말고는 알려진 바가 거의 없다. 그의 어머니는 세탁부였고 아내는 푸줏간에서 일했다고 한다. 그가 최하층 빈민은 아니었지만 그의 리더십은 최하층민들에게 호응을 얻었던 모양이다. 하지만 그의 리더십은 통치자에게 필요한 덕목까지 갖추지는 못했다. 그의 배후에서 살베스트로 데 메디치가 은밀하게 도왔다는 주장도 있다.

피렌체는 그 후 3년 반, 1382년이 될 때까지 촘피 지지자들의 코뮌(자치 공동체)이 통치했다. 이 시기에 촘피 정부는 여러 가지 오래된 문제들의 해결에 나섰다. 명망 있는 가문의 여러 사람이 날조된 혐의로 체포되어 즉결 처형을 받았다. 하지만 이런 노골적인 불법 행위를 두고 피렌체 시민들 사이에서 의견이 분열되기 시작했다.

게다가 피렌체의 곤팔로니에레와 휘하 정부는 좀 더 범위가 넓은 상점 자영업자들과 소규모 동업 조합의 조합원들이 모인 포폴로 디 피렌체와 동맹을 맺으려 했는데, 이 일이 포폴로 미누토를 격분시키는 바람에 시뇨리아의 종말을 재촉했다. 이렇게 해서 정부의 리더십이 분열되어 한동안 도시에는 갈등하는 두 정부가 존재했다. 그러자 유서 깊은 가문들은 만회할 기회를 포착했다. 평소와 다르게, 잘 단합된 사전 계획하의 기민한 움직임으로 무장 수행자들을 동원해 점차 심해지는 무정부 상태 속에서도 권력을 되찾았다. 예전 체제가 신속하게 회복되었고, 행정 당국은 자신들이 권력을 충분히 장악했다고 생각해 대다수 극단 세력이 포진한 촘피 동업 조합을 해산했다. 미켈레 디 란도는 토스카나에서 도주했고, 다른 여러 지도자는 처형되었다. 살베스트로 데 메디치는 이런 운명을 모면한 것만 해도 아주 운이 좋았다고 할 수 있었지만, 메디치 가문은 공개적으로 수치를 당했다.

그렇지만 중대한 교훈 한 가지가 학습되었다. 비록 메디치 가문이 수치를 당했다 할지라도 유명 가문들의 과두제와 하층 계급 및 포폴로 미누토 사이의 계급 갈등은 여전히 심각한 문제였다. 그러나 당대의 연대기 기록자가 기록한 공포("선량한 시민은 집에서 쫓겨났고 옷감 노동자는 그 시민의 모든 것을 빼앗았다")는 큰 폭으로 완화되었고 양모업은 평소와 마찬가지로 원만하게 사업을 할 수 있게 되었다.

이러한 정치적 소요에도 불구하고 14세기 후반에 피렌체는 전례 없는 번영의 시기를 가져올 기초를 다졌고, 그런 번창하는 시대 분위기 덕분에 르네상스가 완연히 꽃필 수 있었다. 이러한 양상의 전반적 범위와 연속성은 '프라토의 상인'이라는 별명으로 잘 알려진 프란체스코 다티니의 생애와 환경으로 가장 잘 예증된다. '프라토의 상인'은 영국 태생 20세기 전기 작가인 아이리스 오리고Iris Origo가 펴낸 전기의 제목이기도 하다. 이 작가는 350년 동안 저택 계단참의 빈 공간에 감추어져 있어서 발견되지 않았던 다티니의 풍성한 편지와 서류를 잘 활용하여 전기를 작성했다.

프라토는 피렌체에서 북서쪽으로 15킬로미터 남짓 떨어진 교외의 자그마한 도시였다. 그전에는 읍과 성채, 둘로 구성되어 있었으나 11세기부터 자유 코뮌이 되었다. 마치 이 시기의 복잡한 이탈리아 정치 상황을 보여주기라도 하듯이, 프라토는 그때 나폴리의 왕과 여왕 들의 보호를 받아 강력한 이웃인 피렌체의 수중에 떨어지지 않았다. 이러한 정치 구도는 14세기까지 이어졌다. 프란체스코 다티니는 1335년에 태어났으므로 프라토의 이러한 정세를 기억했을 것이다. 그러다가 그로부터 10년 뒤, 나폴리 여왕 조반나 1세가 1만 7500플로린을 받고 프라토를 피렌체에 팔아넘겼다. 그러나 프라토는 독립 정신을 그대로 유지했고 인근 산간 지역에서 생산되는 양모 덕분에 직물업이 크게 번창했다.

다티니가 열세 살일 때 그의 아버지와 어머니, 그리고 두 형제는 흑사병에 희생되었다. 그 후 다티니와 남동생 스테파노는 몬나 피에라에게 입양되었고, 몬나는 그들에게 인자한 어머니가 되어주었다. 약 1년 뒤, 프란체스코는 피렌체로 가서 한 상인의 도제로 들어갔다. 프란체스코는 야망이 대단한 성품이었다. 유산으로 받은 150플로린 정도 가격의 땅 일부를 열다섯 살에 팔아서 아비뇽으로 여행하는 상인 무리에 합류했다. 당시 아비뇽은 교황청 소재지였고 유럽의 주요 무역 중심지였다. 아비뇽으로 가는 이 도로는 론강 계곡 일대에서 수송되는 상품들만이 아니라, 잉글랜드와 플랑드르의 양모가 피렌체로 수송되는 주요 도로이기도 했다.

교황과 교황청 직원 대다수는 '팔레 데 파프Palais des Papes'라는 요새처럼 지어진 웅장한 궁전에서 지냈다. 이 도시에는 또 추기경, 여러 대사, 관리, 공증인(페트라르카의 아버지도 공증인이었다)의 저택이 들어서 있었다. 아비뇽은 교황청의 부가 집중되는 곳이자 의학·법학·수사학 등 대학 학문의 중심지였으며, 온갖 무역이 이루어지는 번영하는 시장인가 하면 소란스럽고 번잡한 변두리 지역으로 둘러싸여 있었다. 바로 이곳, 냄새 나는 빈민가의 포석 깔리지 않은 거리, 싸구려 술집과 유곽 등에서 비천한 장인, 하인, 가난한 학생, 세탁부, 좀도둑 같은 하층민들이 살았다.

잉글랜드와 프랑스 사이에서 벌어진 백년전쟁으로 1357년의 보르도 휴전은 금이 가고 말았고, 그 결과 여러 용병대장과 용병이 아비뇽 쪽으로 움직였다. (우리가 앞에서 살펴본 대로, 호크우드는 1361년에 이 도시를 위협한다.) 아무튼 무기, 갑옷, 군사 장비를 거래해야만 돈을 벌 수가 있었다. 다티니는 이런 무기 관련 사업을 하다가 나중에 사치품과 예술 작품 거래로 옮겨 간 듯하다.

특히 예술 분야에서 엄청난 변화가 일어나고 있었다. 전에 예술 작품은 교회와 부유한 종단에서 독점적으로 주문하고 사 갔다. 그런데 이제 개인 후원자들도 그림을 사기 시작했다. 예배당만이 아니라 부자들 저택의 응접실에도 그림이 걸리기 시작했다. 이는 심오한 의미가 담긴 사태 발전으로, 르네상스 예술의 번창을 예고하는 현상이었다. 여기서 다시금 왜 르네상스가 아비뇽이라는 용광로에서 피어나지 않았는지 의문이 들 수 있겠다. 하지만 아비뇽에는 부, 시민의 자유, 재능이라는 세 가지 요소 중 오로지 첫 번째 요소만 있었다. 이것조차 교황청이 1377년에 로마로 다시 옮겨 가면서 확 줄어들었다.

1376년, 다티니는 아비뇽에서 마르게리타 반디니와 약혼했는데 그녀는 정치적 이유로 유배 와서 살던 한 피렌체 가문의 10대 딸이었다. (그녀의 아버지는 반反정부 음모에 가담했다가 처형되었다.) 다티니는 그 후 마르게리타와 결혼했고 1383년에 아내를 데리고 프라토에 돌아와 살았다. 이때부터 사업이 번창하기 시작했고 해외 출장을 떠나는 바람에 자주 집을 비워야 했다. 그가 주로 출장 가는 곳은 사업체의 주요 거래 지역인 아비뇽이었다. 그 후 수십 년 동안 다티니와 그의 아내가 주고받은 편지는 14세기의 일상생활을 아주 생생하게 보여준다.

결혼 초부터 다티니 부부는 어려움에 봉착했다. 프란체스코 다티니는 그보다 6년 전에 여자 노예에게서 딸을 얻었지만, 그와 마르게리타 사이에는 아이가 없었다. 이 점이 집안 사람들 모두에게 고민거리였다. 양어머니 몬나 피에라는 프라토에서 양아들에게 편지를 보내 이렇게 호소했다. "집으로 오너라. 하느님은 그곳 아비뇽에서 네게 부를 내려주셨다. 고향에 오면 이제 가족을 내려주실 거야." 친지들과 가족들은 편지에서 당시에 유행하던 임신 비결을 알려주고 조언을 해준다. 어떤 남자 친구는 마르게리타에게 이렇게 조언했다. "3주간 금요일마다 세 명의 거지에게 밥을 먹여주고 여자들의 수다에는 귀 기울이지 말 것." 한 여자 친구는 이렇게 조언했다. "거지들이 배에다 붙이는 습포를 한번 붙여봐." 그러면서 냄새가 너무 심해서 "그 습포를 떼어 내던지는 남편도 있다"라고 경고했다. 이런 상황이 마르게리타에게 울화와 슬픔을 불러왔고, 남편 프란체스코에게는 짜증과 더 길어지는 해외 출장을 가져왔다. 전기 작가 오리고는 이렇게 말한다. "여기 이미 지치고 기력이 떨어진 남자와 결혼한 열여섯 살 난 여자가 있다. 그런데 남편은 그녀에게 무엇보다도 그녀가 제공할 수 없는 것을 달라고 한다. 집 안을 가득 채울 아이들 말이다." 프란체스코는 자신의 인생이 흡족하지 못하다는 느낌이 들었고, 마르게리타는 신경이 날카로워졌다. 그렇지만 오리고는 "그 결혼 생활에서 애정과 상호 존중이 없었던 것은 아니다"라고 말한다. 아내와 함께 프라토로 돌아와 살다가 나중에 설립한 지점을 감독하기 위해 인근의 피사로 출장 간 프란체스코는 마르게리타에게 보낸 편지에서 이렇게 말했다. "내 입맛에 맞는 음식을 먹을 수가 없소. … 당신이 여기에 있다면 내가 한결 편안했을 텐데." 그녀는 이렇게 답변했다. "나는 피사뿐만 아니라 이 세상의 끝이라도 가겠어요. 당신을 기쁘게만 할 수 있다면."

프란체스코는 피렌체시에 본사를 설립했다. 마르게리타는 남편이 바르셀로나, 피사, 제노바, 리보르노 등지에 지점을 더 설립하려고 출장을 갈 때면 집에 머물렀다. 프란체스코는 옷감 제작과 수출에 주로 종사하는 '아르테 디 포르 산타 마리아' 동업 조합에 가입했다. 그는 옷감을 거래하다가 나중에는 밀, 가위, 비누, 심지어 주방용 칼과 바늘까지 거래했다. 프란체스코의 동시대 사람인 도메니코 디 캄비오에 따르면, 프란체스코 다티니는 "피렌체에서 가장 번화한 거리에서 가장 멋진 상점을 운영했다." 그는 거래 범위를 저 멀리 발칸반도와 북아프리카까지 확장했다. 그가 이런 먼 지역으로 직접 출장을 나갔다는 이야기가 있으나 사실 그곳까지 출장 간 적은 없다.

전기 작가 오리고에 따르면, 이처럼 떠도는 이야기가 20세기 프라토에서 여전히 유통되고 있는데, 그중에 (다티니로 추정되는) 프라토의 한 상인이 카나리섬이라는 아주 먼 곳까지 출장 갔다는 것도 있었다. 여기서 그는 현지 왕에게서 만찬에 초대받았다. 다티니는 식탁에 마련된 좌

석마다 따로 식탁용 나이프, 포크, 스푼, 냅킨, 그리고 '팔뚝만 한 몽둥이'가 놓여 있는 것을 보고 무슨 용도인지 의아해했다. 고기 요리와 다른 요리가 담긴 그릇이 날라져 올 때, 그는 비로소 사정을 알아차렸다. 음식 냄새가 주위에 퍼지자 생쥐 떼가 식탁 주위로 몰려왔고, "그 몽둥이를 휘둘러서 쫓아야 했다." 상인은 해상의 상선에서 밤을 보내고 이튿날 다시 왕을 찾아갔는데, 중세풍 상의의 폭이 넓은 소매 속에다 고양이 한 마리를 감추어서 데려왔다. 다시 식사가 나왔을 때 그가 소매 속에 있던 암고양이를 풀어놓자, "재빨리 스물다섯 혹은 서른 마리의 생쥐를 죽였다. 나머지 생쥐는 황급히 도망쳤다." 이에 왕은 흐뭇해했고, 상인이 이렇게 말하자 더욱더 즐거워했다. "폐하, 저를 융숭하게 대접해주셨으니 이 고양이를 폐하께 헌상해 보답하고자 합니다." 왕은 상인에게 '4000스쿠디의 값어치가 나가는 보석'을 하사했다. 그다음 해에 상인이 다시 그 섬을 찾았는데, 이번에는 왕에게 사나운 수고양이를 바쳤고 왕은 또다시 6000스쿠디를 하사했다.

이 상인이 다티니일 가능성은 별로 없다. 하지만 이런 이야기는 해외에 출장 다니는 상인들이 토스카나 지방으로 가져왔을 법한 여행담의 훌륭한 예시다. 그런 이야기들은 이 집에서 저 집으로 재빨리 퍼졌다. 한가한 가십에서 신뢰할 만한 정보에 이르기까지 각종 뉴스가 입소문에 의해 전파되었다. 관보 같은 공식적인 정보원은 마을의 벽에 내다 붙이거나, 글을 읽을 수 없는 사람들을 위해 공공 광장에서 낭독되었다. 다른 뉴스들은 교회의 설교를 통해 전달되기도 했다. 그런 와중에도 가십, 소문, 이야기 등은 소식의 생생한 교환 수단이었다. 오늘날 대중에게 인기 높은 뉴스가 사람들을 즐겁게 해줄 뿐만 아니라 나름의 진실을 담고 있기에 널리 유통되는 것과 같은 이치다.

프란체스코와 마르게리타 다티니가 주고받은 편지는 이처럼 풍성하게 돌아다니는 교환 수단에 대해서는 그리 자주 언급하지 않는다. 마찬가지로, 부부는 자신들의 가정과 같은 부르주아 가정의 관습, 예절, 행동 등에 대해서도 별로 빛을 비추지 않는다. 대중적으로 알려진 이탈리아인의 가정생활과는 반대로, 전기 작가 오리고는 이렇게 말한다. "애정이나 부드러운 언사 같은 것이 끼어들 여지가 별로 없었다. 부모의 권위는 절대적이었고 엄격했다." 어린아이들은 사전 허락을 받지 않는 한 부모가 있는 데서 의자에 앉는 것이 금지되었다. 또 부모에게서 지시를 받을 때는 다소곳이 머리를 숙이고 들어야 했다. 다티니의 동시대인인 조반니 도미니치 수사는 저서《가정 내 행동에 관한 규칙Regola del Governo di Cura Familiare》에서 다음과 같이 가르쳤다. "적어도 하루에 두 번, 아이들은 아버지와 어머니의 무릎 앞에 공손히 무릎 꿇고 앉아 부모님께 은총을 빌어야 한다."

이런 행동거지는 수도자의 관점에서 볼 때 올바르고 기대되는 예의바른 행동이었다(그러나 수도자에게는 스스로 만든 가족이라는 것이 없었다). 다티니 집안의 편지들에서 이따금 등장하는 과도하게 공손한 문구와 마찬가지로, 이러한 조언은 예외적인 일이었다. 실제 행동과 공식적 기대 사이의 괴리는 중세 후반부에 들어와서 매우 커졌다. 이에 대한 증거는 사회생활의 여러 양상에서 살펴볼 수 있다. 가령 단테와 페트라르카의 연애시와 실제 연애 사이의 괴리, 교황들의 실제 행동과 그런 고위직에게 기대되는 이상적 행동 사이의 괴리 등이 그러하다. 로마와 아비뇽 사이의 대분열을 사이에 두고 양쪽에 포진한 14세기 후반의 교황들은 신성 모독적인 탐욕으로 악명 높았다. 그들은 대놓고 정실주의, 성직 매매, 면죄부 판매(이것을 매입하면 연옥에서 머무는 시간이 단축된다고 가르쳤다) 같은 일을 벌였다. 교황 그레고리우스 9세와 클레멘스 7세• (사건 당시에는 로베르토 추기경)가 직접 개입된 체세나 대학살 사건은 더 말할 것도 없다.

한편 다티니 부부가 주고받은 편지들과 그 밖의 사람들이 프란체스코에게 보낸 편지들에는 가정 안에서 발생하는 문제들과 그에 대한 조치들이 세세하게 담겨 있는데 오늘날에도 무엇이 문제였는지 금방 이해할 수 있을 정도다. 예를 들어, 프란체스코는 '피곤하고 짜증이 났지만' 그래도 관대한 사람이었다. 그의 사업 파트너 중 한 사람이 아비뇽에서 죽었는데 노예와의 사이에서 태어난 어린 네 자녀를 남겼다. 프란체스코는 이 아이들을 자기 집으로 데려와 가사도우미 한 명을 고용해 돌보도록 했고 그중 여자아이들이 커서 결혼하자 지참금까지 마련해주었다.

이 지점에서 약간 본론에서 벗어나, 노예 문제를 잠시 언급해보려 한다. 흑사병 발병 이후로 수십 년 동안 피렌체에는 육체노동, 사소한 잡일, 가사노동 등을 해줄 인력이 크게 부족했다. 농장 노동자, 여러 부류의 하인, 인부도 수요가 매우 높았다. 교회는 기독교인을 노예로 부리는 것을 금지했기에 이를 우회할 유일한 방안은 '이교도'를 수입하는 것이었다. 그리하여 젊은 무슬림, 캅카스와 흑해 일대의 이교도 슬라브인과 타타르인, 아프리카인과 베르베르족을 노예로 수입하는 것은 매우 수익성 좋은 사업이 되었다. 이 노예들은 주로 베네치아를 거쳐서

• 그가 아비뇽에서 교황 자리에 올랐기 때문에 현재는 반(反)교황으로 통한다. 16세기에 교황 자리에 올라 로마에서 통치했던 피렌체 출신 교황 클레멘스 7세와 혼동하지 말 것. 이 16세기 교황은 뒤에서 다시 다룬다.

이탈리아로 들어왔다.• 상류층과 중산층 가정에서 사들이는 노예는 그 집의 재산처럼 취급되었으며, 그들은 기다란 가정 내 식탁의 말석에 앉아 식사했다.

어린 여자 노예들은 신체가 성장하면서 자연스럽게 그 집안 가장의 주목을 받았다. 이는 프란체스코에게도 해당하는 이야기였다. 그는 1392년에 당시 스무 살이던 여자 노예 루치아와 관계하여 또 다른 혼외 딸 지네브라를 낳았다. 그 무렵 30대 초반에 자식이 없던 마르게리타의 심정이 어떠했을지 상상하기는 어렵지 않다. 갓난아기 지네브라가 거의 출생과 동시에 다티니의 집에서 추방되어 피렌체의 산타 마리아 누오바 병원의 수녀들 손에 넘겨진 것은 놀라운 일이 아니다. 그러나 프란체스코의 장부에 따르면 지네브라는 6년 뒤 가족의 품으로 돌아와 프란체스코의 딸로 키워졌다. 동시에 그녀의 생모 루치아는 프란체스코의 하인인 난니 디 프라토에게 시집보냈는데, 이때 루치아에게 적당한 지참금을 마련해주었다. 이때부터 마르게리타의 모성이 분출하여 어린 지네브라를 좋아하게 되었고, 남편에게 보내는 편지에도 딸 이야기를 자주 썼다. 마르게리타는 편지에서 지네브라가 아프다는 이야기를 가끔 했고, 지네브라를 위해 20솔도짜리 장난감 탬버린을 산 이야기, 아홉 살이 되어 지역 숙녀에게서 읽기를 배운다는 이야기도 했다. 지네브라가 크면서 마르게리타는 '아주 멋진 옷을 잔뜩' 사주었다. 사실 지네브라는 이제 의붓어머니에게 사랑을 너무 많이 받아서 버릇

• 이 무렵 '노예(slave)'를 의미하는 단어는 '슬라브(Slav)'라는 단어에서 왔다. 베네치아의 대운하로 들어가는 기다란 부두는 오늘날에 '리바 델리 스키아보니(Riva degli Schiavoni)'라고 하는데 '슬라브인들의 부두'라는 뜻이다.

이 없어질 지경이었다.

여러 해가 지나면서 프란체스코의 다양한 사업체는 번창했고 그는 점점 더 큰 부자가 되었다. 프란체스코와 마르게리타 사이에 오간 편지를 보면 부부의 관대한 심성을 이용하려는 자들도 있었음을 알 수 있다. 마르게리타의 오빠 바르톨로메오는 불운을 많이 겪은 사람이었던 듯하다. 1399년 1월, 그는 여동생에게 이런 내용의 편지를 보냈다. 그가 로마에서 남동쪽으로 약 100킬로미터 떨어진 폰디의 집에서 출장 나와 있을 때, 그 마을과 근처의 다른 마을까지 통째로 용병부대에게 약탈을 당했다는 것이다. "밀과 포도 농장은 파괴되어 불태워졌어. 내 가족은 아주 심각한 위기에 빠져 있을 거야. … 그래서 마르게리타, 네게 자비를 호소한다. 어떻게든 내가 가족에게 돌아갈 수 있도록 좀 도와주렴." 프란체스코는 회사 일로 출장 가 있었고 마르게리타가 오빠를 도와준 듯하다. 그러나 이 무렵 마르게리타는 이미 오빠에게 유보적 견해를 갖고 있었음이 분명하다.

몇 달 뒤, 바르톨로메오는 프라토에 나타나 또다시 심각한 문제가 있다고 하소연했다. 이에 마르게리타는 남편에게 보내는 편지에 이렇게 썼다. "그가 왔다는 소식을 들었을 때, 나는 내 눈으로 그의 시신을 본 것보다 더 슬펐어요. … 그래도 내 오빠이니 그를 사랑할 수밖에 없어요. … 그는 나이가 든 데다 가난하고 허약하고 아이들이 매달려 있어요." 또다시 그녀는 오빠를 도와주었으나, 동시에 집안 사정을 언급하며 예전의 거래를 암시하는 듯한 편지를 오빠에게 보냈다. "오빠와 어머니가 이처럼 무례하게 행동하니 나는 남편 앞에서 아무 말도 하지 못했어요. 오빠의 어려움이나 우리 집안 식구들의 곤궁함에 대해 입도 뗄 수 없었어요."

바르톨로메오는 전혀 기죽지 않고 이런 답장을 보냈다. "너는 네가 큰 부담을 지고 있고 프란체스코 앞에서 가족을 위해 입도 뗄 수 없었다고 말하는데, 나나 네 다른 친척이 이런 곤궁한 상황에 빠지지 않았다면 얼마나 좋겠니. 그러나 운명이 이렇게 정해놓았으니 아무도 운명을 거스를 수는 없어." 이어 그는 최근의 사업 계획을 약술했는데, 그 사업을 발족시키려면 아무래도 프란체스코의 재정적 지원이 필요하다고 암시했다. 그는 이제 '성스러운 해'(1400년)가 되어 그리스도 탄생의 백 년 단위 기념일이 될 테고, 그러면 수천 명의 순례자가 로마를 방문할 것이며, "로마 교황청은 인간이 알고 있는 모든 분야에서 수익을 거둘 최적의 장소가 될 것"이라고 말했다.•

이듬해 후반, 프란체스코와 마르게리타는 지네브라와 함께 볼로냐로 피신하는 편이 좋겠다고 판단했다. 이미 토스카나까지 번진 흑사병의 발호를 피하기 위해서였다. 다티니 가족이 볼로냐에 얼마나 머물렀는지는 확실하지 않다. 아무튼 그들은 거기서 유배 생활을 하던 피렌체 교황당 인사를 다수 만난 듯하다. 이런 만남 중 일부는 나중에 친밀한 교우 관계로 발전해 사업상의 거래도 이루어졌다. 그때나 지금이나, 해당 법이 복잡하기 짝이 없어서 이해하기 어려울 때, 신용은 상업의 가장 핵심적 요소로 작동한다.

다티니 가족은 마침내 볼로냐에서 돌아와 프라토와 피렌체의 집에서

• 이 계획은 실패했음이 분명하다. 8년 뒤에 바르톨로메오가 또다시 불평의 편지를 보냈으니 말이다. 이 편지를 보낼 당시 그는 아비뇽에서 연봉 72플로린을 받는 세관 관리로 일하고 있었다. 프란체스코 다티니는 바르톨로메오의 가계 유지 비용으로 연간 10플로린을 지원했다. 그런 직후에 바르톨로메오는 사망했는데, 프란체스코는 그의 의료비도 모두 내주어야 했고 '온 가족의 상복을 마련할 돈'까지 대주었다.

살게 되었다. 몇 년 뒤 지네브라가 열다섯 살이 되었을 때 볼로냐의 한 친구가 프란체스코에게 편지를 보내 딸의 약혼을 축하했다. 프란체스코는 답장에서 여러 남자가 딸에게 구혼했으나 그 목적은 "딸을 좋아해서가 아니라 나의 돈을 원해서"였다고 썼다. 이어서 그는 딸을 위해 "딸애를 멸시하지 않고, 딸애가 낳은 아이를 수치스럽게 여기지 않을 배우자를 찾아왔다"라고 부연했다. 그리하여 지네브라는 젊은 프라토 청년 리오나르도 디 톰마소와 결혼했다. 이 청년은 프란체스코의 한 사업 파트너의 친척이었다.

프란체스코 다티니는 이제 일흔 살이 되었다. 이 나이는 당시의 기준으로는 이례적 고령이었다. 딸을 자랑스럽게 여긴 아버지는 그에 걸맞게 화려한 결혼식을 올려주었다. 지네브라의 지참금은 1000플로린이었는데, 이는 당시 피렌체 거상들이 딸에게 통상 내놓는 금액보다 훨씬 컸다. 그러나 지네브라의 보석류와 화려한 결혼식에 비용이 많이 들어가서 그 액수만큼 지참금에서 공제했기 때문에 리오나르도에게 실제로 돌아간 돈은 161플로린 정도였다. 그러나 이 금액조차 결혼 후 2년 이내에 흑사병으로 딸이 죽으면 돌려준다는 조건이었다. 다른 사례도 그렇지만, 이 사례도 프란체스코가 생애 마지막까지 냉철한 사업가였음을 보여준다.

다티니는 그 무렵 신분이 아주 높아져서 정부의 고위 관리들과 사교적으로 자주 어울렸다. 그래서 고관들의 아내들에게 고분고분하지 않은 아내 마르게리타를 꾸짖기도 했다. 프란체스코의 사회적 출세는 1409년에 정상에 도달했다. 그해에는 교황 알렉산데르 5세와 앙주의 루이 2세 사이에 정치적 만남이 성사되었다. 교황이 나폴리 왕좌를 요구하는 루이 2세를 어떻게 지원할지를 논의하는 자리였다. 이 만남의 장소로 프라토가 선택되었고 루이 2세는 프란체스코의 집에서 묵게 되었다. 이는 의심할 나위 없이 최고의 영예였지만, 동시에 프란체스코와 그의 가족이 자기 집을 내주고 다른 숙소를 알아봐야 한다는 뜻도 되었다. 그렇게 머무르는 동안 루이 2세와 그 수행원들은 프란체스코 집의 식료품 창고와 지하 와인 창고를 마음껏 이용할 수 있었다.

그 후 프란체스코는 다른 친구들보다 오래 살아서 늙고 병약한 몸이 되었다. 가장 친한 친구이자 변호사인 라포 마체이는 이렇게 말했다. "그는 자신이 신으로부터 장수長壽 면허장을 받았다고 생각한다." 자신의 일에 그처럼 최선을 다해 몰두해온 사람으로서, "그가 죽어야 한다는 사실이 믿어지지 않았고 또 그의 기도가 아무런 효력이 없다는 것이 참으로 이상했다."

프란체스코 다티니는 1410년 8월 16일에 사망했고 약 7만 플로린의 재산을 남겼다. 그중 상당한 액수와 그의 거대한 저택은 프라토 시청이 관리하는 자선 기관에 기증되었다. 프란체스코의 기증은 오늘날까지도 고향 도시의 시민들에게 감사하는 마음으로 기억된다.

그의 아내 마르게리타는 생애 만년을 피렌체에서 사랑하는 딸 지네브라, 사위 리오나르도 디 톰마소와 함께 살았다. 흑사병, 촘피 반란, 호크우드와 그의 용병부대가 저지른 잔인한 악행 등에도 불구하고 우리는 프란체스코 다티니와 그의 가족이 남긴 편지와 문서를 통해 혼란스러운 14세기 내내 시민들의 일상생활은 끈질기게 평상시의 모습을 유지했음을 알 수 있다. 13세기의 연대기 기록자 빌라니와 마찬가지로, 다티니는 우리에게 피렌체와 그 주위에서 영위된 일상생활의 면면을 엿보게 해준다. 바로 이것이 그 사회의 핵심 중추인 중산층이 살아간, 별로 드러날 것도 없고 기록할 것도 없는 평범한 일상생활이었다.

우리가 살펴보면 금세 알 수 있듯이, 평범한 사람들은 혼란스러운 시대에도 그런 평범한 삶을 살았다. 물질적 변화와 기술적 진보가 가져온 사회 내의 분열 속에서도, 우리는 이런 가정생활을 들여다보며 거기에서 우리 이웃과 같은 모습을 발견한다.

6

돔

브루넬레스키 이야기

르네상스는 고대 그리스와 로마의 문화로 회귀한 현상이다. 이 두 문명은 완벽한 기술과 아름다움을 갖춘 건축을 낳았다. 고대 그리스의 대표적 건축물은 아테네의 파르테논 신전이다. 그 뒤를 이어받은 로마 건축은 그리스인들이 해결하지 못했던 한 가지 문제를 극복했는데, 아치가 바로 그것이다. 이 커브형 건축물에 쓰이는 돌들은 정점에 자리 잡은 쐐기 모양의 종석宗石에 의해 제자리에 고정되고 그 돌들이 전체 건축물을 지탱하며 그 무게를 떠받친다.

아치는 다리, 수도교, 콜로세움 등 모든 양식의 로마 건축물에 등장한다. 이 간단하면서도 상식에 반하는 천재적 아이디어는 두 가지 측면에서 그 위력을 발휘했다. 하나는 건축물에 삼차원을 부여한 것이고, 다른 하나는 돔을 만들 수 있게 했다는 것이다. 하지만 우리가 앞으로 살펴보겠지만 이것은 겉보기처럼 그렇게 간단하거나 쉬운 문제가 아니었다. 우선 이런 아치를 만들려면 콘크리트를 사용해야 했다. 이와 비슷한 다양한 건축 재료가 고대 이집트 시대부터 이미 존재했다. 그러나 콘크리트의 잠재력이 온전히 구현된 것은 고대 로마 시대부터다. 고대 로마인들은 콘크리트를 활용해 돔을 세웠다. 이런 구조물의 전형적 사례는 로마의 판테온인데 그 건축 연대는 기원후 126년경으로 추정된다. 그 후 여러 세기가 흐르는 동안 로마 제국은 멸망해 허물어진 유적만 무성한 도시를 그 뒤에 남겨놓았으나, 콜로세움에 들어간 많은 아치형 구조물은 여전히 건재하다. 판테온의 웅장한 아치도 허물어지지 않았다. 그러나 그런 오래가는 아치형 구조물을 만들어내는 비결은 인멸되고 말았다. 후세 사람들은 흥미롭다는 듯이 아치형 건물을 바라보며 그 경이로움에 찬탄했을 뿐이다.

그러다가 1403년경에 두 피렌체 청년 지식인이 로마에 도착했다. 고전 세계의 지식을 목말라하던 초창기 르네상스의 점증하는 열기 덕분에, 당시 로마에서는 관광이 막 태동하고 있었다. 지난 여러 해 동안 순례자들은 주요 간선 도로, 거칠고 위태로운 알프스 산간 고지, 산을 넘은 이후에는 로마로 이어지는 로마의 여러 도로를 거치며 위험한 장거리 여행을 했다. 로마는 서구 기독교, 즉 로마 가톨릭의 중심이었다. 그곳에는 여러 세기 전에 지어진 성 베드로 대성당이 자리 잡고 있었다. 전승에 따르면, 이 교회는 성 베드로가 십자가에 거꾸로 매달려 순교한 지점 위에 세워졌다(베드로는 자신이 그리스도와 똑같은 방식으로 처형될 가치가 없는 사람이니 그렇게 처형해달라고 요청했다).•

로마는 고대 로마 초창기부터 영원의 도시로 알려졌으나 기독교 시

• 1960년에 '새' 성 베드로 대성당 제단 아래에서 유골이 발굴되었다. 새 베드로 대성당은 6세기 건물을 대체한 14세기 건물이다. 법의학적 검사를 해본 결과, 거기에는 61세 남자의 유골이 묻혀 있었고 연대는 기원후 1세기였다. 성 베드로가 정확히 61세로 그 연대에 사망했다. 1968년에 교황 파울루스 6세는 이 유골이 성 베드로의 유골임이 확실하다고 선언했다.

대가 오면서 이런 호칭은 새로운 의미를 띠게 되었다. 로마는 지상에서 성 베드로의 대리인 역할을 하는 교황이 거주하는 도시가 되었다. 온 세상 사람들은 교황의 축복을 받기 위해 아주 먼 곳에서 이 도시를 찾아왔다. 그러나 세월이 흐르자 새로운 유형의 방문객들이 영원의 도시를 찾아왔다. 이들 초창기 방문객들은 이 오래된 도시의 유적들, 가령 콜로세움, 판테온, 포룸 등을 보기 위해 왔다. 이런 건물들은 수많은 고전 시대 유적 가운데서 그 우아한 기둥을 뽐내며 예전과 마찬가지로 그 자리에 서 있었다. 그들 중 몇몇은 이런 허물어진 유적에서 들고 갈 수 있는 것들을 떼어내서 챙기기 시작했다. 이중 상당수가 수집가였으나, 좀 덜 양심적인 사람들은 부유한 고객들에게 그런 유물 조각을 팔기 시작했고, 그것들의 족보(와 가격)를 높이기 위해 평범하기 짝이 없는 돌에 그럴듯한 유래를 날조하기도 했다. 이러한 파괴 행위는 다르게 본다면 고대의 예술 정신을 배우려는 초기 르네상스 정신의 발현으로 볼 수도 있다.

그러나 1403년에 허물어진 유적들 사이를 돌아다니던 두 피렌체 청년은 다른 목적을 품고 있었다. 당시 스물여섯의 필리포 브루넬레스키와 도나텔로라는 10대 소년은 어울리지 않는 한 쌍이었다. 브루넬레스키는 키가 작고 볼품없는 외양에 비밀이 많은 성격이었다. 반면에 도나텔로는 잘생긴 청년으로, 그의 화려한 행동거지는 동성애 성향을 은밀히 드러냈다. 둘 다 변덕스러운 성격의 소유자였고 자신의 재능에 스스로 높은 평가를 내렸다. 연장자인 브루넬레스키는 이미 뛰어난 기량을 과시한 터였다. 그는 '세례당'(피렌체 대성당 옆에 있는 건물)의 현관문과 여러 문을 제작하는 공모전에 참가한 바 있었다. 그 문들은 성경에서 가져온 여러 장면이 금박 입힌 청동으로 장식될 예정이었는데 어린 시절 금세공사로 훈련받은 브루넬레스키는 그런 일을 아주 잘해낼 사람이었다. 그의 디자인은 당시 무명에 서출庶出 출신 젊은 화가인 로렌초 기베르티의 디자인에 비해 조금도 떨어지지 않았다. 기베르티는 일찍이 고대의 동전과 메달에 묘사된 초상화를 꼼꼼히 복제하는 작업을 통해 자신만의 초상화 그리는 기술을 터득했다. 결국 '34인 위원회'는 이 명예로운 공사에 두 사람을 공동 당선자로 결정했다. 브루넬레스키의 전기 작가인 로스 킹Ross King에 따르면, "오만한 자신감, 성마른 기질, 남들과의 협력을 거부하는 고집스러움을 지닌 필리포는 그 공사를 단독으로 맡게 해달라고 요구했다." 이런 요청이 거부되자 그는 수상을 거부했고, 앞으로 다시는 조각 작품을 만들지 않을 것이며 청동 작업은 아예 하지 않겠다고 맹세했다.

브루넬레스키와 도나텔로는 나이 차가 났고 둘 다 까다로운 성격이었지만, 두 사람은 피렌체 지식인들 사이에서 점점 인기가 높아지는 새 인문주의에 깊이 공감한다는 공통점이 있었다. 그들의 또 다른 공통점은 아주 어린 나이부터 금세공사의 도제 생활을 시작했다는 것이다. 어린 도나텔로는 이 방면에서 탁월한 기량을 과시해 조각가로 대성할 꿈을 품었다. 실제로 이런 야망을 달성하기 위해 그는 로마를 방문한 것이었다. 그는 고대 건축물을 장식하는 고전 조각상들뿐만 아니라 폐허 틈바구니에서 나뒹구는 많은 조각 작품의 파편을 가지고 직접 연구하고 싶었다. 도나텔로는 불만투성이인 자신의 여행 동무가 세례당 문의 공모전에서 실망한 나머지, 자기처럼 조각가가 되려는 꿈을 품고 있다고 잘못 생각했다.

그저 허물어진 유적들을 구경하러 온 다른 방문객들과 달리, 이 두 피렌체 예술가는 자신이 선택한 유물을 면밀하게 조사해야겠다고 생각했다. 그러자면 위태로운 선반 위로 기어 올라가 난간 사이에서 아슬아슬하게 몸의 균형을 잡아야 했고, 어떤 때는 폐허 위쪽의 조각물에 접근하기 위해 사다리를 이용해야 했다. 이런 방식으로 도나텔로는 폐허 위쪽에 위태롭게 걸터앉아서 관심이 가는 고전 조각상을 꼼꼼하게 스케치했다. 도나텔로는 브루넬레스키도 자신과 똑같은 작업을 하고 있을 것이라고 생각했으나 브루넬레스키는 그런 것을 할 생각은 전혀 없었다. 은밀한 성격의 브루넬레스키는 건물들을 살펴보고 그 정확한 치수를 기록하고 그 비례, 각도, 측면, 높이 등을 연구했다. 이런 제원諸元은 지상에서는 파악할 수 없는 것으로, 그 건물을 지었던 건축가가 애초에 머릿속에서 구상한 정보였다.•

조각과 청동 작업은 하지 않겠다고 고집스럽게 선언했으므로, 브루넬레스키는 이제 건축가가 되어야겠다고 결심했다. 전기 작가 로스 킹은 그렇게 된 사정을 이렇게 설명한다. "그는 양피지 조각에다 일련의 비밀 기호와 아라비아숫자를 기입했다. 일종의 비밀 코드였다." 그러나 공정하게 말해보자면 이는 비밀을 좋아하는 브루넬레스키의 성격 탓으로만 돌릴 수 없는 일이었다. 그 당시에는 특허법이란 것이 없었고, 그런 만큼 누구나 남이 발명한(혹은 재발견한) 새로운 아이디어나 기술을 마음대로 훔쳐갈 수 있었다. 또한 로스 킹이 아라비아숫자를 언급한 것도 시대착오적 시각으로 보인다. 피렌체 당국이 아라비아숫자를 사용

• 심지어 가장 세련된 고대 건축물들도 자주 건축적 술수를 이용했는데, 평범한 관찰자의 눈에는 이런 수법이 보이지 않았다. 예를 들어 파르테논의 가느다란 기둥들은 사실 가운데 부분이 약간 튀어나와 있다. 이렇게 하면 이 기둥들을 지면에서 바라볼 때 그 부분이 가느다랗게 보이는 착시를 일으킨다. 이런 세련된 조치가 '역방향의 시각적 환상'을 일으키고, 그리하여 건물은 관람자가 볼 때 절묘한 비례를 갖춘 것처럼 보인다.

하지 못하도록 금지령을 내린 것은 1299년인데, 이러한 단속이 실제로 유야무야된 것은 오래된 일이었고 그 당시 많은 사람이 오늘날 우리가 사용하는 아라비아숫자를 사용하는 데 이미 익숙해진 상태였다. 다만, 브루넬레스키는 그 후 발전된 유럽형의 아라비아숫자가 아니라 원래의 아라비아숫자(아랍어로 된 것)를 썼기에, 전문가들 이외에는 브루넬레스키의 숫자를 알아보기 어려웠을 것이다.

당시 도량형 단위는 지역마다 제각각이었으므로 브루넬레스키의 정확한 수치 측정이 채택될 가능성은 별로 없었다. 예를 들어 건설업에서 널리 통용되던 측정 단위인 브라초braccio는 성인 남자가 쭉 내뻗은 팔 길이를 가리켰는데, 지역마다 그 길이가 달랐다. 그 결과 이탈리아 내 여러 도시 국가 사이에서 상당한 편차가 존재했다. 가령 피렌체의 1브라초는 약 23인치(약 58센티), 밀라노는 23.5인치(약 60센티), 그리고 로마에서는 29인치(약 74센티)였다.• 브루넬레스키는 자신이 만든 측정자를 사용해 자신이 측정한 건물의 정확한 비례를 암호화했다.

그러나 브루넬레스키의 조사와 연구는 겉보기보다 훨씬 면밀했다. 그는 판테온의 돔을 세밀하게 연구하기 위해 그 건물의 꼭대기에까지 올라갔다. 그는 이런 돔 구조물을 건설하기가 매우 어렵다는 사실을 잘 알았고, 실제로 이 어려운 문제는 지난 천 년 동안 건축가들을 괴롭혀 왔다. 일단 돔이 건설되면 그 엄청난 무게가 그것을 떠받치는 벽돌로 된 원형의 받침대를 무겁게 짓누른다. 문제는 여기서 그치지 않는다.

• 이런 기이한 중세의 차이점을 조롱하기 전에 다음 사실을 감안할 필요가 있다. 19세기까지만 해도, 그러니까 산업혁명 시대가 한참 진행된 때에도 영국 주요 도시의 시계는 각각 다른 시간대로 돌아갔다. 이러한 차이점은 철도가 도래하면서 시간표를 통일할 필요가 생기면서 비로소 조율되었다.

설사 이런 석조(혹은 콘크리트) 부벽扶壁이 위에서 짓누르는 돔의 압력을 견뎌낸다 하더라도, 시간이 흐르면서 그 부벽이 위에서 내려오는 압력의 여파로 옆으로 불룩 튀어나오는 문제가 발생할 수 있었다. 그런데 돌은 이런 수평의 압력을 잘 견디지 못한다. 바로 이런 이유로 지난 수백 년 동안 대규모 돔 구조물을 건설할 수 없었던 것이다.

브루넬레스키는 철저한 조사 및 연구와 건축적 감각을 발휘해 이 문제를 극복할 수 있었다. 판테온의 콘크리트 돔을 조사해보고, 그 구조물이 겉보기와 달리 균일하지도 육중하지도 않다는 사실을 알아냈다. 그 돔을 건설하기 위해, 콘크리트 5000톤이 돔 모양의 목제 프레임 속에 타설되었다. 그 프레임은 돔을 건설하는 동안 임시로 그 무게를 지탱할 구조물이었다. 이 프레임은 위로 올라가는 방식으로 층층이 콘크리트를 타설해 만들었고, 점점 더 위로 올라갈수록 그 둘레가 축소되었다. 따라서 이런 콘크리트 층은 균일하지 않았다.

브루넬레스키가 판테온 돔의 기초를 지탱하는 부벽의 치수를 정확하게 측정한 결과, 그 두께가 약 7미터에 달했다. 돔이 위로 올라가면서 안으로 휘어질수록 돔의 모양을 형성하는 콘크리트가 점점 얇아졌고, 콘크리트 자체의 무게도 기발하게 줄어들었다. 부석浮石 같은 가벼운 돌의 함량을 높인 것이다. 꼭대기 주변에 이르면, 텅 빈 점토 병들을 얇은 콘크리트 층 사이에 요령 있게 눌러 넣음으로써 더욱 가벼워지게 했다.

판테온의 돔은 소란 반자coffer(천장이나 아치에서 안쪽의 오목한 장식 부분—옮긴이) 또는 안으로 쑥 들어간 천장 패널을 도입함으로써 더 단단해지는 동시에 가벼워졌다. 돔의 내부를 장식하는 이 소란 반자들은 위로 올라가면서 그 오목한 부분의 둥그런 둘레가 좁아지는 형태를 취했다. 소란 반자들의 가장자리는, 말하자면 위로 올라가는 수직·수평의 지지망을 형성했다. 그리고 돔의 꼭대기에는 둥근 창이 있어서 햇빛을 받아들였다(화보 6).

브루넬레스키는 도나텔로와 함께 로마를 처음 방문한 이후 10년 동안 여러 차례 되돌아와 고전 건축 지식을 더 두텁게 쌓아갔다. 1417년에는 피렌체로 돌아와 고향 집에 완전히 정착했다. 그 집은 마침 당시 건설 중이던 산타 마리아 델 피오레 대성당이 잘 보이는 곳에 있었다.

그 후 여러 해 동안 브루넬레스키는 시계, 권양기, 기중기, 돌을 들어 올리는 장치 등 다수의 독창적인 기계를 발명해 생계를 유지했다고 알려져 있다. 이런 기술적 독창성은 날카로운 수학 정신과 연동되었다. 브루넬레스키는 여러 해 동안 피보나치의 저작을 깊이 연구했다. 피보나치의 《실용 기하학Practica Geometriae》을 학교에서 교재로 삼았고, 그 외에 《산술 교본》이나 더 고급 과정 책도 철저하게 연구했다.

이 분야에서 브루넬레스키가 이룩한 가장 중요한 발견은 원근법의 기하학적 효과다.• 이것은 2차원의 그림에 3차원의 입체적 효과를 부여하는 기법이다. 평면에 그려진 그림에서 여러 대상을 소실점에 가까이 다가갈수록 크기를 다르게 그림으로써 3차원 효과를 만들어내는 것이

• 이 발명 혹은 발견은 여전히 논쟁의 대상이다. 그리스인들은 인물화에서 기본적인 원근법을 구사했다. 그들이 조각품과 프리즈에서 수준 높은 3차원 효과를 달성했다는 사실에는 의심의 여지가 없다. 그러나 20세기의 미술 비평가 E. H. 곰브리치는 다음과 같은 주장을 내놓았다. 만약 그들이 조각 작품에서 그런 리얼리즘을 실행했다면 그들의 2차원 예술(그중 많은 부분이 인멸되어 우리에게 전해지지 않는다)도 함께 발전했을 것이다. 그러나 후대에 전해지는 그리스의 조각품과 프리즈와 그림 등은 2차원 평면에 구현된 3차원적 작품으로 보기 어렵다. 브루넬레스키가 정말로 고대 그리스 예술에서 처음으로 원근법에 대해 힌트를 얻었을까? 설혹 그가 힌트를 얻었다고 가정한다 해도 이 방법에 대한 그의 심오한 깨달음과 그것을 통해 이루어진 발전은 확실히 브루넬레스키의 공로다. 그는 새로운 기술을 창안했고 그 후의 서양 예술을 크게 바꾸어놓았다.

다. 이는 획기적 발전이었고 궁극적으로 르네상스 예술을 크게 바꾸어 놓는다. 하지만 브루넬레스키가 활동할 당시에는 아직 그런 효과가 등장하지 않았다. 많은 천재적 발명품이 그러하듯이, 그것은 시대를 앞서는 것이었고 사람들은 그 가치를 알아보지 못했다.

게다가 브루넬레스키는 화가가 아니었고 그의 새로운 아이디어를 일반 대중 앞에 과시하거나 전시할 기회가 별로 없었다. 그래서 이 시기에 그가 벌인 활동은 돈을 별로 벌어다주지 못했다. 반면에 그의 조숙한 친구 도나텔로는 점점 더 부유하고 강력한 후원자들의 보호를 받아 조각가의 기량을 완벽하게 발전시킬 수 있었다. 그의 작품은 피렌체 전역에서 점점 더 높이 평가받고 존경받았다. 게다가 도나텔로는 이제 브루넬레스키의 경쟁자인 기베르티와 함께 세례당 북쪽 문(화보 5)의 작업을 해야 했다. 이 공사는 브루넬레스키가 전에 거절했던 바로 그 일이었다.

이제 브루넬레스키는 40대의 중년이 되었고 그 외모마저 그다지 매력적인 사람이 아니었다. 그의 의복은 남루했고 종종 지저분했으며, 매부리코와 움푹 들어간 턱 때문에 그의 표정은 험악한 인상을 풍겼다. 그는 여전히 미혼이었는데 이는 그리 놀라운 일도 아니었다. 그와 동급인, 딸 가진 가문에서 볼 때 그는 매력적인 혼처가 되지 못했다. 이렇듯 가난한 데다 심술 사나운 성격의 남자였지만, 금세공사들이 소속된 명예로운 동업 조합인 아르테 델라 세타•의 조합원이었다. 그는 투표권이 있었고 그런 자격 덕분에 최하층 장인 계급이나 촘피를 비롯한 최하위 노동자 계급으로 간주되지는 않았다. 게다가 탁월한 발명품과 비범한

• 금세공사와 청동 노동자를 포괄하는 '비단 노동자 조합'이다.

수학 실력 덕분에 동료들과 뚜렷하게 구분되었다. 물론 그의 독특한 외모도 남들과 확실히 다른 요소였다.

브루넬레스키가 피렌체에 영구히 정착한 지 1년 뒤에 산타 마리아 델 피오레 대성당에 돔을 올리는 공사의 책임자를 공개 모집한다는 공고가 나왔다. 사실 브루넬레스키는 지난 여러 해 동안 이런 기회를 대비해 스스로 준비해왔다.

피렌체는 바르디, 페루치, 아차이우올리 등 유수한 가문의 은행들이 유럽을 석권했던 금융업 초기의 전성기인 1296년부터 대성당 공사를 시작했다. 양모업에서 흘러나오는 돈과 상업적 자신감이 충만했을 뿐 아니라 세 대륙에 걸쳐 활발하게 무역을 벌이던 그 시기에 피렌체 당국의 꿈과 야망은 끝 간 데를 몰랐다. 이 걸작을 설계하여 건설할 사람은 피렌체의 일급 건축가이자 중세의 대표적 조각가 아르놀포 디 캄비오였다. 그는 단테의 출생 약 30년 전인 13세기 초에 태어난 사람이다. 캄비오는 이미 팔라초 델라 시뇨리아를 설계함으로써 자신의 가치를 증명했다. 이 건물의 하늘 높이 치솟은 탑과 복잡하지 않고 섬세한 고딕식 건물의 윤곽선은 오늘날까지도 이 도시의 대표적 스카이라인으로 남아 있다.

그러나 피렌체 당국은 이 대성당이 그것 이상의 어떤 특징적 면모를 지닌 건물이 되기를 바랐다. 이탈리아에서뿐만 아니라 다른 지역에서도 새롭고 경이로운 것이 되어야 마땅했다. 밀라노에서 건설 중인 고딕 대성당보다 더 멋지고, 지은 지 수백 년 된 로마의 성 베드로 대성당보다 더 장중해야 하며, 3만 명 이상이 동시에 예배를 볼 수 있어야 했다. 그리고 자부심에다 자부심을 더 쌓아 올려, 이 대성당은 아야 소피아(하기아 소피아)의 그것과 유사한 돔을 그 머리에 둘러야 했다. 아야 소피아는 기원후 537년에 동부 기독교권의 수도 콘스탄티노플에 세워진 비잔티움 제국의 대성당이었다. 이 대성당이 건설된 이래 무려 800년 동안 어떤 돔도 세워지지 않았다는 사실은 피렌체 당국에게 중요하지 않았다. 그 어떤 장애물도 피렌체 시민 사회의 자부심을 좌절시키지 못했다. 그러나 이런 넘쳐흐르는 야심은 1340년대에 갑작스럽게 멈추어 서고 말았다. 피렌체 금융업이 전반적으로 붕괴해버린 데다 그로부터 몇 년 뒤에는 흑사병이라는 대재앙이 들이닥쳤기 때문이다.

근 반세기 동안 미완성된 대성당의 벽과 기초가 현장에 방치되어, 보기 흉한 광경이 도시의 중심 광장을 지배해왔다. 내부 타일 사이에서는 잡초가 돋아났고, 벽들은 금이 갔으며, 건물 전체가 뜨거운 여름과 차가운 겨울의 파괴적 힘에 대비하는 방비가 전혀 되어 있지 않았다. 공사가 재개되자마자 온갖 문제점이 드러났는데, 그중에는 시뇨리아가 지난번 공사 때 내린 각종 지시, 디 캄비오가 작성한 설계도 속의 의도적인 모호한 설계 등도 있었다. 게다가 디 캄비오가 세상을 떠난 지 이제 100년이 흐른 터여서 그 스스로 미비한 점을 해명할 수도 없었다.

그런데 더 심각한 문제가 있었다. 대성당의 원래 모델을 정밀하게 살펴보고 측정해본 결과, 이 건설 공사의 화룡점정으로 계획된 돔을 건설하려면 그 폭이 138피트(약 42미터)는 되어야 했다. 이것은 아야 소피아의 104피트(약 32미터)보다 넓고, 로마 판테온의 140피트(약 43미터)보다 약간 좁은 수준이었다. 그런데 대성당의 잔해 중 남은 것이라고는 파사드(건물의 정면), 측랑의 벽들, 돔을 지탱할 벽이 들어설 자리인 건물 동쪽 끝에 불완전하게 시공된 채 노천에 드러난 기초뿐이었다.

만약 이 돔이 완공되지 못하면 온 피렌체가 웃음거리가 되고 말리라는 것은 누구나 아는 사실이었다. 그처럼 자랑하더니 결과가 이 모양이냐고 비웃을 터였다. 하지만 이런 육중한 구조물을 어떻게 디 캄비오의 당초 설계도가 제시한 얇은 벽으로 지탱할 수 있단 말인가? 그리고 건설 공사가 진행되는 과정에서 어떻게 그 돔을 떠받칠 수 있을 것인가?

온갖 독창적인 제안서가 시뇨리아에 제출되었다. 이중 둘만 진지한 고려의 대상이 되었다. 그중 첫째는 공사를 진행할 때 목제 비계를 설치하면 아마도 돔을 지탱할 수 있을 것이라는 제안이었다. 하지만 시내에 그런 비계를 만들 목재가 충분치 않다는 것이 문제였다. 다른 제안은 계획된 돔 아래의 대성당 내부를 흙더미로 충분히 채워 일정한 높이에 도달하면, 그 흙더미 위에서 돔이 균형을 잡도록 한 뒤에 공사를 진행하면 된다는 것이었다. 하지만 완공 후에 그 많은 흙을 어떻게 치울 것인가? 그러자 시뇨리아의 한 위원이 기발한 제안을 내놓았다. 그 흙 속에다 스쿠디(가장 낮은 단위의 동전)를 적절히 섞어놓으면 어린아이들이 동전을 건지려고 양동이를 들고 와서 흙을 다 퍼 갈 것이라고 했다. 하지만 그렇게 하자면 시내에서 유통되는 스쿠디를 모조리 수집해 와도 부족할 터였다. 그렇게 하여 돔 문제는 계속 미해결 상태로 남았다.

그래서 1418년에 시뇨리아는 설계도를 가지고 경쟁 공모전을 열기로 결정했다. 브루넬레스키는 경쟁 위원회 앞에 출두했을 때 전형적인 공격적 자세를 보였다. 그는 위원 중 누구도 문제의 심각성을 전혀 깨닫지 못하고 있다고 경멸조로 말했다. 위원들이 원하는 것은 전통적인 반원형 돔이지만 현재 상황에서 그것을 얻기는 아예 불가능하다고 말했다. 브루넬레스키는 이어 달걀을 한 알 꺼내더니 혹시 이것을 평면 위에 세우는 방법을 아느냐고 위원들에게 물었다. 위원들은 의아해하며 침묵을 지켰다. 그러자 브루넬레스키는 달걀을 탁자 위에다 톡톡 치더니 그 껍질의 뭉툭한 밑 부분을 깨트렸다. 그러자 달걀이 똑바로 섰다. 그는 바로 이것이 앞으로 돔이 갖추어야 할 형태이고, 이렇게 하면 돔을 똑바로 세울 수 있다고 설명했다. 그러니까 반원형 돔이 아니라, 끝부분으로 갈수록 폭이 좁아지는 달걀 형태의 돔을 지어야 한다는 이야기였다.• 이렇게 하면 내력벽에 가해지는 압력이 한결 완화된다는 생각이었다. 그리고 지탱하는 힘을 강화하기 위해, 돔을 석조 갈비뼈(돔의 밑바닥에서 꼭대기까지 이어지는 지지대로, 우산을 펼 때 보이는 우산살을 연상하면 되겠다)로 받쳐주어야 한다고 주장했다. 그러면 그런 돔 건설을 어떻게 진행하겠다는 것이냐고 위원회는 물었다. 브루넬레스키는 평소 성격대로 그 비결은 밝히기를 거부했다.

이런 도전적 자세에도 불구하고 시뇨리아의 위원들은 마침내 브루넬레스키의 설명에 설득되었다. 그렇지만 그들은 하나의 예방 장치로 두 건축가와 계약을 체결하여 브루넬레스키를 견제하기로 결정했다. 다시 한번 브루넬레스키의 옛 경쟁자 기베르티가 협업자로 선택되었다. 이번에도 브루넬레스키가 격분한 바람에 시뇨리아는 그를 면접하던 방에서 쫓아내기 위해 경비병을 불러야 했다.

브루넬레스키는 이 기회를 얻기 위해 평생을 기다려왔기에 차마 쉽게 흘려보낼 수가 없었다. 또 남과 함께 일하는 것도 정말 싫었다. 하지만 그는 딱 한 번 자신의 자존심을 접었다. 그는 일하기 시작했고 무거운 돌을 대성당 벽들의 꼭대기까지 들어 올리기 위해 독창적인 기중기

• 달걀 깨트린 사례와 관련해서는 여러 버전이 있으나, 어떤 버전도 완벽하게 설득력 있지는 않다. 나는 가장 간단하면서도 가장 그럴듯하다고 생각되는 이야기를 골랐다.

를 여러 대 설계했다. 마침내 내력벽들이 제자리에 고정되었고 돔의 본 공사가 시작될 수 있었다. 바로 그 순간에 브루넬레스키는 아프다며(혹은 아프다고 꾀병을 부리며) 대성당 작업장이 내려다보이는 자기 집의 침실로 물러나버렸다. 이제 단독 책임자가 된 기베르티가 끙끙거리며 돔 건설 문제를 고심하는 모습을 브루넬레스키는 흥미롭게 지켜보기만 했다. 결국 문제를 해결할 수 없었던 기베르티는 시뇨리아에 과도한 하중을 받는 벽들을 보강하기 위해 부벽을 설치하면 안 되겠느냐고 물었다. 시뇨리아는 일언지하에 거절했다. 그 대안은 이전에 검토했으나 절대로 용납할 수 없다고 판정했던 것이었다. 그 방식은 경쟁 도시인 밀라노 대성당이 사용한 방법이었다. 피렌체의 산타 마리아 델 피오레 대성당 위에 우뚝 솟아오를 돔은 온전히 혼자 힘으로 서 있어야만 했다.

착공 초기부터 산타 마리아 델 피오레는 중세 고딕 건축의 전통에 결별을 고한다는 의도를 품고 있었다. 달리 말해 이 초창기 르네상스 건축물은 향후 르네상스 시대 피렌체를 대표하는 건물이 되어야 했다(하지만 이 건물에 대한 구상은 이미 르네상스 이전부터 시작되었다). 이런 새로움에 대한 집착, 피렌체 방식으로 돔을 건설하겠다는 고집은 장차 여러 해 동안 이 도시가 르네상스에서 주도적 역할을 하는 결정적 요소가 된다.

그러는 사이, 브루넬레스키는 침대에 드러누워 빈들거리며 대성당 공사 현장에 빨리 나오라는 시뇨리아의 소환이 오기만을 기다렸다. 전기 작가 로스 킹에 따르면, "브루넬레스키는 머리에 붕대를 감고 가슴에 습포를 붙인 채 현장에 나타났다." 많은 이들이 그가 죽기 일보 직전이라고 생각했지만, 또 다른 사람들은 그렇게 보지 않았다. 어떤 사람들은 그가 돔 작업을 제대로 해낼 수 없다는 것을 깨닫고 지레 겁을 먹고 신경쇠약으로 괴로워한다고 생각했다. 브루넬레스키는 기베르티에게 아무런 도움도 주지 않고 다시 비틀거리며 침대로 돌아왔다. 기베르티는 이제 혼자 힘으로 문제를 해결해야만 했다. "이 엄청난 의무는 그에게 적지 않은 불안감을 안겨주었다. [브루넬레스키는] 평소 성격대로 현장 동료들에게 돔의 구조에 대해 알려주지 않았고 … 그 궁극적 설계에 대해서는 더더욱 말해주지 않았다."

브루넬레스키의 고집과 오만함은 지독해서, 그의 '꾀병' 혹은 심술 사나운 건설 현장에서의 이탈은 몇 년간 계속되었던 듯하다. 그러는 사이에 그는 또 다른 프로젝트를 맡았는데 오스페달레 델리 인노첸티Ospedale degli Innocenti 공사가 그것이다. 이 건물은 피렌체시의 고아원으로, 이탈리아 내에서 그런 종류의 건축물로는 최초였다. 그동안 이 공사의 재정 후원을 브루넬레스키가 소속된 조합인 아르테 델라 세타가 했다고 알려졌으나, 오늘날에는 여러 부유한 시민들이 이 명예로운 사업에 상당한 액수를 헌금한 것으로 추정한다. 이 멋진 건물에는 브루넬레스키가 고대 로마의 유적들에 직접 기어 올라가 터득한 여러 가지 비법이 다수 적용되었다. 이 건물에서는 폭이 좁고 우아한 기둥이 일렬로 늘어서서 완벽한 반원형 아치 아홉 개를 지탱하고 있는데, 이것이 바로 이 건물의 가장 큰 특징이다. 이 건축물은 고전 건축 양식을 부활시킨 선구적 결과물로 간주되며 오늘날까지도 피렌체 시내에서 초기 르네상스 건축물 중 가장 멋진 것으로 평가된다.

오스페달레를 건설하는 동안, 브루넬레스키는 대성당 공사가 어떻게 진행되는지 알아보기 위해 가끔 현장을 은밀하게 다녀가곤 했다. 그 공사가 잘 진행되지 않는 것을 확인하고 내심 고소해했을지도 모른다. 마침내 기베르티는 돔 문제를 해결하지 못하고 포기를 선언했다. 그러자 브루넬레스키에게 단독으로 돔을 건설하도록 위촉되었고 기베르티는 대성당 내부의 아래층 공사를 감독하는 책임자로 격하되었다. 언제나 의심이 많던 브루넬레스키는 그의 천적이 대성당 벽들을 어떻게 건축하려 했는지 그 계획에 대해 개인적으로 보고받고 싶어 했다. 이 내력벽에 조금이라도 흠이 있으면 돔에 치명적 피해가 발생하기 때문에 그런 하자로 인한 문책을 당하고 싶지 않았던 것이다. 그리고 우연의 일치로, 브루넬레스키의 오랜 친구인 도나텔로가 이 공사에서 기베르티의 조수로 임명되었다. 도나텔로는 브루넬레스키가 돔 공사를 진행할 때 고령의 브루넬레스키를 도와주려 했다.

브루넬레스키의 궁극적 계획은 기발하고도 매우 독창적이었다. 돔의 내력벽들은 원형이 아니라 여덟 개의 면으로 구성된 것이었다. 브루넬레스키는 우산살 효과를 내는 콘크리트 갈비뼈들로 분할된 그 여덟 개의 면을 이용해 달걀 모양에 가까운 돔을 건설할 수 있었다. 더 과감하게도, 그는 돔을 하나가 아닌 두 개를 세우는 설계안을 내놓았다. 그렇게 하여 큰 돔 안에 작은 돔이 숨어 있어서, 이 두 돔을 건설하는 동안 별도의 내부 지지대를 사용하지 않아도 되었다.

내부의 돔은 외부의 돔을 지탱해야 했으므로 더 무겁고 단단해야 했다. 서로 맞물린 벽돌로 구축된 이 내부 돔은 꽉 채워진 아치 형태였다(화보 6 참조). 모든 아치 형태가 그러하듯이, 이 벽돌 층은 위쪽 층에서부터 무게가 분산되어 내려옴으로써 지탱하는 힘을 유지할 수 있었다. 이 내부 돔은 벽돌을 수직 형태로 쌓아올리는 것이 아니라, 돔의 아치형에 맞추어 사선형으로 서로 엇물리게 쌓아올리면서 위로 갈수록 작은 벽돌을 사용해 돔의 비좁아지는 공간에 딱 들어맞게 하는 구조였다. 이로써 벽돌 층이 한 층씩 올라갈수록 그 지름이 줄어들 수 있었고, 또 얇아질 수 있었다. 또한 각 벽돌 층이 꼭대기에 다다르면 주변의 콘크리트 갈비뼈에 무게와 압력을 이전시켰다.

내부 돔의 수평 고리(벽돌 층)들이 일제히 위로 올라가자, 브루넬레스키는 일련의 강력한 '사슬', 그러니까 강철과 사암으로 만든 고리를 돔 내부에 일정한 간격으로 심어놓아 돔을 제자리에 고정하고, 압력 때문에 밖으로 불룩 비어져 나가는 것을 막았다. 이처럼 비어져 나가는 현상은 현실적인 문제였다. 더 강력하고 무거운 내부 돔은 아래쪽 기단의 너비가 7피트(약 2미터), 맨 꼭대기는 가늘어진다 해도 5피트(약 1.5미터)나 되었기 때문이다.

내부 돔에 들어간 다수의 돌출형 받침목은 바깥쪽 수평 벽돌의 표면에서 수직으로 올라가는 형태였는데, 그 형상이 마치 고슴도치의 등에 등뼈가 돋친 것과 비슷했다. 이 돌출된 받침목들이 그 위에 놓인 더 가벼운 돔을 지탱하는 데 도움이 되었는데, 돔의 기단은 너비 약 60센티미터, 꼭대기 부분 너비는 약 30센티미터였다.

이 구조물의 기본 제원은 정말 놀랍다. 예를 들어 이 성당을 짓는 데에 무려 400만 개의 벽돌이 들어갔고 그 무게가 3만 7000톤에 달했다. 이것은 에펠 탑 무게의 세 배에 달하는 중량이다. 외부 돔의 꼭대기는 높이가 지상에서 375피트(약 115미터)다. 완공 당시 이 성당은 유럽에서 가장 큰 석조 건물이었고, 그 직경은 판테온마저 능가했다. 그리고 오늘날까지도 강화 벽돌과 모타르(역청)로 지은 돔 중에 가장 규모가 크다.

브루넬레스키는 무엇보다도 탁월한 수학자였다. 이는 그가 원근법을 발견했다는 사실에서 잘 알 수 있다. 그러나 이 정도 규모의 하중과 압력을 계산하는 수학적 방법은 그 당시에 아직 발명되지 않았다. 그래서 브루넬레스키는 상당 부분 직관에 의존해야 했다. 어쩌면 예비 계산을 여러 개 해놓았을 수도 있으나, 비밀을 지키려는 그의 성격 때문에 계산을 현장에 적용한 후에 곧 파기해버렸다. 만약 그렇게 하지 않았다면 그는 후대에 응용 역학의 여러 기본 수학 공식을 발명한 주인공으로 평가받았을 수도 있다. 하지만 아쉽게도 그 발명은 다른 사람의 공로로 돌아갔다. 브루넬레스키는 이런 비밀들을 혼자만 간직하기를 선호했다. 획기적인 이론의 계발보다는 실용적 성취에 더 관심이 많았던 것이다.

브루넬레스키는 대성당 공사에 참여하고 약 16년이 흐른 뒤인 1436년에 산타 마리아 델 피오레(화보 7)의 낙성식이 거행되는 모습을 살아서 지켜보았다. 그러고 나서 10년 뒤 69세의 나이로 그가 사망했을 때, 시뇨리아에서는 그에게 대성당 지하실에 묻히는 영광을 수여했다. 그러나 이 단계에서도 몇 가지 마지막 손보기 공사가 남아 있었다. 그런 공사에서 가장 중요한 것은 돔의 맨 꼭대기를 장식하는 랜턴lantern과 도금한 공(돔의 맨 꼭대기에 설치한 공 모양의 장식물—옮긴이)을 건설하는 것이었다. 이 두 가지는 1469년에 가서야 미술가 안드레아 델 베로키오에 의해 완공된다. 베로키오는 당시 조숙한 천재 도제를 스튜디오에 거느리고 있었는데, 그 이름은 레오나르도 다빈치다. 랜턴과 청동 공에 들어갈 돌을 들어 올리는 기중기는 일찍이 브루넬레스키가 발명한 여러 기계 가운데 하나였다.

이런 복잡하고 강력한 기계들을 동원해 돔 꼭대기의 랜턴과 청동 공 작업을 하는 동안, 젊은 레오나르도는 그 기계들에서 깊은 인상을 받았다. 그래서 그는 이 기계들을 자세히 묘사한 스케치를 여러 장 그렸다. 여러 해 동안 이 스케치는 레오나르도가 발명한 기계를 그린 것으로 믿어졌으나, 이제 그 이론은 전반적으로 부정되고 있다. 여러 해 뒤에 레오나르도의 수첩에 기록된 다음 문장은 의문을 불러일으킨다. "우리가 산타 마리아 델 피오레의 청동 공을 납땜한 방식을 기억하라." 이 이야기는 레오나르도가 브루넬레스키의 돔을 완공하는 데 자그마한 역할이라도 했다는 뜻인가?

이 같은 의문은 몇 가지 흥미로운 추정을 유발한다. 브루넬레스키는 의심할 나위 없이 '르네상스 맨'의 초창기 사례다. 무엇보다도 그는 여러 범위에 걸쳐 다양한 기량을 갖추었고, 특히 르네상스 초창기에 전면에 부상한 고전 학문에서 습득한 지식을 갖추었다. 그는 이러한 기량을 매우 독창적인 방식으로 더 발전시켰고, 특히 대성당의 이중 돔을 건설하는 데 아낌없이 적용했다. 그는 광학처럼 좀 더 근대적인 사안도 집중적으로 탐구했다. 이런 광학 연구가 원근법이라는 묘사 기법을 만들어낸 것은 거의 틀림없는 사실이다.

브루넬레스키의 기량, 풍부한 경험, 고전적 기술에 대한 해박함을 인정하더라도 그가 수행한 산타 마리아 델 피오레 돔 공사에는 상당한 행운도 작용했다는 것을 우리는 안다. 브루넬레스키는 확실히 획기적 개척자였다. 그는 당시에 알려진 지식의 범위 밖으로까지 밀어붙인 적도 있었고 공사를 해나가는 동안 수학적 계산 대신 추정으로 대응하기도 했다. 간단히 말해, 브루넬레스키도 그 자신이 지금 무엇을 하는지 잘 모르는 때가 있었다는 말이다. 하지만 그의 탁월한 직관은 결국 정확했다.

르네상스 최초의 모범적 지식인이었다는 사실 때문에, 브루넬레스키는 저명한 후계자이며 르네상스 최고의 지식인으로 손꼽히는 레오나르도 다빈치와 비교되곤 한다. 사실 브루넬레스키 같은 초창기 르네상스 예술가들은 다방면에 걸친 기량을 갖추었을 것으로 기대되었다. 그들의 '기술art'은 보석 절단과 세공, 회화, 조각, 건축, 군사 및 토목 공학 등 다방면으로 확대되었다. 이런 분야에서의 전문화專門化는 아직 충분히 발달하지 않았고, 고전 지식이 재탄생하려면 고전 문화 전반의 유산을 먼저 습득해야 했다.

사람들이 조상 전래의 집에서 살고 도제들은 스승이 운영하는 작업장에서 살던 시대에, 고독이나 프라이버시, 침묵의 여지는 별로 크지 않았다. 그래서 수첩에 써놓은 내용, 스케치북에 그려놓은 스케치를 아무리 잘 감춘다 하더라도 반드시 다른 사람들에게 발견될 수밖에 없었다. 따라서 동료 도제, 하인들(만약 그들이 글을 읽을 줄 안다면), 다른 집안 식구들이 비밀 수첩을 발견하여 그 내용을 남들에게 알리기 십상이었다. 그림 그리는 방식, 안료를 빻는 방법과 색상의 배합, 복잡한 새로운 기계들의 형태, 심지어 개인의 은밀한 생각 등, 이 모든 것이 가십으로 유통될 수 있었다. 때로 이런 객관적 정보가 경쟁자에게 넘어가 협박의 소재로 사용될 수도 있었고, 혹은 은밀한 정보를 수집하기 위해 피렌체 당국이 거리에 설치한 작은 함 속에 투서 형태로 들어갈 수도 있었다. 그러니 브루넬레스키가 수첩에다 암호로 정보를 기재한 것은 놀라운 일이 아니다.

그가 수첩에 사용한 '암호 기호와 아라비아숫자'는 우리에게 전해졌는데 그리 복잡한 암호는 아니다. (그러나 그가 없애버린 여러 권짜리 수첩 중에는 아주 복잡한 암호를 사용한 것도 있었다.) 이처럼 비밀 수첩을 작성하는 것은 브루넬레스키와 레오나르도가 공유했던 습관이다. 그리고 레오나르도의 암호문(라틴어 문장을 거꾸로 쓴 것)은 브루넬레스키의 그것 못지않게 단순하다. 이런 암호문을 쓴 것은 둘 다 비밀 유지를 좋아하는 성격이었기 때문이다. 하지만 그런 암호문은 무식한 도제나 하인의 염탐하는 눈으로부터 그 내용을 보존한다는 일차적 목표를 충실히 수행하기도 했다. 그런데 두 사람의 수첩에 들어 있는 드로잉은 또 다른 문제였다. 이런 그림을 암호화하기는 어려웠다. 그렇다 해도 그 그림을 설명해주는 문장이 없으니 남들에게는 아무 가치도 없었다.

브루넬레스키는 위대한 예술가의 기량을 지니고 있었다. 세례당 문들을 설계한 면모나 원근법을 발전시킨 것 등을 떠올리면 그런 기량에는 의문의 여지가 없으나, 레오나르도와 예술가로서 일대일 상대가 될 정도는 아니었다. 그렇지만 브루넬레스키의 수학적·건축학적 기량은 매우 우수했던 것으로 보인다. 레오나르도는 여러 건물을 꼼꼼하게 스케치하기는 했지만 그 설계에 따라 건설하는 공사에는 참여한 적이 없다. 기계 설계 측면에서, 레오나르도는 브루넬레스키보다 훨씬 더 상상력이 풍부했고 광범위한 분야에서 발명품을 내놓았다. 반면에 브루넬레스키의 기계들은 실제로 작동했다. (하지만 레오나르도의 경우는 언제나 그런 것은 아니었다.) 자신의 설계도와 도안을 많이 없애버리기는 했지만, 브루넬레스키의 상상력은 레오나르도의 수첩에서 드러난 그것의 수준에 훨씬 미치지 못한다. 천문학 관련 드로잉, 날아가는 기계, 군수용 기계에서 시작해 다이빙 의상을 거쳐, 구름과 물의 움직임에 이르기까지 모든 것을 조사·연구한 것은 브루넬레스키의 작업 범위를 훌쩍 넘어선다. 그렇지만 이런 분야에서도 브루넬레스키는 어느 정도 영감을 안겨주었다. 10대 시절 레오나르도는 브루넬레스키의 톱니바퀴, 도르래, 핸들이 달린 크랭크 등의 세부 묘사를 종이 위에 꼼꼼히 옮기면서 이것들이 어떻게 작동하는지 그 수수께끼를 풀려고 애쓰며 미래로 나아가는 자신의 길을 스케치했다.

7

수학에 뛰어난 예술가들

마네티, 우첼로, 프란체스카 이야기

브루넬레스키의 최초 전기 작가, 안토니오 마네티는 그의 동시대인인 피렌체 청년이었다. 브루넬레스키가 사망했을 때 마네티는 스물세 살이었다. 청소년 시절에 그는 브루넬레스키의 돔이 완성되는 과정을 목격했다. 그는 브루넬레스키의 친구를 여러 사람 만났고 그의 적진에 있던 사람들도 만나 자신이 다루려는 인물에 대한 자료를 많이 확보했다. 후대인에게는 다행스럽게도, 마네티는 이 건축가를 존경했고 그가 이룬 업적이 얼마나 대단한지 인식했다. 그는 또 그때 막 유통되기 시작한 고전 학문에 대한 브루넬레스키의 사상을 공유했다. 고전 학문은 인문주의와 함께 상류층 출신 피렌체 청년의 교육에서 필수 과목이었다. 이는 교양 있는 시민으로 성장한 새로운 세대의 인간관과 세계관에 깊은 영향을 미쳤다. 그리고 그 결과 청년들의 예술과 문화 인식을 바꾸어놓았다.

이렇듯 마네티가 브루넬레스키에게 깊이 공감했다고 해서 그의 여러 성격적 결점까지 덮어준 것은 아니었다. 무엇보다도 브루넬레스키의 성마른 기질을 가감 없이 폭로했다. 게다가 브루넬레스키는 공사의 세부 사항에 광적으로 집중하면서 따지고 드는 바람에 노동자들이 작업 도구를 내팽개치고 공사장에서 떠나버린 일도 있었다. 그러나 이런 강박적인 방식이 아니었더라면 돔은 성공적으로 완공되지 못했을 것이다.

브루넬레스키는 돔 공사를 진행하는 동안 여러 부차적 공사도 함께 진행했다. 그중 가장 성공적인 것이 '일 바달로네il Badalone'라는 외륜선이다. 이탈리아어 바딜레badile는 '삽'을 의미하는데, 물갈퀴 바퀴처럼 생긴 외륜外輪이 어떻게 작동하는지를 알려주는 말이다. 이 외륜선은 피사에서 피렌체까지 강을 거슬러 올라가며 카라라 대리석 덩어리를 수송하기 위해 발명되었다. 강의 흐름을 거슬러 올라가는 동력을 마련하기 위해 브루넬레스키는 일련의 트레드밀(밟아서 돌리는 바퀴)을 고안했다. 이것을 밟으면 배의 양쪽에 있는 물갈퀴 바퀴가 동력을 전달받아 작동하는 시스템이다. 그런데 브루넬레스키의 적 가운데 한 사람인 조반니 다 프라토는 외륜선을 조롱하는 소네트를 써서 물갈퀴 바퀴가 못생긴 '물새acqua vola'에 지나지 않는다고 악담을 했다. 뱃전을 스치며 나는 물새처럼, 그 물갈퀴 바퀴가 지저분하게 물 치는 소리만 낼 뿐 아무런 구실도 하지 못할 것이라는 비난이었다. 그 적은 당시 유행하던 과장된 수사법(그런 언쟁에서 구경꾼들을 즐겁게 하는 데 크게 기여한 수법)을 구사하면서, 브루넬레스키를 가리켜 '무식의 구렁텅이'라고 악담을 하고 그 마음의 소유자는 '한심한 짐승에다 바보 같은 자'라고 조롱했다. 그러고는 만약 브루넬레스키의 외륜선이 제대로 작동한다면, 자기는 자살하고 말 것이라는 무모한 약속도 내놓았다.

브루넬레스키는 곧바로 반격하는 소네트를 썼다. 조반니 다 프라토를 가리켜 '우스꽝스러워 보이는 짐승 같은 자'이며, 이 기발한 발명품의 구조를 제대로 이해하기에는 턱없이 지성이 낮은 자라는 내용이었다. 마침내 일바달로네가 강 위에 진수되어 사람들의 경이로운 찬탄을 불러일으키자, 다 프라토는 한동안 몸을 낮추고 지내는 편이 좋겠다고 판단했다. 이 무렵 브루넬레스키가 동료 시민들과 싸우는 빈도와 강도가 너무 심해지자, 마네티에 따르면, 피렌체 당국은 그에게 다음과 같은 맹세를 하라고 요구했다. "피해를 용서하고, 모든 증오를 내려놓으며, 그 어떤 파당이나 편견으로부터도 자유로워지고, 공화국의 선과 명예와 위대함에만 봉사하며, 정당과 당파 혹은 기타 사유로 오늘날까지 받은 모든 공격을 잊을 것이다."

마네티는 균형 잡힌 지성을 갖춘 사람이었다. 그 역시 수학자에다 건축가였는데 한 가지 비상한 프로젝트에 상당한 열정을 퍼부으며 집중했다. 단테의 저서들을 세부 사항까지 꼼꼼히 연구한 뒤, 단테의 '지옥' 지도를 수학적으로 굉장히 정밀하게 작성한 것이다. 한 지도에서는 땅속으로 깊이 파고 내려가는 지옥의 아홉 원圓을 묘사했다. 다른 지도들에서는 지옥의 아홉 원 중 몇 개를 묘사했다. 또 다른 지도는 지옥의 맨 밑바닥에 위치한 아홉 번째 원에 있는 '대악마 루시퍼의 무덤'을 묘사했다. 이 지도들의 치수와 형태와 방위는 단테의 《신곡》에 나오는 여러 기준점을 정밀하게 계산해 설정된 것이었다.

마네티는 단테의 우주는 수학적 구조를 이룬다고 주장했는데 그리 틀린 말은 아니었다. 그런 면모를 한 가지만 언급하면 이러하다. 단테는 《신곡》 전편에 걸쳐 3이라는 숫자에 강박적 집착을 보인다. 그래서 그 서사시를 심지어 '테르차 리마terza rima' 각운•으로 썼다. 단테는 숫자 3이 우주의 창조 방식, 그 우주 속 인간의 위치, 우주가 작동하는 방식 등을 근본적으로 설명해준다고 보았다. 그는 이것이 영원한 진리라고 생각했다. 이미 아리스토텔레스는 그리스도의 탄생 훨씬 이전에 자연계는 3의 원칙에 의해 작동한다고 설파했다. 이러한 철학을 기독교에서는 성부-성자-성령의 형태로 받아들이고 사후 세계를 천국-연옥-지옥의 형태로 구분하는가 하면, 다른 여러 측면에서도 3의 원칙을 적용했다. 이렇게 아리스토텔레스의 과학과 기독교의 신학이 합해져서, 서로 관계없어 보이는 현실의 여러 양상에 질서를 부여했다.

마네티의 단테 지옥도는 그가 73세로 사망한 1497년에서 7년이 지난 1506년에 발간되었다. 마네티가 남긴 건축적 유산은 브루넬레스키와 밀접한 관계가 있었으며, 인문주의 사상에 대한 공감에서 비롯되었다. 마네티는 중세의 전통에서 완전히 결별한 브루넬레스키 작품의 혁명적 성격을 잘 이해했다. 중세의 고딕풍 대성당이 뽐내던 하늘 높이 솟아오른 뾰족탑은 하느님의 신비한 영광과 형이상학적 초월을 열망하는 증거물이었다. 그러나 초창기 르네상스 건축물은 뾰족탑과 장식물들을 없애고 세속적 측면에 더 집중했다. 마찬가지로 건물의 외부도 아치형 부벽이나 가고일gargoyle(괴상한 동물 모양을 따서 만든 지붕의 홈통 주둥

• '세 번째 각운'이라는 뜻의 테르차 리마는 3행으로 된 시가 연속적으로 이어지는 시 형식을 말한다. 각 3행시는 다음 3행시와 각운에 의해 연결된다. 이 시를 느슨한 산문으로 풀어 쓴 대목을 이 책의 1장 도입부에 소개했다.

인생 여행의 한가운데에서 / 나는 깊은 숲으로 접어들었네. / 곧게 뻗은 길을 잃어버렸으므로.
아, 그 이야기를 하기가 어렵구나. / 그 야만적이고 조밀하고 가혹한 숲. / 그 생각만 해도 공포가 되살아나네.
죽음도 그보다 더 씁쓸하지는 않으리. / 하지만 내가 발견한 선을 설명하기 위해 / 내가 보았던 다른 것들도 말하려 하네.

이—옮긴이)을 피하고 고전적 단순함으로 되돌아갔다.

마네티의 최고 걸작은 재건축한 올트라르노의 바실리카 디 산토 스피리토다. 그 자리에는 지난 200년 이상 교회가 들어서 있었는데, 14세기에는 특히 보카치오와 인문주의자 모임이 회합하는 장소로 유명했다. 그런 연고가 있어서 보카치오는 사망한 해인 1375년에 소장 도서를 전부 이 교회에 기증했다. 이 교회의 재건축은 원래 브루넬레스키에게 맡겨졌으나 그는 이 공사에 그다지 관심을 쏟지 않았다. 그가 죽은 뒤, 마네티가 이 공사를 이어서 맡았다. 수수한 하얀 벽의 곧게 뻗은 직선들은 이 건물에 엄숙한 아름다움을 부여하고, 길이가 약 100미터에 달하는 내부 통로는 가느다란 기둥이 2열로 받치고 있어서 브루넬레스키가 설계한 오스페달레 델리 인노첸티 병원의 기둥을 연상케 한다. 이런 기둥을 최초로 생각해낸 사람은 사실 브루넬레스키로, 최초의 기둥 몇 개는 생애 만년에 그가 이 교회에 세운 것이다. 하지만 마네티는 선임자의 아이디어를 곧이곧대로 따르지 않았다. 브루넬레스키는 당초 교회의 전면을 파사드로 장식할 계획이었으나 마네티는 그런 구상을 무시해버렸다. 그 결과 교회의 외관이 좀 더 근대적인 수수한 분위기를 띠게 되었다. 브루넬레스키의 오스페달레가 르네상스 건축물의 획기적 선구라면, 마네티의 산토 스피리토는 오늘날 이 르네상스 초기 양식의 가장 이상적인 구현으로 평가받는다.

브루넬레스키가 산타 마리아 델 피오레 대성당의 돔 공사를 오랫동안 꼼꼼하게 수행했지만 그 건물의 내부 인테리어는 미완성이었다. 그 후 여러 해 동안 야심 찬 계획이 여럿 나왔다. 1393년, 시뇨리아는 이 대성당에 백마 탄 용병대장 존 호크우드 경의 대형 대리석 조각상을 세우려는 계획을 세웠다. 이 장대한 계획에는 감추어진 동기가 있었다.

시뇨리아는 이탈리아 전역을 상대로, 피렌체에 정착해 공화국에 충성스럽게 봉사한 용병대장을 피렌체가 얼마나 명예롭게 여기는지 과시하려 했다. 살아 있는 사람에게 이런 영예를 수여하는 것은 전례 없는 일이었고, 그 공사에 들어가는 대리석 비용과 담당 조각가가 요구할 보수의 규모도 엄청났다. 시뇨리아는 나이 든 호크우드의 장래 계획을 알게 되자, 그 조각상을 세워야겠다는 의욕이 더 강해졌다. 호크우드는 그 무렵 고국인 잉글랜드로 돌아갈 생각으로 피렌체 교외의 부동산과 보석류 등 재산을 은밀히 처분하고 있었다. 시뇨리아는 대성당에 그의 조각상을 세워줌으로써 그가 계속 피렌체에 머물기를 희망했다.

존 호크우드 경이 이듬해에 사망하자, 늘 실용적인 태도를 보인 시뇨리아는 대리석 조각상을 건립하려던 계획을 보류했다. 그 대신 재주는 높지만 비용은 저렴한 파올로 우첼로에게 백마 탄 용병대장의 모습을 담을 단색 프레스코화를 발주하기로 결정했다. 그 그림(화보 4)은 단색이 내는 효과 덕분에 처음에 약속했던 대리석 조각상의 분위기를 풍겼다. 우첼로의 특기인 원근법이 잘 구사된 덕분에 조각상과 유사한 효과가 더 잘 발휘되었다. 그래서 가로 약 7미터, 세로 약 4미터인 이 그림 밑에 서면 관람자는 자신이 조각상 앞에 서 있는 듯한 착각이 들 정도다.

화가 파올로 우첼로는 피렌체에서 동쪽으로 30여 킬로미터 떨어진 산간 마을 프라토베키오에서 태어났다. 태어난 해는 1397년경으로 추정되는데 확실하지 않다. 그의 아버지 도노 디 파올로는 중하층 계급인 이발사이자 높은 보수를 주지 않으면 잘 하지 않으려 하는 일반적인 치료를 해주어 사회에서 존경받는 외과 의사였다. 말하자면 이발과 면도를 해주는 일뿐만 아니라 치아를 뽑아주고 거머리를 이용해 방혈放血(피 빼기)도 했다. 우첼로의 어머니 안토니아는 피렌체의 저명한 델 베쿠토 가문 출신이었다. 이런 유수한 가문에서 별로 아름답지 않고 또 막내로 태어난 딸들은 적당한 혼처가 나타나지 않으면 수녀원으로 보내지곤 했다. 안토니아는 높은 지참금을 요구하지 않는 혼처, 즉 자신보다 신분이 낮은 사람과 결혼한 듯하다.

우첼로의 생애에서 특징적인 점은 태어난 해가 불확실하고 소년 시절도 별로 알려진 바가 없다는 것이다. 그는 나중에 커서 피렌체에서 조토 이후 최고의 화가가 되지만 자신의 업적을 남들에게 과시하는 성격이 아니었다. 오히려 정반대였다. 그는 조용한 방식을 고집하면서 자기만의 길을 가기를 바랐다. 한 세기쯤 뒤에 우첼로에 대한 글을 쓴 조르조 바사리는 글의 첫머리부터 그를 비판한다.

> 조토 이후에 가장 매력적이고 상상력 넘치는 화가는 파올로 우첼로일 것이다. 하지만 그는 사람과 동물을 그리는 데 많은 시간을 소비했고, 원근법의 세부에 그에 못지않게 많은 시간을 허비했다. 이러한 세부들은 매력적이고 기발했지만, 그런 것들에 과도하게 집중하는 것은 시간과 정력 낭비였으며, 그의 정신을 까다로운 문제로 흐려지게 했다.

바사리가 애써 지적한 바와 같이, 이런 화가들은 보통 생애를 '외롭고, 편벽되고, 우울하고, 가난한' 상태로 마치게 마련이다. 우첼로도 그렇게 되었는데, 다만 생전의 화가는 별로 개의치 않았다. 우첼로는 원근법의 흥미로운 세부와 문제를 탐구하는 데 정말로 관심이 많았고 좋아했다. 원근법이 르네상스 미술의 핵심이기는 했지만, 우첼로는 그 앞

시대인 고딕 전통을 더 많이 닮은 그림 그리기를 좋아했다. 동료 르네상스 화가들이 좋아하는 좀 더 현실적인 방식보다는, 생생한 색깔과 극적인 장면들을 선호한 것이다.

열다섯 살(혹은 그보다 몇 해 전) 무렵, 우첼로는 피렌체로 건너가 그곳에서 브루넬레스키의 과거 적수였던 로렌초 기베르티의 작업실에 도제로 들어갔다. 그는 동료 도제들에게 '우첼로'(이탈리아어로 '새'라는 뜻)라는 별명을 얻었고 이 이름으로 오늘날까지 알려졌다. 기베르티의 다른 도제들은 실물 모델과 작은 조각상을 드로잉하면서 시간을 보냈으나, 우첼로는 몰래 사라져서는 원래 습관대로 동물, 특히 새를 그린 것으로 유명했다. 이 무렵 그는 젊은 마네티에게서 기하학을 배웠다고 알려졌는데, 그 후 기하학은 새나 동물에 대한 집착보다 더 강한 힘으로 그를 사로잡았다.

1416년, 우첼로는 도제 과정을 수료하고 온전한 장인의 지위를 얻었으며, '의사 및 약종상 조합'에 가입했다. 이 조합은 근 200년 전에 단테도 가입했던 명성 높은 조직이다. 그렇지만 우첼로가 사회에 진출한 초창기는 상당히 어려운 시절이었다.

젊은 화가들이 자주 그랬듯이, 우첼로는 교회와 수도원의 벽면에 종교적인 프레스코화 그리는 일을 맡았다. 그중 하나가 산 미니아토 수도원장이 발주한 것으로, 기원후 1세기와 2세기에 활동했던 기독교 교부들의 생애의 여러 장면을 그리는 작업이었다. 산 미니아토 수도원은 피렌체 교외를 내려다보는 언덕 위에 있었는데 벽화 그리는 일에 전념하기 위해 우첼로는 수도자들과 함께 기거해야 했다. 여기서 그는 수도자들과 똑같이 치즈 수프와 치즈 파이가 전부인 아주 단출한 식사를 했다. 소심한 성격이었던 우첼로는 수도원장에게 그런 식사에 대해 불만을 드러내지 못했다. 그 대신 아무 말도 하지 않고 달아났다. 바사리에 따르면, 수도원장이 좀 더 다양한 식단을 제공하겠다고 약속하자 수도원으로 되돌아와 프레스코화를 완성했다.

우첼로는 종교적 프레스코화에서 규모가 큰 대작으로 옮겨 갔다. 그중 하나가, 1432년에 피렌체 사람들이 시에나 사람들을 물리친 산 로마노 전투를 묘사한 그림 석 점이다(화보 9). 각각의 그림에는 전투 장면이 생생하게 묘사되어 있다. 전경에는 창을 들고 돌격하는 말 탄 기병이, 배경에는 창을 똑바로 들고 서 있는 보병이 그려져 있다. 형태 면에서 보자면, 수직으로 곧게 뻗은 창들이 그림의 전경을 지배하여 관람자의 시선을 자연스럽게 말 탄 주인공들에게 집중하도록 유도하며, 동시에 무기들이 격렬하게 부딪치는 효과를 전달한다. 높이 치켜든 무기와 혼란스러운 전투 장면 뒤로 관람자는 저 멀리 떨어진 배경에서 흐릿하게 처리된 농촌 풍경을 볼 수 있는데 거기서는 사람들이 사냥을 하거나 포도를 따거나 서로 다투고 있다. 석 점의 이 연작은 약 여덟 시간 동안 지속된 전투의 경과를 보여준다. 그림 속에 비치는 햇빛의 상태로 보아 첫 번째 그림은 이른 아침, 두 번째는 정오, 그리고 세 번째는 어둑어둑한 황혼 무렵이다. 땅에 쓰러진 병사, 죽은 말과 찌르는 창 등이 전투의 함성이 들리는 듯한 효과를 내지만, 그림에서 피는 보이지 않는다. 사실적 분위기를 의도하지는 않았지만, 병사들의 전형적인 적개심과 강한 결단력을 훌륭하게 보여주는 이 그림들은 전투의 본질을 잘 전달한다. 그 전투의 끔찍한 내막을 전해 듣기는 했지만 그 치명적 싸움을 직접 겪지는 않은 사람이 상상해보는 전투의 모습이다.

우첼로는 56세가 될 때까지 미혼이었는데 당시 기준으로는 혼인이 아주 늦은 것이었다. 그의 기질 때문에 그렇게 된 것인지, 가난해서 그랬는지는 불명확하다. 그는 1년 내내 열심히 그림을 그렸다. 바사리는 이런 기록을 남겼다. "여러 피렌체인의 집에서 우첼로 그림이 다수 발견된다. 모든 그림이 원근법에 충실한 소품으로, 피렌체 시민들 주택의 소파, 침대 그리고 여러 방들을 장식했다." 아마도 우첼로는 그런 그림들을 사람들에게 거저 그려주었을 것이다. 동시에 그는 동물 드로잉 작업도 계속했다. 하지만 감상적인 스케치는 아니었다. 그는 동물을 사랑했지만 그 본성에 대해 환상을 품지는 않았다. 그래서 동물들이 서로 싸우는 모습을 많이 그렸다. 그런 그림 중 코너에 몰린 사자를 용이 삼키려고 달려드는 장면은 매우 난폭하다.

우첼로는 마침내 톰마사 말리피치와 결혼해 1년 뒤에 아들이 태어났는데, 도나텔로의 이름을 따서 아들의 이름을 도나토로 지었다. 이는 다소 의외의 작명이다. 특히 두 화가 사이에서 있었던 일을 바사리가 묘사한 대목을 떠올리면 더욱 그렇다. 어느 날, 우첼로는 메르카토 베키오Mercato Vecchio(옛날 시장)에 있는 산 톰마소 교회의 출입문 바로 위에 프레스코화를 그리고 있었다. 평소의 습관대로, 우첼로는 자신의 작품 앞에 나무 가림막을 설치하여 그 그림이 완성될 때까지 아무도 엿보지 못하게 했다. 동료 화가인 도나텔로가 나타나 작업 중인 그림을 좀 볼 수 없겠느냐고 묻자, 우첼로는 거칠게 거절하면서 이렇게 말했다. "그림을 보려면 좀 기다려야 할 걸세."

그 후 시간이 좀 흐른 뒤, 도나텔로가 과일을 사기 위해 메르카토 베키오에 들렀는데, 우첼로가 완성된 작품 앞에서 나무 가림막 제거하는 광경을 보았다. 우첼로는 그 작품에 대해 도나텔로의 의견을 진심으로 듣고 싶어서 그를 불렀다. 도나텔로는 그 그림을 골똘히 살펴보더니 건조하게 말했다. "아니, 가림막으로 가려두어야 할 것 같은데, 이렇게 모든 사람에게 보여주어도 되겠나?"

아들 도나토가 태어난 지 3년 뒤에 딸이 태어나자 우첼로는 안토니아라고 이름 지었다. 안토니아가 열 살이 되었을 때 아버지는 딸을 카르멜 수녀원에 들여보냈다. 우첼로는 세금 신고서에다 자신은 너무 늙어서 딸을 부양할 만큼 돈을 벌지 못하는 데다 아내가 아프다고 적었다. 흥미롭게도 바사리는 안토니아가 '그림을 그릴 줄 아는 딸'이라고 서술했다. 안토니아가 1491년 서른다섯의 나이로 죽었을 때 '의사 및 약종상 조합'은 사망자 기록부에 그녀의 이름을 기재했다. 이 조합에 일찍이 안토니아의 아버지가 가입했고 그녀가 살던 시대에는 가장 저명한 예술가들이 가입하는 조합으로 명성이 높았는데, 이러한 조치는 전례 없는 일이었다. 안토니아의 이름 옆에는 '피토레사pittoressa'라는 단어가 기재되어 있는데, 화가라는 단어의 여성형을 사용한 것은 그때가 처음이었다. 그 후 수백 년 동안 여러 작품이 안토니아가 그린 작품으로 알려졌으나, 그 진위에 대해서는 여전히 논쟁 중이다. 이처럼 작품에 이름이 명시되지 않은 것은, 안토니아가 처음에는 조수로 그리고 나중에는 협력자로 일하면서 병든 아버지를 생애 만년까지 도와주었기 때문이다. 그녀가 아버지가 그렸던 것과 같은 동물 그림을 계속 그려서 가난한 어머니에게 생활비를 조금이나마 벌어다주었을 것이라는 이야기도 있다.

생애 마지막 10년 동안, 우첼로는 점점 더 고독하고 병든 몸이 되어갔다. 그러나 사망 다섯 해 전인 1470년에 그는 최후의 걸작을 완성했다. 이 작품은 보통 〈사냥〉이라는 제목으로 알려져 있다(화보 8). 말 탄 사냥꾼들 뒤로 창을 든 시종들과 사냥감을 뒤쫓는 개들이 그려져 있다. 사냥감은 껑충껑충 달아나는 사슴들이다. 숲속이 너무나 어둡게 처리되어 있어서 그림 속 시간이 대낮인데도 그림은 〈야간 사냥〉이라고 불리기도 한다. 이 어둠은 그림물감이 퇴색해서 생긴 효과라는 설명도 있으나 별로 설득력이 없는 주장이다. 왜냐하면 그림 속 사람들은 아무도 횃불을 들고 있지 않아서 때는 한낮임이 분명하기 때문이다. 따라서 화가가 한낮의 어두운 숲속을 기술적으로 표현했다는 것을 알 수 있다.

원근법을 완벽하게 터득한 대가만이 이런 장면을 구성할 수 있다. 그림 속에는 복수의 원근법이 구사되어 있다. 그중 첫 번째 원근법에는 두 가지 요소가 있다. 하나는 가만히 서 있는 나무들 때문에 생겨나는 정적인 요소이고, 다른 하나는 추격하는 사냥꾼, 시종, 따라가는 사냥개들의 뒤범벅이 일으키는 소란스러운 요소다. 이 그림에 등장하는 사람들과 동물들은 날뛰는가 하면 달려가고 또 뛰어오른다. 고딕풍의 그림이 그러하듯이, 이 사람들과 동물들은 고전적 리얼리즘보다는 화려한 색채와 주변 풍경을 통해 더욱 생동감을 얻는다. 그렇지만 동시에 르네상스 원근법의 배경 속에 배치되어 있다. 말하자면 두 세계에 걸쳐져 있는 셈이다. 이 점을 강조하려는 듯이 두 번째 원근법이 등장하는데, 그림의 오른쪽에서 출발하여 소실점을 향해 달려가는 시냇물에 의해 과감하게 창조되는 원근법이다. 이 소실점은 첫 번째 원근법의 소실점보다 훨씬 오른쪽에 있다.

이 그림에 대해 온갖 심오한 해석이 나왔다. 이것은 우리를 미지의 어둠 속으로 차츰차츰 인도하는 정신적 사냥인가? 중년의 단테가 《신곡》의 첫 부분에서 길을 잃고 들어갔던 그 상징적인 어두운 숲인가?

그러나 이 그림에 대해 온전하게 만족스러운 해설은 아직 나오지 않았다. 가장 뛰어난 그림이 으레 그렇듯이 이 그림은 완벽하게 '설명될' 수가 없다. 이는 우리가 깊이 통찰해야 할 대상이다. 그 아름다움, 그 예술적 터치, 그 섬세한 묘사, 관람자의 마음에 일으키는 그 상징적 해석 등이 그러하다. 사냥은 말 그대로 사냥인가 하면, 동시에 어둠 속에서 길을 잃는 탐구의 은유이기도 하다. 그 자연적이면서도 인간적인 면모는 주요 대상을 제시하면서도 어둠과 밤과 침투 불가능한 숲으로 우리를 인도한다. 자세히 들여다보면 이 숲은 온전히 자연 그대로의 숲이 아니다. 가령 전경의 나무 중 일부 줄기는 가지치기가 되어 있고, 시냇물은 너무 일직선으로 흘러서 운하가 아닐까 하는 생각이 든다. 이 그림에는 어떤 신비함이 서려 있어서 이것을 보는 사람은 곧 심리적으로 공명하게 된다. 요컨대 중세의 어둠과 경직성이 르네상스의 명징한 배경 속에서 제시되어 있다. 이런 신비하면서도 은밀한 특징이 이 그림 속 장면을 흥미진진하게 만든다. 여기서 르네상스는 새롭고 수수께끼 같은 깊이를 획득한다. 그렇지만 역설적이게도 그 깊이는 고전 시대의 인간 중심 사상에서 유래했다.

우첼로의 성격과 그의 의고적 그림 스타일을 감안할 때, 딸 안토니아 말고는 그의 제자가 없었다는 점이 그리 놀랍지는 않다. 안토니아는 남성적 분위기가 충만한 〈사냥〉에서 여성적 분위기를 내는 데 일부분 기여했을 수도 있다. 어떤 이들은 그림 속에서 몇몇 제스처, 달리는 인물, 날뛰는 동물 등에서 여성적 감수성을 발견한다. 하지만 사냥꾼과 시종들 중에는 여성이 없고 힘껏 달리는 사슴도 뿔이 달린 것으로 보아 수컷임이 분명하다.

만약 이 그림에 알레고리가 있다고 한다면, 그것은 남성만이 아니라 인류 전체를 대상으로 한다고 보아야 한다. 우리는 날뛰는 말을 타고 열심히 앞으로 달려간다. 혹은 겁을 먹고 말에게 제동을 건다. 또 우리의 시종들에게 몸짓을 해 보이거나 가리키기도 한다. 그들은 허리띠에 단도를 찔러 넣고 미늘창을 들고서 달려오는데 그 태도는 제각각이다. 어떤 자는 열심히 달려오고 어떤 자는 소리를 지르고 또 어떤 자는 어딘가를 가리키며 또 어떤 자는 뒤처져 있다. 날뛰는 사냥개는 왼쪽, 오른쪽으로 흩어지면서 사냥감을 열심히 쫓는다. 그러면서 다들 숲의 어둠 속으로 깊숙이 빠져든다.

세 번째 수학적 예술가는 피에로 델라 프렌체스카인데 우첼로보다 10년 뒤인 1415년경에 태어났다. 그는 피렌체에서 약 65킬로미터 떨어진 토스카나 동쪽 끝 산간의 자그마한 읍인 보르고 산 세폴크로 출신이다. 앞의 두 수학적 화가들과 달리 생전에 피에로는 그림보다는 기하학으로 더 유명했는데, 이런 부당한 대우는 오랫동안 간과되어왔다.

그다음 세기에 집필 활동을 한 바사리는 피에로의 불운한 운명에 분노했다. 바사리는 그의 생애가 갑자기 끝났을 뿐만 아니라 그의 저작이 표절당했고, 더 나아가 그가 차지해야 할 영광을 다른 사람이 차지했다고 개탄했다. "피에로는 사망 당시에 그의 작업실에 부분적으로 완성된 드로잉과 그림을 많이 남겨놓았다. 비양심적인 동료들이 그것들을 훔쳐 자신들의 저작인 양 발표했다. 그렇게 당나귀들이 사자 가죽을 뒤집어쓰고 위상을 높이려 했다." 바사리는 자신이 알고 있는 피에로의 업적을 이렇게 칭송한다.

그는 수학과 기하학에서 어려운 문제들을 해결한 대가로서 널리 인정받았다. 그러나 차츰 시력을 잃는 바람에 어려운 문제를 더는 풀 수가 없었다. 이것이 그의 독창적 연구와 완성된 저작들이 오랫동안 알려지지 못한 한 가지 이유이기도 했다.

바사리는 피에로에게 많은 잘못을 저지른 자를 거명했다. 루카 파촐리라는 이름으로 알려진 수도사가 바로 그 사람이다.

> 이 사람은 자신의 지식 전부를 스승 피에로에게서 물려받았다. 피에로는 자신이 발견한 수학적 비밀을 전부 다 이 사람에게 전수했다. 실제로 루카는 피에로의 수학적 업적을 홍보하기 위해 전력을 다해야 마땅했을 사람이다. 그러나 그는 사악하게도 스승이 자신에게 전수해준 독창적 지식의 보고를 자신의 저작이라고 주장하고 나섰다.

하지만 이 대목에서 바사리는 피에로 델라 프란체스카와 그의 제자 루카 파촐리 두 사람 모두에게 커다란 실례를 저질렀다. 피에로와 동향에다가 서른 살 정도 연하인 파촐리 역시 대단한 사람이었고, 무엇보다 파촐리의 대작 《산수, 기하, 비례, 크기의 대전大典, Summa de Arithmetica, Geometria, Proportioni et Proportionalita》은 피에로의 사망 시점보다 2년 전인 1494년에 나왔으니 말이다. 물론 피에로가 축적해 제자에게 전수한 광범위한 수학 지식이 이 책에 포함되어 있다는 사실을 부정할 수는 없다. 그러나 파촐리의 저작에는 그가 전수받은 것보다 훨씬 더 많은 내용이 담겨 있다.

이것을 보여주는 용어가 책 제목 속 '대전Summa'이다. 대전이라고 했지만, 사실 여기서는 '요약summury'이라는 말이 더 타당할 것이다. 파촐리의 저서는 그 당시 유럽에 알려진 수학 지식을 총망라한 백과사전식 저작이다. 일찍이 유클리드가 확립한 여러 정리를 소개하는 것은 물론이고, 아라비아숫자를 비롯해 피사의 레오나르도가 유럽에 도입한 지식, 그리고 대수의 개관이 파촐리의 책에 들어 있었다. 대수algebra라는 영어는 아라비아어 '알자르al-jabr'에서 온 것인데 '분해된 부분들의 재결합'이라는 뜻이다.

오늘날 파촐리의 《대전》은 복식 부기 작성의 완벽한 요령을 제시한 것으로 널리 인식된다. 복식 부기는 피렌체의 은행업을 크게 변모시켰을 뿐만 아니라 이탈리아 전역과 북유럽에까지 퍼져 나갔다. 간단히 설명하면, 복식 부기는 각각의 거래 사항을 회계 장부의 독립된 두 개의 세로 단에 기재하는 방식이다. 왼쪽 단은 채무를 담당하는 차변이고, 오른쪽 단은 채권을 기재하는 대변이다. 가령 10플로린의 채권·채무 거래가 있었다면 이것은 차변에 기재될 수도 있고 대변에 기재될 수도 있다. 이 방식을 이용하면 은행가는 전체 자산을 쉽게 계산할 수 있다. 그의 자산(즉시 처분할 수 있는 재산, 현금, 남에게 빌려준 돈)과 부채(그가 갚아야 할 빚이나 채무)를 일목요연하게 파악할 수 있기 때문이다. 이 방식은 사기 행위를 금세 발견하게 해주어서, 금융업에서 근대를 향해 내딛는 첫걸음이 되었다. 이런 이유로 파촐리는 종종 회계학의 아버지로 불린다.

파촐리는 저서의 대다수를 이탈리아 구어로 집필했다. 이 구어가 당시 사업에서 일상적으로 쓰이는 언어가 되었다. 반면에 식자층과 교회의 성직자 집단은 라틴어를 널리 사용했다. 이와 관련해 단테가 《신곡》에서 토스카나 방언을 사용한 것은 새로운 범이탈리아어를 발진시키기 위한 출발점이었다. 단테가 살던 시기에는 각 지방의 다양한 방언이 독자적으로 사용되고 있어서 종종 서로 의사소통이 안 될 정도였다. 파촐리는 자신의 책이 이탈리아 북부의 여러 대학에서 학생용 교재로 사용되기를 바랐다. 그의 집필 목적은 《대전》의 내용을 자신이 모두 구상했다고 주장하려는 것이 아니라, 지식을 널리 전파하는 것이었다.

파촐리가 저서를 베네치아에서 인쇄한 사실은 피렌체 혹은 토스카나와 무관한, 르네상스 발전 양상의 일단을 보여준다. 1440년경, 라인란트의 독일인 요하네스 구텐베르크는 이동식 활자를 사용하는 인쇄기를 발명했다. 이 인쇄 방법은 이미 그보다 600년 전에 중국 당나라 시대에 발명되었으니 구텐베르크가 최초의 발명자는 아니다. 하지만 구텐베르크는 동아시아의 인쇄업 선배들에 대해서는 전혀 알지 못한 채 자신의 인쇄 기술을 발전시켰다.

비록 구텐베르크는 사기를 당해 자신의 '발명품'을 가지고 수익을 올리지는 못했지만, 인쇄기 자체는 독일 전역에 신속히 퍼졌고 그런 뒤에는 알프스산맥을 넘어 베네치아로 갔다. 그리고 나서 바로 베네치아는 이탈리아 인쇄업의 중심이 되었다. 그런 후 파촐리의 《대전》이 발간되면서 피에로 델라 프란체스카의 수학 사상이 이탈리아 전역에 알려졌고 그다음에는 해외로 퍼져 나갔다.

앞에서 살펴본 대로, 브루넬레스키는 원근법의 비밀을 이해한 최초의 인물로 이를 원숙하고 효과적인 예술 기법으로 발전시킨 첫 번째 인물이다. 그리고 나중에 화가이자 수학자이며 그의 전기 작가인 안토니오 마네티가 이 작업을 더욱 발전시킨다. 그런 다음에 우첼로가 원근법에 매료되었는데, 심지어 그는 이를 자신의 그림보다 더 소중히 여겼다. 우첼로가 '이중 원근법' 같은 더 노련한 기법을 그림에 도입함으로써, 르네상스 예술은 더 수학적으로 세련된 면모를 갖추었다. 하지만 이 같은 그림의 수학화는 선배들보다 이 기법을 더 발전시킨 피에로 델라 프란체스카에 와서야 절정에 도달했다.

이쯤에서 이러한 사태 발전이 무엇을 의미하는지 살펴볼 필요가 있다. 이런 초창기 르네상스 화가들의 의도와 목적은 무엇이었는가? 그들과 여러 동료는 건축가로서 활약하기를 요구받았다. 일정한 패턴, 비율과 균형, 수적 비율의 미학 등을 강조하는 건축 드로잉을 그려야 할 필요가 이 예술가들의 상상력에 깊은 영향을 끼쳤다. 건물이 이런 정밀한 설계도에 의해 건설되는 것이라면, 그림도 그렇게 하지 못할 이유가 없지 않은가?

이쯤에서 우리는 중세 사상이 새로운 인문주의로 옮겨 가면서 끼친 효과를 찾아볼 수 있다. 중세의 신비주의는 많은 면에서 세상을 향한 불완전한 태도를 반영한다. 중세의 그림은 양식화되어 있었으나, 세상을 바라보는 본질적 비전은 총체적이면서 우주적이었다. 단테의 《신곡》처럼 중세 사상은 모든 것을 코스모스 속에 포함시켰는데, 코스모스는 그리스어로 '세상' '우주' '질서'를 뜻한다. 반면에 인문주의는 인간을 모든 사물의 척도로 여긴다.

물론 이런 인간 중심적 기준은 중세의 수백 년 동안에도 적용되었으나 주로 문자적 의미, 혹은 실용적 관점에서 그러했다. 예를 들어 이탈리아어에서 브라초는 사람의 팔뚝 길이를 가리킨다. 또 다른 언어권에서는 풋foot(사람의 발 길이), 스팬span(사람 손의 한 뼘), 야드yard(사람의 허리띠 길이), 마일(1000걸음을 의미하는 라틴어 밀레 파수스mile passus에서 유래한 말) 같은 치수가 있다. 그러나 르네상스는 이런 인간 중심의 수치에 심리적 측면을 추가해 모든 사물에 대한 기준으로 인간을 내세웠다. 이 세상 속 인간의 지위는 광대무변하고 신비한 코스모스의 한 부분이라는 사상에서, 개인의 의식과 개인의 체험이 곧 그의 코스모스를 형성한다는 사상으로 변모한 것이다.

고전 시대의 회화 기법을 다시 발견한 초창기 르네상스 화가들은 음영 기법 등을 써서 점점 더 실물과 똑같은 인물을 그려냈다. 음영 기법은 그림 속 등장인물에게 적절한 명암 효과를 부여하여 훨씬 더 자연스러우면서도 3차적 존재감을 부여하는 기술이다. 이러한 사태 발전에서 당연히 예측할 수 있는 다음 단계는 그림 속에 사실적인 배경을 충실하게 그려 넣는 방식이다. 가령 원근법은 그런 배경을 만들어내는 데 도움을 주었는데, 이때 핵심적 요소는 수학적 측정이다.

전에는 실제 체험에서 나오는 법칙이었던 데 반해(가령 발 길이와 손의 한 뼘 길이), 이제는 좀 더 수학적 정확성이 요구되었다. 세상은 이제 측정 가능한 대상이 되었다. 최초의 시계탑과 차임벨 소리를 내는 시계가 유럽 전역의 도시에서 나타나기 시작한 것은 우연이 아니다. 시간 자체도 이전에 회계 장부에서나 찾아볼 수 있던 정확성을 기하며 측정할 수 있게 되었다.

그때부터 숫자는 회계 장부의 좁은 울타리에서 벗어나 사람들 주변의 온갖 세계를 정확하게 측정하는 데 사용되기 시작했다. 이러한 사태 발전은 필연적으로 총체적 세상을 묘사하려는 예술가의 기법에도 스며들었다. 이제 그림은 측정 가능한 내재적 유형을 갖게 되었다. 그림은 수학적 패턴 혹은 기하학적 관점(가령 원근법)에 입각하여 그려졌다. 이러한 수학화를 한 단계 더 발전시킨 사람이 바로 피에로 델라 프란체스카다.

피에로가 보르고 산 세폴크로에서 태어나기 직전에 그의 아버지 베네데토 데 프란체스키가 사망했다. 베네데토는 상점을 운영하는 직인이었는데, 그와 그의 아내 둘 다 피렌체의 유서 깊은 프란체스키 가문의 후예였다. 아버지가 사망한 후 피에로는 외가 쪽의 오래된 성을 따랐다.

그는 어린 나이에 과거에 아버지의 친구였던 안토니오 단기아리라는 '화가-장인'의 도제로 들어갔다. 단기아리 그림은 엄격한 고딕풍이어서, 시에나 출신 화가들이 산 세폴크로의 복원 작업에 고용되었을 때 그들의 르네상스 스타일을 구경한 피에로는 일종의 계시를 받았다. 그러나 그의 예술적 독창성은 20대 초반 피렌체를 방문하면서 분명하게 드러났다.

1439년 2월 15일, 동방 정교회의 수장인 비잔티움 황제 요안니스 8세 팔레올로고스가 비잔티움 사절단의 우두머리로서 피렌체에 들어왔을 때 피에로는 그 현장에 있었던 것으로 알려졌다. 당시 피렌체에서는 서방 기독교와 동방 기독교를 화해시키기 위한 종교 회의가 개최되었다. 동방 정교회의 수도인 콘스탄티노플은 오스만 무슬림에게서 심각한 위협을 받고 있었고, 오스만 제국은 이미 아나톨리아 서부(오늘날의 튀르키예)와 발칸반도 남부(오늘날의 그리스, 불가리아, 루마니아가 차지하고 있는 땅)를 점령한 상태였다.

지금으로부터 약 600년 전, 동방 정교회의 사절단이 피렌체에 입성한 일은 피렌체에 일대 화제를 불러일으켰다. 특히 황제가 가장 주목받는 인물이었다. 당대의 이름 없는 한 연대기 기록자는 이렇게 묘사했다. "황제는 하얀 두루마기를 입고 그 위에 붉은 망토를 걸쳤다. 그가 쓴 하얀 모자가 비둘기 알보다 더 큰 루비와 여러 보석으로 장식된 황제 얼굴 바로 앞의 빈 공간까지 내려와 있었다." 황제의 이런 모습은 젊은 피에로에게 잊을 수 없는 인상을 안겨주었다. 그로부터 20년 뒤에 피에로는 4세기의 기독교 황제인 콘스탄티누스의 초상화를 제작해 달라는 주문을 받았다. 콘스탄티누스는 기독교 신자가 된 최초의 로마 황제로, 콘스탄티노플이라는 도시명은 이 황제의 이름에서 나온 것이다. 이 초상화 작업을 하면서 피에로는 20년 전에 피렌체 거리에서 보았던 팔레올로고스 황제의 모습을 떠올렸다. 그리하여 콘스탄티누스 황제는 요안니스 8세 팔레올로고스가 썼던 모자를 쓴 모습으로 그려졌을 뿐만 아니라 용모도 이 황제를 닮게 되었다.

피렌체에서 피에로는 도메니코 베네치아노와 함께 일했다. 도메니코는 1410년에 베네치아에서 출생했는데 어린 시절부터 품었던 꿈인 화가가 되기 위해 피렌체로 이주했다. 1439년, 피에로와 베네치아노는 피렌체 중심부에 있는 산테지디오 교회의 프레스코화 작업을 함께 했다고 알려졌다. 그러나 이 벽화는 오래전에 인멸되었다. 15세기 초반 수십 년 동안, 이탈리아의 선도적 예술가들이 피렌체에 거처를 정했다. 그들 중에는 도나텔로와 브루넬레스키도 있었는데, 피에로가 이 두 사람을 만난 것은 거의 확실한 듯하다. 피에로는 이런 화가들에게서 고전 시대의 영향을 주로 전수받았고 그들에게서 힌트를 얻어 수학을 좀 더 깊이 연구했다.

1450년에 이르러 피에로의 그림 양식은 원숙해졌고 그림을 그리는 내내 그 양식을 그대로 유지했다. 그는 곧 다수의 영향력 있는 후원자들로부터 일감을 얻기 시작했다. 이 같은 후원자 중에 유명한 사람이 교양 높은 용병대장 페데리코 다 몬테펠트로다. 그는 피렌체에서 동쪽으로 100킬로미터 남짓 떨어진 산간 지역의 소도시 우르비노의 통치자였다. 몬테펠트로는 용병대장으로서 성공적인 사회 경력을 쌓았고 종종 피렌체를 위해 용병부대를 지휘했다. 용병대장으로 일하는 동안 큰 재산을 모은 그는 성벽이 둘러싼 도시인 우르비노를 르네상스 문화의 중심지로 변모시키기로 결심했다. 그래서 선도적 예술가들과 지식인들을 그 도시로 초청하여 살게 했다. 그중 가장 유명하고 영향력 높은 화

가가 피에로로, 그는 몬테펠트로 궁정의 신하가 되었다.•

피에로는 1455년부터 1470년까지 우르비노에서 일했다. 하지만 이 15년 동안 이 도시에서 실제로 거주한 기간이 얼마나 되는지는 불확실하다. 피렌체, 토스카나 도시인 아레초, 교황 니콜라우스 5세가 일을 수주한 로마 등, 여러 다른 도시에서 중요한 일거리를 맡았기 때문이다.

피에로가 우르비노에서 그린 가장 멋진 작품은 〈채찍질당하는 그리스도〉다(화보 10). 이 신비한 소품 걸작은 온갖 의견과 해석을 불러일으켰다. 그 복잡하고 논쟁적인 원근법, 오른쪽 전경과 왼쪽 배경을 차지한 확실히 개별화된 인물들의 정체도 많은 논의를 불러일으켰다. 놀랍게도, 일반적인 그림 구도와 배치되게, 그림의 오른쪽 면과 왼쪽 면은 서로 완전히 분리되어 있다. 하지만 피에로는 선을 절묘하게 사용하고 또 관람자의 시선을 잘 유도해 이 두 개의 서로 다른 절반이 하나의 통합된 그림이 되도록 했다. 이 그림은 십자가형에 처하기 전에 그리스도를 채찍질하는 난폭한 장면을 담았으면서도 고전적 평온함이 깃들어 있다. 흥미롭게도, 이 고문 장면을 바라보는 주요 인물은 비잔티움 황제가 피렌체를 방문했을 때 쓴, 저 눈에 띄는 모자를 썼다. 이 때문에 많은 논평가가 그리스도의 수난은 오스만 제국의 공격에 시달리는 콘

• 약 50년 뒤에 이 궁정 소속의 신하이며 외교관인 발다사레 카스틸리오네가 《궁정인(Il Cortegiano)》이라는 책을 썼다. 당대의 궁정 신하가 지켜야 할 도덕과 바람직한 품행을 기술한 이 저서를 통해 우리는 세련된 르네상스 문화의 예절과 풍습을 깊이 있게 살펴볼 수 있다. 《궁정인》은 곧 유럽 전역에서 에티켓 지침서가 되었다. 1528년에 베네치아에서 초판이 나온 직후, 유럽의 주요 언어들로 곧바로 번역되었다는 사실에서 이 책의 영향력과 인기를 미루어 짐작할 수 있다. 최초의 영역본은 1561년에 나왔는데, 엘리자베스 여왕의 궁정에 엄청난 영향을 끼쳤다. 이 책의 교훈은 셰익스피어의 여러 희곡에 잘 반영되어 있다.

스탄티노플의 수난을 상징한다고 해석했다. (콘스탄티노플은 실제로 1453년에 술탄 메흐메트 2세에 의해 점령되었는데, 이는 피에로의 그림이 제작되기 20년 전 일이다. 콘스탄티노플 함락은 그 시대의 역사에서 충격적인 사건이었다.) 피에로의 그림 속에 구현된 기하학적·미학적·수학적 비례는 20세기에 들어와 큐비즘 화가들과 추상 화가들에 의해 '재발견'되었다.

피에로의 이 작품을 제대로 설명하려면 그의 대표작 〈부활〉을 함께 언급해야 한다. 이 대표작에서 그리스도는 무덤에서 부활하는데 사도들은 전경에서 잠들어 있고, 배경에는 황폐한 언덕이 그려져 있다. (일부 비평가들은 레오나르도 다빈치가 이 그림에서 영감을 얻어 〈모나리자〉의 배경을 사실적으로 처리했다고 논평하기도 했다.) 또 다른 인상적인 작품은 우르비노 공작 페데리코 다 몬테펠트로의 초상화인데 이 그림은 오늘날 런던의 내셔널 갤러리에 걸려 있다(화보 12). 이 그림은 공작의 왼쪽 얼굴만 그렸다는 점에서 이례적이다. 이런 그림 구도를 취한 것은 공작의 신체적 결점 때문이었다. 공작은 페루자에서 벌어진 마상 창 시합에서 부상을 당해 오른쪽 눈이 실명되고 얼굴의 오른쪽 부분이 심하게 망가졌다. 이러한 기형을 보여주는 유일한 단서는 공작의 코 윗부분에서 살짝 들어간 부분인데, 실제로 코는 창 시합 도중에 부상을 입지 않았다. 그러나 공작은 외과 의사에게 부탁해 콧마루를 제거하게 했다. 그 결과 성한 왼쪽 눈으로 왼쪽뿐만 아니라 오른쪽까지 잘 볼 수 있었다. 이러한 조치는 혹시 있을지 모르는 암살 기도로부터 자신을 보호하기 위함이었다. (그의 이복형이이자 전임자인 오단토니오 다 몬테펠트로 공작이 암살로 사망했는데, 페레리코가 그 암살 음모에 가담했을 것으로 추정된다.) 우리는 여기서 다시 한번 위대한 예술과 살인적 폭력이 공존하는 르네상스의 특징을 엿볼 수 있다. 근대 세계를 가져온 이 영광스러운 시대의 표면 바로 아래에는 이처럼 무서운 폭력이 어른거렸다.

피에로는 우르비노에 있을 때 동향 사람인 파촐리를 만났다. 파촐리는 몬테펠트로의 아들에게 가정교사 노릇을 하기도 했다. 이 무렵 피에로는 제노바의 인문주의자 레온 바티스타 알베르티와도 알고 지냈는데 레온의 박식한 관심사 중에는 수학 연구도 있었다. 피에로에게 《회화에서의 원근법De Prospectiva Pingendi》이라는 저서를 써보라고 권한 이도 알베르티다. 이 저서는 수학, 기하학, 대수학, 얼굴 그리는 방법, 색깔에 의한 원근법 조성, 회화 관련 지식 등 광범위한 주제를 다룬다. 이 저서에 영향을 미친 도서로는 알베르티의 《회화론》에서부터 유클리드의 《기하학 원리》에 이르기까지 다양하다. 바사리는 이렇게 논평했다. "피에로는 유클리드를 심도 있게 공부하여 그의 저서와 방법을 아주 잘 알았다. 인간과 동물의 신체를 묘사한 그림에서 발견되는 완벽한 커브의 특성을 그 어떤 실용적 기하학자보다 더 잘 알았다." 《회화에서의 원근법》은 또한 인체와 관련된 원근법의 여러 가지 양상도 다루는데, 이 주제는 바로 이 책에서 최초로 다루어졌다. 이 문제는 차후에 피에로 뒤에 탄생하는 위대한 르네상스 화가들의 주된 관심사가 된다.

피에로는 60대 중반이 되어서야 비로소 《회화에서의 원근법》을 완성했다. 그 무렵 피에로는 시력이 몹시 나빠져서 "60세 무렵에는 카타르 염증의 공격으로 눈이 멀었다." 이러한 주장이 사실에 의해 뒷받침되지는 않는다. 피에로가 이 무렵에도 수학 책을 계속 집필하면서 매우 정밀한 기하학적 그림을 그려 넣었기 때문이다. 그는 1485년에 《다섯 개의 정다면체에 대하여De Quinque Corporibus Regularibus》를 탈고했는데, 보르고 산 세폴크로에 있는 토스카나 농가로 돌아와서 살던 무렵이다. 그는 이곳에서 하인들의 시중을 받으며 생애 만년을 홀로 보냈다.

1492년 10월 12일, 피에로는 77세의 나이로 사망했다. 이날은 크리스토퍼 콜럼버스가 아메리카 대륙에 첫발을 내디딘 날이기도 하다. 유럽은 새로운 시대로 접어들고 있었고 동시에 '신세계'를 '발견'했다. 이 두 가지 사태 발전은 서구인의 마음을 예전의 상상력 한계 너머로 확대시켰다.

8

돈을 댄 사람들

조반니 디 비치 데 메디치 이야기

페데리코 다 몬테펠트로가 무명의 성벽 도시 우르비노를 르네상스 예술과 학문의 중심으로 변모시킨 것은 피렌체를 모방한 덕분이었다. 그는 여러 해 동안 피렌체의 용병대장으로 활약하면서 그 도시의 문화적 면모를 속속들이 파악할 수 있었다. 몬테펠트로는 오랜 세월 성공적인 용병대장으로서 피렌체, 밀라노, 나폴리, 로마 등에 고용되어 이들 강력한 도시 국가를 위한 전투를 치렀다(때로는 이런 도시들에 대항하여 싸운 적도 있다).

몬테펠트로 자신은 문화적 인사가 되고 싶어 했지만, 용병부대에 소속된 병사들은 이탈리아, 독일, 스위스, 프랑스, 잉글랜드의 가난한 농촌 지방 출신으로 거칠기가 이루 말할 수 없었다. 때로는 킬트 복장의 스코틀랜드인과 털북숭이 아일랜드 전사들도 용병부대의 병사로 들어왔다. 이들은 살인도 마다하지 않는 조야한 사람들이었다. 강간과 약탈을 아무런 거리낌 없이 저질렀고, 적을 상대로 싸웠을 뿐만 아니라 때로는 자기들끼리도 싸웠다. 용병대장과 충실한 부하 장교들은 용병들의 그런 싸움(적들을 향한 것이든 자기들끼리든)을 진압하기 위해 최선을 다해야 했다.

중세 이탈리아의 관습에 따르면, 원정은 날씨가 온화할 때만 수행되었다. 주로 늦봄에 시작해 가을의 첫 장마가 올 때까지만 적을 상대로 싸웠다. 겨울에는 용병부대를 해산하고 봉급을 지급한 뒤 저마다 귀향하게 했다. 혹은 용병들이 월동 진지를 설치하기도 했는데, 이 경우에 후원자는 거친 펠트 텐트나 민박 혹은 축사 같은 숙소를 마련해주어야 했다. 또 기병대의 말을 위해 건초와 식수를 준비해주어야 했다. 여기에 더해 병사들은 충분한 식량과 갈증을 해소해줄 음료를 요구했다. 이처럼 쉬는 시기에는 사료 확보, 무기 수습, 도박, 공기를 넣어 부풀린 돼지 방광을 가지고 하는 거친 공놀이, 씨름이나 역도, 높이뛰기 같은 체육 경기 등 다른 활동도 행해졌다. 날씨가 추우니 목욕과 세탁은 비오는 날 같은 우연한 기회에만 실시되었다. 이탈리아 전역의 마을 사람들이 바람에 실려 오는 고약한 몸 냄새를 맡고 용병부대를 피해 미리 숲속이나 산속 동굴로 몸을 숨기는 것은 그리 놀라운 일이 아니었다.

그러나 이 시대에는 원시적인 것과 문화적인 것이 늘 공존했다. 전투로 비정해진 용병대장도 때로는 르네상스에 기여할 수 있었다. 몬테펠트로가 바로 그런 전형적 사례인데 그가 유일한 사례는 아니다. 그처럼 문화적 취미를 추구하고 사회적 향상을 꾀한 다른 용병대장도 있었다. 몬테펠트로는 온갖 직함 받기를 좋아했다. 1437년에는 신성로마제국의 황제인 지기스문트로부터 기사 작위를 수여받았고, 그 후 두 교황으로부터 그와 비슷한 방식으로 보상을 받았다. 1462년, 교황 피우스 2세는 몬테펠트로를 교황 군대의 총사령관으로 임명했다. 그로부터 12년 뒤, 후임 교황 식스투스 4세는 자신이 총애하는 조카를 몬테펠트로의 딸 조반나와 결혼시키고 혼인 선물로 몬테펠트로에게 우르비노 공작이라는 직함까지 하사했다.

피렌체는 도합 6년 동안 그를 용병대장으로 고용했는데, 도대체 그렇게 오랫동안 그를 고용할 비용이 어디서 나왔을까 하는 의문이 생긴다. 신임 공작의 부와 그가 우르비노의 르네상스를 후원해준 비용의 출처는 너무나 분명하다. 그런데 그의 용병 업무를 보상해준 사람들은 어디서 부를 얻었을까?

밀라노는 내륙에 대규모 농지가 있고, 금속 산업이 번창하고, 코모호수 근처에서 비단 산업이 흥성하여 상당한 수입을 올렸다. 이탈리아 전역과 북유럽 사이에서 이루어지는 무역의 핵심 요충이라는 전략적·지리적 위치도 밀라노의 부를 늘려주었다. 나폴리는 영토가 넓어서 신성로마제국 황제 프리드리히 2세가 시칠리아에 궁정을 설치하기 훨씬 전부터 권력과 부의 중심이었다. 로마 교황청 부의 출처는 그린란드에서 빈까지, 스웨덴에서 시칠리아까지 포괄하는 광대한 서구 기독교권에서 거두어들인 교황청 납부금이었다. 이 돈과 다른 핵심적인 무역 소득을 교황청이나 이탈리아로 이체하는 업무는 주로 은행가가 맡았는데, 이 은행가들이 북유럽에서 여러 거점을 확보할 수 있었던 것은 양모 무역 덕분이었다. 이 같은 교황청의 배려 덕분에 페루치, 바르디 같은 가문이 피렌체의 강력한 은행가 가문으로 성장할 수 있었다. 하지만 교황청의 배려가 언제나 그들에게만 집중되지는 않았다. 이탈리아의 도시 국가들은 서로 끊임없이 싸웠기에 피렌체는 종종 새로 선출된 교황과 불화에 빠질 때도 있었는데, 그러면 기존 교황청에서 임명하는 은행가가 다른 가문으로 바뀔 때도 있었다. 우리가 앞에서 살펴본 대로, 은행업은 점점 더 많은 부를 도시에 가져다주는 사업이었다.

1340년대 중반, 거대 은행 가문이었던 바르디, 페루치, 아차이우올리가 도산하는 바람에 피렌체에는 소수의 소규모 은행만 남았다. 그중 하나가 소규모 가족 사업체인 알베르티 은행인데, 알베르티 가문은 시장의 틈새를 빠르게 파고들어 교황청 은행 업무를 대행하겠다고 신청하고 나서서 성공을 거두었다. 하지만 알베르티가는 내부 다툼이 빈번한 가문이어서 서로 경쟁하는 여러 소규모 은행으로 분열되었다. 금융업 역사의 전문가인 레이먼드 드 루버는 이렇게 말한다. "게다가 이 가문의 몇몇 고위 인사가 피렌체를 통치하는 과두제의 비위를 거슬러서 수치를 당하는 바람에 1382년부터 1434년까지 가문 사람들 모두가 한꺼번에 유배를 가야 했다."

그 결과, 피렌체에는 파치, 루첼라이, 스트로치, 메디치, 이렇게 4대 가족 은행만 남았다. 그리고 메디치 가문이 피렌체 은행업의 최고 기관으로 부상한다. "메디치 가문은 경쟁 은행을 모두 제압했지만 14세기 은행업의 거인이었던 바르디나 페루치 수준의 규모에 도달하지는 못했다." 나중에 메디치 가문이 피렌체와 르네상스의 발전에 끼친 엄청난 영향과 권력을 생각해볼 때, 이런 평가는 다소 기이하게 들린다. 하지만 이것이 진실임은 의문의 여지가 없다. 드 루버는 이렇게 말한다. "메디치 은행의 사업 기록은 아주 많이 남아 있어서 그 사업의 양상을 꽤나 정확하게 파악할 수 있다. … 물론 후대에 전해지는 자료가 균일하지 않고 결락이 많은 것도 사실이지만, 다른 중세 은행들과 비교할 때 거의 온전하게 보관되었다고 할 만하다."

나중에 피렌체 권력의 정상에 오르는 메디치 은행은 1397년 10월에 37세의 조반니 디 비치 데 메디치가 그 초석을 놓았다. 그전에 그는 자신보다 나이가 많은 사촌 비에리 데 메디치가 소유한 소규모 은행에서 직원으로 일하다가 서서히 승진해서 마침내 하급 파트너 지위에까지 올랐다. 조반니는 다소 메마른 성격에 꼼꼼하고 근면하고 야심만만한 사람이었다. 그러나 그는 야망을 철저히 숨기면서 겉으로 드러내지 않았다. 메디치 가문은 과거 살베스트로 데 메디치가 촘피 반란 때 촘피를 동정한 태도 때문에 여전히 피렌체 당국의 호감을 얻지 못하고 있었다. 게다가 조반니는 열여덟 살에 그 반란을 직접 목격하기까지 했다.

1385년, 조반니는 업무적 기량과 신임 두 가지 모두가 필요한 상급 파트너로 진급했고, 이어 그 은행의 로마 지점을 총괄하는 지점장이 되었다. 같은 해, 조반니는 피카르다 부에리와 결혼했는데 그녀가 가져온 지참금은 그의 연봉의 약 열 배인 1500플로린이었다. 조반니는 한동안 이 돈을 피렌체의 잘나가는 양모 공장 두 군데에다 분할 투자했다.

1397년, 그는 은퇴하는 상급자 비에리에게서 로마 지점을 인수할 수 있었다. 당시 은행의 관례에 따르면, 새로운 소유주는 은행의 자산은 물론이고 부채도 함께 떠안아야 했다. 비에리 은행의 로마 지점은, 다른 은행들과 마찬가지로 로마에 거주하는 부유한 추기경들의 거래 계좌를 얻기 위해 경쟁을 벌였다. 추기경들은 호화롭게 살았기에 그들 중 상당수가 갚을 능력이 없는 부채를 끌어다 썼다. 조반니는 로마 지점을 인수할 때 그런 빚 860플로린도 함께 떠안았다. 하지만 인수 직후의 시기에 그는 양모 무역 분야에서 크게 사업을 벌여 번창하고 있었다. 그 덕분에 같은 해 10월에 초기 자금 1만 플로린으로 피렌체에 자기 소유의 은행을 개업했다. 로마에서의 은행 사업은 부진했으나, 신설한 피렌체 은행의 주식 중 과반인 5500플로린을 출자할 수 있었고, 나머지 금액은 메디치 가문의 인척인 두 파트너가 출자했다.

은행 사업 초창기부터 조반니는 조심스럽게 사업을 운영했다. 그의 전임 행장인 비에리가 호화로운 생활을 하는 추기경들의 계좌를 전부 관리하는 형태로 위험 부담을 떠안는 방식을 취했다면, 조반니는 기존의 자산과 부채를 철저히 관리하며 통·폐합하는 방식으로 위험 부담을 줄여나가는 방식을 취했다.

예전의 피렌체 은행가들은 금융업을 운영하면서 상당한 기술적 진전을 보았다. 이런 기술 중에는 복식 부기도 있었다. 이 방식은 루카 파촐리가 《대전》(1494년)에서 그 요령을 구체적으로 '설명'하기 훨씬 이전부터 은행에서 널리 채택되어 이용되었다. 다른 금융상의 수단으로는 환어음과 신용장 등이 있었다.

많은 은행가가 창의력을 발휘해 금융업과 관련된 나름의 새로운 방식이나 개혁을 도입했다. 하지만 조반니는 그와 정반대였다. 그는 무엇보다도 조심하는 것이 중요하다고 생각했고 잘 검증된 믿을 만한 방식만 고집했다. 과거에 도산했던 기억이 그의 마음속에서 늘 어른거렸다. 하지만 메디치 은행도 통상적인 회계 장부 말고 나름의 비밀 장부를 운용했다. 이런 방식은 그 당시 은행들 사이에 널리 통용되던 관행이었다. 드 루버는 이에 대해 이렇게 말한다. "이 장부는 투자 및 회수 관련한 파트너들의 회계, 사업 결과에 대한 회계, 각 지점에 배정된 자본금의 현황, 은행 직원과 대리인의 봉급 등을 기록했다." 달리 말해 비밀 장부는 은행의 내부 구조뿐만 아니라 각 해외 지점에서 발생한 손익을 상세히 적은 기록이었다.

메디치 은행은 다른 은행들과 마찬가지로 나름의 독자적 규칙을 세워두고 있었다. 예를 들어 그 은행의 신규 지점인 베네치아 지점의 지점장 네리 디 치프리아니 토르나퀸치는 어떤 경우에도 독일인이나 폴란드인에게는 대출해주지 말라는 지시를 받았다. 그는 이 지시를 어기고 한 독일인 상인에게 돈을 빌려주었다가 왜 본사의 대표가 그런 금지령을 만들었는지 그 이유를 곧 알게 되었다. 그 독일인 상인은 대부를 받자마자 베네치아를 떠나 알프스산맥을 넘어 독일로 가버려 대출금을 회수할 길이 사라진 것이다. 메디치 은행이 매우 효율적인 회계 방식을 채택했음에도, 토르나퀸치는 8퍼센트라는 높은 이자를 주고 돈을 빌려옴으로써 이 회계상의 구멍을 은폐할 수 있었다. 운용 자본이 점점 줄어들기 시작하자, 토르나퀸치는 회계 장부에 존재하지 않는 수익을 기입하기 시작했다. 지점장의 비행을 피렌체 본사에서 파악하기까지는 약 3년이라는 시간이 걸렸다. 그 무렵 부채는 1만 3403플로린이라는 엄청난 금액으로 불어났고, 미지급된 직원 봉급도 683플로린이나 되었다. 토르나퀸치는 피렌체에서 기소되어 관계 당국이 시내에 있는 그의 집, 교외에 있는 그의 땅까지 몰수했다.

토르나퀸치는 피렌체에서 도망쳐 알프스산맥을 넘어 북유럽으로 갔다. 자신이 돈을 빌려준 채무자를 찾아내기 위해서였다. 마침내 그는 그 독일인 상인을 추적해 폴란드 크라쿠프에서 찾아냈고, 빌려주었던 돈의 일부를 돌려받을 수 있었다. 토르나퀸치는 그 돈을 자신이 챙겼다. 그 얼마 뒤, 조반니 디 비치는 토르나퀸치가 빚을 갚기 위해 갖은 애를 썼으나 그 과정에서 전 재산을 잃었다는 사실을 알게 되었다. 조반니는 그 소식을 듣고 그에게 동정심이 일어서 그에게 36플로린을 보내주었다. 1년은 먹고살 수 있는 돈이었다. 이런 사례로 미루어볼 때, 금전 면에서 엄청나게 조심하는 사람이었지만 돈이 전부인 사람은 아니었다는 점이 분명해 보인다.

토르나퀸치 사례는 그 시대 은행의 일상적 업무에 늘 위험 부담이 잠재했음을 보여준다. 그러나 이런 좌절에도 불구하고 조반니와 메디치 은행은 곧 상당한 이익을 내기 시작했다. 여러 해 동안, 피렌체의 행운과 조반니의 그것은 늘 함께 가는 듯했다. 곧 피렌체의 교외 지대는 토스카나의 내륙 지방까지 확대되었고 그 결과 볼테라와 피스토이아가 피렌체 소속의 소규모 시로 편입되었다. 피렌체는 또한 1351년 초에 나폴리 여왕에게서 프라토를 매입했고, 1384년부터는 아레초가 피렌체의 통치를 받았다. 1406년에 이르러, 마침내 오래된 경쟁 도시인 피사를 장악했다. 피사가 합병되자, 피렌체의 무역업자들은 이제 수출세와 수입세를 내지 않고도 마음껏 바다를 항해할 수 있었다. 피렌체가 1421년에 제노바로부터 항구 도시인 리보르노를 사들이면서 해외 무역의 확대 가능성은 더 높아졌다.

이 기간에는 부유한 알비치 가문과 그 동맹들이 피렌체 정부를 효과적으로 운영했다. 상호 선물 교환으로 친구 그룹이 생성되었고, 정략결혼이 가문의 영향력 범위를 넓혔으며, 그 가문이 지명한 사람들이 도시의 행정을 담당하는 여러 위원회의 고위 공직을 차지했다. 선거일에 알비치 가문은 그들의 친구들이 통치 기구인 시뇨리아에 여러 자리를 얻도록 배후에서 지원했고, 곤팔로니에레가 반드시 알비치 가문이 후원하는 사람이 되도록 조종했다. 이처럼 막강한 권력을 지닌 덕분에 알비치 가문은 적수가 말썽거리나 골칫거리를 만들어내지 못하게 사전에 차단할 수 있었다. 이 가문에 반항하는 자나 반대하는 자는 그들 소유의 과세 품목에 높은 에스티모가 부과되어 파산하거나 유배를 떠나야 했다. 대다수 시민들은 도시가 번창하기만 한다면, 이런 식의 통치를 용납했다.

그러는 사이 메디치 은행은 해외 중계 무역으로 수익을 올렸다. 그리하여 저 멀리 브뤼주, 런던, 리옹과 아비뇽(대규모 무역 시장), 안코나(고급 피렌체 직물을 레반트 지역으로 중계하는 중간 기착지), 지중해 서부 지역 무역의 관문인 나폴리와 가에타에도 지점을 개설했다. 은행은 계속 번창하여 심지어 저 멀리 스페인의 바르셀로나에까지 지점을 설치했다.

조반니 디 비치는 차츰 큰 부자가 되어갔다. 하지만 그는 부를 과시하지 않는 편이 현명하다고 여겨 허세 없는 검소한 방식으로 살았다. 대외적으로 처신하는 방식으로 미루어보았을 때, 정치권력을 향한 야망은 없었다. 그는 알비치 가문과 다투고 싶어 하지 않았고 우차노를 비롯한 다른 유력 가문들과도 갈등을 피하려 했다. 조반니와 그의 가족은 대성당 광장이 내려다보이는 수수한 집에서 살았고, 조반니는 매일 아침 집을 나서 메디치 은행까지 약 300미터 되는 거리를 걸어가는 모습이 목격되었다. 그는 천천히 걸어 내려가 도심의 상업 지구를 관통하고 메르카토 베키오(오늘날의 피아차 델라 레푸블리카)의 번잡한 노점과 가게를 지나 비아 포르타 로사에 있는 메디치 은행 본사로 출근했다. 당시 주요 가문의 가부장들은 외출할 때면 거리에 있는 사람들을 비키게 하는 수행원과 경비원을 대동하고 길을 나섰다. 반면 조반니는 수행원 한 명만 데리고 혼잡한 대중 속을 뚫고 나갔다. 사람들은 그를 존경했고, 그는 자신이 남들에게 어떤 위해도 당하지 않을 것임을 알았다. 포폴로(대중)는 살베스트로 데 메디치가 촘피 반란 때 해준 역할을 잊지 않았다. 메디치 가문은 그 일로 공개적으로 수치를 겪었지만, 여전히 보통 사람들은 그들에게 은밀한 존경심을 품고 있었다. 특히 경쟁 가문인 우차노가는 메디치가의 이런 영향력을 알고 있었기에 메디치가 출신이 투표로 공직에 진출하는 것을 극력 제지했다.

그러나 아무리 예전의 행적이 의심스러웠다 해도 조반니 디 비치 같은 유지급 시민이 고위 공직에 임명되는 것을 원천적으로 막을 수는 없었다. 1401년, 조반니는 세례당의 새로운 청동 문을 제작할 예술가를 뽑는 임무가 부여된 위원회의 위원으로 선출되었다. 바로 이 무렵에 브루넬레스키가 공동 수상자로 선정된 기베르티와 함께 일하라는 위원회의 제안을 오만하게도 거절했다. 나중에 조반니는 건설 위원회의 위원으로 들어가 브루넬레스키를 오스페달레 델리 인노첸티 병원 건축 책임자로 선택했다. 이때 조반니는 그 공사의 재정을 성공적으로 확보하는 데 중대한 역할을 했다. 이 병원 공사가 진행되는 동안, 빈틈없는 은행가와 변덕스러운 예술가는 놀라울 정도로 친밀한 교우 관계를 형성했다. 두 사람은 자기 일을 꼼꼼하게 처리하는 스타일이었고 상대방의 전문 지식을 존경하는 사이가 되었다. 시민들은 고아원 기능도 있던 오스페달레를 무척 높이 생각했다.

이 시기에 조반니는 적절하게 겸양을 보이는 가운데 투표에 의해 시뇨리아의 위원으로 세 번 선출되는 것을 허용했다. 그리고 1421년에 곤팔로니에레 자리에 올라 2개월 동안 도시의 명목상 '통치자' 역할도 수행했다. 이는 메디치 가문이 촘피 반란 사건과 관련하여 공적 수치를 당한 세월을 견뎌내고 마침내 완벽하게 사면되었음을 의미했다.

조반니는 도시 행정에서 지속적으로 권력을 얻으려는 태도를 일절 보이지 않았고, 아들 코시모에게도 근무처로 곧바로 출근할 일이지, 정부 관청 소재지인 팔라초 델라 시뇨리아 근처에는 얼씬도 하지 말라고 당부했다. 그러니까 도시의 정치에는 무슨 수를 써서라도 개입하지 말라는 것이었다. 팔라초 앞에는 수다쟁이들, 정치적 음모꾼들, 시뇨리아 회의에 영향을 미치고 싶어 하는 사람이 많은데, 그런 사람들과는 어울리지 말라는 뜻이었다.

하지만 바로 이 시기에 조반니는 그의 야망이 얼마나 큰지 드러내 보였다. 그는 피렌체 정계에는 개입하지 않으려 했지만, 국제 정치와 상업 분야에서는 적극적으로 참여하고자 했다. 그렇게 하자면 평소 그가 내보였던 공적·직업적 품성과는 완전히 다른 행동을 해야 했다.

조반니는 여러 해 동안 국제적 규모로 은행을 경영하면서 이탈리아뿐만 아니라 유럽 정치라는 더 큰 세계를 잘 이해하게 되었다. 그런 과정에서 교회의 많은 고위 성직자가 현재의 대분열 사태를 피곤해한다는 것을 알게 되었다. 대분열이란 기독교권이 분열하여 아비뇽과 로마 두 곳에 따로 교황이 있는 사태를 말한다. 그리하여 1414년, 로마의 그레고리우스 12세와 아비뇽의 베네딕투스 13세, 두 교황이 존재하는 문제를 해결하기 위해 종교 회의가 소집되었다. 이 회의는 헝가리와 독일의 지기스문트 왕(후일의 신성로마제국 황제)의 주도로 호반 도시 콘스탄츠에서 열렸다.

그런데 이 무렵 자신이 교황이 되어야 한다고 주장하는 제3의 교황 후보가 등장했다. 발다사레 코사라는 독불장군 나폴리 사람이었다. 그는 젊은 시절에는 해적 노릇을 했으나 그 후 볼로냐 대학에서 법학 박사 학위를 취득했다. 그다음에는 뇌물을 주고 교황 특사 자격을 얻었는데, 당시에는 추기경과 동급인 외교관 자리였다. 그는 이 자리의 영향력을 십분 활용해 프랑스, 잉글랜드, 보헤미아의 종교 당국을 설득해 자신을 피사의 교황 요한네스 23세로 선언하게 하는 데 성공했다. 이 신임 교황은 강인한 성품을 가진 인물이었지만 나름의 술수와 매력이 없지 않았는데, 교회의 고위 성직자들이 자신의 그런 방종한 행동에 간섭하는 것을 일절 허용하지 않았다.

제3의 교황으로 오르기 몇 년 전, 코사 추기경은 평소에 조심성 있게 행동하던 조반니 디 비치를 설득해 자신의 은행가가 되게 만들었다. 조반니는 아마도 코사 추기경의 야망을 알았을 테고, 그래서 수익 높은 교황청 계좌를 관리할 수 있을지도 모른다는 전망에 모험을 해볼 만하다고 생각했을 것이다. 하지만 그런 계산을 하던 조반니는 충격적인 일을 겪는다. 나폴리 왕 라디슬라스가 신임 교황의 교황권 주장에 분노하여 그에게 맞서는 군사 작전에 돌입한 것이다. 요한네스 23세는 라디슬라스 왕에게 9만 5000플로린이라는 거액을 약속하는 값비싼 평화 조약을 체결할 수밖에 없었다. 그러나 교황에게 그런 큰 자금이 없었기에 교황청 은행가에게 대부해달라고 손을 벌렸다. 조반니는 깊이 생각한 끝에 그 돈을 건넸다. 지난 20년 동안 성공리에 사업을 해온 메디치 은행의 로마 지점이 올린 총수익의 20퍼센트에 해당하는 엄청난 돈이었다. 이 대출에 대한 담보로, 요한네스 23세는 보석이 박힌 삼중관과 교황청 국고에서 빼내온 다량의 황금 접시를 조반니에게 내놓았다.

요한네스 23세는 다른 두 교황 그레고리우스 12세와 베네딕투스 13세와 함께 콘스탄츠 종교 회의에 소환되었다. 이 종교 회의는 극심한 정치 술수와 막후 거래가 벌어진 바람에 무려 4년(1414~1418년)이나 지속되었다. 결국 요한네스 23세는 정치적으로 패배해 재판에 회부되었다. 에드워드 기번은 이 사건에 대해 이렇게 기록했다. "더 많은 추문성 혐의는 결국 은폐되었다. 그리스도의 대리인은 해적질, 강간, 남색, 살인, 근친상간 혐의로만 고소되었다." 재판 결과, 그는 교황 자리에서 폐위되고 지기스문트 왕에 의해 투옥되었는데 왕은 석방금으로 3만 5000플로린을 요구했다. 전직 교황은 조반니 디 비치를 설득해 그 돈을 내주게 해서 주변 사람들 모두가 크게 놀랐다. 악당이기는 하지만 그는 설득력이 강한 인물임이 분명했다. 그런데 평소에 매우 조심스럽게 행동한 은행가를 어떻게 설득했기에 이런 큰돈을 내놓게 할 수 있었을까? 그런 식으로 국제 정치에 들어선 조반니의 결정은 엄청난 실수로 보였다.

그러나 조반니는 금융과 권력의 상호 연계된 세계가 실제로 어떻게 작동하는지 잘 알았기에 메디치 은행을 유럽의 대규모 은행으로 성장시킬 수 있었다. 그가 교황으로 밀었던 사람을 구해줌으로써, 조반니는 다음과 같은 사실을 대내외에 과시했다. 당신이 일단 메디치 은행의 지원을 받으면, 그 은행은 어떤 상황이 되어도 당신을 배신하지 않는다. 메디치 은행은 믿을 수 있는 은행일 뿐만 엄청나게 많은 금융 자산을 가진 은행이라는 사실이 널리 알려졌다. 그렇게 큰돈을 초단기간에 마련할 수 있는 이 은행의 능력은 곧 유럽 전역에서 화제가 되었다.

전임 교황은 조반니에게 고마워하며 감옥에서 나와 곧장 피렌체로 왔고, 그곳에서 유일한 친구의 도움으로 거처를 정했다. 공적으로 수치를 당했지만 요한네스 23세는 한때 교황이었던 인물이었다. 메디치 가문에서 저명한 사람을 손님으로 모시고 있다는 소문이 퍼지면서 이 가문의 사회적 위상은 더 높아졌다.

한편 콘스탄츠 종교 회의는 다른 두 교황도 교황 후보 자리에서 물러났다고 선언했다. 기존의 세 교황 대신, 로마의 가장 오래되고 저명한 가문 중 하나인 콜론나 가문 출신 오토 콜론나 추기경이 새로운 교황 후보로 등장했다. 콜론나는 곧 선출되어 교황 마르티누스 5세로 즉위했다. 그는 즉각 로마의 교황청을 접수하려 했으나 피렌체에 잠시 머무를 수밖에 없었다. 나폴리 라디슬라스 왕의 후계자인 요안나 2세가 이제 어떤 권리도 주장할 수 없는 교황청을 비워주지 않으려 했기 때문이다.

조반니 디 비치는 이런 좋은 행운을 놓치지 않았다. 그는 곧 마르티누스 5세와, 이제 병들어 죽기 직전인 옛 교황 후보 요한네스 23세 사이에서 화해를 주선했다. 마르티누스 5세는 조반니에게 깊은 감사를 표했다. 이 은행가의 봉사 덕분에 신임 교황은 이제 명실 공히 성 베드로 옥좌의 주인이 되었다. 이렇게 해서 1309년에 아비뇽 교황청이 발족한 이래 처음으로 아무런 분열이나 시비가 없는 교황청이 탄생했다.

마르티누스 5세가 좀 더 구체적인 방식으로 감사를 표하기까지는 그로부터 몇 년이 더 흘러야 했다. 조반니는 1424년에 여러 우여곡절 끝에 자신의 목표를 달성했다. 메디치 가문이 교황청 은행가로 지정된 것이다. 그는 기독교권에서 가장 수익 높고 거래 범위가 넓은 은행 네트워크를 구축했을 뿐만 아니라, 로마에서 거주하는 추기경들과 고위 성직자들의 계좌를 원하는 만큼 얻을 수 있었다. 이제 교황청 은행이 되었으니, 과거 사촌형 비에리 밑에서 로마 은행의 직원으로 일하던 시절에 겪었던 걱정과 위험을 더는 염려하지 않아도 되었다. 만약 어떤 고객이 교황청 은행에서 빚을 얻고서 갚지 않는다면 그는 자동으로 파문당할 우려가 있었다.

이제 조반니는 60대 후반이 되었다. 이탈리아의 평균 기대 수명이, 중산층과 상류층은 약 40세, 하류층은 25세이던 시절에 60대 후반의 나이는 노인 대접을 받기에 충분했다. 그는 이미 10여 년 전부터 자신이 고령임을 느꼈기에 은행의 일상적 업무 처리는 맏아들인 코시모에게 넘겼다. 코시모는 재빨리 자신의 능력을 증명했고, 25세가 되었을 무렵 아들의 능력을 크게 신임한 아버지가 그를 콘스탄츠 종교 회의에 파견해 전 교황 요한네스 23세와 그의 기행이 일으키는 까다로운 문제를 적절히 해결하라고 지시했다. 큰 틀에 대해서는 조반니가 대략적으로 지시해두었으나, 현장에서의 임기응변식 결정은 유능하고 젊은 코시모에게 일임했다.

코시모가 은행 일을 맡자 조반니는 새로운 취미 생활에 몰입할 기회를 얻었다. 그는 세례당 현관문과 오스페달레 델리 인노첸티의 건축가를 선정하는 위원회에서 일하며 피렌체에 혜택을 베푸는 사람이 되고 싶다는 소망을 품었다. 피렌체는 마침내 메디치가를 도시의 명성을 높여주는 소중한 가문으로 다시금 인정해주었다. 조반니와 브루넬레스키의 우정도 꽃피었다. 조반니가 곤팔로니에레로 봉사했던 해인 1421년에 브루넬레스키가 피렌체 당국에 의해 도시의 최초 특허권을 얻은 것은 결코 우연이 아니었다. 이 특허권은 브루넬레스키가 사람들에게 크게 조롱을 받은 외륜선(일 바달로네)에 주어진 것으로, 브루넬레스키는 아르노강 상류에서 피렌체까지 대리석과 여러 가지 돌을 수송하기 위해 이 배를 고안했다. 이 배에 대해 한 동시대인은 이렇게 평가했다. "이 배 덕분에 이전보다 더 적은 비용으로 상품이나 화물을 아르노강으로 수송할 수 있었다. 그것 말고도 여러 가지 혜택이 있었다." 현대의 테크놀로지 역사가인 프랭크 D. 프레이저Frank D. Prager는 이렇게 말한다. "문화 정치의 관점에서 볼 때, 특허 수여는 동업 조합과 그들의 독점적 범위 바깥에서 창의적·상업적 개인으로 활동하고 싶어 했던 브루넬레스키의 소망이 결실을 본 사례다."

특허권의 도입은 곧 르네상스의 공로로 평가되는 또 다른 중요한 조치임이 증명되었다. 중세의 동업 조합은 각종 기술과 전문직의 기준과 사업 관행을 일정하게 유지하는 데 핵심적 역할을 했지만, 그 조합들은 비조합원을 배척하는 방식으로 운영되었다. 만약 어떤 사람이 도시 동업 조합의 회원이 아니라면 그는 도시 내에서 그 특정한 기술이나 직종에 종사할 수 없었다. 브루넬레스키의 외륜선에 특허권을 수여한 것은 이러한 기존의 독점적 사업 구조에 중대한 변화를 가져왔다. 동업 조합이 사업에 대한 장악력을 잃기 시작하면서 새로운 기업가 정신의 가능성이 열렸다. 그때부터 더 많은 창의적 기업가들이 등장해 활발하게 사업을 펼쳤다.

르네상스는 예술과 과학 분야에서 새롭게 자아를 실현한다는 목적을 넘어 더 넓은 범위로 확대되었다. 창의적 정신은 해외 무역을 비롯해 상업 분야로 확대되었다. 이제 피사와 리보르노 같은 해안 도시가 피렌체 무역을 위한 자유항으로서 기능을 발휘했고, 그리하여 지중해 전역과 비스케이만에서 브뤼주에 이르는 바닷길에 많은 갤리선이 통행했다. 이에 따라 이런 원정 선박을 재정적으로 지원하는 새로운 방법이 도입되었는데, 일찍이 베네치아가 지중해 동부 무역을 재정적으로 지원하기 위해 사용한 베네치아 모델에서 직접적으로 빌려온 것이었다. 피렌체와 피사, 제노바에 도입된 이 새로운 재정 지원 방식은 이탈리아와 플랑드르 사이의 유럽 해양 무역에 일대 혁명을 가져왔다.

이런 원정 무역을 수행하는 갤리선에 재정 지원을 하려면 우선 갤리선을 사거나 임차해야 했고, 수출용 물품을 구입해야 했으며, 귀국하는 배에 싣고 돌아올 상품(가령 양모)을 사들이는 돈도 마련해야 했다. 거기에 더해 장거리 여행에 필요한 식료품 구입비와 선원들의 봉급도 준비해야 했다. 상업적 원정에는 이처럼 많은 돈이 들어갔기에 서로 다른 여러 '후원자'가 있어야 했고, 그들은 보통 주식 투자 형태로 원정 사업에 일정한 비율로 참여했다. 이는 그다음 수백 년 동안 독자적 형태를 갖추게 되는 상업적 모험의 선구적 형태였다. 100년 뒤, 잉글랜드는 머스코비사를 창립했고, 이어서 네덜란드의 동인도 회사, 런던의 동인도 회사 같은 것이 생겨났다. 이런 회사들은 칙허장을 받은 '합자' 회사로, 주주들이 회사의 주식을 어느 정도 사들임으로써 자본 조달에 기여했다. 주식의 가치는 그 회사가 벌이는 사업의 위험도나 수익에 대한 기대감에 따라 올라가기도 하고 내려가기도 했다.

동인도 회사들은 최초의 합자 회사로 널리 인정된다. 그러나 이런 회사들이 창립되기 한 세기 전에 이미 그와 비슷한 사업 관행이 이탈리아 무역업자와 플랑드르 무역업자 사이에 널리 퍼져 있었다. 이런 주식은 브뤼주에 최초로 설립된 증권 거래소에서 사고팔았는데 이와 비슷한 증권 거래 기관이 뒤이어 베네치아와 제노바에도 생겨났다. 제노바와 피렌체의 갤리선들이 브뤼주에 들어가면서, 이런 증권 거래소에서 주식과 증권을 사고파는 행위가 주요 금융 행위로 등장하기 시작했다.

세련된 금융 업무, 주식과 채권, 유가 증권의 교환 거래, 유럽 전역에서 이루어지는 자본 이체 등, 이 모두는 오늘날 우리가 알고 있는 자본주의의 기반이 되는 것들인데, 이미 그때 그 기초가 놓였다. 르네상스는 보통 상업적 활동의 관점에서 평가되지 않는다. 하지만 이런 상업적 행위는 그 당시 벌어지던 인문주의적 변화의 어엿한 한 부분이었다. 이 변화는 피렌체에서 먼저 발생한 뒤 이탈리아 전역으로 퍼져나갔다가 북유럽과 그 너머 지역으로까지 전파되었다. 그리고 이런 상업 행위에서 나오는 수익이 르네상스를 추진시키는 재정적 배경이었다.

조반니 디 비치는 그때 막 생겨나기 시작한 새로운 재정적 구조를 발명하는 데 이렇다 하게 기여하지는 않았지만, 그가 이런 금융업의 운용 방식을 잘 알았다는 것은 의심의 여지가 없다. 실제로 메디치 은행은 이런 기술을 사업에 유리한 방향으로 더 발전시켰다. 조반니는 은행 본사와 해외 여러 지점을 철저하게 통제했다. 그는 어떤 특정한 지점의 자금 유출(혹은 도산)이 회사 전체의 재정 상태를 쉽게 위태롭게 만든다는 것을 잘 알았다. 이런 일이 벌어지는 것은 대개 무능한 관리나

부정직한 관리 탓이었다. 조반니가 매우 세심하게 신경 써서 관리자를 선발하고 훈련시키는데도 그런 일은 벌어졌다. 그러나 은행 도산은 피렌체 정부가 다른 도시 국가나 다른 나라와 맺은 정치적 관계가 바뀔 때에도 발생할 수 있었다. 그래서 조반니는 각각의 은행을 독립 회사로 만들었다.

이 조치는 은행 전체를 보호해주는 동시에 지점장들에게 어느 정도 자율적 권한을 부여했다. 지점장들이 해당 지점의 주식을 어느 정도 보유하는 것도 허용되었다. 그렇지만 지점의 과반수 지분은 언제나 메디치 일가의 손에 머무르도록 세심하게 조치했다. 이렇게 하여 전에는 일종의 사업 지침이었던 것이 이제는 공식적인 은행 규칙으로 굳어졌는데, 가령 다음과 같은 것들이다. 추기경에게는 300플로린 이상 대출하지 말 것. 자신의 영토 내에서 발생한 부채에 책임지지 않으려 하는 현지 통치자에게는 대출하지 말 것. 자기에게 유리하게 마음대로 법을 바꾸는 귀족에게는 대출하지 말 것. 독일인과는 거래하지 말 것.

역설적이게도 조반니는 노년에 접어들면서 더 관대한 후원자가 되었다. 1419년, 그는 친구 브루넬레스키에게 오래된 산 로렌초 교회의 재건축 공사를 발주했다. 그 교회는 피아차 델 두오모를 내려다보는 메디치 본가에서 걸어나오면 금세 도착하는 곳이었다. 이것은 브루넬레스키의 다른 중요한 건축물에 영감을 준 의미 있는 공사였는데, 그의 사후에 브루넬레스키의 친구이자 전기 작가인 마네티가 완공했다. 교회의 측랑 양옆을 떠받치는 일렬로 늘어선 기둥은 브루넬레스키가 일찍이 오스페달레 델리 인노첸티 공사에서 구사한 전형적인 르네상스식 기둥을 연상시킨다. 11세기에 지어져서 약간 허물어진 상태였던 산 로렌초 교회는 메디치 가문의 교구 교회이기도 했다. 완공된 뒤 시간이 흐르면서 산 로렌초 교회는 '메디치 교회'로 알려지게 된다.

1420년대 후반, 조반니 디 비치는 점점 더 건강이 나빠졌다. 그는 이제 피렌체의 거부 가운데 한 명이었다. 1427년에 소득세로 397플로린을 납부했는데, 팔라 디 스트로치에 뒤이어 두 번째 고액 납세자였다. 팔라는 가족 은행, 양모 무역, 엄청나게 넓은 농지 등으로 소득을 올리는 유서 깊은 가문의 가부장이었는데 507플로린의 소득세를 납부했다.

1429년 2월 20일, 조반니 디 비치는 자신이 세상을 떠날 날이 다가왔음을 알아차리고 유언을 하기 위해 직계 가족을 침상으로 불러모았다. 동시대의 현지 역사가인 조반니 카발칸티에 따르면, 조반니는 당시 47세이던 맏아들 코시모와 막내아들 로렌초에게 다소 긴 당부의 말을 했다. 당시 힘을 합쳐 메디치 은행을 운영하던 두 형제는 아버지의 뒤를 이어 가문의 수장이 될 사람들이었고 유언은 당연히 후사를 당부하는 것이었다. 카발칸티는 조반니의 유언을 두 페이지에 걸쳐 꼼꼼하게 기록해놓았으나, 실제로는 그렇게까지 길지 않았을 것이다. 아무튼 이 기록은 조반니가 두 아들에게 남기고 싶은 이야기의 개요, 그리고 두 형제가 성년이 되어 집안의 은행업에 참여한 이래 아들들에게 들려주었을 법한 이야기의 개요를 잘 보여준다. 다음은 그 유언 중에서 중요한 대목이다.

> 나는 이제 내가 운 좋게 벌어들인 재산, 그러니까 너희 착한 어머니와 내가 열심히 일해서 축적한 재산의 소유권을 너희 둘에게 넘긴다. 나는 너희들에게 피렌체 어느 상인이 가진 것보다 큰 사업체를 남긴다. 사업하는 동안 나는 선량한 시민들, 우리 가문을 그들의 북극성으로 여기는 많은 사람에게 존경을 받았다. … 가난한 사람들에게 자비를 베풀고, 비참한

사람들에게 친절하고 상냥하게 대하며, 역경에 빠진 사람들을 돕기 위해 혼신을 다해 노력해라. 사람들이 유해한 계획을 실천하려 하지 않는 한, 대중의 뜻을 거스르지 마라. … 거기[팔라초 델라 시뇨리아]에 가는 것을 극도로 경계해라. 그들이 부를 때까지 기다리고, 부른다면 기꺼이 복종해라. 투표에서 표를 많이 받았다고 해서 자부심으로 우쭐해하지 마라.

마지막 문장은 투표에 의해 시뇨리아의 위원으로 뽑힐 경우에 메디치가 사람들이 어떻게 행동해야 하는지를 일러준 당부다.

조반니는 이어 두 아들에게 송사에 말려들지 말고, "법원에 영향력을 행사하려 하지 마라"라고 주문했다. "법을 방해하는 자는 결국 법원에 의해 망하고 만다"라고 하면서. 그의 마지막 조언은 가장 중요한 것으로, 그의 평소 성품을 잘 보여준다. "사람들의 관심을 끌지 않도록 극도로 조심해라."

조반니가 두 아들에게 전한 말들은 매우 의미심장했다. 코시모는 이런 메디치가의 신조를 불복종해야만 할 때조차도 그 기본 철학을 지키려고 최선을 다했다.

조반니 디 비치 데 메디치는 두 아들에게 이 같은 유언을 한 직후, 69세의 나이로 세상을 떠났다. 카발칸티는 이렇게 말했다. "그 유언을 한 직후에 그는 이승을 떠났다." 조반니가 메디치 가문 사람은 낮은 자세를 유지해야 한다고 유언했음에도 불구하고, 그의 맏아들 코시모는 아버지의 장례식이 공식 행사로 격상되는 일을 막지 못했다. 장례식 날, 도시의 모든 유지급 인사가 메디치 궁전 앞에 나타났다. 그리하여 그의 영구는 피렌체 주재 각국 대사, 피렌체 정부의 곤팔로니에레, 유수한 동업 조합의 조합장들, 메디치라는 이름과 관련 있는 여러 사람들

등 엄청나게 많은 추모객이 뒤따르는 가운데 묘지를 향해 나아갔다. 거리에는 조문객들이 나와 슬퍼했는데 이런 모습은 조반니가 포폴로 중한 사람이었다는 그들의 평가와 존경심을 솔직하게 보여주었다.

조반니 사후에 그의 재산은 약 18만 플로린으로 평가되었다. 이 문제에 대한 드 루버의 견해는 다소 흥미롭다. "이것은 정확한 수치가 아니고 추정치다." 조반니는 유언장 작성을 거부했는데 드 루버는 그 이유를 이렇게 추정한다. "아마도 이런 결정은 교회의 고리대금 금지 규정과 관련이 있을 것이다. 만약 유언장에 재산 가치를 구체적으로 기재하면 자신을 고리대금업자로 인정하는 꼴이 되고 후계자들에게 상당한 골칫거리를 안겨줄 것이었기 때문이다."

조반니는 고리대금업 문제와 관련해 자신의 양심을 깨끗이 한 듯하다. 어쩌면 산 로렌초 교회의 재건축 공사 등 교회 공사에 재정적으로 후원한 것이 자신의 영혼이 사면받을 만큼 충분한 보상이었다고 생각했을 수도 있다. 우리가 앞으로 살펴보겠지만, 그의 유능한 아들 코시모는 아버지가 다져놓은 기초 위에다 메디치가의 권력과 부를 더욱더 크게 쌓아 올렸다. 그러면서도 훨씬 세련된 코시모는 고리대금업의 죄악에 대한 양심의 가책을 아버지처럼 쉽게 달랠 수 없었다. 이 점은 피렌체 공화국과 르네상스가 앞으로 나아갈 방향과 관련해 엄청나게 심대한 결과를 가져온다.

9

르네상스가 날개를 펴다

알베르티, 토스카넬리, 베스푸치 이야기

우리는 이제 르네상스의 가능성을 이전의 경계 너머로 확대한 세 명의 독특한 피렌체 인물을 만날 것이다.

레온 바티스타 알베르티는 1404년에 제노바에서 태어났다. 그의 아버지 로렌초는 피렌체의 저명한 가문인 알베르티가의 사람으로, 이 가문 소유의 은행은 1340년대 중반에 바르디, 페루치, 아차이우올리 은행들의 도산으로 생긴 빈 틈새를 파고들며 사업을 해왔다. 그러나 이 가문은 정치적으로 과도하게 개입하는 바람에 피렌체의 유서 깊은 가문들로부터 미움을 받았다. 그 결과 로렌초는 제노바로 추방되었는데, 알베르티 가문은 그 도시에 번창하는 가족 은행의 지점을 두고 있었다.

레온 바티스타 알베르티는 박학다식한 학문적 업적으로 널리 알려졌고 최초의 '르네상스 맨'이라는 별명을 얻었다. 여러 측면에서 그는 가장 원형적인 르네상스 맨으로 일컬어지는 레오나르도 다빈치의 예고편이었다. 레오나르도는 알베르티보다 근 50년 뒤에 출생했다. 되돌아보면 이 르네상스 시대의 두 거인은 공통점이 많았다. 둘 다 혼외 자식으로 태어났고, 채워지지 않는 지식욕을 지니고 있었다. 두 사람은 학문에 대한 믿음을 공유했고, 수학을 존중했으며, 결코 충족되지 않는 내적 불안감에 시달리며 앞으로 계속 나아가려는 심리적 동기가 있었다. 알베르티는 레오나르도와 마찬가지로 '그림은 과학'이라고 생각했다. 그러나 이런 공통점을 제외하면 그들의 관심사는 달라지는데 간략하게 표현하자면, 레오나르도는 경험적이고 실제적인 것에 마음이 끌린 반면, 알베르티는 좀 더 이론적인 접근을 선호했다.

알베르티의 아버지는 추방자 신세였지만 부자여서 장서를 잘 갖춘 서고를 소유했거나 아니면 그런 곳에 접근할 수 있었다. 어느 쪽이든 알베르티는 조숙한 아이였고 책을 많이 읽었다. 바사리는 〈알베르티의 생애〉라는 짧은 글에서 이렇게 썼다. "독서를 많이 하는 예술가는 독서로 축적된 지식으로부터 큰 혜택을 얻는다. 화가, 조각가, 건축가의 경우에 특히 그러하다. 이런 공부에서 얻은 아이디어가 그들의 상상력에 영감을 주기 때문이다." 그러나 이런 지식에 균형 감각을 부여할 수 있는 잘 훈련된 재능이 필수 요소다. 이렇게 재능, 훈련, 독서가 함께 갖추어질 때, 예술가는 꽃필 수 있다. 바사리는 이렇게 말한다.

> 이론과 실천이 잘 결합되면 좋은 예술을 낳는다. 예술가의 기량은 이런 식으로 향상되어 완벽을 향해 나아간다. 경험 많고 지식 풍부한 예술가들이 해주는 조언은 오로지 작업의 실용적 측면에만 집중하는 사람들의 기량까지 향상시킨다. 그들의 재주와는 무관하게.

바로 이것이 알베르티의 경우다. 바사리의 설명은 르네상스의 예술 사상이 학문과 얼마나 밀접한 관계였는지를 보여준다.

알베르티가 아직 어린아이였을 때 그의 아버지는 흑사병에 걸리지 않기 위해 그와 동생들을 데리고 제노바를 떠났다. 그들은 이탈리아 북부를 가로질러 제노바의 경쟁 항구 도시인 베네치아로 갔다. 여기서 알베르티의 아버지는 알베르티 은행 가운데 가장 크고 가장 성공을 거둔 지점을 접수했다. 그러나 곧 재앙이 닥쳐왔다. 프랑스 역사가 베르트랑 질Bertrand Gille은 그 상황을 이렇게 서술한다. "알베르티의 아버지가 갑자기 죽어 그 자녀들이 삼촌 손에 맡겨졌으나 그 삼촌도 곧 사라져버렸다." 질은 이렇게 추정한다. "그 비양심적인 친척은 고아들을 돌볼 생각은 하지 않고, 베네치아 지점을 청산하고서 큰돈을 마련해 사라진 듯하다." 이는 알베르티가 험악하고 사랑 없는 가정의 분위기에서 어린 시절을 보냈음을 의미한다.

그런 사정 속에서도 10대 소년 알베르티는 베네치아 근처에 있는 파도바 대학에서 공부할 수 있었다. 1421년, 이제 열일곱 살이 된 그는 법률을 공부하기 위해 볼로냐 대학으로 옮겨 갔다. "이 시점에 알베르티는 공부를 너무 열심히 해서 병이 났고 학업을 중단해야만 했다. 그럼에도 그는 종교법 분야의 박사 학위를 받았다." 와병 중에도 그의 지식욕은 엄청나서 수학과 과학을 열심히 공부했고, 특히 물리학을 아주 좋아했다. 그는 비트루비우스의 《건축론De Architectura》을 면밀하게 연구한 최초의 학자이기도 했다. 비트루비우스는 고대 로마의 최고 건축가이자 공학자로, 기원전 1세기에 최고의 업적을 올린 인물이다. 비트루비우스의 저작은 젊은 알베르티에게 엄청나게 영향을 미쳐서, 건축 분야의 일인자가 되겠다는 야망을 품게 했다.

이 모든 이야기는 서로 상반되는 동기가 혼재함을 말해준다. 종교법을 연구한다는 것은 장차 교회의 성직자가 되거나, 혹은 그와 관련된 하급 성직을 맡으려 한다는 뜻이었다. 그러나 과학과 건축 연구는 알베르티에게 다른 생각이 있었음을 말해준다. 그가 병이 난 것은 과도한 면학과 집안 문제 이외에도 이런 내적 갈등이 그 원인이었던 듯하다. 알베르티는 르네상스인의 마음을 지녔고, 그가 열심히 연구하는 과학은 '중세를 종식시키려는 행위에 가까운 것'이었기 때문이다. 달리 말해서, 과학을 열심히 연구하는 것은 곧 1500년 전에 확립된 아리스토텔레스의 권위를 받아들인다는 뜻이었다.

아리스토텔레스의 탐구 정신이 뛰어난 것은 사실이지만, 그가 발견한 것들과 그런 것들에 대한 해석은 상당수가 현실과 일치하지 않았다. 예를 들어 아리스토텔레스는 자동 생식의 개념을 옹호했다. 조개 같은 바다 생물은 모래 속에서 저절로 생겨난다고 보았고, 구더기는 썩은 고기에서 자동 생식되는 것으로 생각했다. 세월이 흘러 아리스토텔레스의 가르침은 교회에서 채택되었고 그리하여 이론적 진리가 되었다. 그러나 르네상스 정신은 아리스토텔레스와 교회의 '권위'에 반발하면서 이 세상이 실제로 어떻게 작동하는지를 알아내고자 했다. 그래도 아리스토텔레스의 가르침을 여전히 신성하게 여겼다. 그것을 부정하는 것은 이단으로 취급되어 파문이나 그 이상의 징벌을 초래할 우려가 있었다. 따라서 그 둘 사이에서 갈등은 불가피했고 이러한 모순이 이미 알베르티의 마음속에서 나타났다.

'과도한 면학'으로 어려움을 겪었음에도 그는 여전히 멋진 인물이었다. 그의 조숙함은 정신에만 국한되지 않았다. 그는 신체적 능력도 대단했다. 어린 시절에도 그랬지만 커서도 신체의 완력이 초인적이었다. 19세기의 위대한 스위스 역사가 야코프 부르크하르트Jacob Burckhardt•는 이렇게 쓴다. "우리는 그의 신체적 능력에 대한 기록을 읽을 때면 경탄하곤 한다. 그는 선 채로 뛰어올라 자기 앞에 서 있는 남자의 머리를 넘어갈 수 있었다. 대성당에서 동전을 위로 던지면 얼마 지나지 않아 그 동전이 아득히 먼 지붕에 부딪히는 소리가 들렸다." 알베르티는 또한 '거칠기 짝이 없는 말'을 잘 타는 것으로도 유명했다. 부르크하르트는 이런 주장도 했다. "그는 걷기, 말타기, 말하기, 이 세 분야에서 남들에게 완벽한 사람으로 보이기를 원했다." 또한 부르크하르트에 따르면 알베르티는 음악을 독학해 일가를 이루었으며, 그가 작곡한 작품들은 "전문 심사 위원들에게 높은 평가를 받았다." 그러나 음악 분야의 재능은 다소 의심스러워 보인다.

아무튼 이런 증거들로 미루어볼 때 알베르티는 학문 추구에서 지칠 줄 모르는 인물이고 매우 경쟁적 태도를 지녔음을 알 수 있다. 그러나 이처럼 목표를 맹렬히 추구하는 여느 사람들과 달리, 그는 유머도 풍부했고 일상생활의 평범한 것들에도 관심이 많았다. 그는 애완견이 죽자 애도하는 문장을 지었고, 구두 수선공에게 '구두 수선의 비결과 요령'을 물어보는 것을 부끄럽게 생각하지 않았다. 그는 '저녁 식탁에서 우스운 이야기를 잘하는 사람'으로 명성이 높았다. 알베르티는 평소에 "인간은 의지를 발동하면 뭐든지 알 수 있다" "새로우면서 동시에 완벽한 것은 있을 수 없다"라고 말했다. 이런 사람이었지만 보카치오를 연상시키는 음란한 농담도 즐겨 했다. 예를 들면 이렇다. 한 출장 상인이 동료에게 이렇게 말했다. "내가 마음껏 바람을 피워도 내 아내는 불평하지 않아." 그러자 동료는 이렇게 대답했다. "나도 마찬가지야. 내

• 부르크하르트는 근대적 의미에서 '르네상스'라는 용어를 사용한 최초의 역사가 중 한 명이다. 그는 이 말을 사용함으로써 이 시대를 유럽 역사의 발전 단계에서 뚜렷한 한 시대로 자리매김되게 했다.

아내가 똑같이 행동한다는 걸 알기 때문이지."

알려진 알베르티의 모습 중에 청동 메달에 부조로 새겨진 자화상이 가장 사실적인 것으로 평가된다(화보 11). 이 메달을 현재 전시하고 있는 워싱턴 국립 미술관은 이렇게 설명한다. "이것은 르네상스 초상화 메달 중 최초의 것 혹은 최초의 것들 중 하나다. 또 르네상스 화가가 제작한 최초의 독립적인 자화상이며, 이 화가가 고풍스러운 복장을 하고 그린 최초의 자화상이다." 어떤 사람들은 이 메달 속 알베르티의 머리 모양을 가지고 머리카락이 아주 짧다며 그의 성명 미상 어머니가 아프리카 노예였을지 모른다고 암시한다. 이 당시 제노바는 북아프리카와의 무역이 이루어지는 전초 기지로서 노예무역에도 종사했는데, 알베르티의 몸에 아프리카인의 피가 흐르고 있을 가능성을 지적한 것이다. 이러한 추정은 알베르티의 모토가 "Quid tum?(그래서 어쨌다는 거냐?)"이었다는 것으로 뒷받침된다. 이 모토는 고대 로마 시인 베르길리우스의 "Quid tum, si fuscus Amyntas?(그래서 어쨌다는 거냐, 아민타스가 흑인이라면?)"이라는 시구에서 따온 것이다.

1420년대 후반 어느 때, 알베르티 가문의 유배형은 해제되었다. 그로부터 몇 년 뒤, 알베르티는 피렌체를 여행했다. 이 시기에 그는 처음에 엇갈린 대접을 받았다. 이탈리아 북부 도시에서 교육받은 그는 단테가 구사하기 시작한 토스카나 방언이 아니라 라틴어로 글을 썼다. 피렌체의 지식인들은 그런 태도를 못마땅하게 여겼다. 알베르티는 박학다식했지만 토스카나 방언을 능숙하게 사용하기까지는 시간이 조금 걸렸다. 그러는 사이, 그는 중년의 브루넬레스키와 친밀한 우정을 나누게 되었는데 브루넬레스키 역시 알베르티 못지않게 박학한 흥미와 절충적 지성을 갖춘 사람이었다. 이 시기에 브루넬레스키는 피보나치의 수학을 열심히 연구했고, 돔에 사용할 돌을 들어서 제자리에 앉히기 위한 기발한 기계를 다수 발명했다.

브루넬레스키는 여러모로 알베르티에게 영감을 많이 주었고, 젊은 알베르티가 최초의 건축 공사를 수주하는 데에도 도움을 주었다. 이 당시 알베르티는 이미 나름의 건축관을 확립했고 그것을 멋지게 실천했다. 1446년, 그는 양모 무역과 은행업으로 큰돈을 벌어들인 유서 깊고 저명한 루첼라이 가문으로부터 건축 공사를 의뢰받았다. 그 가문을 위한 멋진 팔라초를 건설해달라는 요청이었다. 이 팔라초는 고전 시대의 스타일을 되살린 장중한 파사드를 갖춘 건물로, 알베르티의 첫 걸작이자 도시 내에서 그런 종류로는 최초의 건물이다.

알베르티는 그 후 루첼라이 가문에 고용되어 멋진 대리석 파사드를 설계했다(화보 13). 이 파사드는 피렌체의 주요한 교회일 뿐만 아니라 도미니크회 종단의 주요 예배당인 산타 마리아 노벨라를 오늘날까지도 장식하고 있다. 알베르티가 이 교회의 파사드를 복원한 작업은 르네상스 건축을 완전히 변모시킨다. 권위 있는《시대별 원예 기술》이라는 책에 따르면, 이 건축물은 인문주의 건축 정신, 절묘한 비례, 디자인에 어울리는 고전적 세부 장식을 도입하면서도 기존 중세풍 파사드와 완벽한 조화를 이루었다. 교회 내부에 대해 말해보자면, 중앙 신도석과 그보다 낮은 측랑 서로 다른 높이를 시각적으로 연결해야 하는 기술적 문제를 멋지게 해결함으로써 그 후 여러 세기에 걸쳐 모방의 대상이 되는 표준적 특징을 드러냈다.

팔라초 루첼라이를 완공한 직후, 알베르티는 로마를 여행했다. 바사리에 따르면, 당시 "교황 니콜라우스 5세는 새로운 건축 공사를 벌여 도시의 모습을 완전히 바꾸어놓고 있었다." 교황은 알베르티의 업적을 이미 보고받아서 알고 있었고 그의 카리스마 넘치는 풍채에도 깊은 인상을 받았다. 니콜라우스 5세는 곧 그를 가까이에 두고 건축 문제의 자문을 얻었다. 나아가 알베르티에게 교회 내 공식 지위를 맡으라고 제안해, 그는 하급 성직에 취직했다. 이는 곧 로마 시내에 흩어져 있던 고대 로마의 유적들을 그가 마음껏 복원할 수 있게 되었다는 뜻이었다. 이 같은 공사 중에 가장 유명한 것이 오래된 아콰 비르고Aqua Virgo의 보수 공사였는데, 이 수도교는 나중에 아콰 베르지네Acqua Vergine라는 이름으로 알려진다. 복원된 이 수도교는 천 년이 훌쩍 지난 시점인데도 신선한 식수를 로마 시내로 끌어들였다가 중앙 분수대에서 끝을 맺었다. 이 곳은 '세 개의 길tre vie'이 만난다고 해서 '트레비 분수Trevi Fountain'라고 불리게 된다.

알베르티는 이런 고대 유적들을 보수하는 동시에 피렌체 친구 브루넬레스키의 조언과 모범을 좇아 고대 유적들 사이를 돌아다니며 고대 로마 건축의 비결을 알아냈다. 그리하여 《건축술에 대하여De Re Aedificatori》라는 책을 집필한다. 이 책은 르네상스 시대에 최초로 나온 건축서로, 비트루비우스의 저서 이후 최고의 걸작이라는 평가를 받는데 부분적으로 비트루비우스의 저작을 참고했다. 비트루비우스와 마찬가지로 알베르티는 미학적 비례에 예민한 감식안을 갖고 있었고, 이런 재주에다 실용적인 기발함이라는 독창적 재주를 잘 결합했다.

빠르면 1435년경에 알베르티는 《회화론De Pictura》도 썼다. 이 저서는 고전 시대의 광학 분석, 원근법, 기하학적 비례 요소 등, 그림 그리는 기법을 다룬 책이다. 그러나 알베르티의 독창적이고 수준 높은 회화 이론은 실제로 그림을 그린 사례에 의해 뒷받침되지 않는다. 바사리는 그런 사정을 이렇게 설명한다. "알베르티는 중요도나 아름다움의 측면에서 이렇다 할 만한 회화 작품을 남기지 못했다. 현존하는 몇 점 안 되는 그림들은 그리 완벽하지 못하다. 그가 데생보다는 학문 연구에 더 몰두했다는 사실을 생각할 때 이는 놀라운 일이 아니다."

이러한 판단은 공정하다. 실제로 알베르티의 그림이 별로 전해지지 않는다는 점, 그리고 그의 설계도에 따라 지어진 건축물이 별로 없다는 사실은 그의 명성에 악영향을 끼쳤다. 그래서 그는 많은 이들에게 잊힌 르네상스 맨으로 간주되었고, 저명한 후배 레오나르도에 가려져 거의 보이지 않는 존재가 되어버렸다. 그러나 알베르티의 다양한 기술적 업적 목록을 한번 살펴본다면, 이는 부당한 평가다. 베르트랑 질은 이렇게 말한다. "그는 저울, 시계, 해시계, 도르래, 수차, 풍차, 운하 갑문 등에 대해 언급했다. 그는 지형을 측정하는 도구를 발명했고 주행 기록계, 선박들이 해상에서 거리를 재는 해상 거리 측정계의 발명을 구상했다." 여기에 지도 제작술과 천문학에서 세운 개척자적 업적도 추가해야 한다. 그의 연구는 이 두 분야에서 장차 해당 학문이 나아가야 할 길을 제시했다. 그리고 암호학 연구가 있는데, 이는 율리우스 카이사르 시대 이래 이 분야에서 이루어진 최초의 실질적 진전이었다.

그리고 몇몇 사람은 알베르티를 《폴리필로의 꿈속에서 벌어지는 사랑의 투쟁Hypnerotomachia Poliphili》이라는 유명하면서도 수수께끼 같은 저서의 저자로 본다. 이 제목은 히프노스hypnos(잠), 에로스eros(사랑), 마케mache(투쟁)라는 그리스어 세 단어를 합성해서 만든 것이다. 이 책은 1499년에 베네치아에서 처음 출간되었는데 '인쿠나불라incunabula' 시대에 나온 책으로는 가장 잘 알려진 작품이다. '요람'을 뜻하는 라틴어에서 유래한 인쿠나불라는 1501년 이전에 출간된 인쇄본 책자를 통칭하는 용어다. 알베르티의 이 책은 통속 라틴어로 쓴 환상적인 내용의 꿈

같은 소설로, 기발한 신조어도 많이 나오고 베네치아 방언과 토스카나 방언으로 된 독특한 표현도 많이 들어 있다. 그런데 이 작품을 더욱더 괴이하게 만드는 요소는 이런 이상한 문장에 히브리어와 아랍어 단어, 그리고 중세 사료에서 가져온 가짜 이집트 상형문자까지 등장한다는 점이다. 그리고 책 속에는 삽화도 여러 장 들어 있는데, 텍스트 속의 사건을 묘사하는 비범하면서도 독창적인 목판화로 제작된 것들이다.

이 책의 내용은 궁정 로맨스의 전통을 따르는 이야기로, 시간적 배경은 1467년이다. 주인공 '폴리필로Poliphilo'('많은 것을 사랑하는 사람'이라는 뜻)는 자신의 사랑의 대상 '폴리아Polia'('많은 것'이라는 뜻)를 찾아 꿈속의 세계를 방랑한다. 첫 부분은 확실히 단테의《신곡》첫 대목을 연상시킨다.

> 마침내 나의 무지한 꿈들은 나를 이 울창한 숲속으로 데려왔다. 그 숲으로 들어가는 멋진 길을 따라 들어왔으나 거기에서 어떻게 벗어날지 알지 못한다. 그러자 갑자기 공포가 나의 가슴을 엄습해 내 몸의 마디마디로 퍼졌다. 나는 혈색이 창백해지기 시작했다. 나는 혼자였고, 무장하지 않았고, 앞으로 가는 길이든 뒤로 가는 길이든 전혀 발견하지 못했기 때문이다. 여기에는 오로지 빽빽한 관목, 날카로운 가시, 키 큰 물푸레나무 숲이 있을 뿐이다.

폴리필로는 기이한 상징과 암시적인 알레고리로 가득한 그 괴상한 풍경을 걸어가면서 온갖 괴상한 건물을 보고 용, 늑대, 처녀 등도 마주친다. 이야기는 마침내 폴리필로가 '비너스의 샘' 옆에서 폴리아와 재회하는 것으로 끝난다.

이 작품은 주인공이 처음에는 폴리아에게서 사랑을 거부당했으나 그녀를 찾아가 결국에는 그 사랑을 얻어내는 도덕적·심리적 성장 과정을 다룬다. 지난 수백 년 동안《폴리필로의 꿈속에서 벌어지는 사랑의 투쟁》은 정신적인 것에서 상징적인 것에 이르기까지, 다양하고 폭넓은 해석의 대상이 되었다. 비교적 최근의 해석으로 20세기 스위스 심리학자 카를 융Carl Jung의 것이 있는데, 융은 이 작품 속의 꿈같은 이미지들이 '집단무의식'에서 나오는 '원형'을 보여준다고 설명했다. 이 책 도입부에서는 이런 주장이 펼쳐진다. "이 책에는 많은 지식이 포함되어 있을 뿐만 아니라, 앞으로 독자가 살펴보게 되겠지만, 고대의 모든 책에서 발견할 수 있는 것보다 더 많은 자연의 비밀이 담겨 있다."

이 같은 주장과 다른 여러 문장으로 미루어볼 때 이 작품의 저자가 르네상스 초창기의 매우 박학다식한 사람임을 알 수 있다. 알베르티는 이런 기준에 딱 부합하는 사람이다. 그러나 이 책의 원서를 면밀하게 연구한 사람들은 이 책의 여러 장章의 첫 글자가 일종의 아크로스틱acrostic(각 행의 첫 글자가 어떤 단어나 구를 이루도록 지은 시—옮긴이)을 형성하는데, 그 뜻은 '프란체스코 콜론나 형제는 폴리아를 진정으로 사랑한다'라는 뜻이라고 해석했다. 이 책의 텍스트 못지않게 이런 아크로스틱도 수수께끼다. 이 텍스트는 프란체스코 콜론나라는 수도사가 쓴 것인가? 이 작품은 프란체스코 수도사의 폴리아에 대한 사랑을 묘사한 것인가? 그런데 폴리아는 누구인가?

알베르티는 교황 니콜라우스 5세와 가까운 사이였고 이 교황은 귀족인 콜론나 가문 출신이다. 그 당시에 프란체스코 콜론나라는 이름을 가진 사람이 여럿 있는데, 그중에서도 가장 유명한 사람은 베네치아에서 살았고 산 마르코 성당에서 설교까지 한 도미니크회 수도사다. 그는

《델필로의 꿈》이라는 미발간 저작을 집필했는데, 이 제목은 '폴리필로의 꿈'이라는 제목과 상당히 유사하다.

알베르티가 《폴리필로의 꿈속에서 벌어지는 사랑의 투쟁》을 썼거나 그러지 않았거나 간에, 이 소설은 르네상스 시대의 상상력이 어떻게 확대되어 나갔는지를 뚜렷이 보여준다. 인류 역사에서 처음으로 등장한 이 환상적 서사시에는 마치 무의식에서 금방 솟아오른 듯한 이미지, 사건, 은유가 등장한다. 알베르티 혹은 콜론나는 유럽 전역의 르네상스 지식인들에게 자신의 박학다식한 상상의 영역을 보여주었고, 그 도움 덕분에 그들은 주위의 일상적 세상을 좀 더 자세하고 깊이 있게 파악할 수 있었다.

그런데 왜 알베르티의 명성은 지속적으로 전해지지 않는가? 왜 그토록 빈번하게 무시되는가? 우리가 이 초창기 르네상스 맨을 흔히 간과하는 이유를 베르트랑 질은 심도 있게 지적한다. "그는 새로운 원칙들을 수립하지는 못했으나 매우 심층적인 지식을 보유했다. 간단히 말해 그는 학문을 행동의 수단으로 여겼을 뿐, 잘 조직된 지식 체계로 보지는 않았다."

굉장히 멋지고 영향력 높은 알베르티의 저작들이 주로 이론적 아이디어였음을 고려할 때, 이는 놀라운 평가다. 알베르티의 논문들과 연구 주제들, 그런 것들을 실천할 방안 등은 이론적 측면이 강했으니 말이다. 르네상스는 그 날개를 펼치기는 했으나 아직 고공을 비상할 정도는 아니었다. 1472년, 알베르티가 로마에서 68세의 나이로 사망했을 때 르네상스 맨이라는 호칭을 결정적으로 물려받을 그 후계자 레오나르도 다빈치는 막 스무 살이 되었다.

르네상스 정신을 더 넓게 확대시킨 또 다른 사례는 파올로 토스카넬리의 생애에서 찾아볼 수 있다. 그는 알베르티보다 7년 앞선 1397년에 피렌체에서 태어났으나, 그가 끼친 영향은 알베르티보다 10년 뒤에 사망한 그의 사후에 지속적으로 그 위력을 발휘한다.

토스카넬리는 베네치아 공화국의 파도바 대학에서 의학, 수학, 천문학을 공부했다고 알려졌다. 이 무렵 그 대학은 설립된 지 거의 200년이 되어, 1088년에 설립된 볼로냐 대학에 이어 이탈리아에서 두 번째로 오래된 대학이었다. 이 두 대학 다음에 생겨난 대학으로 나폴리 대학(1224년), 시에나 대학(1240년), 로마 대학(1303년), 페루자 대학(1308년), 피렌체 대학(1321년) 등이 있다. 비록 여기서 가르치는 교과의 범위는 제한적이었으나, 그래도 대학의 존재는 르네상스를 가져오는 데 일정한 역할을 했다. 토스카넬리의 시대에조차 유럽 전역에 소재한 대학들의 커리큘럼은 아리스토텔레스 사상과 스콜라주의(중세 신학과 '신학적으로 올바른' 아리스토텔레스 사상이 결합된 것)로 구성되었다.

토스카넬리는 파도바에서 살았고 같은 세대 중 가장 뛰어난 수학자라는 명성을 얻었다. 동시에 그는 천문학을 공부하면서 그 당시의 점성술 '광풍'에도 동참했다. 그가 피렌체로 돌아온 1430년 이전에 그의 명성이 앞질러서 그 도시에 도착했다. 그리하여 시뇨리아는 그에게 '사법적 천문학'을 자문하는 고문직을 제안했다. 천상의 별들의 움직임을 관찰해 앞으로 벌어질 사건과 그 결과를 예측하는 자리였다. 하지만 이 자리는 비상근 보직이어서 큰 수입을 가져다주지 못해 토스카넬리는 곧 봉급을 더 많이 주는 메디치 은행의 피렌체 지점에 취업했다.

이 시기에 그는 알베르티, 브루넬레스키와 친교를 맺었다. 특히 후자와는 함께 작업하면서 노몬gnomon(해시계의 지시 침—옮긴이)이라는 과학

도구를 발명했는데, 이것은 오늘날에도 피렌체에 가면 볼 수 있다.

브루넬레스키가 돔 공사를 완수하자, 토스카넬리는 그에게 돔을 떠받치는 랜턴의 창문 아래쪽에다 청동 판을 부착하라고 설득했다. 이 청동 판 한가운데에 직경 1인치[약 2.5센티미터]의 구멍이 뚫려 있는데 이 구멍으로 햇빛이 통과하면 약 90미터 아래쪽 대성당 바닥의 대리석 석판 위로 그 빛이 떨어진다. 이 석판에는 자오선 시계가 새겨져 있는데 이 위로 바로 그 청동 판을 통과한 햇빛의 원반이 지나가는 것이다. 6월 21일 하지(태양이 최고점에 도달해 연중 해가 가장 긴 날)에 위에서 떨어지는 햇빛의 원반은 대리석 석판에 새겨진 시간 측정 시계의 정확한 지점에 떨어져 시간을 1초 이내의 오차로 측정하게 해준다. 이 흥미로운 도구는 이런 종류의 도구 가운데 가장 크고 가장 정확하다.

그리고 그다음 세기에 들어와, 이 간단하면서도 매우 정밀한 장치가 우리의 세계관에서 아주 중요한 부분을 바꿔놓는다. 토스카넬리의 뇨몬이 내놓은 측정치는 기원전 46년부터 시행된 율리우스력을 교체하는 데 일조했다. 이 역법은 약간 부정확해서 4년마다 4분의 3시간을 추가해야 하는 난점이 있었다. 그리하여 1500년대에 이르러, 율리우스력에는 실제 시간보다 열흘 앞서서 춘분(하루 중 낮과 밤의 길이가 똑같은 날)이 온 것으로 되어버렸다. 1582년, 교황 그레고리우스 13세는 이러한 오차를 시정하기 위해 율리우스력을 그레고리력으로 교체했고, 이 방식이 오늘날까지도 적용되고 있다. 이 역법은 지구가 태양을 한 바퀴 도는 시간을 정확하게 반영했다. 하지만 그레고리력도 절대적으로 정확하지는 않다. 이 역법은 연간 26초 앞서가므로 4909년이 되면 태양년보다 만 하루를 앞서게 된다.

역법의 교체는 르네상스 시대가 거의 끝나는 시점에 이루어졌으나,

그것이 유럽 문화의 재탄생이 가져온 결과라는 데에는 의심의 여지가 없다. 피렌체 대성당에 설치된 토스카넬리의 뇨몬에 의해 파악된 측정치는 이런 개혁에 필요한 마음의 변화를 이끌어내는 데 어느 정도 기여했다.

토스카넬리가 세운 또 다른 과학적 업적은 피렌체 밤하늘을 스쳐 지나가는 혜성의 움직임을 측정한 것이다. 그는 1433, 1439, 1456, 1457, 1472년에 각각 나타난 혜성의 움직임을 정확하게 관찰했다. 그가 1456년에 혜성을 관찰한 덕분에 영국의 천문학자 에드먼드 핼리는 이 혜성이 1759년에 되돌아온다는 것을 예측할 수 있었다. 그리하여 이 혜성에 핼리 혜성이라는 이름이 붙여졌다. 그러나 지금까지 언급한 업적은 토스카넬리의 주요 업적에 비하면 아무것도 아니다. 하지만 역설적이게도 이 업적은 토스카넬리가 엄청난 실수를 저지른 결과로 얻어졌다.

그는 머리 위 하늘을 깊이 연구한 것만큼이나 발아래의 땅을 측정하는 데에도 깊은 관심을 보였다. 그 덕분에 지도 제작술 분야에도 진출했는데, 르네상스 시대의 폭발적 지식욕에 힘입어 이 분야도 새롭게 활성화되고 있었다. 피렌체를 통과하는 외국 여행자들은 일부러 토스카넬리를 찾아와 그들이 막 지나온 지역의 지리적 특성을 그에게 알려주었다. 이런 식으로 해서 그는 정보원을 광범위하게 갖추었다. 그는 파도바와 로마 이외의 지역은 가본 적이 없는 사람이었으나 곧 유수의 지리학자로 알려진다.

1432년에 중국 사절단이 로마에 도착했을 때 토스카넬리가 그 사절단을 응대했다고 알려져 있다. 이 사절단이 제공한 정보 덕분에 새로운 지도가 다수 제작되어 유통되었는데, 이런 지도에는 카타이Cathay(중국),

지팡구Cipangu(일본), 카타이 동쪽에 있다고 여겨진 환상의 '향신료 섬들Spice Islands' 등의 위치가 그려져 있었다.

1439년, 가톨릭 서방 교회와 당시 오스만 제국으로부터 위협받던 비잔티움 동방 교회의 통합 방안을 논의할 목적으로 피렌체 공의회가 열렸다. 비잔티움 사절단 중에는 그리스정교의 철학자 게미스토스 플레톤도 있었는데, 이 철학자는 그동안 잊힌 고대 그리스의 저작들을 서방에 다수 소개한 사람이다. 토스카넬리에게 스트라보의 저작을 소개해 준 사람도 플레톤이다. 스트라보는 소아시아(오늘날의 튀르키예)에서 살았던 고대 그리스의 지리학자인데, 당시 소아시아는 로마 제국의 영토였다. 스트라보는 서쪽으로는 토스카나 해안까지, 남쪽으로는 이집트와 에티오피아까지 폭넓게 여행한 지리학자였다. 기원전 1세기가 끝나갈 무렵 스트라보는 《지리Geographica》라는 책을 집필했는데, 그가 직접 여행하면서 수집한 정보, 그리고 간접적으로 전해 들은 여러 곳의 정보를 망라한 백과사전식 책이다. 이런 식으로 해서 스트라보는 브리튼, 갈리아, 게르마니아 등 유럽 대부분의 지역, 그 너머 북해 연안, 북아프리카의 지리를 서술할 수 있었다.

토스카넬리는 스트라보와 고대 그리스인들의 저작들을 읽고서 지구가 둥글다는 사실을 확신했다. 여기에다 중국 사절단을 만나 얻은 정보가 더해지자, 대서양을 가로질러 서쪽으로 항해하면 카타이와 향신료 섬들에 도달할 수 있다고 믿게 되었다. 그는 이런 판단을 바탕으로 세계 지도를 작성해 그것을 포르투갈의 정보원에게 보냈다. 현재는 인멸된 이 지도(화보 14)는 당시 우여곡절 끝에 제노바 출신 선원인 크리스토퍼 콜럼버스의 손에 들어갔다고 알려졌다. 1470년대의 어느 때에 토스카넬리는 콜럼버스에게 보낸 한 편지에서 로마를 찾아온 중국 사절단과 자신이 나눈 이야기를 언급한다.

나는 그와 함께 중국에 있는 강들의 길이와 너비, 강 연안 도시들의 규모 등 여러 주제를 가지고 대화를 나누었습니다. 어떤 강의 유역을 따라 근 200개 도시가 들어서 있는데, 폭이 넓고 긴 대리석 다리들이 그 강 위에 놓여 있고 또 어디에서나 그 다리들은 기둥으로 장식되어 있다고 합니다. 이 나라는 라틴인[즉 유럽인]이 한번 찾아가볼 만한 곳입니다. 그곳에서는 금과 은, 각종 보석, 향신료 등 큰 재산을 얻을 수 있기 때문입니다. 그뿐만 아니라 그 나라의 박식한 사람들, 철학자들, 노련한 천문학자들은…

토스카넬리는 이어서 이 나라는 대서양을 가로질러 서쪽으로 갈 수 있다고 주장했다.

이 항해는 가능할 뿐만 아니라 확실하고 또 진실입니다. … 이런 사실은 오로지 경험과 실천을 통해서만 알 수 있습니다. 나는 이 나라에서 이곳 로마 궁정을 찾아온 학식 높은 저명한 사람들로부터 진실한 정보를 많이 획득했고, 그 나라와 장기간 거래하며 그 나라에 관한 한 권위 있는 사람인 상인들로부터 추가 정보를 얻어냈습니다.

그는 이런 식으로 수집한 정보를 밑바탕으로 지도를 제작했다. 그러나 불운하게도 이런 여행자들의 보고, 또 마르코 폴로의 동방 기행문의 과장된 보고 탓에 토스카넬리는 중국의 영토 크기를 잘못 계산했다. 그는 중국 땅이 실제보다 동쪽으로 8000킬로미터 더 뻗어 있다고 보았다.

토스카넬리의 지도가 자기 손에 들어왔을 때 콜럼버스는 지도가 알려준 정보로 한껏 고무되었다. 콜럼버스는 또 지구의 원주를 실제보다 25퍼센트 작게 잡음으로써 더욱더 모험심이 고무되었다. 이런 잘못된 '사실들'이 결합되어 콜럼버스는 후원자인 카스티야의 이사벨라 여왕과 아라곤의 페란도 2세에게 자신 있게 접근했다. 두 군주는 마침내 콜럼버스의 카타이 항해에 재정 지원을 약속하고 콜럼버스는 1492년 8월 3일에 대서양을 가로질러 서쪽으로 가는 항해에 나섰다.

그는 약 10주 뒤에 바하마 제도의 한 섬에 도착했다. 휴대하고 있던 토스카넬리의 지도와 스스로 지구의 원주를 과소평가한 데 힘입어, 콜럼버스는 자신이 아시아에 도착했다고 확신했다. 20세기 저술가 아이작 아시모프Isaac Asimov는 이 발견을 '역사상 가장 운 좋은 우연의 일치'라는 여러 논평가의 말에 동의했다. 슬프게도, 토스카넬리는 그가 배후에서 적극적으로 지원한 이 획기적인 사건의 소식을 듣지 못했다. 그는 그보다 10년 전에 피렌체에서 사망했다.

콜럼버스의 '신대륙 발견'으로 두 가지 의미심장한 사태 발전이 있었는데, 이는 한 피렌체 사람의 직접적 공로였다. 그 사람은 1454년 3월 피렌체에서 태어난 아메리고 베스푸치다. 그는 유서 깊은 귀족 가문 출신이자 지역 공증인의 셋째 아들이었다. 아메리고의 유년 시절에 대해서는 알려진 정보가 별로 많지 않으나, 도시 중심부의 동쪽에 있는 아르노 강변에서 가까운 집에서 태어났다고 알려졌다. 뒤에서 그 이유를 자세히 설명하겠지만, 그는 보통 산 살바토레라고 불리는 그 지역의 오니산티Ognissanti('모든 성인') 교회에서 세례를 받았다고 한다.

아메리고의 두 형은 인근의 피사 대학으로 유학을 떠났다. 집안 사정이 넉넉지 못해서였는지 아메리고는 피렌체에서 삼촌 조르조 베스푸치에게서 교육을 받았다. 도미니크회 수도사인 삼촌은 존경받는 인문주의자였다. 이 수도사가 가르치는 또 다른 학생으로 로렌초 디 피에르프란체스코 데 메디치가 있었는데, 그는 메디치가 방계 가문의 자제이자 코시모 데 메디치의 먼 친척이었다. 아메리고는 메디치 은행에 직원으로 취직해 곧 충성심과 능력을 발휘했다. 그의 친구 로렌초 디 피에르프란체스코는 1492년에 메디치 은행장으로 승진했는데, 그 즉시 38세의 아메리고를 스페인의 카디스 지점으로 파견했다. 그곳 지점장이 은행 돈을 가지고 사리사욕을 채우기 위해 본사에서 승인하지 않은 일을 벌이고 있는 것 같았기 때문이다.

스페인에 나가 있는 동안, 베스푸치는 카디스에서 인근 세비야로 건너가 현지 메디치 대리인인 잔노토 베라르디와 접촉했다. 베라르디는 메디치 대리인으로 활약하는 한편, 해운 대리인으로 뛰면서 스페인 남부 항구에서 출항하는 배에 장비와 의복과 식재료를 제공했다. 그는 이 해운 대리인 자격으로 1492년에 최초로 대서양 횡단에 나선 콜럼버스의 배 세 척에 필요한 물품을 댔다. 베스푸치는 1493년에 귀국한 콜럼버스의 배를 현지에서 틀림없이 목격했을 것이다.

베스푸치는 베라르디와 함께 일하면서 콜럼버스의 두 번째와 세 번째 항해에 필요한 물품을 댔다. 이 항해에서 콜럼버스는 카리브해의 섬들을 탐험했는데, 이 일대의 섬들은 오늘날까지도 서인도 제도라는 잘못된 이름으로 불리고 있다. 그렇게 된 이유는 콜럼버스가 자신이 인도 해안에서 조금 떨어진 섬들에 도착했다고 착각했기 때문이다. 이 후속 항해에서 콜럼버스는 마침내 아시아로 가는 길을 발견했다고 확신했지만, 스페인의 왕궁은 점점 더 그에게 환멸을 느꼈다. 그가 귀국하는 길에 동방에서 찾아 가져오겠다고 맹세한 보물을 가져오지 않았기 때문이다. 이 시기에 베스푸치는 틀림없이 콜럼버스를 만나 대화를 나누었을 것으로 추정된다.

1495년에 베라르디가 사망하자 로렌초 디 피에르프란체스코는 베스푸치에게 메디치 은행의 세비야 지점을 인수하라고 지시했다. 그런데 해양 생활을 직접 목격하고 콜럼버스를 만난 일이 베스푸치의 낭만적 충동에 불을 질렀던 모양이다. 그는 지금까지의 삶이 보람 없었다는 것을 깨달았다. 아무리 성공한다 할지라도 인생에는 은행 업무나 상업 대리인 일보다 더 의미 있는 것이 있다고 생각했다. 중년의 나이였는데도 베스푸치는 거친 바다와 미지의 땅으로 떠나는 여행에 푹 빠지고 말았다. 그때부터 그는 해양 생활에 관한 모든 것을 알아내려고 애를 썼다. 선박에 장비와 물품을 대는 역할을 하는 데 머물지 않고 항해술을 공부했고, 사람들로부터 멀리 떨어진 대륙에 관한 소식을 열심히 들으려 했으며, 대양을 항해한 선원들이 해주는 이야기에 귀를 기울였다.

그 무렵 베스푸치는 자신이 하던 상업 활동 덕분에 스페인 왕궁과 긴밀한 관계를 맺었다. 그가 해양 생활에 대한 정보를 열심히 알아내려 하고 최근의 발견을 꼼꼼히 챙기려 하는 태도가 관계 당국에 깊은 인상을 주었다. 곧 그는 콜럼버스가 발견한 땅으로 떠나는 항해에서 재정 지원을 여러 차례 받는다. 그가 보물을 더 잘 발견할지도 모른다는 희망이 그 같은 결정의 동력이었다.

그리고 이 지점에서 베스푸치의 생애가 다소 불명확해진다. 우리는 그가 로렌초 디 피에르프란체스코에게 보낸 편지를 통해 항해를 떠났다는 사실, 로렌초가 부분적으로 그 탐험에 돈을 댔다는 사실을 알 수 있다. 베스푸치는 당시 피렌체의 곤팔로니에레인 피에로 소데리니에게도 편지를 보냈다. 소데리니는 베스푸치의 삼촌 밑에서 베스푸치와 함께 공부했던 오랜 친구였다. 그러나 많은 명성 높은 역사가들은 이런 편지들 중 상당수가 위작이라고 주장한다. 진품이라고 여기는 사람도 있지만, 동시대인들에 의해 원래의 진본에서 '짜깁기'된 편지로 보는 사람도 있다.

문제의 핵심은 베스푸치가 1497년에서 1504년 사이에 대서양 횡단 항해를 네 차례 했느냐다. 첫 번째와 네 번째 항해의 증거는 논쟁의 대상이지만, 두 번째와 세 번째는 확실하다. 두 번째 여행은 1499년 5월에서 1500년 6월 사이에 노련한 스페인 선원인 알론소 데 오헤다의 지휘 아래 이루어졌다. 베스푸치는 그 탐험선의 '항해사'로 임명되었다. 왕실의 대표일 뿐만 아니라 새로 발견된 땅들의 지도 작성과 무역 거래를 담당하는, 높은 책임이 부여된 자리였다. 어떤 사람들은 그가 이런 자리에 임명된 것은 전에 항해에 나선 경험이 있음을 반증한다고 주장한다. 그러나 우리는 확실히 알려진 내용만 가지고 논의를 전개할 것이다. 여하튼 이 자리에 임명되었다는 사실만으로도 충분히 화제가 될 만하다.

여러 주가 지난 후, 그 탐험선은 오늘날 가이아나로 알려진 곳의 해안에 도착했다. 그리하여 베스푸치는 오늘날 남아메리카라고 불리는 대륙에 발을 내디딘 최초의 유럽인이 되었다. (이 시점에 콜럼버스는 카리브해의 섬들에 도착했고, 잉글랜드에서 항해에 나선 탐험가 존 캐벗은 1497년에 뉴펀들랜드의 섬에 도착했다.) 해안을 항해하던 베스푸치의 탐험대는 어느 곶을 돌아 넓은 만으로 들어섰다. 이곳의 얕은 여울에서 그들은 대규모 부족을 발견했는데, 현지인들은 "베네치아처럼 물에 기초한 거주지에서 살았다." 그렇게 하여 이곳은 베네수엘라Venezuela('작은 베네치아')로 불리게 되었다.

이 무렵에 탐험대는 쪼개진 듯하다. 베스푸치는 오헤다를 떠나 해안의 남동쪽을 향해 나아갔는데 이곳을 돌아나가면 인도양으로 들어서는 길을 발견할지 모른다는 희망 때문이었다. 이 항해 과정에서 베스푸치는 적도 근처에서 아마존강의 하구를 발견했고 카부 드 산투 아고스티뉴(남위 8도)까지 항해하다가 방향을 돌려 스페인으로 돌아갔다.

이제 베스푸치는 조금만 더 남쪽으로 내려가면 곶을 돌아 마그누스 시누스Magnus Sinus('거대한 만')로 들어가, 그 만을 통과하면 카티가라의 항구에 도달할 것이라고 확신했다. 카티가라는 기원후 2세기 알렉산드리아 지리학자인 프톨레마이오스의 지도에 표시된 항구로, 카타이 해안에서 가까운 곳으로 여겨졌다. 이곳에서 조금 더 항해하면 타프로바네섬이 나올 것이었다. 이곳은 스리랑카를 가리키는 고대 그리스어 명칭인데, 이 섬 이야기는 알렉산드로스 대왕이 인도에 접근했던 기원전 4세기에 이미 알려졌다.

그러나 스페인 당국은 베스푸치가 발견한 것들에 실망감을 감추지 않았고 다시 항해에 나설 만한 이유가 되지 못한다고 생각했다. 그래서 베스푸치는 포르투갈 사람들에게로 시선을 돌렸는데 그들은 그의 이야기를 좀 더 그럴듯하게 받아들였다. 그래서 1501년 5월에 베스푸치는 다시 항해에 나섰다. 이번에는 카부 드 산투 아고스티뉴 남쪽의 남아메리카 해안을 향해해 과나바라만(오늘날의 리우데자네이루에 접한 만)을 지나 그 밑으로 내려갔다. 어떤 사람들은 그가 계속 남하하여 파타고니아까지 갔다고 주장하지만, 이 주장은 다소 의심스럽다. 그가 히우드라플라타(오늘날의 부에노스아이레스)라고 알려진 넓은 하구에 대해서는 언급하지 않았기 때문이다.

어느 쪽이 되었든, 이 해안을 남하하면서 그는 아시아의 해안을 향해하여 인도양으로 들어서는 것이 아니라, 완전히 다른 대륙의 해안을 향해하는 중임을 확신하게 되었다. 1502년에 귀국하여 로렌초 디 피에르 프란체스코에게 보낸 편지에서 그는 자신이 발견한 땅은 프톨레마이오스와 마르코 폴로가 묘사한 세계와는 완전히 다른 것이며, "우리는 그것을 대륙이라고 생각합니다"라고 적었다. 베스푸치는 이 '대륙'을 가리켜 '문두스 노부스Mundus Novus', 즉 '신세계'라고 불렀고, 그리하여 이 용어를 사용한 최초의 인물이 되었다. 이는 매우 중요한 인식의 전환이었고 베스푸치는 바로 이것 때문에 그 이름이 기억된다. 그러나 그가 이루어낸 또 다른 발견으로 항해 자체가 새로운 시대를 맞이했다.

베스푸치는 여러 차례 항해하던 중 천상의 별을 보며 항해하는 새로운 방법을 개발했다. 그는 스페인에서 본 달이 어떤 행성에 근접하는 시점과, 탐험 중인 서부 '신세계'의 달이 동일한 행성에 근접하는 시점을 서로 비교함으로써 이 새로운 항해법을 창안했다. 이 방법 덕분에 그는 지구의 원주를 측정할 수 있었고 오차 범위 80킬로미터 이내로 정밀한 수치를 계산해냈다.

베스푸치의 방법은 나중에 정밀한 크로노미터(계시기)와 천체를 측정하는 더 정확한 도구들이 발명되면서 개량되었다. 베스푸치의 전기 작가 프레더릭 J. 폴Frederick J. Pohl은 이 업적을 이렇게 평가했다. "아메리고의 방법을 개선한 것이 표준이 되었고, 그 후 300여 년 동안 그 지위를 유지했다." 또 18세기 영국 탐험가 제임스 쿡 선장은 이렇게 말했다. "달이 태양이나 행성들로부터 떨어진 거리를 측정하는 방식은 탐험가들이 고안해낼 수 있는 가장 멋진 항해 방식이고, 최초의 발견자에게 불후의 명성을 안겨줄 만한 일이다."

1502년, 베스푸치는 자신의 획기적 발견의 증거를 들고 포르투갈로 돌아왔다. 5년 뒤인 1507년, 지리학자 로렌의 마르틴 발트제뮐러는 이 새로운 대륙을 보여주는 세계 지도를 작성했는데, 이 대륙을 "그 발견자의 이름을 따서 아메리쿠스Americus• 라고 하거나, 에우로파Europa와 아시아Asia가 모두 여성형이니 각운을 맞추어 아메리카America로 하자고 제안했다." '아메리카'라는 이름의 출처에 대해서는 여러 의견이 있지만 이처럼 '아메리고'에서 왔다는 설명이 가장 그럴듯해 보인다.

특이하게도 남아메리카의 발견에 피렌체인과 제노바인이 핵심적 역할을 했는데도 베네수엘라에서 지속적으로 기억되는 이름은 베네치아다. 또 콜럼버스의 이름을 딴 콜롬비아도 있다. 하지만 피오렌체토('작은 피렌체')나 누에바 플로렌티나('새로운 피렌체') 같은 이름을 가진 곳은 없다. 사정이 이렇기는 하지만, 베스푸치는 피렌체가 이 대륙에 영향력을 발휘하게 하는 역할을 했다. 그는 브라질 북부에서 발견한 만을 '모든 성인의 만Bay of All Saints'이라고 명명했다. 그 만이 만성절에 발견되었을 뿐만 아니라, 자신이 세례를 받은 피렌체의 만성 교회를 기억하기 위함이었다. 이 교회는 산 살바토레라는 이름으로도 알려졌는데, 이 만의 연안에 최초로 지어진 정착촌이 살바도르가 된 것도 바로 이 때문이다. 이 명칭은 오늘날에도 그대로다.

토스카넬리와 베스푸치의 사례를 통해 우리는 피렌체의 영향력이 저 멀리 '신세계'에까지 미쳤다는 사실을 살펴볼 수 있었다. 토스카넬리의 (잘못된) 지도가 없었다면, 콜럼버스는 1492년에 획기적 업적인 대

• '아메리고(Amerigo)'의 라틴어 형태.

서양 횡단 항해에 나서지 못했을 것이다. 전기 작가 프레더릭 폴은 이렇게 지적한다. “베스푸치는 1492년에 획기적 의미를 부여했다. 이는 1492년이 획득한 여러 의미 중에 가장 의미심장한 것이다.”

‘신세계’가 실제로는 독립된 대륙임을 알아낸 사람은 피렌체 사람 아메리고 베스푸치였고, 그래서 그 대륙에는 그의 이름이 부여되었다.

1. 초기 피렌체 금화인 플로린(피오리노 도로)은 한쪽에 백합 문장을, 반대쪽에는 세례 요한을 새겼다.

2. 단테의 초상(가운데 인물). 조토의 작업실에서 그린 〈낙원〉의 세부.

3. (위) 보카치오 초상화.

4. (오른쪽) 파올로 우첼로가 피렌체 성당에 프레스코화로 그린 존 호크우드 경.

5. 기베르티가 제작한 세례당 문의 세부. 야곱이 아들 에서를 희생 제물로 삼으려 하는 장면이다.

6. 로마 판테온의 돔 내부.

7. 오른쪽에는 브루넬레스키의 돔이, 왼쪽에는 조토의 종루가 보이는 피렌체의 산타 마리아 델 피오레 성당.

8. 파올로 우첼로, 〈사냥〉.

9. 산 로마노 전투를 묘사한 우첼로의 연작 그림 석 점 중 하나.

10. 피에로 델라 프란체스카, 〈채찍질당하는 그리스도〉.

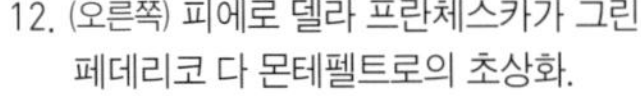

11. (위) 레온 바티스타 알베르티의 자화상.

12. (오른쪽) 피에로 델라 프란체스카가 그린 페데리코 다 몬테펠트로의 초상화.

13. 알베르티가 세운 산타 마리아 노벨라의 파사드.

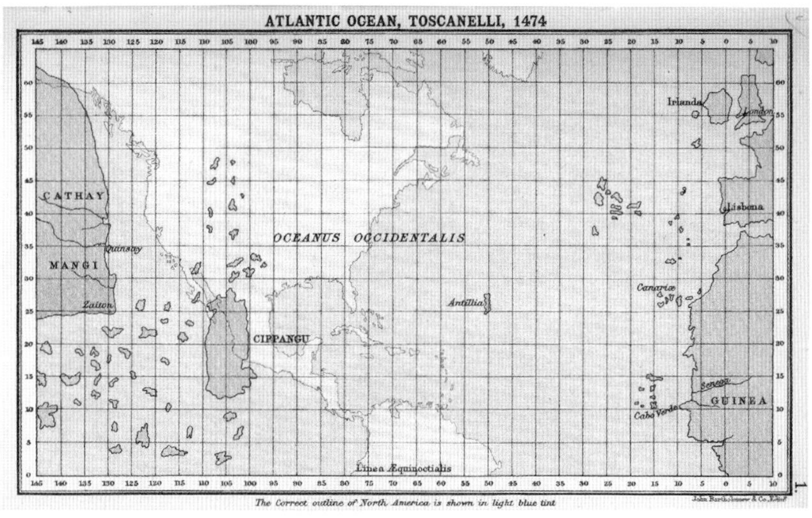

14. 토스카넬리의 지도를 근대에 재구성한 것. 실제 아메리카 대륙이 연파랑으로 표시되어 있다.

15. 야코포 다 폰토르모가 그린 코시모 데 메디치의 초상화.

16. 도나텔로, 〈다윗〉.

17. 보티첼리, 〈성 아우구스티누스〉.

18. 보티첼리, 〈비너스의 탄생〉.

19. 보티첼리, 〈프리마베라(봄)〉.

20. 베로키오, 〈그리스도의 세례〉. 무릎 꿇고 있는 왼편의 천사는 레오나르도 다빈치가 그린 것으로 알려졌다.

21. 레오나르도 다빈치, 〈동방박사의 경배〉.

22. 지롤라모 사보나롤라.

23. 권력의 정점에 올랐을 때의 마키아벨리. 피렌체 관복 차림이다.

24. 무자비한 체사레 보르자. 마키아벨리의 《군주론》에서 모범적 인물로 거론된다.

25. 지롤라모 사보나롤라가 피아차 델라 시뇨리아에 설치된 화형대에서 불타는 장면이 묘사된 그림.

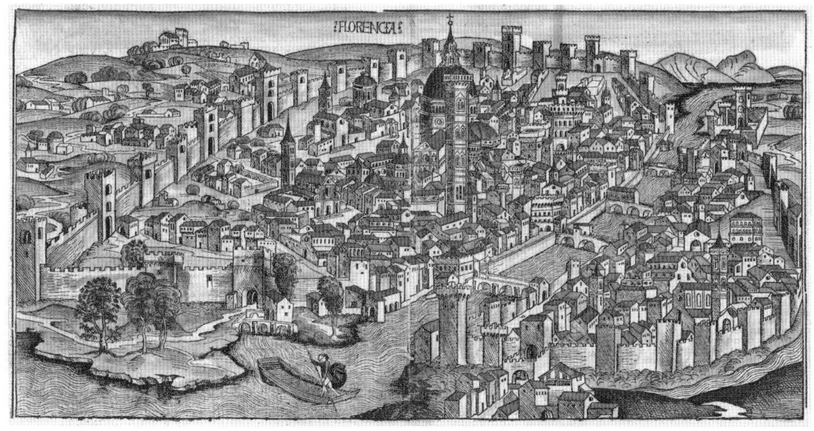

26. 피렌체가 묘사된 목판화, 《뉘른베르크 연대기》, 1493.

27. 미켈란젤로, 〈다윗〉.

28. 미켈란젤로, 〈아담의 창조〉.

29. 미켈란젤로, 〈피에타〉.

30. 동시대인이 그린 갈릴레오 갈릴레이 초상화.

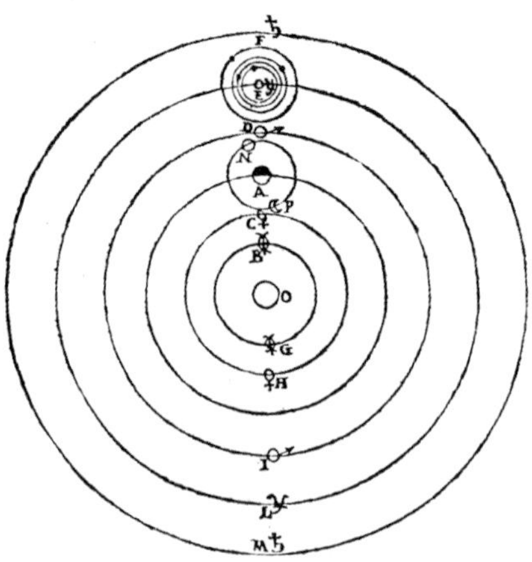

31. 태양을 중심으로 한 우주 체계를 묘사한 갈릴레이의 도해. 그가 직접 발견한 목성의 네 개의 달(위성)이 보인다.

10

메디치 가문의 부상

코시모 데 메디치 이야기

이전 장에서 다룬 기간에 피렌체 정치는 그 장구한 역사에서 가장 심하게 요동치는 순간을 맞았다. 하지만 그런 혼란 속에서도 메디치 은행은 계속해서 번창했다.

1429년, 코시모 데 메디치는 아버지 조반니에게서 은행을 물려받았다. 그는 이제 마흔 살이었고 유럽에서 가장 부유한 은행을 운영하고 있었다. 메디치 은행은 발트해 근처의 뤼베크부터 이탈리아 동부의 안코나에 이르기까지 여러 지점을 두었고, 포르투갈부터 레반트까지 펼쳐진 지역에 대리인을 두어 영업을 했다. 메디치 은행의 재정 규모, 그리고 메디치 가문의 수입 규모는 1397~1420년에 은행이 15만 1820플로린의 수익을 올렸고, 그 가운데 11만 3865플로린이 메디치 가문에 들어갔다는 사실로 확인할 수 있다. 이 시기, 서양의 모든 기독교 국가의 교회에서 교황청에 바친 총 헌금은 대략 30만 플로린 정도였다.• 실

• 이 당시 소규모 상인이 한 해에 벌어들이는 예상 수입은 약 50플로린이었다.

제로 메디치 은행이 올리는 수익의 대부분은 그린란드와 시칠리아처럼 멀리 떨어진 곳에서 로마로 가져오는 현금의 이체 비용에서 나왔다. 그런 이체 업무는 까다로운 물물 교환은 물론이고 여러 통화의 교환까지 수반하는 복잡한 일이었다. 예를 들어, 문자 그대로 돈 한 푼 없는 그린란드 교구에서는 고래 수염이나 물개 가죽 같은 현물로 헌금을 내놓기 일쑤였고, 이런 현물은 브뤼주로 수송되었다. 메디치 가문의 관리인은 브뤼주 공개 시장에서 그런 물건을 팔아 현금으로 만든 다음에 로마로 현금이 아닌 신용장을 보냈다. 이런 복잡한 거래 덕분에 은행은 장부에 '이자'를 기재하지 않아도 되었고, 고리대금업의 죄를 저지르는 것도 모면할 수 있었다.

아버지가 임종 자리에서 경고했음에도 코시모는 곧 피렌체 정계의 음모술수에 깊숙이 개입하게 된다. 그는 정부 수반인 곤팔로니에레와 행정부인 시뇨리아를 선출하는 비밀 투표를 통제하지 않는다면 적대적 유력 가문들이 메디치 가문의 부를 빼앗아 갈 것임을 잘 알았다. 신중한 조반니 디 비치는 아들이 콘테시나 디 바르디와 결혼하도록 유도해 바르디 가문과의 중요한 동맹 관계를 강화했다. 이런 정략결혼과 기타 여러 상호 동맹을 이용해 코시모는 정부의 선거에 영향력을 행사하고 가문의 재산을 보호할 수 있었다. 그 과정에서 메디치 가문의 부를 적극적으로 활용하기도 했다.

하지만 강력하고 고집불통인 대지주 리날도 델리 알비치가 이끄는 경쟁 파벌이 코시모의 허를 찔러대기 시작했다. 피렌체가 인근 도시 루카를 상대로 벌인 값비싼 전쟁은 실패로 끝나고 말았고, 그 결과 피렌체 국고는 거의 파산 지경에 이르러 추가 자금이 절실히 필요했다. 이전에 그런 자금은 거의 에스티모, 즉 추정 수입으로 평가되는 납세자의 세금으로 마련되거나, 긴급한 상황일 때 단발성 프레스탄체를 부과하여 충당했다. 프레스탄체는 시민이 '자발적으로' 구매하는 국채다. 하지만 알비치의 영향력을 통해 도시는 새로운 형태의 과세 제도를 도입했다. 카스타토castato라고 불리는 이 제도는 수입만이 아닌 시민의 전 재산과 소유물을 과세 대상으로 잡았다. 시민들은 각자의 기록부에 세속 재산 목록을 빠짐 없이 기재해야 했고, 이 기록의 정확성 여부는 정부 감독관에 의해 확인되고 단속되었다. 감독관에게는 시민의 집에 들어가도 되는 권한이 부여되었고, 동시에 시민들의 제보를 장려하여 감독관을 돕도록 했다. 역설적이게도 카스타토는 메디치 가문보다 대지주인 알비치에게 더 큰 피해를 입혔다. 메디치 가문의 진짜 수입은 리브리 세그레티libri segreti, 즉 비밀 장부에 숨겨져 있었던 반면에 땅은 그 크기를 속일 수 없었기 때문이다. 하지만 곧 코시모는 알비치가 카스타토를 이용해 자신을 파멸시킬 속셈이라는 것을 꿰뚫어보았다.

그런 적대적 움직임을 미연에 방지하고자 코시모는 메디치 은행의 피렌체 지점장에게 특별히 지시하여 피렌체 당국의 채무를 변제해주고 도시의 원활한 행정을 위해 자금을 충분히 빌려주게 했다. 코시모는 이 '대출금'이 절대 상환되지 않으리라는 것을 잘 알았지만, 돈의 위력은 대단하여 여론은 즉시 메디치 편에 섰다. 하지만 코시모도 익히 알았듯이, 피렌체 여론은 변덕스럽기 짝이 없었다. 그래서 그는 은행 자금의 대부분을 베네치아와 로마 지점으로 은밀하게 이동시키기 시작했다. 금 같은 다른 자산은 메디치 가문에 동조하는 피렌체 내 여러 수도원에 은밀히 숨겨놓았다. 새로운 베네치아 교황 에우제니우스 4세는 메디치 은행을 교황청의 공식 은행으로 계속 고용하여 메디치 가문과의 친분 관계를 보여주었다. 코시모는 알비치가 감히 교황청을 상대로 무모한 도전을 하지는 않을 것으로 내다보았다. 알비치가 시뇨리아를 움직여 교황청 산하의 한 곳이라도 들이닥쳤다가는 교황의 분노를 살 것이 분명하니 그런 모험을 벌이지는 않으리라 본 것이다.

그러자 알비치는 메디치 가문을 상대로 신경전을 벌이기 시작했다. 1433년 5월 어느 날 아침, 코시모는 잠에서 깨어났을 때 자신의 저택 정문에 피가 덕지덕지 칠해져 있다는 보고를 받았다. 코시모는 대담하고 능숙한 모사꾼이라는 평판을 받았지만, 애석하게도 그에 필적할 만한 신체적 용기는 지니지 못했다. 그는 즉시 가족을 모아 피렌체에서 북쪽으로 30여 킬로미터 떨어진 시골 지역인 무젤로로 도피해 조상 전래의 옛 메디치 영지를 지켰다. 그곳에서 길고 무더운 여름이 끝나길 기다리며 대응에 나설 때를 엿보았다.

이어진 9월 선거에서 새 곤팔로니에레와 피렌체 정부가 팔라초 델라 시뇨리아에서 취임했다. 그 즉시 공식 사절이 무젤로로 파견되었고, 코시모에게 피렌체로 돌아와 시뇨리아에 출두하라고 명령했다. 그래야 정부가 "몇몇 중요한 결정을 내릴 수 있다"는 것이었다.

그 뒤에 벌어진 일을 후대에 전해준 주된 출처는 두 가지다. 하나는 늘 믿을 만하진 않은 코시모의 일기, 다른 하나는 다음 세기인 16세기 초에 니콜로 마키아벨리가 작성한 《피렌체의 역사》다. 후자 역시 전자와 비슷한 정보를 전달하지만 전적으로 믿을 수는 없다. 하지만 이런 중요한 출처는 여러 핵심적인 대목에서 의견을 같이한다. 코시모의 친구들은 어떻게든 시뇨리아 출석을 만류하려 했지만 그는 아랑곳하지 않고 9월 4일에 말을 타고 피렌체로 갔다. 팔라초 델라 시뇨리아에 모습을 드러낸 그는 즉시 자신이 무젤로에서 들은 여러 소문을 거론했다. 시뇨리아가 도시에 혁명을 일으킬 계획을 세우는 중이고, 혁명이 진행되면 메디치 가문의 재산이 모조리 압수될 것이라는 내용이었다. 코시모 자신은 일기에 이렇게 기록했다. "내가 들은 소문을 거론하자 그들은 부정했고, 기운을 내라고 내게 말했다. 그들은 임기를 마칠 때까지 도시를 이전과 똑같은 상태로 유지할 것이라고 말했다." 시뇨리아는 '그래도 우려된다면 사흘 뒤에 개최되는 시뇨리아 회의에 참석하라'라고 코시모에게 지시했다.

코시모는 팔라초 델라 시뇨리아를 나서자마자 곧장 비아 포르타 로사에 있는 메디치 은행으로 갔다. 여기서 처사촌인 지점장 리파초 데 바르디에게 은행과 모든 지점을 잘 관리하라고 지시하고 앞으로 어떤 일이 닥치더라도 최선을 다해 은행을 이끌어가라고 당부했다. 1433년 9월 7일, 코시모는 정부의 지시에 따라 팔라초 델라 시뇨리아에 시간 맞춰 다시 나타났다. 그는 시뇨리아가 이미 회의를 시작했다는 말을 듣고 깜짝 놀랐다. 이어 경비대장과 휘하 병사들이 코시모를 중앙 계단으로 인도했지만, 그를 대회의실로 안내하지 않고 약 90미터 높이의 탑 꼭대기로 이어지는 길고 어두운 돌계단으로 데리고 갔다. 여기서 코시모는 무자비하게도 알베르게토('작은 여관')라고 알려진 비좁은 감방에 투옥되었다.

이런 일이 벌어졌다는 소식이 퍼지자 도시는 일대 혼란에 휩싸였다. 메디치 가문 추종자들과 알비치 집단은 여기저기 거리를 돌아다니며 소규모 충돌을 자주 일으켰다. 그러는 동안 시장 가판대는 사라졌고, 소매점은 문을 닫았으며, 나머지 도시 주민들은 문과 창에 빗장을 지르고 집에 틀어박혀서 밖으로 나오지 않았다. 코시모는 은행 재산을 다른 곳으로 옮겨놓는 데 성공했지만 알비치가는 여러 면에서 그보다 더 철저히 준비해놓았다. 알비치는 아들을 불러 팔라초 델라 시뇨리아를 장악하고 메디치 지지자들이 합심해서 벌이는 시위를 막으라고 지시했다. 탑 꼭대기의 작은 창문을 통해 코시모는 저 아래에서 펼쳐지는 사건들을 내려다보았다. 그는 이제 발 빠르게 움직이지 않는다면 자신이 죽을지도 모른다는 사실을 깨달았다.

알비치의 부하들이 마침내 시내의 치안 질서를 회복했을 때 곤팔로니에레와 시뇨리아는 "그 자신을 일반 시민의 지위보다 더 높은 지위에 두려고 했다"라는 이유로 코시모를 기소하라는 압박을 받았다. 이는 공화국인 피렌체에서는 심각한 내용의 기소였다. 그 증거는 모두에게 분명히 확인되었다. 메디치 은행을 통해 막대한 재산을 축적한 코시모가 그것을 활용해 점점 더 극단적인 방식으로 선거 결과를 뒤엎으려고 했다는 것이다. 알비치가 주장한 대로라면, 코시모는 장차 참주가 될 계획을 세우고 있음이 명백했다. 알비치는 곤팔로니에레와 시뇨리아를 위협하여 코시모의 사형 집행 영장에 서명하도록 온갖 압박을 가했지만, 정작 피렌체 정부 당국은 망설였다. 그런 행동을 했다가는 관계된 모든 사람에게 심각한 영향을 미칠 것임이 거의 틀림없었고 그 후폭풍이 너무도 두려웠기 때문이다.

그 뒤 불안정한 교착 상태가 이어졌고, 그러는 동안 코시모의 생사는 불확실한 상태에 놓였다. 사실 코시모는 이미 돈 주고 매수한 교도관을 통해 몇 가지 대책을 실행하고 있었다. 시뇨리아 중 몇 사람은 코시모를 무사히 놓아준다면 그들 역시 후한 보상을 받을 것이라는 귀띔을 받았고, 곤팔로니에레도 코시모에게서 자신의 가문이 메디치 은행에 진 막대한 부채를 탕감해주겠다는 약속을 받았다. 그 결과, 반대파의 온갖 압박과 괴롭힘에도 시뇨리아는 탑에 수감된 포로에게 사형을 선고하지 않았다. 그 대신 코시모에게 추방형이 선고되었다. 은밀한 암살 시도를 능숙하게 모면한 코시모와 그의 가족은 성벽 쪽문을 통해 재빨리 피렌체를 빠져나갔다. 추격자들을 피한 그들은 산맥으로 이어지는 길을 따라갔고, 아펜니노산맥의 산간 도로를 횡단하여 마침내 베네치아의 안전한 거처에 도착했다.

알비치는 명목상 피렌체 지배권을 얻었을지 모르지만, 여전히 도시 내부의 수많은 적을 상대해야만 했다. 소시민들은 전과 다름없이 메디치 가문에 충성을 보였고, 주요 가문들은 대개 알비치의 편을 들었다. 하지만 영향력 강한 다수의 인물이 메디치 가문에 동정적 시선을 보냈다. 특히 도시 내부의 교양 있는 인문주의자 계층과 활약 중이던 예술가들의 메디치 가문 지지가 두드러졌는데, 그들 다수가 그때까지 메디치 가문의 후원을 받았던 터라 그들을 간단히 무시할 수는 없었다. 실제로 그 무렵 인문주의자와 예술가 집단은 현재 엄청난 문화적 변화가 일어나고 있으니 그것을 적극적으로 추진해야 한다는 인식을 공통적으로 하고 있었다. 메디치 가문을 전문적으로 연구하는 역사학자 크리스토퍼 히버트Christopher Hibbert 같은 몇몇 출처는 이 시기가 리나시멘토Rinascimento('르네상스'를 가리키는 이탈리아어로, 재탄생, 부활, 부흥이라는 뜻)라는 단어가 처음 사용된 시기라고까지 말한다. 이런 역사적 과정의 온전한 개념화와 이해가 생겨나려면 그때로부터 몇 세기나 더 지나야 했지만 말이다. 그렇기는 해도 그런 개념은 사태 변화에 반동적이었던 리날도 델리 알비치와 그 추종자들이 결단코 반대하던 바였다. 그들은 인문주의를 이단과 무척 가까운 반기독교적 현상으로 여겼다.

하지만 알비치와 그들의 추종자는 코시모 데 메디치를 과소평가했다. 코시모에겐 강력한 친구들이 있었고, 베네치아 출신 교황 에우제니우스 4세는 그중에서도 특별한 후원자였다. 베네치아에 도착한 코시모는 대운하 입구의 섬에 자리한 산 조르조 마조레 수도원에 거처를 잡았다. 이곳은 에우제니우스 4세가 한때 수도사로 지내던 곳이었다. 코시모는 자기 재산을 들여 수도원에 새로운 도서관을 세우겠다고 제안해 도시와 교황에게 빠르게 사랑을 받았다.

몇 달이 지나자, 알비치 가문이 단독으로 분열된 피렌체를 통치하는 것은 불가능하다는 점이 점점 더 분명해졌다. 필사적으로 정권에 집착하던 알비치는 시뇨리아를 타도함으로써 피렌체의 민주제를 끝장내려는 음모를 꾸몄다. 피렌체 민주주의는 금방이라도 무너질 것처럼 보였고, 분명 교묘한 조작으로 타락할 것처럼 보이기도 했으나, 피렌체 시민들은 이탈리아 유일의 민주 정부를 유지한다는 사실에 커다란 자부심을 품고 있었다. 피렌체 시민들 사이에서 긴장이 점점 더 고조되었고, 도시는 곧 전면적 내전이 벌어질 판국이었다. 그러자 겁먹은 알비치가 국외로 도망쳤고, 코시모에게는 피렌체로 돌아오라는 지시가 내려졌다. 그런 극적 사태 반전은 그가 팔라초 델라 시뇨리아의 탑에 구금되어 죽음을 두려워하며 전전긍긍하던 때에서 불과 11개월이 지난 시점에 일어난 것이었다.

코시모와 그의 일행이 피렌체 영토로 돌아오자 군중이 길가에 늘어서서 그를 환영했다. 그것은 시민들의 자발적 환영이었고 코시모는 도시의 구원자로서 융숭하게 영접을 받았다. 도시에 도착한 지 며칠 만에 그는 사실상 도시의 통치자 지위를 공고하게 다졌다. 하지만 코시모는 늘 겸손해야 한다는 아버지의 조언을 명심했다. 그는 시민들에게 저자세를 취하며 오랜 세월 지속된 도시의 전통에 경의를 표했다. 민주적 절차는 이전처럼 계속되었고, 곤팔로니에레와 시뇨리아는 정기적으로 선거를 통해 선출되었다. 하지만 그들은 그 어느 때보다 이런저런 방식으로 알게 모르게 메디치 파벌과 그 지지자들의 통제를 받았다. 코시모는 시민들의 의향을 잘 파악했다. 그는 대다수 시민이 평화와 안정을 원하고 그것을 보장해준다면 단호한 정부도 용납한다는 것을 잘 알았다. 따라서 그는 도시의 치안 유지를 위해 과단성 있는 조치에 나섰다.

그 당시에 알비치와 주요 지지자 다수는 추방된 상태였다. 또 다른 주요 가문들의 강력한 구성원들은 극단적인 카스타토로 고통을 겪으며 날개가 꺾였다. 이런 조치는 그들을 몰락시키지는 못했어도 충분한 사전 경고가 되었다. 그러는 사이, 코시모는 자신이 법 위에 있는 사람이 아님을 보여주려고 무척이나 노력했다. 그는 다른 사람과 다를 바 없는 일개 시민이라고 역설했다. 또 자신의 납세 신고 액수가 늘 도시에서 타의 추종을 불허할 정도로 고액임을 확실히 밝힘으로써 모범을 보였다. 하지만 드 루버가 《메디치 은행의 흥망성쇠The Rise and Decline of the Medici Bank》에서 보여준 것처럼, 메디치 은행의 공개 신고서에 적힌 액수는 항상 은행 비밀 장부에 기록된 실제 이익에 한참 못 미쳤다. 코시모가 얼마나 기꺼이 '일반 시민'이 되려 했는지는 모르지만, 거기에는 늘 한계가 있었다.

피렌체 정계에선 엄청나지만 은밀한 변화가 생겨났다. 그 후 몇 년 동안 피렌체를 찾아온 외국의 방문 대표단은 입국하면 먼저 메디치 가문 저택에 들러 존경의 뜻을 표해야 했다. 마찬가지로 시민들은 공식적 확증을 받기 위해 코시모를 만나기를 원했다. 심지어 매일 적어도 한 시간씩 그런 방문과 탄원을 위한 시간이 따로 마련되기까지 했다. 동시에 코시모는 주요 가문들에서 후계자가 될 첫아이의 대부가 되어달라는 초청을 받기 시작했다. 이런 관행은 코시모의 정치적 욕구에 완벽하게 부합했다. 이런 일들을 통해 잘난 체하지 않고도 시민들의 충성을 확보했으니 말이다. 설혹 결혼을 통해 가족이 되지 않더라도 이런 사교적인 일은 그와 비슷한 목적을 달성했고, 그의 영향력을 더 넓은 범위로 확장할 수 있었다. 코시모 데 메디치는 이탈리아에서 널리 인정되는 방식으로 사실상 도시의 대부代父가 되었다. 앞으로 살펴보겠지만, 이런 역할은 그 범위가 더 넓어져서 결국에는 도시의 내부와 외부에서 메디치 가문을 르네상스의 대부로 격상시켰다.

코시모는 영리한 은행가 이상의 존재였다. 그는 젊은 시절에 아버지 조반니 디 비치의 자상한 지도 아래, 국제무대로 나아가 아버지의 관심사를 챙기는 동시에 메디치 은행을 대표하는 인물로 부상했다. 성미가 까다로운 반교황 요한네스 23세를 콘스탄츠 공의회에서 지원하는 일을 젊은 코시모가 맡았는데, 그 역할을 성공적으로 수행하여 결과적으로 마르티누스 5세 교황이 메디치 가문을 교황청 은행업자로 지명하게 하는 엄청난 성과를 거두었다.

이제 15년이 지난 1439년, 코시모는 또 다른 훌륭한 외교적 대성공을 달성했는데, 이번엔 메디치 은행보다는 피렌체를 위한 성공이었다. 1년 전 콘스탄티노플 대표단은 페라라에서 열리는 공회의에 참석하기 위해 먼 길을 떠났다. 이즈음 콘스탄티노플은 아나톨리아와 발칸 지역에서 세력과 영토를 확장하던 오스만튀르크의 점증하는 위협을 가까스로 견디고 있었다. 비잔티움 황제 요안니스 8세 팔레올로고스는 교황 에우제니우스 4세에게 '그리스도의 이름으로' 튀르크 퇴치를 도와달라고 호소했다. 교황은 동방 정교회와 서방 가톨릭교회가 서로 화해해야 한다면서 비잔티움 황제의 지원 요청에 적극적으로 호응했다. 페라라 공의회는 이런 화해에 따르는 모든 교리적 난점을 조율하기 위해 개최된 종교 회의였다.

1438년 4월 초, 동방 정교회 대표단이 도착하자 사람들은 그 엄청난 규모에 깜짝 놀랐다. 비잔티움 황제가 700명이 넘는 대표자로 구성된 수행단을 데리고 온 것이다. 페라라 같은 소도시에서 그렇게 많은 외국인 방문객에게 거처를 제공하기란 쉬운 일이 아니었다. 교황 에우제니우스 4세는 늘 자금 부족으로 허덕이고 있었는데 거기에다 공의회에 자금 대는 일로 채무를 더 많이 지게 되어서 문제가 더욱 악화되었다. 그럼에도 공의회는 계획대로 진행되었고, 누가 새로 통합된 교회의 최고 지도자가 될 것인가 하는 문제부터 시작해 성 삼위일체의 구성에 이르기까지, 여러 문제에 대한 상당한 견해 차이로 열띤 논쟁이 벌어졌다. 연옥의 존재에 관한 교리를 두고도 성직자들 사이에서 입씨름이 계속되었다. 이 모든 것에 더하여, 콥트 교회와 에티오피아 교회를 어떻게 처리할 것인가 하는 문제도 불거졌다. 이 두 아프리카 교회는 로마나 콘스탄티노플의 권위를 인정하지 않고 있었다. 게다가 협상이 진행되던 더운 여름 몇 달 동안 페라라는 전염병이 발발해 위험한 상황에 놓였다.

이 시점에 코시모 데 메디치는 좋은 기회를 포착했고, 피렌체에서 대신 공의회를 주최하겠다고 제안했다. 그는 심지어 매달 1500플로린이 들어가는 공의회 비용을 대겠다고 교황에게 장담하기까지 했다. 이런 조치를 통해 도시에 부여될 막대한 특권을 염두에 둔 시민들은 1439년 초에 도시를 방문할 대표단을 환영하고자, 투표권을 행사하여 코시모를 곤팔로니에레 자리에 앉혔다.

교황의 대표단은 산타 마리아 노벨라 수도원을 거처로 삼았고, 비잔티움 황제 요안니스 8세 팔레올로고스와 그의 대규모 수행단은 메디치 궁전과, 그 외에 최근 알비치를 지지했다가 피렌체에서 추방된 페루치 가문의 저택들로 분산 수용되었다. 거리에 늘어선 피렌체 시민들은(이 중엔 젊은 우첼로도 있었다) 비잔티움 대표단이 보여주는 멋진 장관에 마음을 빼앗겼다. 대표단에는 예부터 전해오는 특이한 머리 장식을 하고 턱수염을 길게 기른 사제들이 동행했다. 거무스름한 피부의 수행 시종은 다수가 몽골인, 무어인, 혹은 아프리카 흑인의 후예였다. 하지만 이 모든 이채로운 것도 대표단이 데려온 기이한 동물들에 비하면 아무것도 아니었다. 전하는 바에 따르면 이런 동물 중에는 원숭이, 이국적인 깃털을 가진 새, 심지어 사슬을 두른 치타 한 쌍도 있었다. (그 결과 이런 동물 여러 종이 피렌체 화가들의 그림에 등장했다.)

종교 회의는 도시 전역의 다양한 장소에서 열렸지만, 두 대표단 사이의 의견 차이는 도저히 타협될 수 없는 수준이었다. 주된 난제는 여전히 '삼위일체의 세 번째 위격, 즉 성령의 기원과 특징'이었다. 장황한 토의가 이어지는 동안, 어느 정교회 사제가 고대 필사본에서 한 구절을 지움으로써 비잔티움 대표단이 제시한 주장을 약화하려는 행동을 취했다. 이런 행위가 발각되자 회의장 안에서 대소동이 벌어졌다. 하지만 너무 불안한 마음에 서둘러 지워서 그런지 그 사제는 실제로 의도한 구절이 아니라 엉뚱한 구절을 지우고 말았다. 상황을 진정시키고 더 나아가, 훼손되고 부분적으로 알아보기 힘든 필사본의 문제점을 해결하기 위해 비잔티움 황제는 대체 필사본을 콘스탄티노플에서 다시 가져오게 하겠다고 제안했다. 이에 한 로마 추기경은 신랄하게 대답했다. "폐하, 전쟁에 나서려면 무기를 함께 들고 오셔야지 전투 중에 후방에다 무기를 보내달라고 해서는 안 되는 거지요."

서로 그렇게 투덜대는 논쟁을 벌였음에도 결국 정교회의 니케아 대주교 요한네스 베사리온•의 노련한 외교 수완을 통해 합의가 이루어졌다. 그는 그리스어와 라틴어 모두 유창하게 구사하는 몇 안 되는 선임 대표 중 한 사람이었다. 1439년 7월 6일, 웅장하고 화려한 피렌체 대성당에서 장엄한 의식이 열렸고, 대주교 베사리온과 선임 로마 추기경이 브루넬레스키가 세운 웅장한 돔 아래에서 서로를 끌어안는 상징적인 모습을 연출했다. 교회 종소리는 도시 전역으로 울려 퍼졌다. 기독교 세계가 마침내 하나로 통합되었고, 비잔티움 대표단은 진격하는 오스만 군대에 대항할 영적·군사적 지원을 확신하며 콘스탄티노플로 돌아갔다.

하지만 그런 급조된 합의는 오래가지 못했다. 정교회 대표단이 콘스탄티노플에 도착해, 쌍방 절충을 통해 나온 합의 내용이 알려지자 이에 분노한 민중이 봉기했고, 기존 합의가 정교회 관계자들에 의해 부정될 때까지 거리에서 폭동을 멈추지 않았다. 그것으로 콘스탄티노플의 운명은 결정되고 말았다. 계속 진격해 오는 오스만 군대를 빤히 보면서도 서방 기독교 세계는 일절 도움을 제공하지 않았다. 그로부터 불과 10여 년 뒤인 1453년, 콘스탄티노플은 정복자 술탄 메흐메트 2세에게 함락되었고, 오스만 군대가 로마 제국 최후의 수도를 약탈했다.

피렌체 공의회가 명백히 실패했음에도 피렌체에서 그 같은 종교 회의가 열렸다는 사실은 오래 지속되는 결정적 효과를 낳았다. 르네상스는 새로운 철학적 단계에 들어섰고, 인문주의는 플라톤 저서의 부활로 그 모습이 바뀌었다. 이런 현상이 정확히 어디서부터 나타났는지, 우리는 그 기원을 추적할 수 있다.

• 더 정확히는 바실리오스 베사리온으로 알려져 있다.

피렌체 공의회의 여러 공개 회의에서 의견 충돌이 있던 그 시절 이후, 더 허물없고 친근한 분위기 속에서 여러 사적 모임이 생겨났다. 당시 80대였던 존경받는 그리스 정교회 철학자 게미스토스 플레톤은 메디치 저택에서 열린 만찬에 참석한 뒤, 플라톤의 이데아 이론을 청중에게 자세히 설명했다. 인간은 어두운 동굴 속에서 벽을 마주보고 앉은, 사슬에 묶인 죄수일 뿐이다. 인간이 인지하는 세상은 동굴 벽 위에서 빛나는 태양이 만들어낸 그림자에 지나지 않는다. 진리를 이해하려면 우리는 그림자의 세상을 거부하고 동굴 밖의 찬란한 햇빛이 빛나는 이데아의 진정한 현실을 마주해야 한다.

코시모 데 메디치와 피렌체 인문주의자들은 플레톤이 알려준 이데아 이론을 경외하며 경청했다. 로마인의 해석과 중세 철학자의 해설이 가미된 신플라톤주의의 흐릿한 세상과 비교하면, 플라톤의 저서에서 곧바로 인용한 플레톤의 설명은 그야말로 신의 계시와도 같았다. 그런 개념들을 받아들인 것은 코시모의 사고방식에 하나의 전환점이 되었다. 이전에는 은행업과 정치 문제에 집중되어 있던 그의 인생관은 이제 정신적 측면을 더 강조하게 되었다. 이런 사상적 전환이 미친 영향 중 하나는 그가 후원하는 젊은 인문주의 학자 마르실리오 피치노에게 내린 구체적 지시였다. 코시모는 피치노에게 그리스어를 배워서 고대 그리스어로 쓰인 플라톤의 모든 저서를 동시대 유럽 공통의 학문 언어인 라틴어로 번역하라고 지시했다. 피치노는 남은 생애의 대부분을 플라톤 번역으로 바쁘게 보내게 되었지만, 코시모와 그의 집단은 플라톤의 사상을 익히는 데 그리 오래 기다리지 않아도 되었다. 플라톤이 자신의 철학을 가르치기 위해 아테네에 아카데미를 세웠던 것과 똑같이 코시모는 일련의 정기 모임을 발족시켰는데, 피치노가 그 모임에 참석해서 자신이 플라톤을 번역하며 발견한 사상을 자세히 설명하고 다른 사람들과 토론한 덕분이었다. '피렌체 아카데미'로 널리 알려진 이 모임은 피렌체 르네상스의 문학적·예술적 문화를 형성하는 데 중대한 영향을 미쳤다. 훗날 이런 플라톤 사상은 피렌체 대내외의 수학적·과학적·정치적 사고방식에도 스며들었고, 새로운 인문주의에 꼭 필요한 지적 기초를 제공했다.

이런 새로운 사상의 보급을 더욱 원활하게 지원한 것이 코시모 데 메디치가 소유한 도서관이다. 젊은 시절, 코시모는 고대의 필사본을 수집하는 데 깊은 관심을 보였다. 메디치 은행 외국 지점의 관리자는 물론이고 다른 도시들의 메디치 대리인까지 코시모의 지시를 받아 희귀한 고대 필사본을 꾸준히 찾아다녔다. 이렇게 해서 코시모가 도서관에 모은 필사본을 현지 학자들은 공개적으로 열람하고 이용할 수 있었다. 그는 숙련된 필경사까지 고용해 사본들을 제작했고, 중요한 연구와 번역 작업을 하도록 대여해주기도 했다. 코시모 도서관의 가장 중요한 특징은 교회가 아닌 다른 장소에서 지식을 제공했다는 것이다. 이렇게 자유로이 고전 필사본을 이용할 수 있는 메디치 도서관은 새로운 세속적 학습 방식을 처음으로 공식화한 기관이었던 셈이다.

코시모는 수년 동안 도시 전역의 여러 건축 계획에도 자금을 댔다. 이런 계획의 설계는 거의 미켈로초 미켈레치에게 맡겨졌고, 그 과정에서 건축가는 개인적으로도 코시모와 가까운 친구 사이가 되었다.

미켈레치는 1396년에 피렌체에서 프랑스계 재단사의 아들로 태어났다. 청년 시절 그는 조각가 로렌초 기베르티 밑에서 도제를 지냈고 스승과 합작해 피렌체 세례당의 문을 제작하는 공개 경쟁에서 승리해 브루넬레스키를 격분시키기도 했다. 그런 뒤 브루넬레스키의 친구 도나텔로 밑에서 건축을 수학했다. 이처럼 도제 생활을 하는 동안 미켈로초는 후기 고딕(중세)의 영향과 고대 고전 양식(르네상스)이 혼합된 건축 양식을 발전시켰다. 미켈로초는 젊은 시절부터 코시모 데 메디치와 그의 지식인 동아리에 끌렸다. 18세기 이탈리아 역사학자 안젤로 파브로니는 그런 사정을 이렇게 설명했다. "사나운 브루넬레스키와 달리, 미켈로초는 코시모의 지시와 요구를 잘 따르는 사근사근하고 대하기 편한 사람이었다. 또한 기꺼이 후원자의 강력한 개인적 취향에 따라 일을 진행하고자 했다." 그렇게 하여 미켈로초는 코시모와 가까워졌고, 1433년에 코시모가 피렌체에서 추방당할 때 함께 따라갈 정도였다. 그러고 나서 1년 뒤에 코시모가 개선하듯 환영을 받으며 피렌체로 돌아왔을 때도 여전히 그의 곁을 지켰다.

이즈음 교황 에우제니우스 4세는 도시 북쪽에 있는 산 마르코 수도원 단지에서 실베스테르회 수도사들을 추방했다. 교황은 코시모를 대신하여 그런 조치를 취한 듯한데, 피렌체에서 실베스테르회 수도사들이 '나태하고 방종하다'는 평판이 널리 퍼져서 취한 조치였다. 코시모는 그런 평판을 접하고 질겁했다. 수도사들의 그런 모습이 도시의 명성에 먹칠을 했기 때문이기도 했고 그 자신이 종교적 임무의 실천을 중시했기 때문이기도 했다. 이때 코시모는 점점 더 자신이 종교적 의례를 중시하게 되었다고 느꼈다. 여기엔 고리대금업이라는 죄업에 대해 그가 느낀 양심의 가책도 부분적으로 작용했을 것이다. 고리대금업이 메디치 제국이 형성되는 토대였으니 말이다. 고리대금업의 죄를 모면하기 위해 여러 우회적 조치를 취했지만, 나이가 들면서 점점 더 심적 부담을 느낀 코시모는 교회에 기부금을 더 많이 내는 것으로 양심의 가책을 누그러뜨렸다. 이렇게 영적으로 갈등을 느끼긴 했지만 코시모는 일을 꼼꼼하게 처리하면서 크게 성공한 은행가였다. 이런 엄청난 기부금을 납부하려면 먼저 돈을 벌어야 했다. 기독교 교리에서조차 하느님이 우리 인간에게 재능을 주었으니 우리는 그 재능을 발휘해 다시 하느님에게 갚아야 한다고 가르쳤다.

실베스테르회 수도사들을 산 마르코에서 쫓아내고 난 뒤, 이 수도원은 정연하고 경건한 도미니크회 수도사들로 채워졌다. 그런데 성 마르코의 건물들은 점차 허물어졌고, 수도사들은 물이 벽을 타고 줄줄 흐르는 비좁은 공동 침실에서 잠을 자야 하는 지경에 이르렀다. 또 다른 사람들은 수도원 구내에 있는 퇴락한 통나무 오두막으로 대피해야 했다. 여기서 멋진 기부의 기회를 포착한 코시모가 성 마르코 수도원을 완전히 개비해주겠다고 제안하고 나섰다. 교회는 고마워하며 그 제안을 받아들였고, 코시모는 미켈로초에게 수도원의 재단장 업무를 맡겼다.

결과는 그야말로 대변신이었다. 창문이라고는 없던 음울한 건물들은 밝고 바람이 잘 통하는 수도원으로 바뀌었고, 안쪽 마당은 우아하고 가느다란 기둥을 갖춘 통로로 감싸였다. 코시모의 자선 행위를 인정한 도미니크회는 단지 내부에 그가 개인 예배당을 보유하도록 허락했다. 그리하여 코시모는 사람들 눈에 드러나지 않게 이곳으로 물러나 있으면서 진지하고 조용한 사색의 시간을 보낼 수 있었다. 이 예배당과 새로 설계된 거주 수도사들을 위한 개인 수도실은 코시모의 후원을 받는 선별된 예술가들이 작업한 종교적 프레스코화로 장식되었다. 이러한 사업에 코시모는 총 4만 플로린 이상 쾌척했다. 이런 행위는 코시모가 느끼는 양심의 가책을 어느 정도 누그러뜨리려는 것이었으나, 동시에 자신을 기념하기 위한 차원에서 수행된 것이기도 했다. 그는 메디치 가문이 사실상 피렌체를 통치하고 있다는 사실을 조금도 의심하지 않았다.

그의 친구이며 도서관 사서인 베스파시아노 다 비스티치는 코시모가 한 말을 기록으로 남겼다. "나는 피렌체 사람들의 행동 방식을 잘 알아. 50년 안에 우리 메디치 가문은 추방될 거야. 하지만 내가 지은 건물들은 남겠지."

그처럼 금욕적인 태도는 코시모의 기질에 부합했다. 하지만 그는 평생을 '메디치의 저주', 즉 통풍에 시달렸다. 엄청난 통증을 안기는 이 질병은 혈액에 요산이 과도하게 쌓이면서 생기는 병이었다. 과다한 요산 때문에 작고 날카로운 결정체가 관절 주변에 형성되었고, 그것들이 특히 하퇴下腿 쪽과 발가락을 마구 찔러대 극심한 고통을 일으켰다. 통풍은 피렌체 상류층에게서 흔히 나타나는 일반적인 증상이었는데, 이는 순무나 방풍나물 같은 계절 채소를 겨울 식단에 아예 포함시키지 않아 체내에 비타민이 부족한 것이 결정적 원인이었다. 상류층은 그런 조잡한 근채류는 하층 농부나 동물이 먹는 것으로 여겨, 아예 먹지 않았던 것이다. 그 대신 다양한 육류로 식사를 즐기는 게 습관이었고, 고기에 반드시 진하고 달콤하면서도 매운 소스를 듬뿍 발라서 먹었다. 이런 양념은 고기 누린내를 감추기 위한 것이었지만, 그 과정에서 고기가 잘못 보존되어 오염되거나 염장 과정에서 소금이 너무 많이 들어갈 수도 있었다.

통풍 증상 중 하나는 관절염으로 온몸이 뒤틀리는 것 같은 고통을 겪는 것이다. 이런 증상은 후대에 전해진 코시모 데 메디치의 몇 안 되는 초상화 중 하나에서도 분명하게 드러난다. 이 초상화는 병색이 완연한 피부에 볼이 푹 파인 채 의자에 어색한 자세로 앉아 있는 모습으로 그려져 있다(화보 15). 비틀린 팔다리는 몸 전체를 덮는 진홍빛 겉옷으로 가려져 있다. 이 그림은 젊은 피렌체 화가 야코포 다 폰토르모가 그렸는데, 그의 매너리즘(대상을 다소 왜곡하고 과장하는 미술 화법—옮긴이) 양식이 코시모의 비틀린 신체를 묘사하는 데에서 잘 드러난다. 이 초상화는 코시모가 죽고 나서 50년이 지난 뒤에야 그려졌지만, 그가 살아 있을 때 그려둔 스케치를 토대로 제작된 것이다. 실제로 메디치 가문은 폰토르모의 초상화에서 드러나는 솔직하면서도 진실에 가까운 묘사에 깊은 인상을 받아 가문 차원에서 그를 고용하여, 정기적으로 그림 제작을 의뢰하겠다고 보장했다.

코시모 데 메디치가 산 마르코 수도원 복원 사업에 착수한 이후의 주된 계획은 메디치가의 팔라초palazzo를 건설하는 일이었다. 이를 염두에 두고 그는 성당에서 무척 가까운 비아 라르가 모퉁이에 있는 도심의 부지를 사들였다. 당시 브루넬레스키는 피렌체에서 가장 뛰어난 건축가로 여러 사람에게서 인정받고 있었다. 코시모는 브루넬레스키의 '사나운' 기질에 반감을 가졌음에도 이 멋진 계획을 그에게 의뢰하기로 했다. 어느 정도 일정이 지연된 끝에, 브루넬레스키는 코시모에게 정식으로 장엄한 궁전 설계도를 보여주었다. 그 궁전은 도시의 다른 궁전들을 무색케 할 정도로 장엄했다. 하지만 코시모는 아버지 조반니 디 비치의 유언, 즉 화려함을 겉으로 드러내 사람들의 이목을 끌면 안 된다는 유훈을 늘 명심했다. 그래서 코시모는 브루넬레스키가 공들여 만든 세심한 모형을 반려하고, 자신의 친구 미켈로초에게 그 일을 다시 맡겼다. 바사리에 따르면 불같은 성격의 브루넬레스키는 자신의 설계가 퇴짜를 맞자 이성을 잃을 정도로 화를 내며 "자신의 모형을 산산조각이 나게 박살을 내버렸다."

미켈로초가 설계한 궁전도 웅장하긴 했지만 사람들을 압도할 정도는 아니었다. 석조 건물의 소박한 파사드는 르네상스 정신, 즉 인간적 규모의 합리성, 질서, 고전주의를 드러내 보였다. 다른 궁전보다 더 컸지만 아무런 장식이 없는 외부는 어떻게든 과시하는 느낌을 드러내지 않으려는 의도가 분명했다.• 건물은 항상 접근하기 쉬운 상태로 유지되어야 했다. 벽에 기대어놓은 석재 벤치는 재판이나 구호금을 요청하거나 청원하러 온 사람들이 내부로 호출되어 사정을 설명하기 전에 앉아서 대기할 수 있도록 마련된 것이었다. 가문의 대의에 충실하고자 이와 비슷한 너그러운 관행이 주요 가문들 사이에선 흔한 일이었지만, 메디치 가문의 왕성한 활동이 보여주는 규모는 현대 마피아 대부의 행동과 자주 비교되곤 한다.

메디치 궁전(팔라초 메디치)의 내부는 외부와는 확연히 다르게 매우 화려했다. 이곳은 메디치 가문이 수집해서 점점 더 늘어난 예술적 보물을 관리하고 전시하고 보존하기에 적합한 대저택이었다. 경외감이 절로 이는 아치 모형의 출입구 너머엔 한적한 마당이 두 군데 있었고, 한 마당에는 평화로운 정원도 있었다. 다른 마당엔 가느다란 기둥들로 지지되고 지붕을 가진 통로가 이어졌다. 이는 브루넬레스키가 설계한 선구적인 르네상스 건물, 오스페달레 델리 인노첸티를 모방한 것이었다. 이 마당은 도나텔로의 조각 작품 〈다윗〉(화보 16)의 배경이 되었다. 이 성경 속 인물은 장차 피렌체의 상징으로 정착된다. 도나텔로의 실물 크기 조각상은 르네상스 조각의 약진을 보여주는 작품이었으며, 고전 시대 이후 최초로 제작된, 지지대 없이 단독으로 서 있는 청동 남성 나체상이다. 도나텔로는 자신의 동성애 성향을 반영하는 방식으로 이 영웅

• 메디치 궁전의 오래 지속되는 영향력을 드러내는 증거는 바로 코시모가 지은 궁전의 외부 스타일을 그대로 모방한 뉴욕 연방준비은행 건물의 저층부다.

의 모습을 드러냈다. 도나텔로의 〈다윗〉은 매우 에로틱한 나체인데, 윤을 낸 청동 피부 때문에 그런 분위기가 한층 고조되었다. 조각상은 월계관으로 꾸민 모자와 무릎까지 올라오는 부츠 한 쌍 외에는 아무것도 걸치지 않았고, 살해된 골리앗의 잘린 머리 위에서 도발적인 자세를 취하며 커다란 칼을 들고 서 있다.

그 무렵 피렌체가 동성애를 관용했다는 사실은 널리 알려져 있다. 실제로는 관용 정도가 아니라 너무 허용한다는 악명이 높았다. 동시대 독일어 속어 플로렌처Florenzer는 피렌체 사람을 뜻하는 동시에 '남색자sodomite'를 가리키는 말이었다. 그 당시 피렌체의 속담은 그런 경향을 노골적으로 드러냈다. "화끈한 쾌락을 원한다면 나이 어린 소년을 더 듬어라." 그 무렵 피렌체의 청년들 사이에 퍼진 동성애 경향은 그리 놀라운 일이 아니었다. 도시의 젊은 여자들은 가족에 의해 빈틈없이 감시되었고 좀처럼 외출이 허용되지 않았다. 설사 외출하더라도 수행원 없이 나오는 경우는 절대 없었다. 젊은 여자들은 처녀성을 목숨처럼 간직했고, 대체로 가부장이 선택한 나이 든 남자에게 시집갔다. 그러는 동안 젊은 남자들은 아버지가 좋은 결혼 상대를 골라주기 전까지 10년 혹은 그 이상을 기다려야 했다. 그러니 피렌체의 열정적이면서도 궁핍한 젊은 남자들이 서로에게 끌린 것은 놀라운 일이 아니었다. (이런 행태는 고대 그리스에서 널리 퍼진 관습의 부활로 볼 수도 있을 것이다.)

정부 당국은 빈번히 동성애를 금지하는 포고령을 선포했다. 예를 들어 1415, 1418, 1432년에 포고령이 선포되었지만 거의 효과가 없었다. 피렌체가 1432년 루카와의 전쟁에서 패배했을 때, 도시의 고위 장교들은 모집된 병사들의 동성애 때문에 졌다고 목소리를 높였다. 그처럼 나약하다 보니 전황이 위태로워지는 낌새가 보이자마자 신병들이 모조리 도망쳤다는 것이다. 하지만 전쟁의 패배는 대체로 보아 지휘관의 서투른 통솔력 탓이었고, 그걸 감추기 위해 당국은 신병들에게 성욕 해소라는 까다로운 '문제'가 있었다는 식으로 말하곤 했다. 그 결과, 당국은 공인된 매음굴을 메르카토 베키오 근처 뒷길에 여러 군데 개장했다. 이런 매음굴에서 일하는 공인된 매춘부는 머리에 딸랑딸랑 소리를 내는 작은 종을 달고 돌아다녔고 손에는 독특한 장갑을 꼈다. 종과 장갑은 그들의 직업을 알려주는 표식이었다. 이런 여자들을 가리켜 메레트리치meretrici라고 했는데, '보수를 받을 만하다'라는 뜻이었다. 이 단어는 영단어 '저속한meretricious'의 기원이 되었다.

코시모 데 메디치는 추방이 풀려 돌아온 이후 몇십 년 동안 피렌체 내의 정치적 입지를 계속 강화했다. 그 입지가 워낙 확고해 교황 피우스 2세가 이렇게 말했을 정도다. "정치 문제는 그의 궁전에서 해결되었다. 그가 선택하는 사람이 공직을 차지했다. 그가 바로 평화와 전쟁을 결정하고 법을 통제하는 사람이었다. 이탈리아에서 진행되는 일 중에 그가 모르는 것은 없었다. 단지 칭호만 없을 뿐이지, 그는 어느 모로 봐도 국왕이다." 그러나 코시모는 점점 더 심해지는 통풍의 고통은 물론이고, 은행에서 벌어지는 문제나 도시 통치에 대한 우려로 잠을 이루지 못하는 밤이 점점 더 늘었다.

메디치 은행의 총수인 코시모는 모든 지점에서 정보를 받았는데, 그토록 능란하게 피렌체의 외교 정책을 지도할 수 있었던 것도 이 풍부한 정보 덕분이었다. 그 당시 이탈리아반도의 정치는 그 어느 때보다 변덕스러웠다. 이탈리아는 밀라노, 베네치아, 로마, 나폴리, 피렌체라는 다섯 주요 세력이 할거했는데, 이들 사이의 위태로운 균형이 유지되어야 비로소 국가의 안정을 바라볼 수 있었다. 이런 세력 중에서도 가장 약한 피렌체는 보호받기 위해 강력한 베네치아와 동맹을 맺어 오랜 세월 기대어왔다. 하지만 밀라노가 계속 위협을 가하자 코시모의 적들은 이런 상황을 이용하기 시작했다. 피렌체에서 추방당하고 4년도 안 되어 리날도 델리 알비치는 정신적으로 불안정한 밀라노의 필리포 마리아 공작의 눈에 들었다. 비스콘티 가문의 수장으로서 밀라노를 다스리던 필리포 마리아는 언젠가 자신이 이탈리아반도 전체를 통치하게 될 것이라는 환상을 품고 있었다. 그리하여 알비치는 1437년과 이듬해에 다시 피렌체 영토로 밀라노 군대를 이끌고 침공할 생각을 품었다.

다행히 코시모는 이런 위협을 미리 내다보았다. 추방되었다가 권좌로 돌아온 이후 그는 당시 이탈리아반도에서 가장 강력한 용병대장인 프란체스코 스포르차와 친분을 쌓아두었다. 프란체스코는 1401년에 시골인 산 미니아토에서 태어났고, 그의 아버지는 로마냐 지역에서 온 농부였다. 로마냐는 피렌체 동쪽 산맥 맞은편 지방으로, 언덕이 많고 외진 영토에서 여러 도시 국가가 할거했다. 명목상 이런 도시 국가들은 교황에게 충성을 맹세했지만, 사실 하찮은 참주가 지배하는 소규모 국가였다. 빈곤하고 전반적으로 무법 상태인 이 지역은 거친 용병이 많이 배출되는 곳으로 유명했다.

프란체스코가 태어났을 무렵, 그의 아버지는 토스카나에서 로마냐로 돌아가 용병대장으로서 용병 사업을 시작했다. 그는 농부 무리를 모집해 훈련을 시켜 가공할 전투 부대로 탈바꿈시켰고, 여러 지역의 영주들에게 돈을 받고 병력을 제공했다. 실제로 자신의 명성을 강화하고자 자기 이름마저 '힘'을 뜻하는 스포르차Sforza로 바꿨다. 프란체스코가 20대 초반일 때 아버지가 사망하자 그는 아버지의 용병을 그대로 인수했다.

그는 곧 용병들에게 인기를 얻었는데, 맨손으로 철봉을 구부리는 등 신체적 기량은 물론이고 전술적 능력, 특히 적의 용병들을 항복할 수밖에 없는 장소로 끌어들이는 노련한 기술을 선보여 전투를 벌이지도 않고 전리품을 얻어내는 능력까지 갖춘 덕분이었다.

프란체스코 스포르차는 이처럼 군사적 기량이 뛰어났기에 곧 밀라노 공작 필리포 마리아에게 거의 영구적으로 고용되었고, 공작은 스포르차를 신뢰할 만한 오른팔로 여겼다. 필리포 마리아는 적법한 후계자가 없었는데, 이에 스포르차는 거칠고 못생긴 용모와 비천한 태생에도 불구하고 곧 공작의 혼외 딸인 비안카 마리아와 결혼하여 공작 자리를 이어받겠다는 야망을 키우기 시작했다.

코시모 데 메디치는 피렌체로 돌아와 고작 2년이 지난 1436년에 서른여섯 살의 프란체스코 스포르차를 초청했다. 이는 계산된 위험을 일부러 무릅쓴 처사였다. 스포르차는 이미 로마냐 교황령에서 조그마한 영토를 떼어내 자신의 영지로 확보해둔 상태였다. 코시모는 그를 피렌체로 불러오면서 이미 교황의 불만이라는 위험을 감수했다. 이런 초청은 변덕스러운 밀라노의 필리포 마리아에게 의심을 사기 쉬운 일이기도 했다. 그러나 상황 판단이 빠른 코시모는 이 모든 것을 좋은 기회로 여겼다. 이는 그가 아버지에게서 배운 바이기도 했다. 과거에 그의 아버지 조반니 디 비치도 나중에 반교황 요한네스 23세가 되는, 신뢰할 수 없는 발다사레 코사의 편을 드는 도박을 벌인 적이 있었다. 코시모는 아버지처럼 앞날을 내다보는 장기 게임을 펼치기로 작정한 것이다.

피렌체에 도착한 프란체스코 스포르차는 상스러운 인물이었지만 나름의 강인한 카리스마가 있었다. 그는 생김새도 무시무시하고 태도도 거칠었지만 자신이 사교성 있는 예의가 부족하다는 것을 잘 알았고 그런 점에 예민했다. 세련된 중년 신사 코시모 데 메디치는 빠르게 스포르차의 그런 특성을 파악하고 아버지 같은 애정을 보이며 그의 마음을 사로잡았다. 코시모는 자신의 연회에 자주 참석하는 지적인 인문주의자 제자들과 뛰어난 예술가 무리에게 보여주었던 것과 전혀 다를 바 없는 돈독한 예의와 편안한 접대로 스포르차를 환영했다. 스포르차는 그 같은 대접을 단 한 번도 받아본 적이 없었던지라 자신을 초청해준 코시모에게 금세 호의를 품었다. 스포르차는 피렌체 방문을 마치고 로마냐의 거처로 돌아간 뒤 정기적으로 코시모에게 편지를 보내기 시작했고, 여기서 그는 여러 이탈리아 방언이 섞인 말로 '격조 높고 경애하는 아버지 같은 분Magnifico tanquam Pater carissime'이라고 하면서 코시모에게 존경심을 드러냈다.

1437년, 리날도 델리 알비치가 밀라노 군대를 이끌고 피렌체 영토를 침공했을 때 코시모 데 메디치는 즉시 막대한 자금을 프란체스코 스포르차에게 보내 접촉했다. 스포르차는 코시모를 도우러 용병부대를 움직임으로써 그에 화답했다. 코시모는 스포르차에게 알비치와 밀라노 부대를 피렌체 영토 밖으로 몰아내고 이어 루카를 점령하라고 지시했다. 이렇게 하면 피렌체 시민들에게서 큰 인기를 얻으리라는 것을 그는 잘 알았다. 스포르차는 알비치를 몰아냈지만, 루카를 점령하여 승리를 얻어내는 일은 그리 달가워하지 않았다. 밀라노의 필리포 마리아가 그런 사태 발전을 불쾌하게 여길 터였는데, 그 점은 스포르차 자신이 잘 아는 바였다. 스포르차는 여전히 공작의 딸과 결혼하리라는 희망을 품고 있었다. 동시에 피렌체의 주된 동맹인 베네치아도 루카를 공격한다면 피렌체를 일절 돕지 않겠다고 주장하고 나섰다. 그들은 피렌체가 영토를 늘리는 것을 결코 용납할 수 없었다. 이렇게 하여 루카 점령은 없던 일이 되었다.

이어 알비치가 1438년에 다시 한번 피렌체 영토로 진군했을 때, 코시모는 동맹을 설득해 도움을 얻어내겠다는 희망을 품고 베네치아로 갔다. 하지만 베네치아는 중립으로 남고 싶다며 개입 요청을 거부했다. 코시모는 이제 한동안 의심해왔던 사실을 명확히 깨달았다. 피렌체는 이탈리아반도의 끊임없이 변화하는 정치 상황에서 베네치아를 더는 동맹으로 의지할 수 없다는 것이었다. 그러는 사이 스포르차는 루카 공격을 자제하여 밀라노 공국에 은밀한 충성심을 보여준 공로로 보상을 받았다. 필리포 마리아 공작이 그에게 비안카와 약혼해도 좋다고 허락한 것이다. 나아가, 공작은 스포르차가 자신의 후계자가 될 수도 있다고 암시했다. 알비치로서는 코시모 데 메디치를 전복시키려는 계획에서 더는 밀라노를 믿을 수 없게 되었고, 그 결과 피렌체 침공 계획은 완전히 수포로 돌아갔다.

1447년, 밀라노의 필리포 마리아가 사망했는데, 공작 지위를 이을 적법한 후계자는 여전히 없었다. 스포르차는 즉시 공작 자리를 차지하겠다고 나섰지만, 공작 칭호를 요구하는 나폴리의 알폰소 왕과 프랑스의 오를레앙 공작이 퇴짜를 놓았다. 이 두 사람은 스포르차를 그저 건방진 작자 정도로 생각했을 따름이다. 결국 밀라노 시민들은 직접 전면에 나서서 밀라노와 그곳에 속한 영토는 공화국의 것이라고 선언했다. 피렌체처럼 민주 정부를 수립하겠다는 의도였다. 하지만 문제 많은 공화정 정부를 3년 겪고 난 뒤, 스포르차가 기회를 포착했고 자신이 공작 자리를 이어받을 적임자라고 주장하고 나서 결국 밀라노 통치자가 되었다. 그리하여 피렌체의 오랜 적수는 이제 가장 친밀한 동맹이 되었다.

베네치아는 나폴리와 가에타 항구에 있던 메디치 은행 지점의 자산을 압수하는 것으로 보복하려고 했지만, 코시모는 이미 그 같은 행동을 예측하고 조용히 모든 자산과 상품을 빼내 다른 곳으로 옮겨놓은 터였다. 그럼에도 불구하고 피렌체의 대 베네치아 통상은 피렌체 상인, 은행가, 대리인이 전부 그 도시에서 추방됨으로써 치명타를 입었다. 당시 피렌체는 대부분 베네치아의 갤리선을 활용해 지중해 동부와의 교역을 진행하면서 그 규모를 점점 키우는 중이었는데, 베네치아라는 거래처를 잃어버린 것은 심각한 손실이었다. 메디치 은행 중 로마와 피렌체 다음으로 수익성 높은 베네치아 지점도 폐쇄되었다. 이전 10년 동안 베네치아 지점은 한때 8000두카트 이상의 연간 수익을 올리기도 했는데, 그 금액은 베네치아 지점의 자본 전체와 맞먹는 수준이었다. 이를 보면 해당 지점의 수익성이 얼마나 뛰어났는지를 엿볼 수 있는데, 드 루버에 따르면 '진정으로 눈부신 성과'를 올렸다.

하지만 곧 위안거리가 생겼다. 프란체스코 스포르차는 친구 코시모를 초청하여 밀라노에서 메디치 은행 지점을 열게 해주었고, 도시 중심부의 다소 낡은 건물을 여러 채 쓸 수 있도록 해주었다. 코시모는 곧바로 미켈로초를 밀라노로 데려왔고, 이 건축가는 이런 건물들을 웅장한 규모로 재단장하여 무척 인상적인 궁전으로 변화시켰다. 새 은행 지점의 관리인으로는 당시 서른한 살의 피젤로 포르티나리가 취임했다.• 그는 코시모와 가장 가까운 친구 중 한 사람이었으며, 동시에 코시모가 가장 신뢰하는 뛰어난 기량을 갖춘 직원이기도 했다. 피젤로는 열 살 때 아버지가 사망했는데, 코시모는 이 어린 고아를 메디치 집안으로 데려와 기초 교육을 받게 했다. 그러면서 피젤로는 코시모의 인문주

• 피젤로의 조상 중 한 사람이 단테의 뮤즈인 베아트리체 포르티나리다.

의자·예술가 지식인층과 어울렸다. 아마 그들 중 한 사람이 거의 틀림없이 그의 가정교사를 맡았을 것이다. 피젤로는 열세 살 때 베네치아로 갔다. 베네치아는 코시모가 전도유망한 젊은 관리인을 위한 훈련장으로 쓰던 곳이다. 드 루버에 따르면 피젤로 포르티나리가 메디치 은행의 밀라노 지점을 맡았을 때, "그는 무척 성공한 관리인이었으며, 무분별하게 융자를 승인하여 은행의 지급 능력을 위태롭게 하는 일 없이도 계속해서 스포르차 궁정의 지지를 받았다."

코시모가 베네치아에서 밀라노로 협력의 대상을 바꾼 데에는, 베네치아와의 동맹이 의심스럽다는 사실이 드러난 것보다 더 심원한 이유가 있었다. 그는 능숙한 외교관의 눈으로 이탈리아반도의 상황을 정확하게 읽었다. 필리포 마리아의 사망과 나약한 공화국의 등장으로 밀라노는 허약해졌고, 이로 인해 밀라노의 존립 자체가 경쟁국인 베네치아에 휘둘리는 상황이 되었다. 베네치아가 밀라노를 점령한다면 이탈리아 북부 대부분을 통치하게 될 것이고, 피렌체는 곧이어 베네치아의 그 다음 목표가 될 터였다. 코시모의 능란한 외교 조치는 피렌체에 가해지는 모든 위협을 무효화했을 뿐만 아니라 이탈리아의 권력 균형까지 회복시켰다. 이렇게 해서 이탈리아반도는 몇 년 만에 처음으로 평화를 내다볼 수 있었다.

1455년, 이런 정국의 안정과 평화는 교황 니콜라우스 5세가 신성 동맹을 선포하면서 공식성을 띠게 되었다. 그 결과로 밀라노, 베네치아, 로마, 나폴리, 피렌체 사이의 25년 상호 방위 조약이 체결되었다. 이탈리아 국가 간, 혹은 다른 외국 세력과의 개별적 동맹은 명확히 금지되었으며, 동맹에 가담한 다섯 국가의 국경은 모두 인정되고 존중될 것이었다. 이처럼 비교적 평화로운 시절에 르네상스 문화는 더 높은 경지에 도달한다. 코시모와 거의 동시대를 살았던 피렌체 역사학자 프란체스코 구이차르디니는 코시모를 두고 "로마 몰락부터 우리가 사는 지금까지 가운데 시민으로서 그 누구도 누리지 못한 평판을 가졌다"라고 평가했는데, 결코 놀랍거나 이례적인 평가가 아니다.

생애 말년에 코시모 데 메디치는 통풍으로 자리보전하는 시간이 길어졌다. 두 아들, 피에로와 조반니도 가문 특유의 질병에 시달렸다. 한번은 밀라노 대사가 메디치 궁전에서 코시모에게 알현을 요청했는데, 안내받은 곳이 침실이라 깜짝 놀랐다. 여기서 그는 비극적이면서도 희극적인 장면을 목격했다. 노년의 코시모가 가장 큰 침대에 누워 있고, 중년의 두 아들이 양옆 작은 침대에 누워서 통풍으로 끙끙거리며 고통스러워하고 있었던 것이다.

1464년, 코시모 데 메디치는 침상에 누워, 번역자 피치노가 읽어주는 플라톤 철학서의 문장을 들으면서 숨을 거두었다. 코시모는 당시 일흔네 살이었는데, 그 당시의 평균 연령을 고려하면 이례적일 정도로 장수를 누린 셈이었다.• 그의 장례식은 아버지 조반니 디 비치의 장례식과 마찬가지로 매우 검소하게 치러졌다. 하지만 전하는 말에 따르면, 도시의 모든 시민이 그의 관이 안치된 산 로렌초의 교회인 메디치 예배당 부근의 여러 거리에 몰려들어 애도를 표했다고 한다. 그 이후 시뇨리아는 그의 묘비에 '국부國父, pater patriae'라는 말을 새기라는 훈령을 발

• 이 시기 이탈리아인의 기대 수명에 관한 정확하고 신뢰할 만한 수치를 구하기는 힘들다. 높은 영아사망률을 따지지 않는다면(약 30퍼센트 정도로 추정된다), 노동 계급은 30대까지 살 것으로 기대되었다. 이보다 더 특권을 누리는 사회 구성원은 보통 40대까지 살았다. 우리가 살펴본 것처럼 코시모의 아버지 조반니 디 비치는 예순아홉에 사망했다. 코시모의 장수도 아마 유전적 영향이 있었을 것이다. 반면, 이어지는 메디치 가문 직계 네 세대는 거의가 40대에 사망했다.

표했다.

코시모 사후, '통풍 환자 피에로'로 알려진 병든 장남 피에로 디 코시모 데 메디치가 그 뒤를 이었다. 그때까지 피렌체는 명목상이긴 해도 계속 공화국 체제를 유지했다. 그동안 메디치 가문의 지배력은 공식적으로는 인정되지 않았다. 그러나 이제부터 그런 외양이 더는 유지될 수 없었다. 피에로가 국가 통치자의 자리에 오른 것은 순전히 메디치 가문의 내부적 승계였을 뿐이고, 그 어떤 민주적 절차에 의한 권력 승계가 아니었다. 당분간 피렌체는 명실 공히 메디치 가문의 도시로 남게 된다.

11

메디치 가문의 예술가

보티첼리 이야기

지금 우리가 산드로 보티첼리로 알고 있는 알레산드로 디 마리아노 디 반니 필리페피는 아버지 마리아노 필리페피의 납세 기록으로 수집한 정보에 따르면 1444년에서 1446년 사이 어느 때에 피렌체에서 태어났다. 보르고 오니산티 28번지에 있는 생가는 몇 차례 개조를 거쳤어도 여전히 건재하다. 이 생가의 일부 문은 오니산티 교회를 마주 보고 있다. 보티첼리는 이 교회에서 아메리고 베스푸치보다 9년 정도 앞서서 세례를 받았지만, 모험심 강한 동시대인과 달리 보티첼리는 잠깐 피사를 방문했던 일, 로마에서 열 달 정도 보낸 것을 제외하면 이 거리와 그 부근에서 평생을 보냈다. 보티첼리는 마음속으로 자주 여행을 다녔고, 그의 상상력은 강렬한 빛깔과 선명도를 자랑하는 장면을 마음대로 불러낼 수 있었다. 그리하여 그가 그려낸 여러 그림의 장면은 마치 원초적이고 무시간無時間의 시대에서 온 것처럼 강렬하면서도 선명한 빛을 내뿜었다.

이런 특성을 대표하는 회화가 〈프리마베라Primavera(봄)〉와 〈비너스의 탄생〉이다. 이 두 그림은 르네상스 초창기를 대표하는 핵심적인 이미지로 자리 잡았다. 이런 높은 평가에도 불구하고 그의 명성은 사후에 점차 희미해졌다. 몇몇 사람은 이렇게 된 것이 바사리 때문이라고 말한다. 보티첼리가 르네상스 예술의 발전 과정에서 한 자리를 차지할 만한 인물임을 바사리가 인정하지 않았다는 것이다. 바사리의 그런 평가는 정말로 놀라운 부주의다. 어떤 사람들은 보티첼리 사후 명성의 부재가 그의 삶에서 나타난 승강부침 때문이라고 보았다. 그는 메디치 창공의 가장 빛나는 별에서 급전직하해 비참한 노년을 맞이했다. 바사리는, "반듯하게 설 수도 없고 목발로 부축해야 돌아다닐 수 있는 병들고 쓸모없는 노인"이라고 그의 노년을 묘사했다. 그리하여 보티첼리가 르네상스 예술의 전당에 당당히 한 자리를 차지하기까지 무려 400년이 걸렸다.

보티첼리가 태어났을 때, 아르노강 오른쪽 강변 근처에 있는 오니산티 구역은 직물공들이 사는 노동 계급 거주지였고, 근처 운하에 흐르는 물로 방앗간을 돌렸다. 오니산티 교회 앞의 땅은 탁 트인 거친 초지였는데, 그 옆으로 그보다 더 넓은 목초지가 도시 성벽 서쪽과 프라토 성문까지 넓게 펼쳐져 있었다. 이 목초지는 도시의 거친 사내들이 중세풍의 '주오코 델 칼초 피오렌티노giuoco del calcio fiorentino'(피렌체식 공놀이)를 즐기며 에너지를 발산하러 오는 곳이었다. 현대 풋볼의 초창기 전신인 이 운동에는 포텐체potenze('세력 있는 집단')로 알려진 현지 젊은 장인 무리가 참여했다. 각 포텐체는 20여 명의 청년으로 구성되었는데, 도시 여섯 구역 중 하나를 대표했다. 이 운동엔 몇 가지 규칙이 있었고, 두 팀은 보통 부풀린 돼지 방광에 가죽 조각을 감싸 꿰맨 공을 운동장에서 굴리면서 서로 차지하려고 싸우고, 주먹을 날리고, 드잡이를 벌였다. 이 운동의 목적은 공을 차거나 가지고 가서 상대의 골문을 통과하는 것이었다. 선수들의 몸에 깔려서 공이 꼼짝도 못 하면 때로 황소를 경기장에 동원하여 그들을 흩어놓고 공을 다시 꺼내기도 했다. 이 경기는 하르파스툼harpastum이라는 비슷한 고대 로마 경기에서 유래했을 수도 있다. 일찍이 1490년에도 이런 피렌체식 풋볼 경기가 얼어붙은 아르노강 위에서 개최되었다.

청년 시절 보티첼리의 자화상은 피렌체식 풋볼 경기에서 한몫했을 것 같은 건장한 모습이지만, 몇몇 사료는 보티첼리가 병약한 아이였다고 전한다. 가난한 무두장이었던 아버지는 젊은 아들이 장래 크게 되기를 바랐지만, 바사리에 따르면 보티첼리가 "글을 읽고, 쓰고, 계산하는 그런 일자리에 정착하기를 거부하자" 버럭 화를 냈다. 보티첼리의 형은 성공적으로 와인 가게를 운영했고, 그 무렵 산드로 보티첼리는 형과 함께 일했던 것으로 보인다. '작은 통'을 뜻하는 '보티첼리'라는 별명을 얻은 것도 이때다. 다른 사료는 그의 형이 '일보티첼리'라고 쓰인 간판을 내건 전당포를 운영하여 성공했다고 주장했다. 바사리는 이도 저도 아닌 세 번째 설명을 제시했다. "아들의 불안정한 정신 상태에 몹시 화가 난 그의 아버지는 보티첼리라고 불리는 가까운 친구에게 도제로 보내 금세공을 배우게 했다."

그 시기보다 몇십 년 전만 해도 금세공사는 피렌체에서 무척 존경받는 직종이었고, 많은 예술가와 건축가가 금세공사의 도제로 일하면서 어른으로 성장했다. 기베르티의 사례를 보라. 그가 제작한 세례당의 청동 문은 우리가 현재 르네상스의 출발점으로 인정하는 피렌체의 '새로운 예술'을 형성하는 데 깊은 영향을 미친 경이로운 작품이다. 하지만 도제 노릇을 하며 장래의 기회를 엿보던 그런 시절은 지나갔다. 이렇게 된 데에는 그 무렵에 나타난 경기 침체와 금 부족 현상이 어느 정도 작용했다. 보티첼리는 이내 스승의 작품에 윤을 내는 단조롭고 진을 빼는 금세공보다 그림 그리기에 더 흥미를 보였다. 보티첼리가 열여섯 살 때 아버지 마리아노는 아들이 오랫동안 메디치가의 후원을 받아온 필리포 리피 수도사의 가르초네garzone(사환)가 되도록 조치했다.

필리포 리피는 보티첼리처럼 쉽게 외부 영향에 휘둘리는 젊은 화가의 스승이 되기에는 좀 기이한 경우처럼 보일 것이다. 하지만 리피의 재능은 의심의 여지가 없었고, 코시모 데 메디치는 이런 재능을 금세 알아보았다. 바사리도 리피를 '당대의 뛰어난 화가'라고 언급했다. 반면 리피는 당대 최고의 악당이 될 자격이 충분했다. 그의 삶은 조금의 과장도 없이 피카레스크(악당이 주인공으로 나오는 이야기—옮긴이)였다.

리피는 어린 나이에 고아가 되었고, 빈곤을 견디지 못해 열여섯에 카르멜회 수도사가 되었다. 그는 초기 르네상스 화가 톰마소 마사초에게 그림 그리는 법을 배웠다고 한다. 마사초는 카르멜회 수도원 예배당에 프레스코화 몇 점을 의뢰받아 그린 화가였다. 리피는 20대에 서원誓願을 풀지도 않고서 무단으로 수도원을 떠나 이탈리아 남부로 갔다. 여기서 바르바리아 해적에게 붙잡혀 노예로 팔려 북아프리카로 보내졌다. 하지만 그가 한 이야기에 따르면 베르베르족 주인에게 초상화 한 점을 그려주고 간신히 풀려났다고 한다.

리피가 피렌체로 돌아와 코시모 데 메디치의 눈길을 끌어 메디치 저택에 들어가서 몇 가지 중요한 교회 작품의 제작을 맡은 것은 어느 정도 시간이 흐른 뒤였다. 하지만 이런 매우 아름답고 희망 찬 종교적 장면을 그리는 동안에도 리피는 메르카토 베키오 근처 매음굴과 와인 가게로 며칠씩 사라져버리는 습관이 있었다. 결국 코시모는 리피가 작업을 완수할 때까지 작업실에 그를 가두어놓았지만, 영리한 리피는 자물쇠를 따거나 침대 시트를 매듭으로 묶어 밧줄을 만들어 작업실에서 탈출했다. 그러다가 프라토의 수녀원에서 제단 뒤쪽의 그림을 그려달라는 제작 의뢰를 받았을 때, 그는 그림을 그리는 데 그치지 않고 그곳의 한 수녀를 유혹해 데리고 도망쳤다. 이때 코시모 데 메디치는 피렌체를 방문한 교황 피우스 2세에게 영향력을 발휘하여 리피가 임신한 수녀와 결혼할 수 있게 특별 사면을 받아냈다.

보티첼리를 도제로 받아들인 스승은 바로 이런 사람이었다. 바사리는 두 사람에 대해 이렇게 썼다. "보티첼리는 자신의 작품에 온 정력을 쏟았고, 스승의 스타일을 무척 훌륭하게 모방해 필리포 수도사는 그를 많이 아꼈으며, 아주 훌륭하게 가르쳐 보티첼리의 기술은 모두가 예측했던 것보다 더 뛰어난 면모를 보였다." 바사리는 최상급 찬사를 즐겨 구사하는 사람이었으므로 이 같은 수수한 칭찬은 사실 보티첼리에 대한 혹평을 의미했다. 그 후 몇 세기 동안 보티첼리의 평판에는 이런 낮은 평가가 늘 따라다녔다. 아무튼 그 시기에 보티첼리는 리피를 따라 메디치 가문에서 일하게 되었다. 그리고 그 재능은 이제 1464년 아버지 사후 도시의 실질적인 통치자가 된 코시모의 아들 '통풍 환자 피에로'에게 인정을 받았다.

초기에 보티첼리에게 가장 중요한 제작을 의뢰한 쪽은 오니산티 구역의 주요 가문인 베스푸치 가문이었는데, 이 가문은 메디치 가문과 밀접한 동맹 관계를 맺고 있었다. 그들은 보티첼리에게 우밀리아티회가 운영하는 오니산티 교회에 성 아우구스티누스를 프레스코화로 그려달라고 요청했다. 우밀리아티회의 사제 중에는 세속적 삶을 포기하겠다고 맹세한 기혼남도 있었다.

제작 의뢰를 받아들인 보티첼리는 자신보다 훨씬 존경받는 피렌체 화가 도메니코 기를란다요와 직접 경쟁하게 되었다. 이 화가는 예전에 반대편 벽에 성 아우구스티누스와 서신을 주고받았던 5세기 신학자 성 히에로니무스의 초상화를 그렸다. 이 그림은 무척 전문적인 초상화로, 그 안에 의미심장한 세부 사항이 많이 숨어 있었다. 대머리에 흰 수염을 기른 성 히에로니무스가 서재에 앉아 글을 쓰면서 손에 머리를 대고 있는 모습이 묘사되었는데, 그 주변엔 그의 신앙심은 물론이고 일상을 보여주는 물건들이 놓여 있다. 펼쳐져 있는 유대어와 그리스어 책들, 꽃병, 과일, 모래시계 같은 것들이었다.

보티첼리의 전기 작가 로널드 라이트본Ronald Lightbown에 따르면, 그런 경쟁은 '늘 보티첼리의 전력을 끌어내는 자극'이었다. 기를란다요와의 경쟁에 잔뜩 동기 부여가 된 보티첼리는 유사한 방과 글을 배치하고, 평소의 친숙한 물건들에 둘러싸인 성 아우구스티누스를 그리기로 결심한다. 하지만 기를란다요의 성 히에로니무스가 생각에 깊이 잠긴 반면, 보티첼리의 성 아우구스티누스는 실제 삶에서 그러했던 것처럼, 정신적으로 깊이 고통받는 영혼이었다(화보 17). 보티첼리의 그림은 생동감과 기교 측면에서 기를란다요를 능가했으며, 그 점은 정교한 입체 화법으로 그린 열린 서랍과 성인의 머리 위에 펼쳐진 책 내용에서 잘 드러난다. 책의 내용은 대부분 의미가 없는 것이었지만, 단어들을 교묘하게 섞어보면 이런 뜻이 되었다. "마르티노 수도사는 어디에 있는가? 그는 외출했다. 어디로 갔는가? 프라토 성문 밖에 있다." 이는 보티첼리 특유의 말장난이지만, 다양한 해석의 여지가 있다. 이 내용은 오니산티에서 프레스코화를 그리는 동안 보티첼리가 우연히 들은 일상적 대화의 일부인가? 라이트본은 그렇다면 이 내용은 보티첼리가 "우밀리아티회를 알게 되면서 그들이 성 히에로니무스와 성 아우구스티누스가 보인 모범을 따르지 않았을 가능성이 있다"고 생각했음을 보여준다고 주장했다. 어떤 이는 이런 짧은 대화가 마르티노 수도사라는 우밀리아티회 회원과 관련된 동시대 추문을 지적한 것이라고까지 말했다.

보티첼리의 그림에는 이런 것들과 그 이상의 것들이 포함되어 있다. 심지어 그 작품 구도에 깃든 핵심적 비밀을 파악하기도 전에 그런 인상을 준다. 라이트본은 이와 관련하여 이렇게 지적했다. "실제로 성 히에로니무스와 성 아우구스티누스를 그린 두 프레스코화 사이의 밀접한 연관성은 일반적으로 추정되는 것 이상으로 밀접하다." 그림 속 성 아우구스티누스는 편지를 쓰다가 어떤 종교적 환상을 바라보며 경외감에 압도되어 얼굴을 찌푸리고 있다. 우리는 그 환상이 구체적으로 무엇인지 보지 못하지만, 보티첼리는 그것이 무엇인지 제시했을 뿐만 아니라 성 아우구스티누스가 무엇을 하고 있으며 무슨 일이 벌어졌는지까지 보여준다.

성 아우구스티누스의 머리 뒤 벽에 걸린 시계는 지금이 24시간의 끝임을 보여준다. 중세에서 첫 시간은 일몰에 시작되었는데, 보티첼리는 창문을 그려 넣지 않았지만 우리는 묘사된 장면의 시점이 일몰이 거의 다 된 시점임을 알 수 있다. 이런 기발한 표현 방식은 보티첼리의 그림을 기를란다요의 그림과 연결시킨다. 전설에 따르면 기원후 402년에 성 아우구스티누스는 성 히에로니무스에게 보내는 편지를 쓰는 동안 일몰 시각에 어떤 환상을 보았다. 그 환상은 달콤한 향기(신성함을 드러내는 향기)를 동반했고, 어떤 목소리가 성 아우구스티누스에게 이렇게 말했다. "그는 곧 바다를 작은 그릇에 담을 수 있고, 곧 온 땅을 한 손에 움켜쥘 수 있으며, 곧 하늘의 움직임을 멈출 수 있게 될 것이다. 체험하지 않고도 성인들의 축복의 권능을 묘사할 수 있지만, 이 목소리를 내는 자는 지금 그것을 체험하고 있다."

성 아우구스티누스는 떨리는 목소리로 이런 말을 전하는 존재에게 누구냐고 물었고, 목소리는 자신이 성 히에로니무스라고 답했다. 나중에 성 아우구스티누스는 정확히 그날 그 시간에 예루살렘에 있던 성 히에로니무스가 숨을 거두었다는 사실을 알게 된다.

이 전설적 이야기는 그 당시 이탈리아에서 나돌기 시작한, 성 아우구스티누스가 썼다고 하는 위경僞經 서간에 나온다. 보티첼리는 이런 서간을 면밀하게 연구해 성인의 환상을 자신의 그림에서 시각적으로 보여준다. 이와 관련하여 라이트본은 예리한 통찰력을 보여준다.

> 자신에게 주어진 글을 그에 맞먹는 강렬한 그림으로 변모시키는 이런 힘, 즉 자신의 상상력을 계속 글과 연결하는 힘은 그가 화가로서의 삶을 마칠 때까지 유지되었고, 이는 그의 예술을 진정으로 이해하는 데 핵심 요소 중 하나다.

사실 보티첼리는 문자에 상응하는 시각적 상관물 그 이상의 것을 그리려 했다. 그것이 실제로 얼마나 기발하게 잘 달성되었는지는 별개의 문제지만 말이다. 이 그림에서 보티첼리는 성 아우구스티누스의 얼굴과 자세를 통해 어떤 심오한 심리적 상태를 보여준다. 화가는 "얼굴과 사지의 몸짓과 동작에 주목했다. 그런 것들이 사람의 마음에 어떤 생각이 오가는지 보여주기 때문이다." 그렇게 함으로써 보티첼리는 자신이 알베르티의 《회화론》을 읽은 적이 있다는 것을 보여주었다. 이 책에서 알베르티는 몸짓과 동작을 가지고 사람의 머릿속 생각을 표현할 것을 강력히 권유했다.

그가 이런 목적을 달성했다는 가장 뛰어난 증거는 가슴에 느슨하게 올린 성 아우구스티누스의 오른손에서 찾아볼 수 있다. 이는 환상을 목격하고 목소리를 들었을 때 성인이 느낀 놀라움을 표명하는 건 물론이고, 그런 환상을 보게 되어 감격한 숭배의 마음까지 나타낸다. 여기서 보티첼리는 알베르티의 권유보다 한 발자국 더 나아가는 데 성공했다. 성 아우구스티누스의 몸짓은 하나의 정신 상태가 아니라 두 가지 정신 상태를 보여주는데, 곧 놀라움과 숭배다. 이 그림은 성 아우구스티누스의 마음이 놀라움의 상태에서 숭배의 상태로 나아가는 과정을 아주 잘 표현한 것이다.

보티첼리가 성 아우구스티누스의 서간• 사본을 봤다는 사실, 알베르티의 《회화론》을 읽었다는 증거는 그가 메디치 궁전에 모인 인문주의자, 시인, 예술가 무리와 끈끈한 관계를 맺었다는 사실을 방증한다. 보티첼리는 메디치 가문의 '황금기'에 그런 지식인들과 친밀한 관계를 유지했다. 메디치 가문이 피렌체를 지배하고 르네상스에 최고로 큰 영향력을 행사하던 바로 그 시기였다. 코시모 데 메디치가 죽고 '국부' 칭호가 수여되었을 때 보티첼리의 나이는 스무 살 정도였을 것이다.

보티첼리는 코시모의 아들 '통풍 환자 피에로'가 권좌에 앉아 있던 1464년에서 1469년까지의 짧은 기간에 메디치 가문과 끈끈한 인연을 맺었다. 이어서 그는 피에로의 아들 '위대한 로렌초'가 피렌체의 권력자로 통치한 시기에 예술 권력의 정점에 오른다. 로렌초가 '파치 음모'로 알려진 과격한 암살 시도에서 죽지 않고 살아남았을 때, 보티첼리

• 현재는 13세기의 위조품으로 간주된다.

는 암살 주동자 여덟 명을 대중에게 알리는 프레스코화 제작 의뢰를 받았다. 화가는 팔라초 델라 시뇨리아와 팔라초 델 포데스타 사이의 벽에 그 벽화를 그렸다. 주동자 중 일곱 명은 목에 올가미를 뒤집어쓰고 교수형을 당하는 모습으로 그려졌고, 조롱하는 내용의 라틴어 운문의 비문이 적혔는데 로렌초가 직접 지은 것이었다. 간신히 탈출한 여덟 번째 주동자는 거꾸로 매달린 모습으로 그려졌고, 그의 발 위에 '가장 잔혹한 죽음을 기다리는 무법자'라는 로렌초의 설명 문구가 역시 새겨졌다.

보티첼리는 1492년에 '위대한 로렌초'가 죽고 나서도 계속 살아 있었고, 메디치 가문의 몰락과 근본주의 성직자 사보나롤라의 등장이라는 두 사건에 끼여 큰 갈등을 겪게 된다. 사보나롤라는 보티첼리의 빛나는 예술과 생애 만년의 불쌍한 노인 화가 모두에 기다란 그림자를 드리운다.

피렌체를 통치한 메디치 가문의 역사는 보티첼리의 삶에 극적 배경을 제공했지만, 사실 보티첼리의 주요 후원자가 될 사람은 메디치 방계 가문의 사람이다. 그는 바로 로렌초 디 피에르프란체스코 데 메디치로, 우리가 앞에서 만난 메디치 은행 관리인이자, 세상을 놀라게 할 발견을 보고하는 아메리고 베스푸치의 편지를 받은 사람이기도 하다.

로렌초 디 피에르프란체스코는 코시모 데 메디치의 동생 로렌초의 후손으로, '국부' 코시모와 그의 아들 '통풍 환자 피에로', 그리고 그의 손자 '위대한 로렌초'와는 친척 관계다. 메디치 가문의 직계와 방계 사이의 관계는 복잡하다. 로렌초 디 피에르프란체스코의 아버지는 그가 열두 살일 때 사망했다. 그러자 당시 스물여덟의 피렌체 통치자 로렌초 데 메디치는 그와 그 남동생을 메디치 궁전으로 데려와 휘하의 인문주의자들에게 개인 교습을 시키며 최고의 교육을 받게 했다. 이런 개인 교사 중엔 여전히 플라톤의 저서를 번역하고 있던 마르실리오 피치노, 같은 시기에 젊은 아메리고 베스푸치를 가르친 인문학자 조르조 베스푸치 수사 등이 있었다(이것이 로렌초 디 피에르프란체스코 데 메디치와 아메리고 베스푸치의 평생 지속되는 우정의 시작이었다).

하지만 '위대한 로렌초'는 이런 너그러운 자선 행위와 동시에 어린 형제의 상당한 유산을 자기 마음대로 처분하는 행동도 보였다. 두 집안은 여러 메디치 은행 지점에서 동업 관계를 유지하고 이익 전체를 공유했다. 하지만 코시모 데 메디치가 예술 후원, 산 마르코 수도원 복원 공사, 메디치 궁전 건축 등 대형 토목 공사로 낭비한 탓에 메디치 가문 직계의 자본은 크게 줄어든 상태였다. 거기서 그치지 않고 '통풍 환자 피에로'와 '위대한 로렌초'가 가부장일 때에도 이러한 대규모 재정적 후원은 계속되었다. 그 결과 '위대한 로렌초' 대에 이르러 메디치 은행 금고가 고갈되기 시작했고, 은행 자체도 재정적 어려움을 겪기 시작했다.

로렌초 디 피에르프란체스코와 그의 동생이 물려받은 유산은 '위대한 로렌초'로서는 때아닌 횡재여서 곧 그들을 후견하면서 이 막대한 금액에서 '대출'을 받기 시작했다. 전하는 기록에 따르면, 로렌초 디 피에르프란체스코가 성인이 된 1485년에 '위대한 로렌초'가 친척들의 유산에서 전용한 '대출금'은 5만 3643플로린이었다. 몇몇 사료 이보다는 더 많은 대출금을 가져갔을 것으로 추측한다.

하지만 이런 자금이 '위대한 로렌초'의 개인 용도로만 쓰인 것은 아니라는 데 주목해야 한다. 메디치당黨의 조직 유지, 선거 결과 보장, 이런 조직 운영에 반드시 필요한 '선물' 마련 등은 비용이 많이 드는 일이었다. 게다가 정치적 지지를 확보하기 위해 시민들에게 전통적 여흥을 제공하는 데 들어가는 비용도 있었다. 이런 여흥에는 공개적으로 상연되는 외설적인 익살극부터 다채로운 가장행렬, 마상 창 시합 토너먼트•에 이르기까지 온갖 행사가 있었다. 이런 행사들은 '위대한 로렌초'의 인기를 높이고 시민들 사이에서 통치자로서 지위를 강화하는 동시에 전반적으로 메디치 가문의 특권적 지위와 안전을 보장해주었다.

남다른 고귀함을 누리는 위치로 부상하는 과정에서 메디치 가문은 필연적으로 적을 만들었고, 도시 내부의 여러 강력한 가문들도 때를 기다리며 메디치 가문을 칠 기회를 엿보았다. 적들 중 몇몇은 심지어 추방된 알비치와 연락을 취했다. 그들은 팔라초 델 포데스타 벽에 가문의 대표가 반역자의 모습으로 그려지는 공개 모욕 당한 일을 반드시 보복하겠다며 벼르고 있었다. 보티첼리가 팔라초 델라 시뇨리아와 팔라초 델 포데스타 사이의 벽에다 그려 넣은 파치 음모 주동자의 그림도 이 벽화에서 영감을 얻었다. 그런 모욕은 잊어버릴 수 있는 성질의 것이 아니었고, 이렇게 벼르는 적들이 많은 가운데 패권을 계속 유지하려면 돈이 많이 필요했다. 더욱이 메디치 가문의 정치적 입지는 '통풍 환자 피에로'가 집안의 은행을 계속 서투르게 운영하는 바람에 피렌체의 유력자들에게 거의 도움을 얻지 못했다. 아버지 코시모가 흥청망청 돈을 썼기에, 피에로는 회계 장부를 정리하기 위해 은행의 대출금을 회수하기 시작했다. 이런 계좌 중 다수가 메디치 가문의 친구들이 보유한 것이었고, 그들의 채무는 오랜 세월 코시모가 관대하게 묵과해주고 있었다. 아들 피에로가 단행한 뜻밖의 채권 회수 조치로 파산이 여러 건 발

• 우르비노의 통치자였던 용병대장 페데리코 다 몬테펠트로가 바로 이 시합을 하다 오른쪽 눈을 잃었다.

생했고, 이에 따라 메디치의 패권과 인기를 유지하기 위한 비용은 더욱 더 늘어났다.

드 루버에 따르면, 로렌초 디 피에르프란체스코 데 메디치와 그의 동생이 자신들의 유산에 손실이 발생한 사실을 발견했을 때, "'위대한 로렌초'는 사촌들에게 조상 전래의 카파졸로 별장과 무젤로에 있는 다른 재산을 넘겨야 했다." 또 5만 플로린을 돌려주겠다는 언급도 있는데, 이것으로 미루어볼 때 그가 사촌들의 유산에서 '빌린' 금액이 기록으로 남은 5만 3643플로린보다 훨씬 더 많았으리라고 짐작할 수 있다. '위대한 로렌초'는 사촌들의 유산을 빼돌릴 정도로 궁핍했는데, 그렇다면 과연 어디서 5만 플로린이라는 추가 자금을 조달했을까? 15세기 사료들은 그가 피렌체의 공적 자금을 무단으로 전용했을 것이라고 주장한다.

피렌체의 재정과 메디치 가문의 재정은 원래 철저히 분리되어 있었지만, 코시모 데 메디치 시기부터 그런 구분이 흐릿해지기 시작했다. 그러나 코시모는 국고에서 가져간 '대출금'에 이자를 붙여서 상환한 듯하다. 실제로 그는 가끔 도시를 파산에서 구하기 위해 여러 번 대출을 단행한 것으로 보인다. 가령 그는 루카와의 전쟁에서 참패한 후에 메디치 은행의 돈을 무단 대출해 전비로 충당했다. 이렇게 무리하게 은행 돈을 가져다가 정부 적자를 메꾸는 바람에 은행의 자금이 거의 무한대인 것처럼 보였다.

메디치 은행을 견고한 재정적 토대 위에 올려놓으려는 '통풍 환자 피에로'의 과감한 시도는 심한 역효과를 낳았다. 그리고 '위대한 로렌초'는 점차 자신과 가족의 재원을 피렌체 국고의 재원과 동일시하기 시작했던 것 같다. 그는 가난한 집의 딸이 결혼할 수 있도록 지참금을 제공하는 국가 기금인 몬테 델레 도티Monte delle doti에서 돈을 자주 유용했다. 유감스럽게도 이 시기의 관련 기록은 몇 가지를 제외하고는 조상들의 부정행위를 감추려는 메디치 가문 후손들의 손에 말소되고 말았다. 이 '잃어버린' 시기의 메디치 가문 재원에 관해, 권위자 드 루버는 이런 의견을 내놓았다. "따라서 1478년 이후 메디치 가문은 오로지 국고에 손을 댐으로써 파산을 모면했을 가능성이 높다."

따라서 메디치 가문의 방계는 이 단계에서 권력은 없었으나 자산과 현금이라는 측면에선 훨씬 더 많은 것을 손에 쥐고 있었다. 그러나 '위대한 로렌초'는 휘하 예술가들을 지원할 자금은 충분치 않았을지 몰라도 그들이 수익성 높은 제작을 의뢰받도록 도와주었다. 특히 산드로 보티첼리의 경우 그런 측면 지원을 많이 해주었다. 보티첼리는 재정적 지원뿐만 아니라 사상적으로도 메디치 가문에서 영향을 받았다. 메디치 궁전에 속한 인문학자들 사이에서 퍼진 사상, 특히 플라톤 철학의 신봉자 피치노의 사상에서 깊이 영향을 받았다.

'위대한 로렌초'는 로렌초 디 피에르프란체스코를 설득해 보티첼리에게 여러 가지 일을 맡기게 했는데, 그 같은 의뢰 중에서도 가장 주목받는 것은 피렌체 도시 성벽 북서쪽으로 몇십 킬로미터 떨어진 시골에 있던 로렌초 디 피에르프란체스코의 가족 저택인 빌라 디 카스텔로의 벽에 걸릴 작품 두 점이었다. 이 두 대작은 오늘날 보티첼리의 작품을 통틀어 가장 널리 알려진 명작이 되었다.

〈비너스의 탄생〉(화보 18)은 사랑의 여신, 즉 본래는 고대 그리스인에게 아프로디테로 알려진 여신을 그린 것이다. 그리스 신화에 따르면, 비너스는 완전히 성장한 채, 완벽한 아름다움을 갖추고서 바다에서 공중으로 떠올랐다. 보티첼리의 그림에서 비너스는 알몸 상태로 가리비 껍데기 위에 서 있고, 이 조개껍데기는 바람의 신 제피르가 밀어주어 나무가 우거진 해안을 향해 바다를 가로지르며 나아간다. 이 그림은 플라톤 철학의 진수인 이데아 사상으로 가득하다. 이 그림의 세상은 어두운 동굴 벽에서 인류가 바라본다는 깜박거리는 그림자 세상이 아니다. 밝게 빛나는 이데아의 세상이다. 동굴 너머 빛 한가운데에 있는 진정한 실재다.

보티첼리는 인체 해부학적으로 객관성이 다소 떨어지는 화가다. 예를 들어 그의 성 아우구스티누스 초상에서 성인의 몸은 튜닉과 플로잉 케이프flowing cape(흐르는 것 같은 형태로 전신을 덮는 형태의 커다란 케이프—옮긴이) 아래 덮여 넌지시 암시될 뿐이다. 하지만 〈비너스의 탄생〉에서 보티첼리는 약점을 강점으로 바꾸어놓았다. 비너스의 다소 빈약한 알몸은 흐르는 듯한 붉은 머리카락으로 상당히 완충되었고, 오른손은 성 아우구스티누스를 연상시키는 몸짓으로 왼쪽 가슴 위에다 올려놓고 있다. 하지만 그녀의 자세는 해부학적 관점에서 본다면 전반적으로 불가능한 자세다. 목은 지나치게 길고, 머리와 신체의 곡선은 불균형하다. 그 신체엔 충분한 입체감이나 원근법이 없다. 그런 '단점들'이 낳은 효과로 공중에 약간 떠 있는 것처럼 보이고, 왼발은 파도를 가로지르며 나아가는 가리비 껍데기 위에 살짝 올려놓은 것처럼 보인다. 이 모든 것이 그림의 이데아 지향적 특징을 강화한다.

〈비너스의 탄생〉은 온갖 심층 분석의 대상이 되었다. 〈성 아우구스티누스〉처럼 이 그림도 거의 확실하게 숨겨진 암시와 비밀을 많이 간직하고 있다. 하지만 여기서는 바다의 풍경과 그 너머 나무가 우거진 육지의 생생함이 중요할 뿐, 그 외의 다른 해석들은 불필요해 보인다. 플라톤의 궁극적 이데아의 현실처럼 이 그림 속 장면은 영원하고 근본적인 이데아의 세계다. 그것은 현실적이지만 동시에 비현실적(이데아)이며, 이런 초월적 특징 때문에 수많은 예술 애호가가 이 그림을 사랑했다. 초창기 르네상스의 찬란한 영광을 상기시키는 멋진 작품이다.

로렌초 디 피에르프란체스코의 빌라 디 카스텔로를 위해 보티첼리가 그린 또 다른 그림 〈프리마베라〉(화보 19) 역시 매혹적인 작품이다. 프리마베라는 봄 혹은 봄의 상징을 뜻한다. 〈비너스의 탄생〉과 〈프리마베라〉는 자주 한 쌍으로 간주되지만, 이는 보티첼리가 의도한 바는 아니었다. 두 그림이 어떤 특정한 장소를 공유하고, 화가의 표현력이 최고조에 달해 화려한 빛을 발해서 사람들이 그렇게 짝지어서 떠올리는 듯하다. 〈프리마베라〉 역시 세로 2미터에 가로 3미터가 넘는 거대한 그림이지만, 모호한 그림자 같은 특징과 불가사의한 상징성 때문에 〈비너스의 탄생〉과는 완전히 다른 작품이다. 여기에는 해석이 필요한 장면이 그려져 있다. 오렌지나무 과수원을 배경으로, 고대 신화의 의미심장한 여덟 인물이 등장하고, 그 위로는 한 천사가 공중을 날고 있다. 이 인물들의 면면을 오른쪽에서 왼쪽으로 읽어보면 다음과 같다. 오른쪽 나무의 어두운 부분에 나타난 인물은 3월의 찬바람인 제피로스의 어둑어둑한 모습인데, 그와 결혼하여 봄의 여신이 될 클로리스를 채어가는 중이다. 다음 인물은 서서히 사라지는 클로리스를 대체하는 듯이 보인다. 이 인물은 플로라로, 클로리스가 될 예정인 봄의 여신을 그대로 보여주는 화신이다. 생명을 가져오는 신인 플로라는 꽃으로 장식된 옷을 입고 무릎 위에 놓인 장미 꽃잎을 흩뿌리는 중이다. 그림 중앙에 다른 인물들보다 약간 뒤쪽에 서 있는 신은 임신한 비너스로 봄의 생산력을 상징한다. 비너스 왼쪽 옆에는 미의 세 여신인 '기쁨' '순결' '아름다움'이 아주 얇아서 속이 비치는 옷을 입고 함께 춤을 춘다. 이 옷은 세 여신의 알몸을 가려주고, 정확한 해부학적 신체 구조를 잘 그리지 못하는 보티첼리의 약점을 숨기는 두 가지 목적을 영리하게 수행한다. 세 여신 중 가운데에 있는 인물은 그림 속 가장 왼쪽 인물을 향해 망설이는 듯한 시선을 보낸다. 이 마지막 인물은 젊은 헤르메스로, 알몸인 상체를 드러낸 채 머리 위 나무에 달린 오렌지를 향해 지팡이를 뻗고 있다.

이 장면 바로 위의 공중을 맴도는 것은 눈가리개를 한 토실토실한 아기 천사다. 활시위를 당기고 있는 큐피드는 헤르메스를 응시하는 여신에게 사랑의 화살을 발사하려는 참이다. 이런 장면은 그림이 기념하려는 실제 행사를 상징한다. 그것은 로렌초 디 피에르프란체스코 데 메디치와 나폴리 아라곤 왕가의 친척인 피옴비노 영주의 딸 세미라미데 아피아노의 결혼식이다. 당대의 관습에 따라 이 결혼은 중매결혼이었고, '위대한 로렌초'는 전략적이면서도 정치적인 이유, 즉 피렌체의 안보를 지키기 위해 나폴리와의 유대를 강화하고자 이 혼사를 추진했다.

〈프리마베라〉와 같은 이교도풍의 장면은 사실 그리스-로마 시대 이후로 오랜 세월 세상에 알려지지 않았다. 이 그림이 묘사하는 상징을 분명하게 정의하려는 시도는 그동안 많이 있었다. 보티첼리는 〈성 아우구스티누스〉처럼 이 그림도 매우 암시적인 대작으로 만들려 했고, 또 메디치 궁전의 지식인들과 시인들도 화가를 격려하여 고대 신화와 플라톤 철학의 이상주의를 그림 속에서 종합하라고 주문한 듯하다. 그런데 이 그림은 후대 평론가들의 철두철미한 분석에도 불구하고 그 실체가 정확히 파악되지 않는다. 그 결과 표면적 해석만 무성할 뿐, 보티첼리가 그림에 통합시킨 복잡한 시각적 요소들을 충분히 설명해주는 통찰력 있는 상징적·개인적 해석은 아직 나오지 않았다. 하지만 이런 수수께끼 같은 성격 때문에 그림은 더욱더 인기가 높아졌다. 이에 관한 최종적 발언은 보티첼리의 전기 작가 라이트본의 몫으로 남겨둘까 한다. 라이트본은 르네상스가 고대 신화를 향한 두 가지 태도를 발전시키면서 고대의 정신을 그대로 반향反響한다고 주장한다.

> 한편으로 철학자와 지식인은 그 고대 신화들의 의미를 철학적·도덕적·역사적 진실을 은폐하는 알레고리로 처리함으로써 그 의미를 합리화하고 심화하려 했다. 다른 한편으로, 이보다 훨씬 더 영향력이 큰 해석은 그 고대 신화를 그저 사실 그대로 받아들이라는 것이었다. 즉, 인간의 본성과 세상을 지배하는, 힘과 충동을 아주 생생하고 아름답게 보여주는 그림으로 평가하는 것이다.

보티첼리가 〈프리마베라〉를 그리게 된 계기였던 로렌초 디 피에르프란체스코 데 메디치의 결혼식이 거행된 지 한 해 후인 1483년, '위대한 로렌초'는 스물둘의 신랑을 프랑스에 피렌체 대사로 보냈다. 대사의 임무는 프랑스와 합스부르크의 동맹을 확정하는 행사인 샤를 8세와 안도트리슈의 결혼식에 참석하는 것이었다. 보티첼리의 로렌초 디 피에르프란체스코 데 메디치 초상화는 이즈음에 그려졌는데, 이 풋내기 청년의 딱딱한 표정은 다소 호전적 성격을 은폐하는 것처럼 보인다. 이 청년은 도둑질당한 자신의 유산을 두고 연상의 사촌 형이자 강력한 권력자인 로렌초에게 감히 맞서려 했던 인물이기도 했다. 보티첼리의 초상화는 때때로 캐리커처 같은 경향을 보여서 모델의 성격 중 두드러지는 양상을 특히 강조하는데, 이 그림 역시 예외는 아니다.

메디치 가문은 샤를 8세의 결혼식에 반드시 참석할 필요가 있었다. 그렇게 해야 당시 유럽에서 가장 강력한 국가인 프랑스와의 동맹 관계를 강화할 수 있을 터였다. 따라서 '위대한 로렌초'가 젊은 사촌 동생에게 맡긴 임무의 중요성은 의심할 바가 없다. 메디치 가문 직계와 방계 사이에 심각한 다툼이 벌어진 건 정작 그 프랑스 방문 이후다. 앞에서 살펴봤듯이, 로렌초 디 피에르프란체스코는 '위대한 로렌초'가 자신의 유산에서 막대한 액수를 약탈했다는 사실을 발견하자 강력히 항의했고,• '위대한 로렌초'는 조상 전래의 몇 가지 재산을 그에게 넘겨주어야 한다고 생각했다. 로렌초의 양보는 인색하지 않았다. 카파졸로 별장은 14세기에 조반니 디 비치의 아버지 시대 이후로 방어 시설을 갖춘 메디치 가문의 거주지였다. 다음 세기에 코시모 데 메디치는 메디치 궁전 건축가인 친구 미켈로초에게 의뢰하여 이 수수한 별장을 광활한 '사냥용 산장'으로 탈바꿈시켰다. 나중에 이곳은 그의 손자 '위대한 로렌초'가 가족과 함께 더운 여름을 보내거나 피치노, 시인 안젤로 폴리치아노 같은 지식인 친구와 만날 때 즐겨 찾는 장소가 되었다. '오래 지속된 협상' 이후 이 소중한 메디치 거주지는 결국 로렌초 디 피에르프란체스코의 손에 넘어갔다. 7년 뒤, '위대한 로렌초'가 죽음을 맞이할 때 로렌초 디 피에르프란체스코는 침체된 메디치 은행을 인수하기에 이른다. 이 시기에 그는 한 번 더 아메리고 베스푸치와 만났고 그의 항해 중 적어도 한 건에 자금을 후원했다. 그 결과 미지의 세계에 대한 인류의 지식은 크게 바뀐다.

바사리에 따르면, 메디치 화가인 보티첼리는 "막대한 돈을 벌었지만 부주의하고 관리를 제대로 하지 않아 그 많은 돈을 모조리 탕진했다." 앞으로 살펴보겠지만 이는 끝내 화가를 비참한 신세로 추락시킨 여러

• 몇몇 사료는 '위대한 로렌초'가 사촌의 유산을 몽땅 빼냈다고 주장한다.

유인誘因 중 하나에 불과했다. 그렇기는 해도 생애 말년에 불운한 모습으로 영락했을 때 그를 구하러 온 사람은 다름 아닌 '위대한 로렌초'였다. 그는 보티첼리의 손 큰 후원자인 로렌초 디 피에르프란체스코 못지않게 여러 가지 도움을 주었다. "마침내 노인 보티첼리는 자신이 아주 가난하다는 사실을 깨달았다. 그의 재능을 아끼던 '위대한 로렌초'와 그의 친구들 그리고 다른 주요 인사들의 지원이 없었더라면, 그는 아마 굶어 죽었을 것이다."

12

'위대한 로렌초'

로렌초 데 메디치 일 마니피코 이야기

'로렌초 데 메디치 일 마니피코Lorenzo de' Medici il Magnifico', 즉 '위대한 로렌초'는 분명 자신의 별명에 부끄럽지 않은 삶을 살았다.• 그는 자신이 그런 늠름한 기상을 지녔다고 굳게 믿었는데, 실제로 그에겐 그것 이상의 기품이 있었다. 그런데 로렌초의 성격과 그의 유산 등에 관한 정보들은 서로 모순되는 경우가 많다.

'위대한 로렌초'가 그런 별명을 얻게 된 건 분명 그의 외양 덕분은 아니다. 그는 전혀 잘생기지 않았다. 두드러질 정도로 가무잡잡한 이목구비에 못생긴 얼굴이었으나 이런 점까지도 그의 카리스마에 이바지한

• '일 마니피코(il Magnifico)', 즉 '위대한 자'는 처음에는 우월한 지위나 부를 소유한 사람에게 쓰는 존칭이었다. 예를 들어 메디치 은행의 관리인은 고국의 은행장에게 편지를 보낼 때 수신인의 이름에 마니피코를 별칭으로 덧붙였다. 이와 관련해 드 루버는 중요한 사실을 지적한 바 있다. "코시모 사후에 메디치가는 군주와 같은 지위를 얻었고, 사람들이 더 아첨하는 분위기가 되어 로렌초는 보통 3인칭으로 '각하(la Magnificenza Vostra)'로 불렸다. 이는 그가 어떻게 해서 '위대한 로렌초'로 알려졌는지를 짐작케 한다."

듯하다. 이런 모습은 오히려 여성에게 매력적이었고, 젊은 남자를 유혹하는 데도 이런 매력을 활용했던 듯하다.

마찬가지로 그의 심각한 결점은 현란한 기량과 서로 상충되었다. 피렌체 통치자로서 그는 자신을 도시, 나아가 도시의 안녕과 동일시했다. 하지만 지금까지 살펴본 대로, 그는 국고를 개인적 이익을 위해서는 물론이고 메디치 가문의 통치를 위해 활용함으로써 자신의 재정적 이해관계와 도시의 그것을 서로 구분하지 못했다. 이렇게 하기 위해 그는 교묘한 속임수와 비행, 과장된 표현과 무모한 용기까지 발휘했다.

'위대한 로렌초'는 메디치 가문 인물 중에 피렌체를 통치해달라는 요청을 노골적으로 받은 첫 번째 인사다. 그의 아버지 '통풍 환자 피에로'가 1469년에 이른 나이로 사망하자 당시 스무 살이던 로렌초는 곧바로 지도자로 부상했다. 나중에 그가 남긴 기록에 따르면 아버지가 사망한 바로 다음 날 아침에 그는 '지도자, 기사, 시민'으로 구성된 대표단을 맞이했다. 이들은 메디치 궁전에 들러 그에게 "아버지를 잃은 데 대해 애도를 표하고 도시와 나라의 통치권을 인수해달라고 촉구했다." 아직 어린 나이였지만 로렌초는 오랜 시간 이 역할을 맡기 위해 준비해왔다. 그리고 많은 측면에서 그는 르네상스의 고향인 피렌체의 대표적 인물이었다.

로렌초는 1449년에 태어났다. 그는 걸출한 할아버지 코시모 데 메디치와 함께 지내면서 배울 시간이 충분히 있었으며, 할아버지는 그가 열다섯 살 때 숨을 거두었다. 화려한 메디치 궁전의 시인, 화가, 철학자들로 이루어진 눈부신 지식인 집단에 둘러싸여 성장한 로렌초는 원기왕성하고 야심만만한 아이였다. 성인이 되고 얼마 안 되어서 그는 난투가 벌어지는 피렌체식 풋볼 경기에도 참여했다. 가난한 보티첼리와 달리, 그는 상류층 가문의 혈기왕성한 젊은이들이 참여하는 산타 크로체 광장에서 벌어지는 풋볼 경기에서 선수로 뛰었다. 그 경기는 아마 평민들의 그것보다 덜 잔혹했을 것이다.

로렌초의 아버지 피에로는 로렌초가 어렸을 때 통풍 때문에 침대에 머무르는 시간이 많았다. 그래서 그 침대는 사실상 피에로가 궁정의 일상 업무를 수행하는 다소 이상한 옥좌였다. 거기서 그는 국정과 외교를 처리하고 중요한 방문객을 맞이했고, 가문 소유 은행의 문제를 살폈으며, 각종 후원 문제를 다루는 사무를 보았다. 한편 로렌초의 어머니 루크레치아는 피렌체에서 가장 오래된 귀족 가문 중 하나이며 메디치 가문과 밀접한 관계였던 토르나부오니 출신이었다.• 루크레치아도 건강이 좋지 못했지만, 남편의 정치 활동에서 선도적 역할을 맡았다. 그녀는 라틴어를 읽을 수 있었고, 여성으로서는 흔치 않게 그리스어까지 읽을 줄 알았으며, 직접 시를 지을 정도로 고전에 정통했다. 아들을 과보호하는 경향이 있던 그녀는 로렌초의 양육에서 주도적 역할을 하면서, 메디치 궁전의 지식인 가운데 자신이 직접 선발한 교사들에게 아들의 교육을 맡겼다. 젊은 로렌초와 어린 동생 줄리아노는 피치노에게서 플라톤 철학과 인문주의를 배웠고, 박식가인 젠틸레 데 베키에게서도 교육을 받았다. 젠틸레는 시를 썼고, 종종 찬송가도 작곡했으며, 나중엔

• 토르나부오니는 가문명을 토르나퀸치로 변경했다. 네리 디 치프리아니 토르나퀸치는 조반니 디 비치 생전에 곤경에 처해 알프스산맥을 넘어가 크라쿠프로 도망쳤다. 도망칠 당시에 그는 메디치 은행의 베네치아 지점 관리인이었다. 하지만 이런 수치 때문에 가문의 이름을 바꾼 것은 아니다. 토르나퀸치는 원래 귀족 혈통이었기에, 귀족은 공화정 피렌체의 공적 생활에 참여하면 안 된다는 오래된 불문율에 매여 있었다. 하지만 그는 유서 깊은 가문의 이름을 버림으로써 공적 활동 금지령에서 빠져나갈 수 있었다.

메디치 가문의 배려로 아레초의 주교직까지 받았다. 이 같은 임명 건은 한때 독립 도시였던 아레초가 공화정 피렌체와 긴밀히 통합되었음을 보여주는 사례라고 하겠다.

로렌초는 어린 나이부터 문학적 재능을 드러냈는데, 그의 원숙한 시들은 나중에 이탈리아 문학사에서 주요 작품이 된다. 다양한 교육을 받은 로렌초는 훌륭한 비올라와 플루트 연주자였고, 이런 성취를 통해 자신의 여러 시에 곡을 붙일 수 있었다. 동시에 사냥, 매 부리기, 승마 등 야외 활동의 취미를 계발했다. 1469년, 그는 산타 크로체 광장에서 열린 화려한 마상 창 시합에서 처음으로 상을 받았다. 마키아벨리가 저서 《피렌체의 역사》에서 기록한 대로, 로렌초는 이런 승리를 '특권이 아닌 용맹과 무기를 다루는 기술'로써 쟁취했다. 마키아벨리의 문장에서 종종 벌어지는 일이지만, 그러한 글에서 진실과 역설을 구분하기란 쉬운 일이 아니다. 그 토너먼트는 물론 피에로가 후원했다. 그는 저명한 예술가이자 건축가인 베로키오에게 맡겨 특별히 제작한 깃발을 아들이 자랑스럽게 나부끼며 등장하도록 했다. 건축가 베로키오는 브루넬레스키의 돔에 마무리 공사를 한 사람이다. 로렌초를 마상 창 시합에서 낙마시키려면, 그 사람은 무모하고도 숙련된 경쟁자여야 할 텐데 그런 무식한 용기를 지닌 사람은 아마도 찾아보기 어려웠을 것이다.

이즈음 로렌초의 카리스마 넘치는 못생긴 얼굴은 이미 숙녀들을 매료시키기 시작했다. 전하는 이야기에 따르면 그는 연상의 여성을 좋아했으며, 종종 남편을 잃고 혼자 된 여성을 좋아했지만 언제나 그런 여성만 쫓아다닌 것은 아니었다. 퉁뎅이처럼 툭 튀어나온 돌출된 이마, 앞으로 나온 턱, 두드러진 아랫입술 등 내세울 만하지 않은 용모의 사내가 이처럼 연애에서 큰 성공을 거두었다니 참으로 놀라운 일이다. 그의 코는 평평하게 짓눌려져 냄새를 제대로 맡지 못했다. 구이차르디니의 말에 따르면, "그의 목소리와 발음은 귀에 거슬렸고 불쾌했다. 그런 납작코를 통해 발음이 흘러나왔기 때문이다."

당연한 일이지만, 곧 로렌초 주위엔 훌륭한 가문 출신에 비슷한 사고방식을 가진 청년들이 몰려들었다. 그런 청년들 대부분이 로렌초처럼 과도할 정도로 와인을 들이키며 쾌활한 농담을 즐겼고 플라톤에 대해 진지하게 토론하기를 좋아했다. 특히 마키아벨리는 로렌초 성격의 이런 이중적 측면에 강한 호기심을 보였다. "심각한 상황과 즐거운 상황에서 그가 번갈아 내보이는 모습을 관찰하노라면 두 가지 완전히 다른 인격이 보이지 않는 유대로 결합된 것처럼 보였다." 다른 사람들은 마키아벨리처럼 강한 호기심을 보이는 대신 화를 냈는데, 특히 고상한 스승 베키가 그러했다. 그는 로렌초에게 "밤늦게 나가 매춘부와 놀아나고 광대짓을 하며 돌아다니다니! 그다음 날 자네가 만나야 하는 사람들이 그런 짓을 얼마나 창피하게 여기겠나?"라며 격분한 어조로 질책했다.

로렌초의 아버지도 로렌초의 스승처럼 격분했고 아들을 피렌체에서 일시적으로 내보내 함께 흥청망청 노는 친구들로부터 떼어놓으려고까지 했다. 그와 동시에 아들의 행동을 통제하기 위해 그에게 여러 소소한 외교 임무를 맡겨서 내보냈다. 그런 용무가 처음에는 단순히 형식적인 일이었지만, 로렌초는 공무를 보면서 매력 발산하기를 즐겼고, 아버지가 맡긴 업무를 볼로냐와 페라라에서 놀라울 정도로 성공적으로 해치웠다. 아들에 대한 신뢰감을 어느 정도 얻은 '통풍 환자 피에로'는 자신이 건강이 안 좋아 여행하기 어렵다면서, 아들에게 중요한 임무를 맡겨서 밀라노로 보냈다. 로렌초는 연로한 프란체스코 스포르차 공작의 딸과 나폴리의 페란테 왕(페르디난드 1세)의 결혼식에서 아버지를 대리하여 하객으로 참석했다. 그것은 중요한 외교 행사였다. 나폴리와 밀라노의 동맹이 강화되는 결혼인가 하면, 동시에 피렌체의 외교적 입지도 강화할 수 있는 행사였다. 그런 국가적 동맹은 이탈리아에서 권력 균형을 보장했다. '통풍 환자 피에로'는 아들에게 다음과 같이 엄숙한 조언을 써서 주었다. "소년이 아니라 어른이 된 남자처럼 행동해라. 합리적이고 근면한 태도를 보이고, 남자답게 노력해라. 그래야 앞으로 더 중요한 일을 맡을 수 있다." 이 일에서 로렌초는 임무를 훌륭하게 수행하여 아버지에게 깊은 인상을 남겼다.

그러자 '통풍 환자 피에로'는 이제 후계자인 아들에게 가문의 은행업이 어떻게 운용되는지 가르칠 때가 되었다고 판단했다. 1466년 2월,• 로렌초는 로마로 파견되어 그곳에서 메디치 은행의 가장 중요한 지점 관리인인 삼촌 조반니 토르나부오니에게서 가르침을 받게 되었다. 하지만 그 일은 아버지의 생각대로 굴러가지 않았다. 로렌초의 타고난 소질은 은행업자에게 요구되는 바와 정반대였다. 시적 기질, 과시하기 좋아하는 성격, 인문주의 토론을 애호하는 성향은 무미건조한 회계 장부를 숙독하고, 재정적으로 타산을 따지고, 손익의 세부 사항을 계산하는 일에는 전혀 맞지 않았다. 로렌초는 사실 은행업에 대해 아무것도 배우지 못했는데, 이 같은 공백은 나중에 심각한 결점으로 판명 난다. 이런 흠결은 메디치 은행 관리인들의 조언에 의지하면서 더 분명하게 드러난다. 그들은 로렌초의 삼촌처럼 메디치 가문의 이익을 염두에 두고 업

• 여러 기록은 이때가 1465년 2월이라고 하는데, 이는 새해가 3월에 시작되는 중세의 관행을 따른 것이다. 나는 이 날짜를 현대의 방식에 맞추어 고쳐 적었다.

무를 수행하지는 않았기 때문이다.

로렌초가 로마에 나가 있을 때, 아버지 피에로는 피렌체의 최고 동맹인 밀라노 공작 프란체스코 스포르차가 사망했다는 소식을 들었다. 그런 상황 변화로 로렌초의 로마 방문은 즉시 매우 중요한 외교적 임무로 바뀌었다. 3월에 '통풍 환자 피에로'는 교황 파울루스 2세를 만나야 할 일이 있다는 내용의 편지를 아들에게 보냈다. 로렌초의 임무는 교황을 찾아가, 프란체스코 스포르차의 아들 갈레아초 마리아 스포르차가 밀라노 공작 자리를 계승하는 것이 중요하니 그렇게 되게 해달라고 간청하는 것이었다. 하지만 그 일은 간단하지 않았다. 프란체스코 스포르차는 과거에 밀라노를 통치했던 비스콘티 가문에게서 공작 자리를 찬탈했다. 그런 스포르차 가문을 공작령의 통치자로 인정하는 일을 이탈리아 내 여러 국가의 세습 통치자들이 결코 좌시하지 않을 것임이 분명했고, 그걸 허용하면 나쁜 선례가 될 터였다. 로렌초의 임무를 더 어렵게 하는 것은 교황 파울루스 2세가 베네치아 사람이라는 점이었다. 베네치아는 코시모 데 메디치가 기존 동맹을 파기하고 밀라노와 동맹을 맺어서 피렌체를 적으로 여기고 있었다. 이러한 동맹 변경으로 이미 메디치 은행은 수익성 높은 교황청 계좌를 잃었고, 피렌체 시민들 역시 베네치아에서의 모든 상업 활동을 금지당했다.

필연적으로 로렌초가 로마에서 보낸 시기는 사교적일 수밖에 없었다. 그는 오르시니 가문, 콜론나 가문 같은 현지 귀족의 궁전을 방문했을 때 늠름한 태도로 사람들의 주목을 받았다. '통풍 환자 피에로'가 로렌초에게 보낸 편지는 그가 아들의 품성을 무척 잘 파악했음을 보여준다. 그는 이렇게 지시했다. "악기를 연주하거나 노래를 부르거나 춤을 추는 일은 당장 그만두거라." 그리하여 이젠 로렌초가 장래의 피렌체 통치자로서 자질을 입증할 때가 되었다.

로렌초는 실제로 교황을 여러 번 알현한 듯하며, 그 이후 4월에는 남쪽으로 여행하여 나폴리 영토인 놀라를 방문했다. 그때, 나폴리의 페란테 왕은 젊은 피렌체 방문객을 만나기 위해 사냥 여행을 중단하기까지 했다. '통풍 환자 피에로'는 아들 로렌초의 방문을 계기로 나폴리와의 동맹을 강화하기를 바랐지만, 페란테는 상황이 가장 좋은 때에도 까다롭게 구는 성격이었다. 부르크하르트는 페란테에 대해 이렇게 논평했다. "남의 재산권 따위는 전혀 고려하지 않고 자기 마음대로 남의 땅에 들어가서 사냥하는 것 말고도 페란테는 두 가지 부류의 일을 즐겼다. 자신을 노리는 적을 가까이 두고 그 적을 감시가 잘 되는 감옥에 살려둔 채로 놔두거나, 아니면 죽인 뒤 생전에 입던 옷을 입혀서 미라로 남겨놓는 것이 그의 취미였다."

실제로 페란테 왕은 자신을 찾아온 손님을 반갑게 맞이하며 직접 안내자로 나서 평소에 소중하게 여기는 '미라 박물관'을 보여주었다. 로렌초와 페란테 왕이 만나는 모습을 직접 본 목격자는 "국왕이 어떻게 로렌초의 팔을 끌고서 궁정의 시종장만 데리고 그를 대기실로 데려갔는지"를 묘사했다. 하지만 또 한 번 로렌초의 엄청난 매력이 승리한 듯하다. 그는 나중에 아버지에게 페란테 왕과의 만남을 보고하는 편지에서 이렇게 말했다. "국왕과 이야기를 나누었고, 그는 친절한 답변을 많이 해주었습니다. 그 내용은 아버님을 직접 만나뵙고 말씀드리고 싶군요." 5월 초에 로렌초는 피렌체에 도착했는데, 도시가 분열되어 내분 직전까지 간 상황을 목격하게 되었다.

메디치 반대 파벌은 루카 피티를 중심으로 연합했다. 피티는 이전엔 메디치 가문의 긴밀한 동맹이었다. 피티는 성공한 은행가였고, 그의 은행이 소유한 부는 이제 많이 축소된 메디치 은행의 부를 훌쩍 뛰어넘었다. 우월한 재산을 보여주고자 피티는 베키오 다리 근처 올트라르노에 어마어마한 궁전을 지을 계획을 세웠다. 그 궁전의 터는 우뚝 솟은 언덕 위여서 도시를 한눈에 내려다볼 수 있었는데, 당대의 설명에 따르면 의도적으로 메디치 궁전을 능가하기 위해 그런 대규모 건물을 지었다고 한다. "창문은 메디치 궁전의 문만큼이나 크고, 내부 뜰은 비아 라르가에 있는 메디치 궁전 전체가 들어갈 정도로 컸다."

피티는 피렌체에서 가장 부유한 사람이 되는 것만으로 만족하지 못했다. 그는 권력을 바랐고, 이를 위해 '언덕당'이라고 자칭하는 지지자 무리를 주변에 은밀히 집결시켰다. 이 명칭은 피티가 거창한 궁전을 건설한 언덕에서 유래한 것이다. 이와 대조적으로, 그들은 메디치 파벌을 '평원당'이라고 불렀는데, 메디치 궁전이 도시의 중심부, 강 건너 저지대에 있었기 때문이다.

메디치의 패권을 겨냥한 도전은 이미 몇 년 전부터 진행되고 있었다. 언덕당은 피렌체 정부 개혁을 약속하며 시민들의 관심을 끌고 정치적 영향력을 얻었다. 개혁주의자들이 선언한 의도는 메디치 가문이 완전히 장악한 권력을 약화시키고, 더 큰 정치 계층에게 효율적인 통치를 개방하겠다는 것이었다. 하지만 메디치 가문은 피티 측에서 개혁 약속을 내놓긴 했어도 실은 그 동기가 피티 자신이 메디치 가문을 내쫓고 피렌체의 권력을 장악하려는 것임을 꿰뚫어보았다.

언덕당의 지도자들은 그야말로 잡다한 사람들로 구성되었다. 피티는 명목상 그 당의 우두머리였으나 이제 일흔에 가까운 나이였고 도시를 장악할 권력자 후보 같지는 않았다. 살베스트로 나르디와 디오티살비 네로니 같은 다른 지도자들은 자기만의 속셈이 있었고, 자신과 자신의 가문이 권력을 장악하길 바랐다. 하지만 또 다른 지도자 니콜로 소데리니는 진정한 개혁주의 계획을 품고 있었고, 피렌체 공화국에 진정한 민주 제도를 수립하고자 했다.

처음 코시모 데 메디치, 그리고 이어서 아들 '통풍 환자 피에로'는 피티더러 정부 요직에 뽑히게 해주겠다고 장담함으로써 그를 달래려 했다. 이런 유화 조치로 피티의 야심을 누그러뜨리지 못하자 '통풍 환자 피에로'는 메디치 가문의 총각을 피티의 장녀 프란체스카와 결혼시킬 생각도 있음을 넌지시 암시했다. 그 총각은 곧 로렌초를 의미했다. 이렇게 한다면 두 파벌은 통합될 것이고, 동시에 메디치 가문의 피렌체 장악력은 더욱 굳건해질 터였다.

그러나 '통풍 환자 피에로'는 겉보기엔 이득처럼 보이지만 결과적으로 큰 손해가 나는 결정을 내리는 버릇이 있었다. 그런 결정의 전형적 사례는 그가 권력을 인수하고 얼마 지나지 않았을 때 채권을 회수해 장부를 정리하라고 지시한 일이다. 이로 인해 아버지 코시모의 오랜 친구 중 다수가 피에로를 서먹하게 대했다. 이런 성격적 결함에 더하여 그는 우유부단해서 결정을 잘 내리지 못하고 남들 눈을 속이는 술수를 쓰려는 경향이 있었다. 이제 루카 피티를 절대 믿을 수 없다는 사실을 깨달은 '통풍 환자 피에로'는 피티의 딸을 로렌초와 결혼시키는 대신 당시 열한 살이던 줄리아노와 약혼시키려고 마음을 바꿔 먹었다.

피렌체 주요 가문들의 자손이 다른 주요 가문 자손과 결혼하는 것은 오랜 관습이었고, 이러한 정략결혼을 통해 두 가문 사이의 유대를 강화해왔다. 하지만 '통풍 환자 피에로'는 메디치 가문의 지위를 강화하기 위해 전례 없는 움직임을 보였는데, 자신의 후계자가 될 아들이 피렌체 주요 가문이 아닌 피렌체 외부 세력과 결혼하는 것이 최선이라고 판단한 것이다. 그렇게 하면 강력한 외부 세력과 메디치 가문이 동맹을 맺을 수 있다고 보았다. 그런 판단 아래, 로마의 주요 귀족 가문인 오르시니 가문의 의향을 알아보기 시작했다. 피에로는 아들 로렌초가 오르시니 가문의 혼기가 찬 딸인 클라리체와 약혼할 수 있다고 넌지시 암시했다.

오르시니는 유서 깊은 로마 귀족 가문 중에서도 가장 강력한 가문이었다. 가문 구성원 중엔 이탈리아 중부 여러 소국의 통치자도 있었고, 몇몇은 사병을 거느린 용병대장이기도 했다. 그들은 가톨릭교회 내에서 추기경을 비롯해 여러 고위직에 친척들이 포진한 사실을 자랑스럽게 여겼다. 메디치 가문이 로마의 오르시니 가문과 혼사로 맺어지는 것은 신중한 장래 대비책이었다. 피에로는 베네치아의 움직임을 주시했다. 그는 피렌체가 밀라노로 동맹을 바꾼 데 대한 보복으로 베네치아가 마침내 피렌체로 진군해올 것이라고 내다보았다. 그는 본국의 지위를 강화하려면 내부 유대를 공고히 하는 것보다 외부 동맹이 더 절실하다고 판단했다. 강력한 외부의 동맹 없이는 독립 국가로서 존속하는 것을 기대할 수 없다고 본 것이다.

그런데 피렌체가 밀라노에 의지하는 것은 점점 더 어리석은 조치로 보이기 시작했다. 새로운 밀라노 공작인 프란체스코 스포르차의 아들 갈레아초 마리아 스포르차는 벌써 인기 없는 통치자로 판명되고 있었다. 용병대장이었던 아버지와 달리, 갈레아초는 어느 정도 교양이 있고 음악을 무척 사랑했지만, 동시에 가학적이면서 독재자 같은 구석이 있었다. 그는 이처럼 악랄한 독재자 성격을 발휘하여 자신에게 반대하는 사람들에게 기괴하기 짝이 없는 처벌을 가했다. 갈레아초의 통치가 그리 오래가지 못할 것이라고 비판적으로 예측한 어떤 수도사는 벽돌로

문을 막아버린 방에 감금되어 굶어 죽었다. 그의 사유지에서 붙잡힌 한 밀렵꾼은 목구멍에 토끼 한 마리를 통째로 쑤셔 넣는 처벌을 당해 질식사했다. 그런 포악한 행동을 전해 들은 평민들은 도저히 갈레아초를 좋아할 수가 없었다. 게다가 그는 걸핏하면 귀족의 딸과 아내를 강간하는 버릇이 있어서 상류층과도 빠르게 사이가 멀어졌다. '통풍 환자 피에로'는 그런 동맹에게 도저히 기댈 수 없다는 사실을 깨달았다. 그런 상황 변화에 대응해 피에로는 루카 피티의 딸을 실망시키는 한이 있더라도 로마의 강력한 귀족 가문인 오르시니와 손을 잡아야겠다고 판단했던 것이다.

그러나 피티는 피에로의 그런 결정을 전해 들었을 때 자신의 딸은 물론이고 가문의 명예를 모욕했다고 여겼다. 그는 신속히 언덕당의 지도자들을 불러모아 아직 완공되지도 않은 거대한 궁전의 홀에서 촛불을 밝히고 은밀하게 모임을 열었다. 이제 메디치 가문에 치명타를 가할 계획을 짤 때가 되었다고 판단한 것이다.

1466년 긴 여름 내내, 피렌체 거리는 불길한 평화가 감돌았고, 도시 전체가 무더위에 시달렸다. 평소처럼 주요 시민 대다수는 비교적 서늘하고 언덕 많은 교외의 시골 별장으로 떠났다. '통풍 환자 피에로'도 예외는 아니어서 도시 성벽으로부터 북쪽으로 몇십 킬로미터 떨어진 카레지에 있는 메디치 별장으로 가족과 함께 피서를 떠났다. 여기서 그는 아펜니노산맥을 건너온 소식을 들었다. 베네치아가 동맹인 페라라의 후작과 함께 용병대장 바르톨로메오 콜레오니에게 피렌체를 공격할 병력 모집을 맡겼다는 소식이었다. 콜레오니는 스포르차의 뒤를 이어 이탈리아에서 가장 뛰어난 용병 지휘관이라는 명성을 떨치고 있었다. 이런 움직임은 진즉부터 예측되던 베네치아의 피렌체 공격을 실현시키려는 계획의 일환이었다. 설상가상으로 베네치아만으로는 충분한 위협이 아니라는 듯, 피티와 언덕당이 별도로 음모를 꾸미고 있다는 소식도 들려왔다.

'통풍 환자 피에로'는 절망에 빠져 밀라노의 갈레아초 마리아에게 전령을 보내 최대한 빨리 밀라노 병력을 보내달라고 간청했다. 그는 이것이 너무 막연한 기대라는 것을 알았다. 이와 동시에 긴급하게 도시로 돌아가기로 결정했다. 평원당을 집결하여 피렌체를 도시 안팎의 적에 대항하여 통합시키려면 통치자인 피에로 자신이 메디치 궁전에서 직접 방어 작전을 펼칠 필요가 있었다.

피에로가 심각한 통풍 때문에 제대로 걸을 수 없게 된 지는 이미 한참 전이었다. 그는 들것에 실려 카레지 별장에서 나왔고, 무장 병력을 대동하고 피렌체로 돌아오는 길에 올랐다. 그러는 동안 당시 열일곱 살이던 로렌초는 아버지가 지나갈 경로에 매복의 위험이 없는지 확인하기 위해 가신들과 함께 말을 타고 앞으로 나섰다. 로렌초가 성문 방향으로 말을 타고 나아가는 동안, 인근 밭에서 일하던 몇몇 일꾼이 앞쪽에서 대규모 무장 병력이 매복한 것을 봤다고 주의를 주었다. 로렌초는 즉시 방향을 뒤로 돌려 전속력으로 달려가 아버지에게 이 사실을 보고했다. 이에 피에로는 수행단에게 뒷길로 가서 적의 매복을 피하고 다른 성문을 통해 도시로 들어가자고 말했다. 로렌초의 민첩한 행동 덕분에 피에로 일행은 적어도 한동안은 궁지에서 벗어날 수 있었다.

피에로는 메디치 궁전에 도착하기 무섭게 페라라 후작이 무장 병력을 피렌체로 진군시키고 있다는 사실을 알게 되었다. 피에로는 고문들과 긴급하게 상의했다. 그들은 지지를 받을 수 있다고 생각한 시민 목록을 작성하고, 적수인 언덕당을 지지한다고 알려진 시민들의 목록도 작성했다. 실망스럽게도 많은 사람이 두 명단에 중복 기재되어 있는 것을 확인했다. 그렇다면 누구에게 기댈 수 있는가? 이즈음 밀라노 대사 니코데모 트란케디니가 메디치 궁전에 도착했다. 동시대 피렌체 연대기 기록자 마르코 파렌티의 사건 보고에 따르면, 전직 군인 트란케디니는 즉시 도시 방어에 나섰다. “창문 위에 총안이 있는 흉벽 역할을 할 비계飛階를 세웠고, 많은 돌과 병기를 갖추게 했으며, 궁전 주변 거리에 무장 병력을 배치했다.” 트란케디니는 밀라노 공작 갈레아초가 실제로 ‘통풍 환자 피에로’의 간청에 응답하여 군사 2000명을 피렌체로 보내라고 지시했다는 예상치 못한 희소식도 전해주었다. 트란케디니의 지휘를 받고 움직인 병력은 “밀라노의 병력이 피렌체에 들어올 수 있도록 산 갈로 성문을 장악하고, 적이 도시로 들어오지 못하게 다른 성문들을 확실하게 봉쇄했다.”

동시에 피에로는 사람을 보내 빵 가게에서 빵을, 와인 가게에서 와인을 모조리 사들이게 했다. 이런 먹을거리와 마실거리를 메디치 궁전 앞 노상 탁자에 풍성하게 차려 시민들이 마음껏 즐기게 해서 시민들로부터 자발적 지원을 받으려는 의도였다.

아직 완공되지 않은 피티 궁전에서 언덕당 지도자들은 매복 작전이 실패했고, 피에로가 메디치 궁전에 무사히 입성했으며, 궁전 주변을 무장한 지지자들이 지키고 있다는 보고가 들어오자 혼란에 빠졌다. 그들은 이어 메디치 지지자들이 성문들의 열쇠를 압수했으며, 페라라 후작과 그의 병력이 피렌체에 도착할 것에 대비해 성문들을 걸어 잠갔다는 것도 알게 되었다. 도시 성문의 열쇠를 압수한 일은 많은 사람에게 중요한 조치로 보였다. 이렇게 하여 상황은 메디치 가문에게 유리하게 돌아갔는데, 더욱 중요한 건 이제 메디치 체제는 돌이킬 수 없는 지점으로 건너갔다는 것이다. 이전에 메디치 가문은 투표함에 손을 댄 적은 있어도 법을 무시하고 직접 제재에 나서는 일은 절대 없었다. 도시 법령에 따르면 "피렌체 성문 열쇠는 반드시 곤팔로니에레의 권한과 관리하에 있어야" 했다. 이는 상징적 티핑포인트(균형을 깨뜨리는 극적인 변화의 시작점—옮긴이) 이상의 의미가 있었다. 파렌티와 다른 이들에 따르면, "이 조치만으로도 피에로는 이제 도시의 참주가 되었다."

그럼에도 연속해서 사건이 벌어졌다. 도시 성문이 모조리 봉쇄되어 페라라 후작과 그의 병사들을 막고 있다는 소식에 언덕당은 자발적으로 행동에 나서기로 했다. 당 지도자들은 말을 타고 시내 여러 거리를 달리면서 "포폴로 에 리베르타Popolo e Libertà"('시민과 자유'라는 말로, 피렌체 시민들이 통치자에게 저항할 때 단결하기 위해 전통적으로 외치는 구호)를 외치며 민중을 선동하고 자극했다.

무기를 들고 밖으로 나오라는 언덕당의 선동적인 외침에도, 겁먹은 민중은 대다수가 집에서 문을 걸어 잠그고 나오지 않았다. 빵이 다 떨어진 시민들은 메디치 궁전 앞 탁자에 빵이 놓여 있다는 이야기를 들었다. 많은 사람이 곧 메디치 궁전으로 발걸음을 돌렸고, 그곳에서 빵을 얻어 먹고 와인을 마시기 시작했다. 동시에 그들은 그런 선의에 감동해 메디치 가문의 슬로건을 외쳤다. "팔레! 팔레! 팔레!"•

• '팔레(palle)'는 문자 그대로는 '공'을 뜻하며, 메디치 가문 문장의 노란색 바탕에 그려진 여섯 개의 붉은 공을 가리킨다. 이 공이 뜻하는 바가 정확히 무엇인지는 논란거리다. 몇몇은 공이 약이라고 주장한다. 메디치(medici)라는 단어가 '의사'를 뜻하므로 메디치 가문이 본래 이 직업과 연관이 있었을 수 있다. 그게 아니라면 최소한 약재상과 연관이 있었을 것이다. 어떤 이들은 여섯 개의 공은 메디치 가문이 참여한 환전상 조합인 '아르테 델 캄비오'의 문장을 그대로 베꼈다고 주장한다. 메디치 가문의 문장은 그 뒤 세월이 흐르면서 공의 개수와 색깔에 여러 차례 변화가 생겼다.

그 이후 며칠 내내 도시 성벽 외부에선 밀라노의 병력과 페라라 후작이 지휘하는 친親베네치아 병력 사이에 긴박한 교착 상태가 벌어졌고, 결국 후자가 물러났다. 언덕당이 시도한 쿠데타는 이렇게 해서 끝났고, 메디치 가문은 권력을 더 단단히 굳혔다.• 피티는 이제 초라한 노인이 되어버렸고, 옛 친구의 발밑을 기면서 용서를 간청했다. '통풍 환자 피에로'는 그를 용서했다. 나르디, 네로니, 소데리니 같은 쿠데타의 다른 주모자들은 당국에 의해 사형 선고를 받았지만, 피에로는 관용을 베풀어야 사회의 분열이 완화되리라 판단해 사형에서 평생 추방형으로 형량을 낮추어주었다.

미수로 그친 피티의 쿠데타가 있던 그다음 해, 로렌초의 어머니 루크레치아 데 메디치(결혼 전 성은 토르나부오니)는 로마로 건너가 아들의 아내가 될 클라리체 오르시니를 요모조모 평가했다. 로렌초는 이전에 로마를 방문했을 때 오르시니 저택에서 열린 사교 모임에서 당시 열여섯 살의 클라리체를 만난 적이 있었다. 로렌초의 어머니는 키가 크고 머리카락이 붉은 클라리체와의 결혼을 찬성하며 편지에 이렇게 썼다. "지

• '통풍 환자 피에로'는 나중에, 피렌체로 가던 길에 자신에게 매복 공격을 가하려던 자들이 페라라 후작이 보낸 파견대이며, 이렇게 자신의 목숨을 노렸기에 방어 차원에서 자신도 무기를 들었다고 주장했다. 그리하여 양측은 충돌했고 결국에는 피티와 언덕당이 패배했다. 몇몇 사료는 '통풍 환자 피에로'의 목숨을 노리려던 시도가 허구이거나 연출된 것이라고 주장하며, 이런 관점은 메디치 궁전에 밀라노 대사가 시의적절하게 도착한 것으로 어느 정도 뒷받침된다. 언제나 그렇듯이, 이런 이야기에는 여러 다른 버전이 있다. 나는 내 책《메디치: 르네상스의 대부》(2003)에서 이런 사건들에 대해 처음 언급한 이래 폭넓은 연구를 이어갔고 그 과정에서 생각이 바뀌었다. 상이한 '사실들'은 주요 행위자들의 동기를 해석하는 일을 까다롭게 만든다. '통풍 환자 피에로'는 그렇게 연기할 수밖에 없었는가? 혹은 메디치 가문의 권력을 굳건히 하고자 그런 사건들을 의도적으로 촉발했는가?

금 로마에 있는 혼인 적령기의 처자 중에 이보다 더 아름다운 아이는 없을 것 같네요." 하지만 실은 여성적 아름다움은 이 혼사와는 거의 상관 없었다. 그것은 왕가의 존속을 위한 결합이 되어야 했다.

2년 뒤인 1469년 6월, 스무 살 로렌초 데 메디치와 열아홉 살 클라리체 오르시니는 정식으로 피렌체에서 결혼식을 올렸다. 클라리체는 상당한 지참금과 선물을 가져왔는데 그 가치는 총합하여 1만 플로린에 달했다. 하지만 더 중요한 것은 피렌체의 메디치 가문과 로마의 귀족이자 강력한 권문세가인 오르시니 가문 사이에 밀접한 인척 관계가 형성되었다는 점이다. 도시 전역에서는 공식적으로 이 결혼을 기념하는 행사가 사흘 동안 거행되었다.

결혼식은 1469년 6월 4일 일요일 아침, 클라리체 오르시니가 신랑이 선물로 보낸 백마를 타고 비아 라르가로 오면서 시작되었다. 호기심과 경외심으로 거리를 메운 군중은 그녀가 피렌체의 주요 가문 출신의 들러리 서른 명으로 구성된 긴 행렬을 이끌고 들어오는 모습을 보았다. 클라리체는 금실이 섞여서 반짝이는, 모자 달린 흰 드레스를 입었고, 트럼펫과 플루트를 연주하는 전령이 그녀의 행렬을 호위했다. 신부의 행렬이 지나가는 거리 양쪽의 건물들은 꽃, 깃발, 장막 등으로 치장되었다. 행렬이 메디치 궁전에 도착하자, 클라리체는 사람들의 도움을 받아 말에서 내려 올리브나무 가지(다산의 상징)로 엮은 아치형 입구를 거쳐 궁전 안으로 들어섰다. 궁전은 느슨하게 위에서 아래로 늘어트린 태피스트리, 메디치 가문과 오르시니 가문의 문장을 새긴 차양으로 장식되었다.

이 행사를 목격한 익명의 동시대 연대기 기록자는 다음과 같이 썼다. "혼인 잔치가 열리는 이곳 저택에서 존경할 만한 사람이 방문하면 즉시 1층 홀로 안내를 받았다. … 평민은 초대받지 못했다." 이어진 며칠 동안 메디치 궁전의 뜰과 정원, 로자loggia(한쪽에 벽 없이 트인 복도—옮긴이)에선 수없이 만찬이 열렸다. 이런 만찬에는 멧돼지와 새끼 돼지 고기, 엄청나게 많은 가금류가 나왔으며, 300여 통의 훌륭한 토스카나 와인, 케이크, 젤리, 마지팬marzipan(아몬드를 으깨어 설탕에 버무린 과자—옮긴이), 설탕을 입힌 아몬드도 제공되었다. 손님들이 만찬을 즐기는 동안, 발코니에서는 악단이 세레나데를 연주했다.

혼인 잔치는 인근 산 로렌초 교회에서 장엄 미사가 정식으로 거행되는 화요일까지 계속되었다. 산 로렌초 교회는 가문의 수호성인 이름을 따서 지은 메디치 가문의 교회였다. 여기서 신부에게 크리스털이 박힌 은제 표지로 장정한 기도서가 선물로 전달됐는데, 이 책을 제작하는 데 무려 200플로린이 들어갔다. 이 행사를 목격한 사람들은 이 같은 물품들의 가격을 정확히 알고 있었던 듯하다.

클라리체는 춤과 노래, 사교적 예의범절과 같은, 로마 여성이 받는 전통 교육을 받았다. 반면 로렌초는 피렌체 모든 젊은 남자가 그렇듯이, 훌륭한 지식의 소유자였다. 그는 최신 사상인 인문주의를 잘 알았고, 메디치 '가문 예술가'가 보여주는 최상급 예술의 진가를 알아봤으며, 그의 사후 오랜 시간이 흐른 뒤에도 그 기교와 가치를 인정받을 정도로 멋진 운문을 짓는 능력도 있었다. 신부와 신랑 간의 이런 지식 차이가 고집 센 로렌초에게 별로 거슬리는 요소는 아니었다. 그는 이런 글을 남기기도 했다. "여자들을 참을 수 없는 존재로 만드는 것은 지식이 없는 것이 아니라 모든 것을 아는 척하는 가식적인 모습인데, 이는 흔한 일이다."

로렌초는 함께 화목하게 살아가기에는 까다로운 남편이었다. 자신이 최고 귀족 가문 출신이라는 우월함을 확신하던 클라리체가 볼 때, 피렌체는 영원의 도시 로마에 비하면 약간 색다른 후진적 도시에 지나지 않았다. 그러나 마침내 그들은 서로 상대의 습관과 의견을 받아들였다. 부부는 당대 평범한 이탈리아인들의 결혼 생활의 모습을 유지하기 위해 엄청난 노력을 기울였다. 그렇게 하는 과정에서 실제와는 다른 외양을 꾸며내야 했다. 클라리체와 로렌초는 자그마치 아이를 열 명이나 낳았다(셋은 출산 때 죽었다). 남편은 공무로 자주 떨어져 지냈는데, 그들 사이에 오간 편지들에는 장난기 넘치는 반어법이 은근히 구사되어 있으며 가벼운 편안함도 엿보인다. 클라리체는 한번은 이렇게 썼다. "국가 기밀이 아닌 어떤 새로운 뉴스가 있다면, 그걸 나한테 적어서 보내주세요."

하지만 로렌초의 후원을 받는 지식인과 예술가 그룹은 클라리체에게 그다지 정중한 태도를 보이지 않았다. 그들 중엔 그녀를 초라하고 무식한 여자로 깔보고 그녀를 자주 무시하는 이도 있었다. 하지만 그런 은근한 무시가 노골적 무례함으로 바뀌면 가장 먼저 클라리체의 편을 드는 사람은 로렌초였다. 이 경우, 그는 자신의 친구들을 꾸짖었고, 때로는 기다리다 지칠 정도로 오랜 기간 메디치 궁전에서 추방해버리기도 했다. 그러는 동안 메디치가와 오르시니가 사이의 유대 관계는 점점 더 강해졌다. 마침내 로렌초는 영향력을 발휘하여 클라리체의 오빠 리날도가 피렌체 대주교에 임명되게 했다.

로렌초가 클라리체와 결혼하고 고작 여섯 달 뒤, 아버지 '통풍 환자 피에로'는 결국 생애 후반에 그를 장애자로 만든 그 극심한 고통에 굴복하고 말았다. 스무 살인 로렌초는 이제 도시의 지도자가 되어달라는 시뇨리아의 요청을 받았고, 당연히 수락했다. 피렌체 공화국은 이제 이름만 공화국일 뿐, 메디치 세력은 자기 사람들을 주요 행정직에 임명하면서 피렌체 국정을 좌지우지했다. 로렌초는 그가 기꺼이 도시를 '책임지려는' 진짜 이유를 길게 설명하며 그 상황을 정당화했다. "나는 우리 친구들과 우리의 재산을 보호하고자 그렇게 했다. 돈은 많아도 정부에 아무런 통제권이 없는 사람은 피렌체에서 제대로 일을 처리하지 못하고 어려움을 겪을 수밖에 없기 때문이다." 그런 이기적 실용주의에 바탕을 두었음에도 로렌초는 전적으로 자기만 생각하는 지배자에 그치지 않고 그보다 훨씬 더 많은 일을 수행하는 사람으로 판명되었다. 필요하다면, 그는 자신과 피렌체를 동일시했다. 좋게 보자면 그는 피렌체의 생존이 곧 자신의 생존이라고 보았다. 좀 나쁘게 보자면, 그는 피렌체 정부의 재산을 자기 재산으로 여겼다. 그리고 앞으로 살펴보겠지만, 어떤 아주 중요한 상황에서 이 둘은 실제로 같은 것으로 취급되었다.

메디치가가 권력을 장악했음에도 불구하고 피렌체 정치는 혼란에서 벗어나지 못했다. 전과 마찬가지로 그 도시에서는 민주주의 전통이 중요했다. 피렌체 시민은 도시의 민주적 과정이 어떻게 '해결되었는지'와 무관하게 늘 마음속에서는 공화주의자로 남았다. 르네상스 초창기에 불변의 요인이었던 정치적 불안정은 전성기 르네상스가 절정에 달한 '위대한 로렌초'의 통치 기간에도 지속되었다. 다시 한번 피렌체가 오싹할 정도로 고대 그리스의 아테네와 비슷하다는 점이 드러날 것이었다. 서양 문화사에서 거대한 변화 중 하나인 르네상스는 이처럼 내부적으로는 정치적 소란, 외부적으로는 옥신각신 다투는 도시 국가라는 배경 아래에서 진행되었다.

1470년 봄, 피렌체 북쪽 도시 프라토에서 민중 봉기가 발발했다. 이 봉기는 디오티살비 네로니가 언덕당의 다른 여러 추방자와 함께 사주한 것이었다. 그들은 무장 병력을 이끌고 프라토를 점령했고, 소문에 따르면 피렌체로 진군할 계획을 세우고 있다고 했다. 이 소식을 들은 피렌체 시뇨리아는 즉시 도시 민병대를 소환하고 그들에게 프라토로 진군하라고 명령했다. 피렌체 민병대가 그곳에 도착해서 보니 그 도시 시장 체사레 페트루치가 빠르고 과감하게 행동에 나서 시민들을 각성시켜 봉기 주모자들을 붙잡은 사실을 알게 되었다. 주모자 네로니는 간신히 도망쳤지만 다른 주모자들은 가담자들과 함께 도시의 중심 광장에서 지체 없이 교수형에 처해졌다.

이는 '위대한 로렌초'에게 고무적인 소식이었다. 프라토 시장 페트루치의 행동은 피렌체를 구했을 뿐만 아니라 농촌 지역의 주민들이 메디치 가문을 굳건히 지원한다는 것을 보여주었다. 로렌초는 메디치 가문 사람으로 알려지지 않은 페트루치를 주목했고, 장차 더 중요한 자리에 써먹기로 마음먹었다. 메디치 가문은 종종 그런 '외부인'이 가문에 장기간 몸담았던 구성원보다 더 가문에 충성하는 모습을 발견했다. (이는 페트루치의 사례로 확실하게 증명되었다. 그는 특히 상서로운 시기에 피렌체의 곤팔로니에레를 맡게 된다. '위대한 로렌초' 통치기에 가장 심각한 위협이었던 파치 음모를 극복하는 데 중대한 역할을 한 것 역시 페트루치가 보인 용맹한 행동이었다.)

로렌초가 권력을 인수하면서 먼저 한 일 중에 하나는 장기간 메디치 은행의 총괄 지배인을 맡아온 프란체스코 사세티와 함께 은행 장부를 살펴보는 것이었다. 물론 검토 대상에는 좀 더 현실적인 상황을 반영한 비밀 장부도 올라 있었다. 로렌초는 회계 전문가는 아니었지만, 사세티의 도움을 받아 기본적인 윤곽을 파악했다. 그는 모든 자산을 종합하면

"은행이 현재 23만 7988스쿠디(그 당시 금액으로 23만 플로린 정도)를 보유하고 있다는 것을 확인했다." 아버지 '통풍 환자 피에로'의 신중한 관리 덕분에 은행은 할아버지 코시모의 통치 말년에 행해진 사치스러운 후원 활동이 초래한 손실에서 어느 정도는 회복했다. 그렇다 하더라도 수익에 관한 한 메디치 은행은 위태로운 상황이었다. 수익이 없으면 메디치 가문의 정치 활동에 자금을 댈 재원이 없고, 그렇게 되면 이탈리아의 아슬아슬한 세력 균형을 유지하기도 어려워질 것이었다. 사실 피렌체가 독립 국가로서 계속 존속할 수 있었던 것은 그런 아슬아슬한 권력 균형을 적절히 활용한 덕분이었다.

이런 불안정한 재정 문제는 다른 사건에서 더 분명하게 드러났다. '위대한 로렌초'는 언덕당 타도에 도움을 받은 데 감사를 표하고자 밀라노 공작 갈레아초 마리아 스포르차를 공식적으로 초청했는데 이때 재정 문제가 또다시 불거졌다. 갈레아초는 귀족, 조신, 하인 등 2000명이 넘는 수행단을 이끌고 피렌체에 때맞춰 도착했다. 피렌체 시민들은 밀라노 공작의 끊임없이 계속되는 행렬에 감탄했다. 양단으로 장식한 기사, 제복을 입은 군인, 매 사냥꾼, 심지어 사냥개 500마리까지 있었다. 이처럼 거대한 대표단을 맞아 접대하려면 엄청난 비용이 들었다.

갈레아초의 메디치 궁전 체류는 대성공으로 증명되었다. 밀라노 공작은 로렌초의 궁전 성벽, 계단, 뜰을 장식하는 풍성한 문화적 공예품에 기대 이상으로 깊이 탄복했다. 밀라노는 상업 중심지라는 자부심이 있고 비단 무역으로 부유해졌음에도 무척 중세적인 도시여서 르네상스의 문화적 변화의 영향을 거의 받지 않았다. 이에 해당하는 좋은 사례가 플라잉 버트레스flying buttresse(대형 건물 외벽을 떠받치는 반半아치형 벽돌—옮긴이)와 여러 복잡한 첨탑을 거느린 고딕 건축의 걸작, 거대한 밀라노 성당이다. 그와 달리 피렌체 대성당의 딱 떨어지는 선과 대리석 파사드는 당시의 전형적인 걸작이었다. 피렌체 대성당의 우뚝 솟은 돔은 타의 추종을 불허하는 공학적 솜씨를 자랑했다. 더욱이 갈레아초가 방문하자 피렌체는 호화로운 연회와 공개 기념 행진을 개최하거나 보여주었고, 보티첼리와 레오나르도 다빈치 같은 '위대한 로렌초' 휘하 최고의 예술가들이 제작한 아치형 구조물과 예술품은 갈레아초를 압도하기에 충분했다.

이렇듯 갈레아초 공작을 초대하는 데 막대한 비용이 들어갔는데도 피렌체와 밀라노의 관계가 뚜렷이 개선되지는 않았다. 이탈리아 정치는 그 어느 때보다도 까다롭고 분열적이었다. 피렌체가 밀라노의 갈레아초를 위해 준비한 눈부신 접대는 피렌체의 또 다른 동맹인 나폴리와의 관계도 거의 개선하지 못했다. 언제나 의심이 많던 나폴리의 페란테 왕은 그런 환대에 오히려 시기심을 드러냈다.

마치 이것으로 충분치 않다는 듯이, 로렌초는 시민들을 즐겁게 해주기 위해 정기적으로 값비싸고 화려한 야외극을 제공해야 한다고 생각했다. 그런 식으로 그의 통치가 계속되면서 메디치 은행의 재정은 점점 더 악화되었다. 로렌초는 자신의 금고를 채울 또 다른 수입원을 필사적으로 찾아야 했다.

메디치 가문과 은행은 오랜 세월 수익성 좋은 명반明礬 교역에 관여해왔다. 명반은 당시에 주로 옷감을 선명하게 염색하는 데 활용되던 무기염이다. 진홍색 예복, 더블릿doublet(르네상스 시대의 허리가 잘록한 남자 상의—옮긴이)과 호스hose(몸에 달라붙는 남성용 바지—옮긴이)는 물론이고, 정교한 드레스를 만들려면 명반이 꼭 필요했다. 그래서 명반은 피렌체의 직물 교역은 물론이고 저 멀리 북해 연안 저지대와 잉글랜드의 시장에서도 필수품으로 인정받는 물품이었다.

명반은 희귀한 광물로, 유럽에서의 주요 산지는 1460년에 발견된 소도시 톨파였다. 이곳은 로마에서 북서쪽으로 약 50킬로미터 떨어져 있고 키비타베키아 항구와 가까웠다. 이 도시는 교황령이었기에 교황 피우스 2세는 즉시 이 광산을 통제했으며 실제로 명반 시장을 독점했다. 당시 메디치 은행은 교황청 은행이었고 조반니 토르나부오니가 로마 지점을 능숙하게 관리하고 있었다. 토르나부오니는 2년 만에 교황과의 협상을 통해 명반을 독점적으로 유통할 권리를 얻었다. 톨파 광산에서 채취된 명반은 키비타베키아의 창고로 운반되었고, 그곳에서 메디치 은행은 명반을 갤리선에 실어 북유럽의 대리인들에게 수송했다. 명반 사업을 적절하게 운영할 전문 지식과 자본을 보유한 건 메디치 은행을 제외하면 소수에 불과했다. 메디치 은행은 이탈리아에서 스페인을 돌아 북해 연안 저지대에 이르는 긴 항해에 필요한 갤리선을 단독으로 마련할 수 있는 유일한 기관이었다. 또 해상 난파나 해적질에 따른 손실을 책임질 수 있는 유일한 곳이기도 했다.

놀랍게도 이 협정은 베네치아 출신인 파울루스 2세가 1464년에 교황이 되고 피렌체가 베네치아와 당장이라도 전쟁을 벌일 듯한 상황에서도 존속했다. 메디치 상업 조직은 어떤 상황에서도 흔들리지 않는 필수 불가결한 기관처럼 보였다.

이런 영리 사업과 관련해 유일하게 믿을 만한 세부 정보는 지금은 사라지고 없는 메디치 은행의 비밀 장부에 기입되었다. 토르나부오니가 작성한 공개 장부는 순전히 조세 당국의 점검을 받기 위해 작성된 것이었다. 명반 교역 초기에는 매년 7만 플로린의 수익을 올릴 수 있었던 듯하다(메디치 은행이 1420년까지 23년 동안 벌어들인 총수익이 15만 1820플로린이라는 점을 떠올리면 이 금액의 막대함이 느껴진다).

하지만 명반 사업이 이런 식으로 계속될 수 없다는 점이 곧 뚜렷해졌다. 토르나부오니가 로마에서 최선을 다해 명반 가격과 공급을 안정시키려 했지만, 메디치 은행의 브뤼주 지점 관리인 톰마소 포르티나리는 명반 시장에 공급이 과잉되고 있다고 불평했다. 과잉 공급을 해결하려면 할인 가격으로 명반을 판매해야 한다는 뜻이었다. 토르나부오니는 포르티나리가 직접 돈을 빼돌리고 있다고 의심했고, 이를 피렌체의 총괄 지배인인 사세티에게 보고했다. 포르티나리는 브뤼주에서 확고하게 자리 잡고 여러 중요한 귀족과 굳건한 관계를 맺은 사람이었다. 로마에서 브뤼주까지 떨어진 엄청난 거리, 브뤼주에 서신이 도달하는 데 걸리는 시간, 그로 인해 포르티나리를 통제하기 어려운 정황 등이 메디치가에는 불리한 점이었다. 메디치 은행은 명반 사업의 쇠퇴로 이익을 내지 못하는 예전의 운영 방식으로 퇴보했는데, 설상가상으로 교황에게 거액을 지급해야 하는 계약은 예전 그대로였다.

하지만 행운은 가까이에 있었다. 1471년에 진귀한 명반 매장층이 피렌체에서 남서쪽으로 50킬로미터 정도 떨어진 피렌체 산하 소도시 볼테라의 동굴에서 발견되었다. 볼테라 당국은 처음에는 광산 개발권을 메디치 지지자 세 명이 대주주인 한 회사에 양도했지만, 곧 매장량이 추정치보다 훨씬 많다는 것이 분명해졌다. 이에 볼테라 당국은 개발권 양도를 철회하고 현지 시민으로 구성된 협력단에 그 권리를 넘기기로 결정했다. 피렌체 시뇨리아는 당연히 이 같은 결정을 거부했고, 그 소식이 볼테라에 전해지자 민중 폭동이 발발했으며 그 도시에 거주하던 여러 피렌체인이 살해되었다. 메디치 주주 중 한 명은 창문 밖으로 내던져졌고, 피렌체에서 임명한 시장은 자기 궁전에 방어벽을 치려다가 분노한 군중에게 난도질당해 죽었다.

이미 뛰어난 외교 수완을 보이고 있던 스물셋의 '위대한 로렌초'는 즉시 행동에 나서지 않는 현명한 결정을 내렸다. 그는 시뇨리아에 조언을 구했고, 그들은 옛 피렌체 속담으로 답했다. "풍성한 승리보다는 수척한 평화가 낫다." 로렌초는 그런 조언에 동의하려 했다. 그런데 네로니와 추방된 다른 언덕당 일원이 볼테라 반역자들과 접촉했다는 소식이 들려왔다. 네로니와 그 지지자들이 '메디치 가문의 파멸'을 가져올 볼테라와 비밀 협정에 서명하려 한다는 것이었다. 로렌초는 즉시 무력시위에 나서야 한다고 판단했다. 볼테라가 피렌체의 통치에서 벗어난다면 다른 도시들도 이 전례를 따를 가능성이 있었기 때문이다. 토스카나 지방은 피렌체의 메디치 가문이 몰락하면 여러 독립 도시 국가로 분열될 가능성이 있었다.

로렌초는 우르비노의 영주 페데리코 다 몬테펠트로와 그의 용병부대를 고용해 볼테라로 진군하라고 명령했다. 볼테라는 곧 그 용병부대에 포위되었다. 4주가 지나자 시민들은 항복했고, 도시 성문을 열어 몬테펠트로의 부대가 들어오게 했다. 하지만 몬테펠트로가 병력을 통제하지 못해 용병들이 도시로 진입하면서 미친 듯이 날뛰며 살해와 강간, 약탈을 저질렀다.• 이런 잔학무도한 소식이 피렌체의 로렌초에게 전달

• 당대에 널리 받아들여지던 '전쟁 규칙'에 따르면, 도시가 포위되었을 때 포위하는 병력을 이끄는 지휘관은 거주민들에게 항복할 기회를 준다. 이 제안이 받아들여지면 시민들은 어떠한 피해도 입지 않는다. 반면 동맹이 구원하러 올 때까지 버티면서 포위군을 물리칠 수 있다는 기대를 품고 항복 제안을 거부하면 포위군은 도시를 점령한 이후 그 도시에서 취할 수 있는 모든 것을 취할 권리를 갖는다. 실제로 포위된 도시는 대개 순순히 침략자에게 전리품을 넘겨주었고, 무자비한 학살은 무척 드물었다.

되자 그는 큰 충격을 받았고, 즉시 볼테라로 떠났다. 현장에 도착한 그는 도시가 황폐해진 채 무너진 집에서 연기가 솟아오르고 거리에 심하게 훼손된 시체가 널려 있는 광경을 보았다. 남은 생존자들은 빈 몸으로 도망쳐서 숲속에 숨었다. 말을 타고 폐허를 살핀 로렌초는 도시 재건에 2000플로린을 투입하겠다고 정식으로 약속했다. 하지만 마키아벨리가 《피렌체의 역사》에서 기록한 바에 따르면, "이 승리 소식에 피렌체 사람들은 크게 기뻐했다. 이는 전적으로 로렌초가 벌인 군사 작전이었고 그로 인해 엄청난 명성을 얻었기 때문이다."

역설적으로 이 사건은 피렌체 통치자로서 '위대한 로렌초'의 경력에서 최악의 순간인 동시에 최고의 순간이었다. 하지만 그의 23년 통치 기간에 이것이 그런 모순적 사건의 마지막 사례는 아니었다.

13

르네상스인의 상상력

레오나르도 다빈치 이야기

'위대한 로렌초'가 보인 모호함은 로렌초의 휘하의 지식인 집단에서 경력을 시작한 가장 재능 있는 사람의 성격적 특징이기도 했다.

나중에 공작들, 나아가 왕족과도 친분을 쌓게 되는 레오나르도 다빈치는 혼외 자녀로 태어났고, 통속적인 시골 방언을 썼다. 그가 정식 교육을 받았는지는 알 수 없으나, 교육을 받았더라도 가게 점원이 되는데 필요한 중세식 주산 학교에 다닌 정도였을 것이다. 그는 젊은 시절에 새로운 인문주의 사상을 접하지 못한 것은 물론이고 라틴어조차 배우지 못했다. 조숙한 젊은 예술가인 그는, 제작 의뢰를 받은 그림을 미완성으로 남겨두는 버릇이 있었다.

그의 생애 전반을 살펴보면 이처럼 모호한 특징이 더 많이 눈에 띈다. 그는 예술가로서 능력이 절정에 도달했을 때 군사 엔지니어로 경력을 쌓기 위해 그림을 깨끗이 포기했다. 인체 해부가 전면적으로 금지되었던 시대에, 선배들에게 알려지지 않은 상세한 수준까지 인간의 해부학적 구조를 탐구했다. 하지만 그의 연구 결과 중 그 무엇도 중세 과학에 조금도 영향을 미치지 못했다. 그 이유는 그런 발견들이 그의 수첩에 숨겨져 있다가 나중에 쪼개져 낱장으로 판매되면서 흩어졌기 때문이다. 그의 인체 연구는 플랑드르 의사 안드레아스 베살리우스가 현대 해부학의 토대가 된 《인체의 구조에 관하여De Humanus Corporis》를 완성했을 때보다 50년 이상 앞섰다.

같은 이유로, 레오나르도가 생각해낸 것들 중에 인류에게 아무런 혜택도 가져다주지 못한 '최초'의 발상도 있다. 가령 비행기, 수중 호흡기구, 탱크, 수문, 시간 동작 연구, 기관총 등이 그런 것들이며 이런 목록은 더 이어진다. 예술사가 헬렌 가드너Helen Gardner에 따르면 "레오나르도는 당대에 조각가이자 건축가로 유명했지만, 현존하는 그의 조각작품은 없으며, 그가 지었다고 할 수 있는 실제 건축물도 없다." 그녀는 이런 주장도 했다. 건축가 도나토 브라만테가 "로마에 성 베드로 대성당 설계도를 준비할 때 그는 당연히 레오나르도의 그림을 참고했을 것이다." 그녀가 볼 때, 레오나르도의 "정신과 성격은 우리에게 초인처럼 보이지만, 정작 레오나르도라는 사람 자체는 막연한 수수께끼에 싸여 있다."

방금 언급한 레오나르도의 모호한 성격은 그의 가장 유명한 작품인 〈모나리자〉에서 전면적으로 드러난다. 모델의 얼굴에 드러나는 신비스러운 옅은 미소는 우리가 절대 파악할 수 없는 내면의 풍성한 감정을 표현하는 듯이 보인다. 이 그림은 현재 그의 걸작으로 높이 평가되지만, (적어도 그의 눈에는) 미완의 작품으로 남았다. 사망하지 않았더라면 그는 아마 강박적으로 이 그림으로 다시 돌아와 끊임없이 완벽을 추구했을 것이고, 그렇게 되었더라면 오늘날 우리는 상당히 다른 얼굴을 보게 됐을지도 모른다. 우리에게 전해진 것은 영원히 미완성으로 남은 초상화다. 이 그림을 통해 레오나르도는 자신의 자아에 대한 신비, 더 나아가 인간 본성의 신비를 표현하고자 했다. 이 그림을 그린 화가가 그 성취에 불만족했기에 이 그림은 영원히 불만족스러운 상태로 남았다. 레오나르도는 이리저리 돌아다니던 생애 말년에 어디로 여행하든 이 그림을 들고 다녔다. 심지어 노인이 된 1516년에 북쪽 지방으로 건너가 알프스산맥을 넘어 프랑스로 가는 마지막 여행길에 오를 때조차 수레에 실은 가재도구 사이에 이 그림을 잘 포장해서 가지고 갔다. 그는 프랑스에서 예순일곱에, 친구 프랑수아 1세의 품에 안겨 세상을 떠났다.

레오나르도 다빈치는 1452년에 피렌체에서 서쪽으로 20여 킬로미터 떨어진 토스카나의 작은 도시인 빈치 근처 시골에서 태어났다. 그의 아버지는 존경받는 피렌체 공증인 피에로 다빈치였고, 어머니는 카테리나라고 불리는 현지 여성이었는데 나무꾼의 딸이었거나 중동 지방 태생의 노예였을 가능성이 있다.• 어린 시절 레오나르도는 어머니와만 친밀했을 뿐, 거의 홀로 시골을 돌아다니면서 지냈다. 오랜 세월이 흐른 후에 그는 자신의 수첩에 이런 말을 적어놓았다. "홀로 있는 동안에는 완벽하게 자기 자신이 된다. 다른 누군가 한 사람이라도 곁에 있다면 그 사람은 반쪽 자신에 불과하다."

그는 열네 살이 되어서야 피렌체로 갔고 그곳에서 예술가이자 조각가인 안드레아 델 베로키오에게 고용되었다가 나중엔 그의 도제가 되었다. 베로키오의 이전 도제로는 보티첼리와 기를란다요가 있었다. 베

• 이탈리아 인류학자 루이지 카파소(Luigi Capasso)는 레오나르도의 수첩 중 하나에 명확하게 찍힌 왼쪽 집게손가락의 지문을 연구한 뒤 이렇게 주장했다. "우리가 이 지문에서 찾은 특징은 아랍 인구의 60퍼센트에서도 나타나는 것으로, 이는 레오나르도의 어머니가 중동 태생일 가능성을 시사한다."

로키오는 자기 작품 대다수를 도제들에게 넘겨 완성하게 했고, 그런 하청 작업과 높은 기대로 자극을 받은 레오나르도의 재능은 그림 그리는 솜씨 못지않게 활짝 피어났다. 그는 또한 유화 물감으로 그림을 그리는 새로운 기법을 습득했다.

르네상스 예술에서 불가결한 역할을 맡을 이 새로운 화법은 멀리 떨어진 북유럽에서 발명되었고, 그 시점은 그 지역에 이탈리아 르네상스의 영향력이 도달하기 몇 년 전이었다. 바사리에 따르면 가루 색소를 아마씨유나 또 다른 오일에 섞는 기법은 플랑드르의 형제 화가 얀과 후베르트 반 에이크가 1420년경에 발명했다. 현대에 밝혀진 증거에 따르면, 다층 채색과 겉칠의 광범위한 활용을 포함한 이 유화 기법은 그보다 훨씬 전에 개발된 듯하다. 하지만 반 에이크 형제의 시대에 와서 비로소 그 기법이 눈에 띄게 발전한 것이다.•

이전에 화가들은 템페라나 프레스코를 선호했는데, 이런 그림 제작 방식에서는 달걀 노른자 같은 점착성 재료에 물을 혼합해서 만든 물감을 사용했다. 템페라는 마른 회반죽이나 나무판(패널)에 안료를 발라 그림을 그리고, 프레스코는 젖은 회반죽 위에 발라서 말린다. 이 두 방식에서는 안료가 빨리 말라서 색조가 또렷한 상태로 그림을 완성하기가 지극히 어렵다. 반면에 유화는 이런 결점이 없다. 게다가 여러 층으로 두텁게 바를 수 있어서 깊이와 색깔, 빛에서 미묘함을 얻을 수 있을 뿐만 아니라, 기존과는 다른 혁신적인 정밀성과 암시성을 획득할 수 있다.

이와 동시에 화가들은 캔버스를 활용하기 시작했는데, 캔버스는 그

• 여러 개 패널로 구성된, 얀과 후베르트 반 에이크가 겐트 제단 뒤쪽에 그린 그림은 1420년대에서 1432년 사이에 그린 것인데, 많은 이들이 이 그림을 최초의 완성된 유화로 평가한다.

림을 더 쉽게 휴대할 수 있다는 장점도 있었다. 캔버스에 그린 유화는 점점 더 늘어나는 부유한 상인층이 제작을 의뢰해 저택의 벽에 걸었다. 캔버스화가 그려지기 이전에 미술 작품을 의뢰하는 주체는 거의 교회였고, 주로 교회 건물 벽면, 제단 뒤쪽, 예배당에 종교적인 장면이 그려졌다. 유화의 출현은 세속 예술, 그중에서도 특히 초상화 제작을 크게 촉진했다.

이런 초창기에 레오나르도는 드로잉에 집착하는 것은 물론이고, 마치 완벽한 물감의 처방전을 알아내려고 애쓰는 것처럼 안료와 오일을 함께 쓰는 실험에 강박적으로 관심을 보였다. 이처럼 그림 재료로 실험하는 습관 때문에, 생애 말년에 제작을 의뢰받은 작품 중 다수가 완성되지 못했다.

레오나르도는 베로키오의 대작 〈그리스도의 세례〉(화보 20)를 조수로서 도와준 것으로 알려졌다. 이것이 우리가 현재 지닌 레오나르도의 그림 중 가장 초기의 작품이다. 레오나르도는 그림 중 가장 왼쪽에 있는 예수의 옷을 든 천사를 담당했다고 하며, 배경도 일부 맡았다. 그 배경은 고향 빈치 집 근처의 아르노 계곡을 따라 그 혼자서 배회했던 곳을 연상시킨다. 레오나르도가 이 작품에 기여한 점은 다른 여러 곳에서도 금세 드러난다. 예를 들어 보티첼리가 인체 구조의 해부학에 취약했다면, 젊은 레오나르도는 이 분야의 기술에 이미 정통했다. 보티첼리가 묘사 대상의 몸을 가리고자 옷을 자주 활용한 반면, 레오나르도는 예수의 옷 아래에 있는 무릎 꿇은 천사의 해부학적 구조를 훤히 드러내는 수준까지 나아갔다. 하지만 이는 유명한 선배 화가와 기계적으로 비교한 데 지나지 않는다. 더 중요한 점은, 레오나르도의 전기 작가 세르주 브람리Serge Bramly가 내놓은 다음의 논평이다. "레오나르도가 그린 천사의 얼굴은 일찍이 피렌체에선 본 적 없는 아주 선명한 빛으로 빛난다." (레오나르도는 이 작품에서 조수로 일하면서 유화 물감을 썼지만, 베로키오는 템페라 방식을 썼다. 이 단계에서 이미 레오나르도의 '실험'은 전적으로 성공했고, 그리하여 자신의 독창성을 한층 드높였다.)

바사리에 따르면, 베로키오는 레오나르도가 묘사한 예수의 옷을 든 천사를 보고 도제의 탁월한 기법에 압도되어 다시는 그림을 그리지 않겠다고 맹세했다는데, 아마도 근거 없는 얘기일 것이다. 당시 레오나르도가 그런 공로로 일찍 베로키오의 선임 보조로 승진하기는 했지만 말이다. 대다수 사료는 베로키오의 〈그리스도의 세례〉는 1472년경에 작업이 시작되었다고 보는데, 그때 베로키오는 레오나르도를 화가 동업 조합인 '성 루카 조합'의 회원으로 추천하기도 했다.

레오나르도가 메디치 가문의 '위대한 로렌초'와 최초로 인연을 맺은 것은 이 무렵이다. 밀라노 갈레아초 공작의 피렌체 방문을 위해 한창 준비하고 있을 때 로렌초는 사람들에게 접대 비용을 아끼지 말라고 지시했다. 베로키오의 작업실은 메디치 궁전의 객실 실내 장식을 새로 하는 일을 의뢰받았는데, 그 일 대부분을 레오나르도가 맡았다. 그는 또한 공작의 방문 기간에 개최될 야외극과 전시 일부를 구상하는 책임도 맡았다. 그 여흥 행사엔 온갖 특별한 볼거리가 포함되었다. 바사리에 따르면 트롱프뢰유trompe-l'oeil(사람들이 실물로 착각하게 만드는 그림—옮긴이)로 그린 기둥 꼭대기에 금과 은제 상像이 놓인 신전이 있었고, 하늘은 "번개처럼 빠르게 켜졌다 꺼졌다 하는 불빛을 지닌, 살아 있는 물체로 가득했다." 이 전시에는 불꽃놀이도 포함되었는데, 사용될 폭죽은 이전 세기에 중국에서 수입된 것이었다. 그 불꽃놀이 때문에 마지막 야외극에 일대 혼란이 빚어지고 화재가 나는 바람에 야외극 상연 무대인 교회가 전소되었다.

피렌체 시민들은 처음에는 갈레아초 공작과 어마어마한 규모의 이국적인 수행단이 도착하는 모습에 감탄했지만, 곧 엄청난 수의 군인이 유입되는 데 경계심을 드러냈다. 피렌체엔 상비군이 없었기에, 시민들은 중무장한 전사들이 으스대며 거리를 돌아다니는 광경에 익숙하지 않았으며, 병사들이 제멋대로 뻐기며 으스대는 모습은 더더욱 본 적이 없었다. 마찬가지로 질 좋은 호스를 입은 밀라노 조신들과 그들의 이국적인 측근에게서 느낀 신기함도 곧 시들해졌고, 밀라노 사람들이 당연하다는 듯 내보이는 거만한 태도 때문에 혐오감이 더 커졌다. 왜 '위대한 로렌초'는 이런 사람들에게 저렇게 과하게 후한 대접을 하는가? 이 낯선 밀라노 사람들이 대체 무슨 가치가 있기에 그런 환영을 받았는가? 변함없이 미신을 잘 믿은 피렌체 시민들은 이내 교회 중 하나를 전소시킨 화재 사건이 밀라노 사람들의 경솔함 때문이라고 비난하고 나섰다. 게다가 이 외국인들은 마구 포식하며 음식을 즐겼는데, 특히 그때가 사순절이라 당연히 금식했어야 했는데도 그런 것은 아랑곳하지 않았다.

그렇지만 또 한편으로 타지 사람들의 과도한 행태는 현지 주민의 행동에 영향을 미칠 수밖에 없었다. 마키아벨리가 당대의 행동을 묘사한 기록은 그 당시의 일반적 반응을 잘 보여준다.

> 이제 평화로운 시기에 무질서가 자주 나타났다. 도시의 젊은이들은 더 제멋대로 행동했고, 옷이나 환락, 방탕한 일에 과도하게 돈을 썼다. 그들은 나태하게 지내면서 놀이와 여자에 시간과 돈을 낭비했다. 그들이 유일하게 신경 쓰는 건 호화로운 복장, 유창한 언변, 다른 사람보다 뛰어난 재치였다. … 이런 개탄스러운 습관은 밀라노 공작의 화려한 수행단이

> 도착한 뒤로 더 심해졌다. … 공작은 피렌체 공화국의 습속이 외국 궁정에나 있을 법한 유약한 매너로 타락해버렸음을 발견했다. 그것은 공화국의 정신과는 정반대되는 타락한 행태였다. 그렇지만 공작은 피렌체의 그런 타락을 전보다 더 개탄스럽게 만들고 말았다.

피렌체에는 서로 다른 계층, 그리고 여성의 복장과 장식을 단속하는 자세한 사치 금지법이 있었지만, 이 시기에 그 법은 차츰 효력을 잃었다. '위대한 로렌초'와 그의 특권층은 분명 그런 법에 위배되는 위법적 행동을 저질렀다. 레오나르도 역시 예외가 아닌 듯하다. 그는 로렌초의 친구들과 친밀한 사이는 아니었을지 모르지만, 그 집단의 주변부에서 활동했음은 확실하다. 그는 교육도 얼마 받지 못했고 라틴어를 전혀 몰랐으므로 플라톤 철학자 피치노와 인문주의자 시인 폴리치아노 같은 지식인 그룹의 철학적·인문주의적 논의에서는 배제되었을 것이다. 실제로 레오나르도는 자신이 그런 지식인 그룹에서 배제되었다고 느꼈다. 공식 교육의 부재, 사회적 관습, 외적 자신감 결여 탓에 그는 절대 그런 지식인 그룹에서 빛나는 존재가 되지 못할 것이었다.

그렇지만 레오나르도는 분명 위대한 인문주의자 알베르티의 격언에서 용기를 얻었을 것이다. "의지만 있다면 사람은 모든 걸 해낼 수 있다." 그는 그렇게 무엇이든 할 수 있다며 자신의 능력을 믿었고, 내면의 야심과 자신감으로 이런 뛰어난 인물들과 동등한 수준에 올라갈 수 있다고 믿었다. 하지만 외적으로는 수줍음을 많이 탔고, 혼자 있을 때만 비로소 온전히 자기 자신이 될 수 있었다.

레오나르도는 그런 모순적 성격을 독특하게 가장하려는 심리적 반응을 보였다. 자신의 수줍음 많은 성격을 감추기 위해 일부러 공작새 모양의 일상복을 입고 돌아다닌 것이다. 그는 직접 참여하지는 못할지언정 멀리서 빛나는 존재가 되고 싶어 했다. 과묵한 성격과 화려한 붉은색 머리카락으로 잘 알려진, 수줍음을 많이 타지만 내심 거만한 청년 레오나르도는 그런 정반대의 두 가지 성격을 갖고 있었다. 그가 목소리를 낮고 나긋나긋하게 낸 것은 '촌놈' 억양을 숨기려고 그랬던 것이고, 정중한 태도는 '훌륭한' 교육을 받지 못한 것을 숨기기 위함이었다. 시골 말투가 사라진 지 오래되고 박식가로서 지식과 기술이 전설이 된 생애 후반에도, 그는 여전히 수줍어하는 태도를 보였다. 그런가 하면 뭔가 과시하면서 자신을 드러내지 않고는 못 배기는 성격이기도 했다. 레오나르도는 마키아벨리가 비판한, 멋이나 부리는 청년처럼 '나태하게' 살지는 않았지만 "공화국 정신에 정반대되는, 외국 궁정에나 있을 법한 유약한 태도"를 보이기도 했다.

레오나르도는 결국 그런 모순적 태도 때문에 대가를 치른다. 그의 행동에 동성애적 요소가 얼마나 개입되었는지 분명하게 말하기는 어렵다. 그는 자신의 성생활에 관해 두툼하고 비밀스러운 수첩에 아주 드물게, 그것도 완곡하게 이렇게 언급했을 뿐이다. "생식 행위, 그리고 그것과 조금이라도 관련 있는 행위는 죄다 너무 역겨워서 인간은 곧 멸종될 수도 있었으나, 아름다운 얼굴과 감각적 기질이 그런 멸종을 가까스로 막아주었다."

피렌체에서 동성애는 법에 어긋나는 행위였다. 그러나 동성애 금지법은 사치 금지법과 마찬가지로 준수하는 것보다 위반하는 것이 오히려 더 명예로운 행동으로 여겨졌다. 그런데 레오나르도는 그 법 때문에 고발을 당했다. 그 당시 피렌체에는, 그리고 실제로 르네상스 시대 내내 팔라초 델라 시뇨리아에는 불만이 있거나 범법 행위를 목격한 사람이 익명으로 그것을 신고할 수 있는 투고함이 있었다. 1476년, 레오나르도가 베로키오의 작업실에서 일하고 있을 때 한 익명의 고발이 게시되었다. 어떤 화가의 드로잉 모델인 야코포 살타렐리가 "끔찍한 위법 행위를 여러 차례 저질렀으며, 그에게 사악한 행위를 요구하는 자들을 기쁘게 하기 위해 그 행위를 승낙했다"라는 내용이었다. 살타렐리에게 그런 일을 '요구했던' 자들의 명단에는 토르나부오니 가문 사람과 레오나르도도 적혀 있었다. 적어도 이론상으로는 어떤 형태든 '동성애'로 유죄 판결을 받은 자는 (심지어 아이를 더 낳지 않으려고 부인과 항문 성교를 하는 자도) 사형에 처해질 수 있었다. 그런 처벌은 무척 드물게 집행되었지만, 그럼에도 그런 법의 단속은 공포스러운 일이었음이 틀림없다.

이 사건에서 고발이 그 이상 진행되지는 않았다. 거의 확실히 '위대한 로렌초'가 막아준 것 같다. 로렌초 자신도 가끔 그런 성적 취향을 보였을 뿐만 아니라, 토르나부오니 가문은 오랜 세월 메디치 가문과 밀접한 관계를 맺어온 주요 가문이었기 때문이다(로렌초의 어머니도 토르나부오니 가문 출신이다). 이런 고발은 분명 레오나르도를 겁먹게 했지만 차후 그가 보여준 행동은, "그가 실제로 동성애자로 살았다는 것은 거의 의심할 바가 없다"라고 한 레오나르도의 전기 작가 마이클 화이트Michael White의 주장을 뒷받침했다.

젊은 레오나르도는 내성적인 성격이었지만, 어떤 피렌체 지식인이 그의 지적 성장에 중요한 영향을 미쳤을 것이라는 증거가 남아 있다. 레오나르도는 자신의 수첩에서 '마에스트로 파골로 메디코'라는 이름을 언급한다. 이 사람은 '신세계' 탐사를 적극적으로 장려한 유명한 지도 수집가 파올로 토스카넬리로 짐작된다. 그는 당시 70대 노인이었다. 토스카넬리에게는 그 박식함과 고령에 대한 예우로 마에스트로라는 존칭이 붙었을 것이다. 또한 우리는 그가 의학을 공부했다는 사실을 알기에 이런 이유로 '메디코'라는 수식어가 붙었으리라 짐작한다. 토스카넬리는 베로키오와 가까운 친구였기에 레오나르도를 만날 기회도 많고 과학적 관심을 장려할 기회도 충분했을 것이다. 토스카넬리를 만나기 이전부터 레오나르도는 이미 비밀스러운 수첩에 과학적 관심사항을 적어놓기 시작했다.• 어쨌든 토스카넬리의 지도와 멀리 떨어진 이국적인 땅에 관한 이야기는 레오나르도에게 한껏 영감을 불어넣은 듯하다.

레오나르도는 자신의 수첩에다 해외로 떠나는 항해에 관한 긴 문장을 여럿 적어놓았다. 그의 서술은 분명 판타지에 불과하지만 이런 기록 때문에 몇몇 사람은 그가 실제로 그런 여행을 다녀왔다고 생각했다. 당시 여행자들은 종종 이처럼 지어낸 이야기를 자신들의 실제 여행 기록에 끼워 넣었는데, 이는 지도 제작자가 때로 자기 지도에 신비로운 바다 괴물이나 그와 비슷한 부류의 그림을 끼워 넣는 것과 유사했다.

• '비밀스러운'은 너무 과한 표현일 수 있다. 레오나르도가 자기만 보려고 기록한 메모가 얼마나 되는지는 확실히 알 수 없지만, 수첩에 스케치하고 글을 적는 그의 습관은 거의 주목을 피할 수 없었을 것이다. 몇몇 그림의 의미는 명백했겠지만, 암호로 적은 글은 첫눈에 해독하기가 쉽지 않았을 것이다. 하지만 쉽지는 않아도, 불가능한 것은 아니었다. 레오나르도의 암호는 거울 문자로 구성되었다. 이런 글은 오른쪽에서 왼쪽으로 글을 적는 행위가 수반되었으며(레오나르도 같은 왼손잡이에겐 쉬운 일이었다), 개별 문자는 좌우가 뒤집혔다. 이렇게 하면 글의 옆에 거울을 가져다 대야만 그 의미가 명백해진다. 몇몇 학자는 그런 글이 캐묻기 좋아하는 사람이 봤을 때 이해하기 힘들게 하려는 의도가 있었다고 주장한다. 끈기와 지성이 있다면 누구든 이내 암호를 해독했을 것이기 때문이다. 레오나르도가 거울 문자를 활용한 의도에 대한 더 일반적인 해석은 다른 사람이 자신의 아이디어를 훔치는 걸 막고자 했다는 것이다. 앞서 살펴본 대로, 이 시기에는 저작권 개념이 제대로 정립되지 않았다. 창작자는 발명과 아이디어 덕분에 취직을 할 수도 있었고, 한꺼번에 그 대가를 받을 수도 있었다. 이런 설명들 모두가 그럴듯해 보인다. 다른 한편으로 레오나르도의 복잡한 심리 상태를 반영하는 것으로도 보인다.

레오나르도가 기록한 상상의 여행에는 베네데토 데이라는 한 피렌체 상인에게 보내는 편지의 형태를 취한 것이 있는데, 데이라는 사람은 분명 실존 인물이고 두루두루 여행했다고 알려져 있다. 레오나르도는 그에게 편지를 보내 '동방에서 온 소식'을 전했는데, 핏발 선 눈을 하고 북아프리카 사람들을 공포에 떨게 하는 '몹시 끔찍한 얼굴'을 한 검은 거인에 관한 이야기를 서술했다. "그는 바다에서 살고, 고래, 레비아탄, 배(船)를 먹는다." 현지인들이 그를 죽이려고 개미처럼 그의 몸에 구석구석 떼로 몰려들자 "그는 머리를 흔들어 그들을 우박처럼 하늘 높이 날려버렸다." 이 이야기는 레오나르도를 사로잡는 단골 주제였다. 그는 대대적인 파괴, 홍수, 괴물 같은 현상에 지나칠 정도로 몰두했다.

종종 그 자신도 이런 사건에 직접 관련되었고, 한번은 거인에게 삼켜지기도 했다고 서술한다. "나는 무슨 말을 해야 할지, 무슨 행동을 해야 할지 몰랐다. 죽을지도 모른다는 혼란 속에서 거꾸로 처박힌 채 거대한 목구멍을 따라 쓸려 내려가 거대한 뱃속에 파묻혀 필사적으로 헤엄쳤다." 레오나르도는 자신의 그림에서도 자주 보여주었던 대로, 평온함을 유지하는 고요한 외면 아래에서, 무의식적인 정신에서 솟구치는 어두운 생각으로 괴로워했던 듯하다. 오랜 세월 동안 이 어두운 이미지는 온갖 정신 분석과 심리 분석의 대상이 되었지만, 지금도 여전히 파악하기 어려운 주제로 남아 있다. 여기서는 뭔가 창조 행위를 자극하는 충동이 갑자기 부정적 감정으로 돌변하여 그를 괴롭히기도 했다는 정도로 말해두면 충분할 것 같다. 이 같은 모순적 충동, 완벽주의, 재료를 계속 실험해보고자 하는 지속적 욕구 같은 것들이 결합되는 바람에 레오나르도는 제작하던 작품들을 제대로 완성하지 못했을 것이다. 그는 아무리 애를 써도 자신의 작품이 완성되었다고 느끼지 못하는 때가 잦았다.

레오나르도가 쓴 글 중에 이야기의 경우, 줄을 그어 지운 대목과 삽입한 대목이 자주 나온다. 긴장과 흥분이라는 필수 요소를 가미하여 재미있는 허구적 이야기를 써내려 한 의도에서 그렇게 되었을 것이다. 한 '편지'는 '성스러운 바빌론 술탄의 부관인 시리아의 데바트다르'에게 보낸 것인데, 아나톨리아 남부의 타우루스산, 유프라테스강을 묘사했으며 지도까지 여러 장 그려 넣었다. 또 홍해, 나일강, 지브롤터 해협, 잉글랜드까지 여행했다고 언급하기도 했다. 그러나 어느 시점에 이르면 다음과 같은 날카로운 과학적 관찰을 제시하기도 했다. "바다에 있을 때 동일한 거리로 떨어져 있는 해안과 산을 바라보면, 평평한 해안이 우뚝 솟은 산보다 훨씬 더 먼 것처럼 보였다."

그가 들려주는 이야기 가운데 명백히 진실성을 띠는 것은 (물론 터무니없는 허풍도 들어 있지만) 알프스산맥에서 4200미터 높이 산 정상에 오른 이야기다. 이것은 틀림없이 그가 밀라노에서 살던 시절에 벌어진 일이었을 것이다. 그는 1480년대 초부터 밀라노에서 체류하기 시작했다. 그는 산 정상에서 바라본 지상의 경관, 즉 아래에서 반짝이는 빙하, 은빛 실처럼 보이는 시냇물 등에서 느껴지는 경외감, 그리고 '유럽에 물을 대는 네 개의 강'인 라인강, 론강, 다뉴브강, 포강을 자신이 어떻게 내려다보았는지를 자세히 묘사한다. 여기서 레오나르도는 150년 전 페트라르카가 등반했던 방투산 높이의 두 배를 훌쩍 넘는 곳에 올라갔던 것이다.

이 이야기는 토스카넬리를 찾아온 여러 여행자가 전한 이야기를 레오나르도가 특유의 과장을 섞어서 전한 것이지만, 그 안에는 분명 어느 정도 진실이 담겨 있다. 그는 그런 까마득한 높이를 상상함으로써, 날아가는 기계를 제작한다는 아주 현실적인 아이디어를 떠올릴 수 있었을 것이다.

이런 모험심, 알려진 것을 뛰어넘겠다는 마음가짐은 레오나르도의 정신세계를 독특하게 만들었다. 비록 생전이든 사후든 그의 기상천외한 '기계'가 실제로 제작된 적은 거의 없었지만, 그런 것들은 우리가 르네상스 시대를 이해하는 데 도움이 된다. 구체적으로 르네상스가 어떤 현상이었고, 인간의 정신에서 어떤 일이 일어나고 있었으며, 그것이 후대에 어떤 영향을 미쳤는지를 이해하는 데 도움이 된다는 말이다. 이것은 근대 과학의 초창기를 보여주는 창의력 넘치는 청사진이며, 초기 근대 과학자의 정신이 만들어낸 멋진 상상이다. 레오나르도의 〈모나리자〉에서 우리는 인간의 내면이 어렴풋하게 표현되어 있음을 알아본다. 레오나르도의 수첩에서, 우리는 굉장히 창의적인 사람인 레오나르도가 정신적 발달의 중요한 순간에 겪었던 내적 사고의 과정을 본다.

토스카넬리는 피렌체에 엄청난 영감을 안겨주면서 그 시대의 의미심장한 두 가지 발전에 영향을 끼쳤다. 첫째, 아메리고 베스푸치로 하여금 아메리카를 탐험하여 그것이 실재하는 '신세계'라는 인식을 갖게 했다. 둘째, 레오나르도로 하여금 자기 주변의 세상을 발견하고 검토하려는 내적 충동이 생겨나게 했다.

당대의 무명 피렌체 연대기 기록자(보통 아노니모 가디아노로 추정한다)에 따르면, 레오나르도는 1480년에 '위대한 로렌초'의 보호를 받으며 메디치 궁전에서 살았다. 그래서 레오나르도가 메디치 궁전에서 모서리를 돌면 바로 나오는 산 마르코 광장에 인접한 정원에서 종종 일하는 모습이 목격되었다. 이 '정원'은 메디치 가문이 수집한 고대 로마 조각품과 파편을 보관했던 곳으로, 길게 뻗은 탁 트인 땅이었다. 이곳은 도나텔로가 친구 코시모 데 메디치를 위해 선택한 부지였다. 여러 기록에 따르면 정원에는 부속 건물이 있었는데, 이 건물은 나이 든 도나텔로의 옛 제자 베르톨도 디 조반니가 운영하는 조각 학교로 활용되었다. 더운 여름에 학생들은 부속 건물에서 나와 그늘에 앉아 정원 곳곳에 흩어져 있는 조각품과 파편을 모델로 드로잉을 했다. 이곳은 또한 '위대한 로렌초'와 휘하 지식인 친구들의 일상적인 회합 장소로도 쓰였는데, 먼저 고전 작품 낭독을 들은 다음, 인문주의에 대해 활발한 논의를 펼쳤다. (이런 회합과 시골에 있던 메디치 별장에서 열린 다른 회합을 뭉뚱그려 종종 플라톤 아카데미 혹은 피렌체 아카데미라고 부른다.)

아마도 레오나르도는 이런 모임에서 처음 보티첼리를 만났을 것이다. 영향력의 절정에 도달해 있던 보티첼리는 레오나르도보다 일곱 살이 많았다. 두 사람의 기질은 상이했는데도 가까운 친구 사이가 되었다. 이때 레오나르도는 이미 베로키오의 작업실을 떠나 자신의 독립된 작업실을 세웠는데, 아버지의 지원을 받았던 듯하다. 그렇게 독립한 이후에는 독자적으로 제작 의뢰를 받고 있었다. 제작 의뢰는 소속 동업조합인 '성 루카 조합'을 통해 들어왔을 수도 있지만, '위대한 로렌초'의 도움으로 얻었을 가능성이 더 크다.

아버지나 할아버지와 달리 '위대한 로렌초'는 좀처럼 예술품 제작을 직접 의뢰하지 않았는데, 거의 바닥에 도달한 메디치 은행의 위태로운 재정 상황 때문이었다. 그 대신 다른 사람들이 '자기 휘하'의 예술가들에게 제작을 의뢰하도록 널리 장려했다. 이런 권유에 따라 그의 사촌 로렌초 디 피에르프란체스코가 보티첼리에게 그림을 의뢰했고, 1478년에 레오나르도는 팔라초 델라 시뇨리아 내 예배당 제단 뒤쪽에 그림 그리는 일을 의뢰를 받을 수 있었다. 3년 뒤, 레오나르도는 도시 서쪽 성벽 바로 바깥쪽에 있는 스코페토의 산 도나토 수도원 소속 도미니크회 수도사들에게서 〈동방박사의 경배〉(화보 21)를 그려달라는 의뢰도 받았다.

레오나르도는 이 그림을 준비하면서 산타 마리아 노벨라 교회에 걸린 보티첼리의 동방박사 그림을 연구했다고 알려졌다. 보티첼리의 작품은 레오나르도 그림의 전반적 구도에 참고가 되었을 뿐, 그 외에는 별로 영향을 미친 점이 없다. 레오나르도는 보티첼리와 친했지만 그의 그림에는 매우 비판적이었다. 특히 보티첼리가 원근법을 활용하지 못하고 배경의 세부를 소홀히 처리한 점을 강하게 비판했다.

레오나르도는 〈동방박사의 경배〉를 위해 예비 스케치를 여러 점 그렸고, 보티첼리의 작품에서 부족한 현실적 요소들을 과감하게 도입했다. 레오나르도는 세 동방박사가 아기 예수를 만났을 때 느꼈을 순전한 경외감과 감정을 한껏 강조하고자 했다. 보티첼리는 예수 앞에 모인 군중 사이에 서 있는 메디치 가문 사람들과 그들의 무리를 그리는 데 더 열중했다. 그래서 저마다의 독특한 자세로 미루어 우리는 그들이 구체적으로 누구인지까지 알아볼 수 있다. 예를 들어 젊은 로렌초는 오만한 모습이며, 양손으로 칼을 잡고 있다. 아버지 '통풍 환자 피에로'의 목숨을 구해낸 영웅의 면모를 강조한 것이다. 보티첼리는 심지어 자신의 초상을 그려 넣기까지 했는데 군중 가장자리에 서서 물끄러미 관중을 바라보는 사람이 바로 화가 자신이다.

우리가 잘 아는 것처럼, 보티첼리는 인체의 형태를 그리는 데 어려움을 느껴 옷으로 신체를 은폐하거나, 비너스의 알몸을 묘사할 때처럼 풍성한 땋은 머리칼로 신체를 가렸다. 반면 레오나르도는 인체 묘사를 잘

하는 자신의 장점을 유감없이 보여주었다. 〈동방박사의 경배〉를 처음 그렸을 때는 인물들을 알몸으로 그렸다. 그의 전기 작가 월터 아이작슨Walter Isaacson에 따르면, 이렇게 한 것은 "안쪽에서 바깥으로, 즉 처음엔 골격을 구상하고, 다음엔 피부, 다음엔 옷을 구상하는 식으로 인체를 그려야 한다는 알베르티의 조언을 따랐기 때문이다."

이런 예비 작업은 복잡하고 광대한 장면의 기본적 토대를 놓았다. 초점의 중심은 성모 마리아로, 아기 예수를 무릎에 올려놓은 채 종려나무 밑에 앉아 있다. 이 나무는 예수의 생애 마지막 단계를 암시한다. 예수는 마지막 단계에서 종려나무가 무성한 길을 따라 예루살렘으로 의기양양하게 들어간다. 종려나무는 곧바로 이어지는 예수의 죽음과 부활도 상징한다.

이 그림의 초점은 숭배자들의 소용돌이 속에 자리 잡고 있다. 이런 인물 중에 레오나르도의 자화상도 있는데, 이는 보티첼리의 〈동방박사의 경배〉에 들어간 자화상을 모방한 것이다. 그림 맨 오른쪽에 있는 망토를 두른 젊은이가 바로 그 자화상인데, 보티첼리의 그것과 달리 관중을 바라보지 않는다. 이 그림자 같고 남의 눈을 피하려 하는 인물은 성모 마리아에게서 시선을 돌려, 비스듬하게 그림 너머를 쳐다보는데 마치 우리가 볼 수 없는 뭔가를 보고 있는 듯한 모습이다. 이런 무덤덤한 시선을 갖게 된 배경이 무엇인지 우리는 알 수 없다. 그 강렬한 이목구비의 얼굴은 레오나르도가 젊었을 적에 남들 눈에 띌 정도로 미남이었다는 일반적인 견해를 뒷받침해준다.•

• 수염을 기른 현자의 모습을 한 가장 잘 알려진 초상화는 레오나르도의 생애 말기에 그려진 것이다. 그는 50대 후반까지 턱수염을 기르지 않았다.

레오나르도의 〈동방박사의 경배〉의 왼쪽 배경은 화려하게 장식된 폐허가 가장 눈에 띄는데, 여기엔 강력한 직선적 원근법이 구현되어 있다. 이 폐허가 된 건물은 '막센티우스 바실리카'라고 하는데, 중세의 전설에 따르면 성모 마리아가 출산할 때까지 굳건히 서 있다가 예수가 태어나던 날 밤에 갑자기 붕괴하여 폐허가 되었다고 한다.•

이런 무척 야심 찬 작업은 걸작이 될 특징을 완벽하게 갖추었으나 미완으로 남았다. 늘 믿을 만하진 않은 아닌 바사리의 증언에 따르면, 레오나르도는 '변덕스럽고 불안정한' 기질이 있어서 빈번히 작업을 미완성 상태로 내팽개쳤다. "그는 뛰어난 예술적 감각 덕분에 여러 작업을 맡았지만 제대로 마무리한 적이 없다. 사람의 손으로는 자신이 바라는 완벽함을 달성하지 못할 것이라고 보았기 때문이다."

그는 계속하여 자신의 작품에서 여러 가지 문제점을 발견했다. 그 문제점들은 '너무나 은밀하고 너무나 놀라워서' 자신의 엄청난 기술로도 절대 해결할 수가 없었다. 어떤 사람들은 이런 예술적 완성도는 겉으로 내세운 핑계일 뿐, 산 도나토의 도미니크회 수도사들이 지급해야 할 돈을 주지 않아 불만을 품은 레오나르도가 일부러 그림을 내팽개쳤다고 주장하기도 한다.

이 시기에 현금 부족으로 시달린 사람들이 도미니크회 수도사들만은 아니었다. 그즈음 피렌체는 매우 소란스러운 시대를 통과하고 있었다.

• 사실 이 건물은 예수가 죽고 200년 넘게 지날 때까지 건설되지 않았다. 고대 로마 포룸에 들어선 것들 중에 가장 큰 이 건물의 인상적인 폐허는 오늘날에도 볼 수 있다. 이곳은 레오나르도의 그림에서 묘사한 폐허와 닮지는 않았지만, 뉴욕의 옛 펜 역(Penn Station)의 건축 설계에 영감을 주었다.

1478년, '위대한 로렌초'는 파치 음모로 알려진 암살 시도에서 살아남았다. 그 사건은 유력한 파치 가문에서 계획했고, 강력한 교황인 식스투스 4세가 배후에서 은밀히 지원했다. 쿠데타가 실패로 돌아가자 파치와 그 지지자들은 도시에서 탈출했지만, 그들의 후원자들은 다루기 까다로운 문제였다. 식스투스 4세는 피렌체에서 벌어진 소동의 와중에 피사 대주교가 사제복을 입은 채 팔라초 델라 시뇨리아 창문에서 공개적으로 교수형을 받았다는 소식을 듣고 격분했다. 그는 당장 피렌체시 전체를 파문시키고 1만 플로린 정도에 이르는 메디치 은행의 로마 지점 자산을 몰수했다. 이어 동맹인 나폴리의 페란테 왕에게 군사를 모아 피렌체로 진군하라고 요청했다.

그러는 사이 피렌체가 가장 신뢰하는 동맹 밀라노는 정치적 혼란을 겪고 있었다. 갈레아초 마리아 스포르차 공작이 2년 전에 암살되어 이젠 그의 열한 살 난 아들 잔 갈레아초 스포르차의 지지자들이 그의 삼촌 루도비코 스포르차와 권력 투쟁을 벌이고 있었다. 결과적으로, 밀라노는 동맹을 돕기 위해 시늉에 불과한 병력만 모집할 수 있었다. 피렌체는 수비군이 전무한 상태로 홀로 남았다. 피렌체가 선호하던 용병대장 우르비노 공작 페데리코 다 몬테펠트로조차 파치 음모에 가담했고, 오랜 세월 지원해준 교황의 뜻을 거스르는 일을 하려 들지 않았다.

이제 어떻게 해야 하는가? 무엇이 우방 없는 피렌체를 구원할 수 있을까? '위대한 로렌초'는 이제 평생을 통틀어 가장 대담한 행동에 나섰다. 그는 페란테 왕의 공격을 필사적으로 만류하기 위해 나폴리로 말을 달렸다. 적을 방부 처리하여 미라 박물관에 전시하길 좋아하는 페란테 왕의 성향을 고려할 때, 로렌초의 그런 대응은 엄청나게 대담한 것이었다. 하지만 그는 그것 말고는 피렌체를 구할 방법이 없다고 확신했다.

그렇다고 해도 그런 돌연한 임무 수행은 미심쩍은 면이 있다. 로렌초는 나폴리로 질주하는 일이 성공을 거두려면 돈이 필요하며, 그것도 아주 많이 필요하다는 것을 알았다. 하지만 그동안 자신의 권력 유지를 위해 메디치 정당 조직에 계속 기름칠을 해야 했기 때문에 그 어느 때보다도 현금이 부족했다. 이 시기의 재정 기록은 전부 메디치 가문에 의해 폐기 처분되었으나 단 하나의 문서는 살아남았다. 날짜는 적혀 있지 않지만, 로렌초 통치 시기의 바로 이 순간과 관련 있어 보이는 문서다. 이 문서는 그저 로렌초가 7만 4948플로린을 도시의 국고에서 자신의 계좌로 전용했다고 하면서, '법의 승인이나 권한 없이' 그렇게 처리했다고 기록한다. 이런 행위는 공금 횡령이라고 볼 수 있었지만, 동시에 도시를 구하는 소중한 실탄이기도 했다.

'위대한 로렌초'는 비서와 하인 둘만 데리고 빠르게 주마가편하면서 피사로 달려갔다. 중간에 유일하게 한 번 멈춘 곳이 있는데 딱 중간 지점에 해당하는 산 미니아토다. 그는 여기서 시뇨리아에 서신을 보내 자신이 장차 하려는 일이 무엇인지 구체적으로 알렸다. 로렌초는 그렇게 하여 시뇨리아에 기정사실을 제시한 셈이었다.

> 그들의 손에 나 자신을 두는 일이 우리 도시에 평화를 회복하는 데 필요한 수단이 될 수 있다고 생각하오. … 나폴리 국왕이 우리에게서 자유를 빼앗을 작정이라면 내 생각엔 가능한 빨리 그런 의도를 아는 것이 낫고, 다른 모든 사람이 아니라 나 한 사람만 시달리는 편이 낫소. … 내가 지금 가장 바라는 것은 내 목숨이나 내 죽음으로 … 도시의 안녕을 확보하는 것이라오.

이 보고서에 돈 이야기가 전혀 없다는 사실을 지적한다면 조금 무례해 보일지 모른다. 하지만 돈은 로렌초가 '도시의 안녕'을 확보할 수 있는 유일한 수단이었다. 시뇨리아는 그가 국고에서 돈을 무단으로 꺼내 갔다는 사실을 알았을까? 적어도 그런 사실을 어렴풋이 추측하기는 했을 것이다.

'위대한 로렌초'는 자신이 움직여야 하는 시기를 잘 골랐다. 때는 한겨울이었고, 교황청이 모집한 병력이나 나폴리 병력은 동계 야영지에서 움직이지 않았다. 이탈리아에서 전쟁은 보통 온화한 계절에만 벌어졌다. 로렌초의 전기 작가 마일스 J. 엉거Miles J. Unger는 그 영웅적인 나폴리행에 대해 다음과 같은 중요한 주장을 폈다. "로렌초는 이런 행동을 통해 경쟁의 무대를 바꾸어놓았다. 자신의 경험이나 소질이 거의 없는 분야, 그러니까 재무 행정이나 군사 전략 같은 분야에서 시선을 돌려 그가 한결 편안하게 느끼는 분야에서 경쟁을 벌이게 되었다. 바로 자신의 경쟁자와 대면한 것이다."

나폴리에 도착하자마자 로렌초는 메디치 은행 구내에 들어가서 이런저런 고결한 모습을 보이며 나폴리 시민들을 상대로 환심 공세를 펼쳤다. 그는 자신의 그런 모습이 시민들에게 좋은 인상을 주리라는 것을 잘 알았다. 피사에서 그를 태우고 노를 저은 나폴리 갤리선의 노예 100명은 그들을 사들인 로렌초 덕분에 자유민이 되었고, 여기에 더하여 새로운 삶을 헤쳐갈 자금으로 10플로린씩 얻었다. 이어 로렌초는 가난한 자들에게 돈을 나눠 주는 기금을 설립하고 그들의 딸들이 좋은 혼처를 찾을 수 있게 지참금도 제공했다. 페란테 왕은 자신의 궁전에서 로렌초를 접견하겠다고 했지만, 왕의 태도는 여전히 모호했다. 로렌초는 나폴리 궁전에서 환대받았지만 동시에 나폴리를 떠나지 못한다는 통보도 받았다.

페란테 왕은 '위대한 로렌초'가 보여준 용기, 그가 직접 자신을 만나러 와서 처분을 기다린다는 사실에 크게 감명했다. 한편 교황 식스투스 4세는 최근 페란테 왕의 한 아들을 추기경에 임명했는데, 그건 국왕과 나폴리 왕국 양쪽 모두에 진귀한 영광이었기에 왕은 교황의 눈치도 살펴야 했다.

페란테 왕이 확답을 주지 않고 얼버무리는 사이에 몇 달이 흘렀고, 로렌초는 계속 나폴리 사람들에게 호화롭게 돈을 써댔다. 나폴리에 머무는 시간이 길어질수록 로렌초는 나폴리 국왕이 큰 곤경에 빠져 있다는 사실을 더 명확하게 알아차렸다. 오스만 제국 함대가 이제 이탈리아 남부 대다수 지역의 근해를 항해하고 나폴리 영토를 급습하는 등 더욱 더 대담한 모습을 보인 것이다. 동시에 유럽에서 가장 강력한 통치자인 프랑스 국왕이 자신의 타고난 권리라며 나폴리 왕국이 자기 것이라고 주장했다. 그런 화급한 상황인데도 로렌초는 페란테 왕을 마침내 설득하여 평화 협정에 서명을 받아냈다. 교황 식스투스 4세는 격분했지만, 가장 강력한 동맹인 나폴리 왕국과 소원해지고 싶지 않았으므로 이 조약에 동참하는 것 말고는 선택지가 없다고 판단했다.

페란테 왕은 '위대한 로렌초'를 풀어주었고, 그는 개선 영웅으로 환영을 받으며 피렌체로 돌아왔다. 로렌초는 이 기회를 활용해 정부 장악력을 더 강화했다. 곧 시민 70인으로 구성된 새로운 위원회가 설립되었는데, 각 위원은 임기 5년이었고 시뇨리아에서 내린 결정을 뒤집을 권한이 부여되었다. 동시에 로렌초는 고문들의 현명한 조언을 받아들여 덜 화려한 방식으로 행동하기 시작했다. 그는 국부로서 시민들의 기억 속에 좋은 이미지로 남은 조부 코시모 데 메디치가 임종할 때 남긴 조언을 명심했고, 전보다 더 수수하고 겸손한 행동거지를 보였다. 그는 또한 도시의 안녕을 확보하면서 새롭게 얻은 명성을 활용해 도시의 대외 관계에 더 깊이 관여하기 시작했다. 최근 발생한 여러 사건으로 그는 피렌체가 취약한 상태임을 뼈저리게 느꼈다. 이제부터 자신의 외교 수완을 활용해 이탈리아 내 권력 균형을 달성하고 평화를 유지해 피렌체가 반도의 강대국들 사이에서 어느 정도 영향력을 행사하도록 해야만 했다. 이는 방어력이 없는 피렌체의 안녕뿐만 아니라 이탈리아 전체의 안녕을 위한 것이기도 했다.

'위대한 로렌초'가 처음에 한 행동은 식스투스 4세와 소원해진 관계를 수습하는 것이었다. 이탈리아의 다른 강국들에 비해 피렌체는 교황청에 제공할 것이 별로 없었다. 도시가 부유하기는 해도 실질적 권력은 없었다. 그렇지만 로렌초는 피렌체만의 장점을 끄집어냈다. 피렌체가 보유한 것 가운데 가장 뛰어난 것은 문화였고, 그런 화려한 문화는 이탈리아 사람들에게 선망의 대상이었다. 로렌초는 이를 외교의 무기로 활용하기로 마음먹었다.

식스투스 4세는 최근 로마에 자신의 이름(시스티네)을 부여한 새로운 예배당을 완공했다. 1481년, '위대한 로렌초'는 그에게 가장 중요한 화가 두 사람, 보티첼리와 기를란다요를 로마로 파견하여 예배당 내부에 그림을 그리게 했다. 1년 뒤, 로렌초는 주문받은 일을 제대로 해내지 못해 쩔쩔매는 레오나르도 다빈치를 곤경에서 구해내고서 밀라노의 통치자로 떠오른 루도비코 스포르차에게 보내 그의 밑에서 일하게 조치했다.

이런 식으로 해서, '위대한 로렌초'는 세월이 흐르는 동안 '이탈리아라는 나침반의 바늘'로 알려지게 된다. 그는 이탈리아인들이 정치적 혼란이라는 험난한 바다를 뚫고 계속 앞으로 나아가도록 인도하고, 반도에 평화의 시대를 불러와 전쟁 없는 상태를 계속 유지하게 했다. 물론 그 과정에서 몇 가지 사소한 실수도 있었지만, 어쨌든 로렌초의 외교 정책은 르네상스라는 현상이 그 발원 도시를 벗어나 이탈리아 전역으로 확산되는 결과를 가져왔다.

14

급변하는 정세

레오나르도 다빈치와 '위대한 로렌초' 이야기

레오나르도 다빈치는 큰 기대를 품고 밀라노를 향해 떠났다. 그의 자부심은 '위대한 로렌초'가 보티첼리와 기를란다요를 로마로 보내 교황을 위해 일하게 했을 때 크게 상처를 입었다. 그는 두 화가의 그림보다 자신의 것이 훨씬 뛰어나다는 걸 내심 잘 알았다. 설사 그들이 친구 사이일지라도 그런 모욕은 쓰라렸다. 따라서 1년 뒤에 로렌초가 밀라노로 보낼 사람으로 그를 선택했을 때 레오나르도는 자신만의 계획을 준비했다. 그는 예술가 경력을 계속 추구하기보다 루도비코 스포르차의 궁정에 자신을 엔지니어로 소개하려고 마음먹었다.

밀라노는 지리적 위치 덕분에 유럽에서 알프스를 넘어 이탈리아로 이어지는 무역로를 장악하고 있었고 그 덕분에 상업적 번영을 누렸다. 여기에다 견직물 제조업과 여성 모자 제조업millinery(후자는 그 명칭을 밀라노라는 이름에서 따오기까지 했다)에서 활발한 무역을 벌이기도 했다. 이 모든 무역 사업을 더 촉진하기 위해 항해 가능한 운하 네트워크가 밀라노에 연결되어 남쪽으로는 포강, 북쪽으로는 마조레호수와 스위스에까지 이르렀다. 이런 운하를 유지하고 확장하려면 숙련된 수력 엔지니어가 필요했는데, 레오나르도는 그런 상황이 자신에게 좋은 기회라고 생각했다. 여기에 더해 밀라노행을 군사 엔지니어로서 명성을 확립할 절호의 기회로 여겼다. 온화한 성격으로 평화주의자라는 평판을 얻었던 데다 어떤 부류의 고통도 혐오했던 레오나르도로서는 상당히 별난 포부였다. 실제로 바사리는 이런 말을 남겼다. "그는 종종 새가 판매되는 현장을 지나칠 때면, 장사꾼들이 요구하는 돈을 내주고 새장에서 새를 꺼내 공중으로 날려 잃어버린 자유를 되찾아주었다."

어쩌면 그것은 애초에 과도한 포부였을지 모르며 그 자신도 나중에 그것이 좌절되었다고 느꼈다. 어쨌든 레오나르도는 이런 포부에 자극되어 새로운 고용주인 밀라노의 통치자 루도비코 스포르차에게 다음과 같은 과시적 자기소개서를 써서 보냈다.

> 세상에서 가장 걸출하신 영주님께,
> 제가 전쟁 도구를 만든 사람들의 발명품을 보고 검토해본바, 이런 물건 중 그 어떤 것도 이미 존재하는 도구와 별반 다를 바 없음을 알게 되었습니다. 따라서 저는 영주님 앞에 제가 직접 만든 더 진보되고 비밀스러운 무기를 전부 보여드리고자 합니다.

그는 이어 루도비코 스포르차에게 보여줄, 여태껏 숨겨온 '도구들'을 열거했다. 이동식 교량, 공성 병기, 적에게 돌비를 뿌릴 수 있는 대포, 굴을 뚫는 장치, 장갑차, 투석기 등 그 목록은 한없이 이어졌다.

물론 이 모든 건 엄청난 과장이었다. 당시 레오나르도는 자신의 수첩에다 확실하지 않은 소수의 도안 정도만 그려둔 상태였다. 스포르차 앞에서 비밀 무기들을 '보여주겠다'라는 제안을 했지만 실제로는 그 어떤 것도 제작되지 않았다. 레오나르도의 전기 작가 찰스 니콜Charles Nicholl은 레오나르도의 자기소개서에 대해 이렇게 말한다. "그 자기소개서는 SF 소설 같은 분위기를 풍겼고, 마치 그의 상상력이 실제 능력을 앞지르는 것 같은 모양새였다. 그러니까 세부적 내용은 나중에 채우려고 한, 다재다능한 공상가의 홍보였던 셈이다."

한편 여기서 우리는 르네상스의 어두운 이면을 보게 된다. 혁명적인 르네상스 시대는 곧 투쟁의 시대이기도 했다. 마치 르네상스의 보석, 르네상스의 투명한 놀라움은 전쟁을 벌이는 이탈리아 도시 국가들이라는 용광로의 도가니 안에서만 창조될 수 있는 것 같았다.

루도비코에게 제출한 레오나르도의 자기소개서 맨 마지막 부분에는, 거의 뒤늦게 생각난 듯, 자신의 예술적 기량을 언급하는 문장이 나온다. "그림에 관해서라면, 저는 인간이 할 수 있는 것은 무엇이든 해낼 수 있습니다." 그는 루도비코가 자신의 걸출한 아버지, 용병대장이자 밀라노 공작의 자리를 차지한 프란체스코 스포르차를 기념하기 위해 거대한 기마상을 세우고자 한다는 소식을 들었다. 이를 염두에 둔 듯 주제넘게도 이렇게 덧붙였다. "저는 청동 기마상 작업부터 시작할 수 있습니다."

이것 또한 과도한 자랑으로, 당연히 자만심의 소치에서 나온 말이었다. 고대 로마 시대 이후 수백 년이 흐르는 동안, 거대한 기마상을 주조하고 설치하는 어려운 과정은 중단되었고, 그 기술은 거의 사라졌다. 그러다가 1453년에 도나텔로가 가타멜라타라고 알려진 용병대장의 실물 크기 기마상을 파도바에서 제작하는 데 성공했다. 이 일은 세상을 떠들썩하게 한 대사건이었다. 이제 레오나르도는 친구이자 옛 스승인

베로키오가 최근에 베네치아로부터 기마상 제작 의뢰를 받았다는 소식을 들었다. 도시를 통치하는 시뇨리아는 베로키오가 도시의 위대한 용병대장 바르톨로메오 콜레오니의 기마상을 실물보다 더 크게 제작하길 바랐다. 레오나르도는 이 분야에 경험이 없었는데도 더 나은 것을 만들고 싶어 했다. 그는 그보다 훨씬 더 큰 4미터짜리 프란체스코 스포르차 청동상을 만들겠다는 의욕을 보였다. 더욱이 이전의 청동상들이 왼쪽 앞다리를 들어 올리는 말을 묘사해 힘과 나아가는 모습을 보여주었다면, 그는 그보다 훨씬 놀라운 자세를 보여줄 계획이었다. 그의 기마상은 스포르차가 양쪽 앞다리를 모두 들어 올린 말에 올라탄 모습을 묘사할 텐데, 이렇게 되면 스포르차가 탄 말은 땅에다 뒷다리만 대야 할 테고 그것은 정말로 힘의 궁극적 이미지를 투사할 것이었다.

그런 위업은 이전에 성취되기는커녕 시도된 적도 없었다. 말이 왼쪽 앞다리 하나만 들어 올리고 나머지 세 다리의 균형을 맞추는 것만 해도 매우 어려운 일이었다. 도나텔로는 기마상의 무게를 받치기 위해, 말이 들어 올린 발굽 밑에 둥근 물체를 배치하는 고대 로마의 묘수에 의지할 수밖에 없었다. 이제 레오나르도는 육중한 청동상을 가느다란 뒷다리로만 균형을 맞춰야 하는 문제에 직면하게 되었다. 수첩에 그려진 레오나르도의 그림만 보아도, 이런 난제를 극복하려고 그가 얼마나 노력했는지 알 수 있다. 처음에 그는 말이 들어 올린 두 앞다리 발굽 밑에 죽은 적들의 시체를 배치하려 했고, 나중에는 넓적한 나무 그루터기를 놓으려는 생각도 했다. 하지만 그 어느 것도 실행 가능한 일로 보이지 않는다.

루도비코 스포르차는 여러 해가 지난 후에 레오나르도에게 이 기마상 프로젝트를 승인해주었다. 승인이 떨어졌을 무렵, 레오나르도는 파도바를 방문해 도나텔로의 가타멜라타 기마상을 직접 보고 왔다. 그것은 도전적이면서도 엄청나게 자극되는 경험이었다. 레오나르도는 도나텔로의 뛰어난 솜씨에 경탄과 존경을 금치 못했다. 앞다리를 모두 든 기마상을 만들겠다는 자신의 계획이 불가능하다는 것을 즉시 깨달은 레오나르도는 자신의 말 그대로 '다시 시작했다.' 그는 도나텔로의 자세를 모방했지만, 말의 모습에 제대로 생기를 불어넣으면 기존의 기마상을 능가할 수 있다고 생각했다. 그는 수첩에 이렇게 적었다. "파도바에서 본 기마상은 무엇보다 그 역동성이 높이 평가될 것이다." 이어서 이렇게 덧붙였다. "그러나 그 움직임엔 타고난 생기가 없으므로, 뭔가 인위적인 방식으로 그것을 구현해야 한다." 그의 수첩에는 살아 움직이는 말들을 그린 여러 장의 스케치가 담겨 있다. 이 스케치들은 말의 근육에서 나오는 활력을 놀라울 정도로 잘 포착했다. 그가 구상한 기마상은 결국 일반적 기준에 맞추어 규모가 축소되었지만, 그는 말의 야수성을 생생하게 구현함으로써 남들보다 뛰어난 기마상을 제작하고자 했다.

레오나르도는 기마상 주조를 준비하면서 실물 크기의 점토 원형을 제작하기 시작했다. 이 작업은 절반쯤 버려져서 허물어진 코르테 베키아의 중앙 뜰에서 이루어졌다. 한때 공작이 살았던 궁전인 그곳은 루도비코 스포르차가 레오나르도에게 거주지 겸 작업실로 배정한 장소였다. 레오나르도가 만들어낸 경이로운 기마상 점토 모델에 관한 소식은 널리 퍼져나갔다. 나중에 그 모델에서 나오는 실물 청동상은 분명 밀라노의 경이가 될 터였다.

하지만 예기치 못한 참사가 닥쳤다. 1499년에 밀라노는 프랑스와 전쟁을 치르게 되었다. 레오나르도의 기마상을 주조하기 위해 마련해놓은 대량의 청동은 대포를 주조하기 위해 밀라노 군대에 의해 징발되었다. 그 후 상황은 더 나빠지기만 했다. 패전 이후 스포르차는 도망쳤고, 승리한 프랑스 군대는 레오나르도가 점토 모델을 세웠던 뜰로 들이닥쳤다. 50년 뒤, 동시대 밀라노 인문주의자이자 연대기 기록자인 사바다 카스틸리오네는 이런 글을 남겼다. "나는 기억한다. 슬픔과 분노를 머금고 이제 이렇게 말하겠다. 이 고귀하고 독창적인 작품은 가스코뉴 석궁 사수들의 과녁으로 쓰였다." 레오나르도의 점토 모델은 수리하기는커녕 알아보지 못할 정도로 산산이 부서져 무의미한 흙더미로 변해 버렸다.

레오나르도는 루도비코 스포르차 밑에서 1482년부터 1499년까지 17년 동안 일했다. 밀라노에 처음 도착했을 때 자신의 인생에 다소 환멸을 느끼던 고집불통의 서른 살 남자는 아직도 자신의 잠재력을 보여주지 못한 처지였다. 밀라노를 떠날 때 레오나르도는 더 현명해졌고 이루어놓은 것도 많은 중년의 예술가이자 박학가가 되었다(군사 엔지니어가 되겠다는 꿈은 여전히 버리지 않았다). 이제 그는 자신에게 드높은 평판을 가져다준 수많은 걸작을 완성했다. 이런 작품들과 별개로 그는 루도비코 스포르차의 의뢰를 받아 다양한 기념행사, 연회, 각종 여흥 행사에서 궁정과 궁정의 손님들을 즐겁게 해주는 시시한 물건들을 만드느라 아까운 재능을 낭비했다. 그런 잡다한 소품으로는 정교한 얼음 조각, 경탄스러운 불꽃놀이, 독창적인 연극 장치 등이 있었다. 레오나르도는 아무런 불평도 하지 않고 이런 일을 수행한 듯하다. 남들보다 상대적으로 큰 자유를 누리려면 마땅히 치러야 할 대가 정도로 받아들였던 듯하다. 몇 안 되는 진지한 제작 의뢰와 가끔 주어지는 사소한 파티용품을 제작하는 사이에 그는 자신이 추구하고자 하는 것을 자유롭게 추구할 수 있었다.

우리는 그의 수첩에서 이전엔 전혀 볼 수 없는 수준으로 독창성이 확장되는 것을 알아볼 수 있다. 그의 머릿속에서는 온갖 아이디어가 넘쳐흘렀고 그의 관심은 유인有人 비행부터 괴물까지, 폭우를 묘사하는 것부터 해부학 연구를 묘사하는 것에 이르기까지 아주 다양했다. 이 모든 걸 하는 중에 그는 짬을 내어 수학을 연구하던 루카 파촐리와 친분을 쌓았다. 그러자 파촐리는 아예 레오나르도가 사는 곳으로 이사를 와서 함께 살며 산수와 기하학을 가르치기 시작했다. 레오나르도는 배움을 열렬히 바라는 학생이 되었다. 그러다가 레오나르도는 점토 기마상의 파괴에 맞먹는 큰 참사를 겪는다. 하지만 이번에는 거의 그 자신이 자초한 일이었다.

1495년에 루도비코 스포르차는 밀라노의 낡은 건물 여러 채를 광범위하게 수리하기 시작했는데, 여기엔 산타 마리아 델레 그라치에의 도미니크회 수도원도 끼어 있었다. 수도사들은 수도원의 수리를 기념하기 위해 레오나르도에게 〈최후의 만찬〉을 프레스코화로 그려달라고 의뢰했다. 레오나르도는 이 그림이 자신의 가장 뛰어난 작품 중 하나가 되리라는 것을 알았고, 예수가 사도 중 한 사람이 자신을 배신할 것이라고 밝혔을 때 사도들 각각의 반응을 매우 특징적으로 묘사했다. 하지만 레오나르도는 프레스코화 작업에서 확실히 증명된 방법을 고수하지 않고 자신만의 더 실험적인 기법을 적용하기로 마음먹었다. 마른 표면에 그림을 그리는 것(일반적으로 축축한 표면에 그리는 프레스코화와 완전히 다른)은 물론이고, 인물의 광도光度를 높이고자 백연 페인트 밑칠을 해서 더 환히 빛나게 한 것 등이 그런 예다. 이 기법은 처참한 실패로 드러났다. 4년 뒤, 프랑스가 밀라노를 정복했을 때 프랑스 국왕 루이 12세가 이 위대한 작품을 보여달라고 요구했지만 이미 이 프레스코화는 쇠락의 징후를 보이고 있었다. 바사리는 작품이 완성되고 갓 반세기를 넘은 때인 1556년에 이 그림을 관람하고서는 이 그림은 '얼룩이 뒤죽박죽된 곤죽'에 지나지 않는다고 말했다.• 우리가 오늘날 알고 있는 〈최후의 만찬〉은 거의 동시대 복제품에 기초하여 여러 차례 복원한 것이다.

프랑스 침공 이후 레오나르도는 친구 파촐리와 함께 베네치아로 떠났고, 그곳에서 파촐리의 《신성한 비례Divina Proportione》에 삽화로 사용할 여러 복잡한 기하학적 그림을 그렸다. 1503년, 레오나르도는 마침내 피렌체로 돌아왔다. 하지만 레오나르도가 21년 전에 떠났던 도시는 역사적으로 가장 충격적인 격변을 여러 차례 겪은 뒤였고, 이제 그 모습이 완전히 바뀌어 있었다.

이런 변화의 씨앗은 이미 레오나르도가 밀라노로 떠날 때 표면 아래에서 싹트기 시작했다. '위대한 로렌초'는 나폴리 페란테 왕에게 탄원하고자 영웅적 질주를 펼친 이후 피렌체에서 메디치 가문의 지배력을 더 강하게 굳혔다. 그렇지만 피렌체의 국고에서 거의 7만 5000플로린에 이르는 자금을 횡령한 것은 메디치 가문의 일 처리에 큰 문제가 있음을 보여주는 결정이었다. 게다가 오랜 세월 가문의 통치를 용이하게 해준 자금의 원천인 메디치 은행은 붕괴 직전이었다.

이런 문제들은 오랜 세월에 걸쳐 서서히 진행되었다. 우리가 살펴본 대로 바르디, 페루치, 아차이우올리 은행이 14세기 중반에 그랬듯이 은행이 전면적으로 붕괴되는 것을 막기 위해 창업자 조반니 디 비치는

• 이는 분명 레오나르도의 잘못만은 아니었다. 서투른 수도원 수리 작업으로 벽이 과도하게 습해진 것도 그 같은 쇠락의 부분적 원인이었다.

처음부터 메디치 은행 각 지점을 별개의 회사로 설립했다. 메디치 가문은 각 지점의 지분을 대부분 보유했고, 가문이 선택한 관리인은 필연적으로 가문이나 핵심층에서 신뢰받는 사람이 맡을 수밖에 없었다. 따라서 코시모 데 메디치가 피렌체의 동맹 상대로 베네치아를 버리고 용병대장 프란체스코 스포르차의 밀라노를 선택했을 때, 이처럼 지극히 중요한 지점을 관리할 사람으로 메디치 저택에서 성장한 피젤로 포르티나리가 선택된 건 당연한 일이었다.

세월이 흐르면서 메디치 은행 외국 지점의 관리인들은 자율성을 점차 더 많이 확보하는 데 익숙해졌다. 피렌체와 떨어진 거리, 그리고 상호 연락의 지체 등으로 그런 상황은 불가피했다. (피렌체에서 브뤼주로 가는 서신은 잘해야 6주 만에 도착할 수 있었다.) 그 결과, 코시모 데 메디치는 제한된 수준의 전결권을 빈번히 장려했고, 특히 은행 관리인들이 유럽 전역과 멀리 중동까지 뻗어나간 대리인과 대표 네트워크의 구성원이 되면 전결권을 더 많이 위임했다.

하지만 코시모는 그런 자율권을 바탕으로 펼친 영리 사업이나 은행의 통상적 업무에서 상당히 벗어난 사업 등에 대해서는 정기적으로 보고받을 생각이었다. 외국 지점의 관리인들은 종종 향신료, 모피, 염료 같은 다양한 상품 수출입에 관여했다. 그리고 영향력이 큰 은행 손님들이 은행 지점에 성 유물에서 시작해 이국적인 과일에 이르기까지 다양한 상품을 제공해줄 것을 빈번히 요구하기도 했다. (15세기 후반이면 유럽 시장에 파인애플 같은 상품이 쉽게 수송되었다.) 그뿐만 아니라 코시모는 관리인들이 피렌체 공화국의 관심사에 유익한 정보를 제공하는 스파이로도 활동하길 바랐다. 보통 그런 정보는 최신 현지 소식이나 상업적 발전 등의 내용을 담았지만, 그런 소소한 정보도 예기치 못한 방식으로 유용하게 써먹을 수 있었다. 잉글랜드 국왕이 모병하는 중이라거나 부르고뉴 공작이 브뤼주에 부과되는 수입세를 늘리려 한다는 소문•은 다른 정보들과 함께 유럽 시장에서의 중대한 변화를 시사했다.

마찬가지로 관리인과 대리인에게는 은행업과 사주社主의 취미가 잘 어우러지도록 운영하는 모습이 기대되었다. 특히 코시모 데 메디치가 열렬히 수집하는 고대 필사본에 관해서는 더욱더 사주의 기대에 부응할 필요가 있었다. 에드워드 기번이 코시모에 대해 서술한 부분을 살펴보자. "그의 부는 인류에 봉사하는 데 바쳐졌다. 그는 즉시 카이로와 런던에 서신을 보냈고, 인도 향신료 화물과 그리스어로 된 책은 자주 같은 선박으로 수입되었다." 하지만 메디치 은행 관리인들이 펼친 사업이 늘 이익을 남긴 것은 아니었다. 예를 들어 로렌초 디 피에르프란체스코 데 메디치가 아메리고 베스푸치를 카디스로 보내 현지 관리인이 벌인 비공인 사업을 조사하게 했을 때, 그 대리인이 은행 자금을 전용해 개인적으로 여러 사업에 투자했다는 사실이 밝혀졌다.

코시모 데 메디치는 사람을 능숙하게 판단했고 관리인들을 끊임없이 경계하는 모습을 보였으며 정기 점검 차 피렌체로 보내온 현지 장부를 면밀하게 검토했다. 그의 예리한 눈을 빠져나가는 것은 거의 없었다. 반면 그의 아들 '통풍 환자 피에로'는 다소 덜 숙련된 모습을 보였고, 도시를 통치하는 데 기운을 쏟는 동시에 은행 업무에 충분히 관심을 기울이는 것을 버거워했다. 코시모는 뛰어난 선견지명이 있어서 이런 사태에 대비했다. 피에로를 지원하기 위해 그는 제네바 지점의 노련한 관

• 이 시기에 부르고뉴 공작령은 북해 해안을 따라 프랑스 동부에서 벨기에를 거쳐 네덜란드로 이어졌고, 알자스와 스위스 국경까지 남쪽으로 뻗어 확장되었다.

리인인 프란체스코 사세티를 피렌체로 불러들여 은행의 총괄 지배인으로 임명했다. 그런데 코시모가 나이가 들어 기력이 쇠해졌을 무렵 사세티를 임명한 그의 판단은 기대에 미치지 못했다. 사세티는 노련한 관리인이 아니었고, 실제로는 무능하고 게을렀으며 자기가 저지른 잘못을 완벽한 아첨 기술로 어떻게든 숨기는 부류였다.

피에로는 자신이 통치를 시작한 날, 은행의 채권을 회수하려는 경솔한 시도를 했다. 이런 판단력 부족은 나중에 부작용을 일으켜 알비치와 언덕당이 메디치의 권력을 위협하는 지경에 이르렀다. 그럼에도 피에로가 통치했던 5년은 피렌체 주요 시민들에게 메디치의 지배에 대해 충분히 확신을 심어주었고, 그가 세상을 떠난 뒤에도 여전히 시민들은 메디치 가문의 지배를 받아들였다. 그런 신임은 '지도자, 기사, 시민'으로 구성된 대표단이 메디치 궁전을 찾아가, 늠름한 스무 살 청년 로렌초에게 '아버지와 할아버지가 그랬던 것처럼 도시와 정부를 돌보는' 역할을 맡아달라고 부탁한 결정적 근거였다.

로렌초가 카리스마와 능력을 갖춘 것은 명백했으나 그는 메디치 은행을 경영하는 소질이 아버지보다도 부족한 것으로 드러났다. 그는 은행 업무에 전문 지식도 애정도 없었다. 하지만 그가 소홀히 하지 않는 한 가지 일이 있었는데, 다른 이탈리아 도시들에서 은행 관리인들이 보내온 정기 보고서를 꼼꼼히 읽는 것이었다. 그는 이 보고서들을 통해 이탈리아 정치 상황을 속속들이 파악해 정치 분야에 점점 더 많이 개입하고 더 큰 영향력을 행사했다. 그러는 동안 은행업의 재정적 측면은 거의 다 아첨꾼 사세티의 손에 넘어갔고, 곧 로렌초의 은행업 방치와 기량 부족이 엄청난 결과를 가져오리라는 징조가 분명해졌다.

사세티에게서 메디치 은행의 제네바 지점을 이어받은 사람은 리오

네토 데 로시였는데, 그는 막 '통풍 환자 피에로'의 혼외 딸인 마리아와 결혼한 참이었다. 그러므로 그는 사실상 '위대한 로렌초'의 매형이었다. 제네바 지점은 메디치 은행의 큰 소득원으로서 그 무렵 막 사업장을 프랑스 중부의 리옹으로 옮겼다. 그 무렵 리옹은 해당 지역의 금융 중심지가 되었고, 여러 중요한 유럽 무역 박람회를 주최하기도 했다. 한때 번창했던 이 지점은 이미 전임자인 사세티 때에 이르러 쇠약해지기 시작했다. 로시가 맡았을 때 사업은 더 고꾸라졌다. 로렌초에게 보내는 로시의 보고서에 따르면, 장부에 '지나치게 많은 악성 채무와 상품 재고'가 있기 때문이었다. 이는 로렌초가 질책하는 서신을 보낼 정도로 우려되는 상황이었기에 로시에게 그런 골칫거리를 없애는 은행 방침을 고수하라고 지시했다. 로렌초는 심지어 몽펠리에의 메디치 대리인인 로렌초 스피넬리에게 리옹으로 가서 로시가 자신의 지시를 잘 따르는지 확인하라고 지시했다. 로시는 이런 조치에 심기가 불편했고, 피렌체의 사세티에게 서신을 보내 스피넬리가 자기를 '감시한다'며 분통을 터트렸다.

로시의 행동은 점점 더 '기이해졌다.' 1482년에는 피렌체에 두 가지 다른 대차대조표를 보내는 일까지 저질렀다. 꼼꼼한 분석가인 레이먼드 드 루버에 따르면 이 대차대조표 중 하나는 사세티에게 보내졌는데 "통상적인 수법대로, 이해하기 어려운 세부 사항으로 가득했으며", 다른 것은 '위대한 로렌초'에게 전달되었는데 "모든 것이 가장 이치에 맞는 방식으로 설명되어 있었다." 여기에 대해 드 루버는 이렇게 말했다. "로시가 이처럼 두 가지 대차대조표를 보내 어떤 목적을 달성하려 했는지 그것 자체가 수수께끼다. 피렌체 본부에서 당연히 그 두 가지 대차대조표를 서로 비교해볼 테니 말이다."

리옹의 상황은 이제 통제할 수 없는 지경에 이르렀다. 로시는 자신이 2만 2000에퀴écu•에 이르는 부채를 정리했고, 동시에 1만 2000에퀴를 예비금으로 쌓아두었다고 자랑했다. 그는 또 '거의 그 정도 액수에 이르는 보석과 상품'을 은행 구내에 보관하고 있다고 보고했다. 그가 누락한 내용은 그런 보석은 '값을 잘 쳐주지 않는 대영주들에게만 판매될 수 있다'는 것이었다. 그 뒤로 더 좋지 못한 일이 들이닥친다. 곧 메디치 은행의 로마 지점에서 리옹 지점이 여러 추기경의 봉급을 로마에 늦게 송금한다고 불평하기 시작한 것이다. 그러자 리옹 지점은 무역 박람회로 누적된 채무를 은폐하기 위해 로마 지점에 약속 어음을 발행하기 시작했다. 로시의 이런 행동은 곧 메디치 은행의 가장 중요한 두 지점의 자산과 평판을 위태롭게 했다. 그런 상황에서도 로렌초는 망설였다. 매형을 해고하면 가문에 어떤 영향이 있을 것인가? 유럽 전역의 지점 관리인 대다수는 이와 비슷한 인척 관계였다.

드 루버가 지적한 것처럼, 로시가 다음으로 보낸 대차대조표는 "사기였고, 관련 수치는 거대한 손실을 은폐하기 위해 이곳저곳 바꾸어놓은 것이었다." 로렌초는 격분하여 결국 화를 참지 못했고, "권한을 위임한 사람을 리옹으로 보내 로시를 체포해 죄수로서 피렌체에 끌고 오는" 극단적 절차를 취하려 했다. 하지만 1485년 3월에 사세티가 그런 조치를 만류하는 조언을 했다. 드 루버의 말에 따르면 이러했다. "로렌초는 그런 조치 대신 친근한 어조의 서신을 보내 피렌체에서 열리는 회의에 참석하도록 로시를 구슬렸다." 처음에 로시는 로렌초의 서신을 무시하기로 작정한 것처럼 보였다. 하지만 마침내 1485년 6월에 피렌

• 당시 프랑스 에퀴는 피렌체 플로린보다 약간 가치가 높았고, 9에퀴에 10플로린의 환율을 보였다.

체에 도착했고, 그 뒤 "체포되어 채무자가 수감되는 스틴케 감옥에 투옥되었다." 은행의 몇몇 파트너는 이제 로시가 빚진 3만 플로린의 상환을 요구했다. 이는 막대한 금액으로 도저히 로시가 상환할 수 없는 액수였다.

로시의 체포로 피렌체에서 이런저런 말이 나돌았다. 리옹의 은행업계에서 "이 소식은 엄청난 충격을 불러일으켰다." 로마에서도 상황은 마찬가지였다. 곧 "뭔가 잘못되어 메디치 은행이 심각한 문제에 빠졌다"는 점이 명백해졌다. 다행히도 그 이후에 열린 무역 박람회에서 메디치 은행의 거래가 능숙하게 처리되어 간신히 지급 청구 쇄도는 피할 수 있었고 메디치 은행의 신뢰도 다소 회복되었다. 적어도 당분간은 최악의 상황을 모면한 셈이었다.

그러는 사이 1484년에 그리스계 제노바인 추기경 조반니 치보가 교황으로 선출되어 인노켄티우스 8세가 된다. 이제 가문 휘하의 예술가들을 빌려주는 '위대한 로렌초'의 '문화' 외교 덕분에 피렌체는 밀라노 및 로마와의 동맹 관계를 확보할 수 있었다. 베네치아는 피렌체에 계속 반감을 품고 있었고, 나폴리의 페란테 왕은 어느 때보다도 예측 불가능한 행태를 보였지만, 피렌체가 맺은 동맹 관계는 이탈리아반도에서 권력 균형을 확보하기에 충분했다. 인노켄티우스 8세는 나약한 교황으로 판명되었고, 나랏일보다 친족 등용과 자신의 쾌락에 더 관심을 보였다. 로렌초는 이 기회를 제대로 활용했고, 영향력을 발휘해 이탈리아반도 내에서 세력 균형에 의한 평화를 더욱더 공고히 하고자 했다. 실제로 그런 조치에 고마움을 느낀 인노켄티우스 8세는 나중에 로렌초가 '이탈리아라는 나침반의 바늘'이라는 평판을 얻었다며 공공연하게 칭찬했다.

하지만 '위대한 로렌초'는 그보다 더 큰 포부를 품고 있었다. 1487년, 그는 자신의 딸 마달레나를 교황의 혼외 아들 프란체스케토 치보와 혼인시키는 데 동의했다. 인노켄티우스 8세의 입장에서는 자기 아들을 그런 명성 높은 가문과 혼인시키면 큰 이득이었다. 혼외 아들이 더는 교황청의 보호를 받지 못할 때 강력한 후원과 유대를 기대할 수 있었으니 말이다. 하지만 '위대한 로렌초'는 이렇게 호의를 베푸는 값을 높이 쳐서 받으려 했다. 그는 인노켄티우스 8세를 설득하여 자신의 열세 살 된 차남 조반니 데 메디치를 추기경으로 임명하겠다는 약속을 받아냈다. 도덕적으로 매우 해이했던 그 시대에도 그런 소년 임명은 전례 없는 일이었다. 인노켄티우스 8세는 3년 뒤에 조반니가 성인이 될 때까지 임명을 공표하지 않는 조건으로 이에 동의했다.

이제 중년의 로렌초는 나이보다 훨씬 원숙한 모습이었다. 그는 과거에 마상 창 시합과 피렌체식 풋볼 경기에서 탁월한 기량을 보인 늠름한 청년이었고, 주변에 예술가와 인문주의 철학자 무리를 모은 특별한 청년이었다. 지식인 친구들을 깊이 감동시킬 만큼 뛰어난 예술적 재주를 선보이고, 공공 축제에서 외설적인 시구를 읊어 시민들을 즐겁게 할 수 있는 재능 있는 시인이기도 했다. 하지만 이제 그런 모습은 전부 과거가 되었다. 로렌초의 육신은 가문의 고질병인 통풍에 굴복했고, 사지가 심각하게 뒤틀리고 퉁퉁 부어올라 더는 걸을 수조차 없었다. 그는 끊임없이 고열에 시달리기 시작했고, 친한 친구인 시인 폴리치아노에 따르면 고열이 점점 더 그의 육신을 갉아먹어 "동맥과 정맥뿐만 아니라 사지, 내장, 신경, 뼈, 골수까지도 침범했다." 아버지 '통풍 환자 피에로'와 마찬가지로 로렌초는 더는 자기 힘으로 움직일 수 없어서 들것에 실려 다녀야 했다.

둘째 아들 조반니가 열여섯이 되었을 때 마흔세 살이 된 로렌초는 살날이 얼마 남지 않았다는 것이 분명해졌다. 그는 들것에 실려 메디치 궁전 안뜰 위쪽 발코니로 나갔고, 다른 사람들의 눈에 띄지 않은 채 저 아래 뜰에 펼쳐지는 풍경을 내려다봤다. 환한 표정을 짓는 그의 토실토실한 아들은 망토를 입고 진홍빛 모자를 쓰고 사파이어 반지를 낀 채 추기경단에 들어간 자신을 축하하고자 모인 고위 관리를 위한 연회를 주도하고 있었다. 로렌초가 아들을 보는 것은 그것이 마지막이 된다. 그다음 날 추기경 조반니 데 메디치는 죽어가는 아버지가 전하는 서신을 휴대하고 로마로 떠났다. 온갖 고통에 시달리면서도 로렌초는 여전히 오랜 기간 명쾌한 정신을 유지할 수 있었다. 가문 전통에 따라 로렌초의 서신은 아들에게 검소한 생활 방식을 받아들이고 축일을 간소하게 기념하라고 충고했다. 또 아들에게 이렇게 강조했다. "저택을 장대하고 화려하게 꾸미기보다는 잘 정돈되고 깔끔하게 유지해라. 규칙적인 생활을 하고 소비를 줄여라."

전통적으로 메디치 가문의 임종 때 나오는 유언이 그런 대접을 받았던 것처럼, '위대한 로렌초'는 '통풍 환자 피에로'의 말을 귓등으로 들었고, 로렌초의 조언도 조숙한 그의 아들에게 마찬가지 반응을 일으켰다. 추기경 조반니 데 메디치는 그의 아버지가 '온갖 죄악의 소굴'이라고 표현한 도시 로마에 들어가면서 타고난 쾌락주의자의 열정을 드러낸다. 하지만 조반니는 아버지처럼 나이가 들면 청년 시절의 쾌락주의를 버린다. 로렌초는 그토록 이례적으로 어린 나이에 둘째 아들 조반니가 추기경직에 오르게 함으로써, 나이 많은 추기경들이 사망함에 따라 점차 추기경단 안에서 높은 자리를 확보하여 세월이 흐를수록 더 큰 영향력을 발휘하도록 사전에 조치해놓았다. 아버지의 은밀한 소망은 실현되어, 추기경 조반니는 착실히 근속 연수, 지성, 외교 기술을 쌓아 취임 21년 만에 교황 자리에 올라 레오 10세가 되었다.

열여섯 살의 추기경 조반니 데 메디치가 그 높은 직책을 맡고자 로마로 떠난 다음 날, '위대한 로렌초'는 들것에 실려 피렌체를 벗어나 도시 성벽 북쪽 시골에 있는 카레지 별장으로 갔다. 이 별장은 조부인 코시모 데 메디치가 건축가 미켈로초에게 의뢰하여 70여 년 전에 지은 것이었다. 여기서 코시모 데 메디치가 숨을 거두었고, '통풍 환자 피에로'도 그곳에서 죽었다. 어린 시절을 보낸 수풀과 나무가 무성한 언덕으로 돌아온 로렌초 역시 그곳에서 세상을 떠난다. 만약 이 무렵 로렌초가 마침내 자신의 생애 말년에 격변하는 피렌체 정치에서 자유로워졌다고 생각했다면, 그는 큰 실망을 맛보았으리라.

15

보이지 않는 흐름

사보나롤라 이야기

세월이 흐른 뒤의 혜안으로 과거를 되돌아볼 때, 15세기 후반에 서양인들은 확실히 새로운 시대로 들어섰다. 우선 그들이 살아가는 세상의 크기는 이전에 생각했던 것보다 갑작스럽게 훨씬 커졌다. 1488년에 포르투갈 탐험가 바르톨로메우 디아스는 대서양 남쪽으로 멀리 항해하여 희망봉을 돌아 인도양으로 들어선 최초의 유럽인이 되었다. 4년 뒤, 콜럼버스는 스페인에서 서쪽으로 항해해 대서양을 건너 그전까지 알려지지 않은 대륙에 도착했다. 그러는 사이 고대 학문의 점진적 부흥은 서양 문화의 관점을 통째로 변화시키기 시작했다. 수학과 은행업, 예술과 건축, 문학과 철학은 모두 새로운 관점에서 재고되었다. 이것은 뭐랄까, 이전에 흐릿하고 불완전한 스케치에 지나지 않던 풍경 전체를 렌즈에 초점을 맞추어서 선명하게 보는 것과 비슷했다.

이 같은 르네상스의 중심은 피렌체였다. 서양인들의 정신, 시야, 성장이 새로운 차원에 들어서기 시작한 것처럼, 피렌체도 새로운 경이로움으로 가득한 도시로 발돋움했다. 브루넬레스키의 돔이 성당 꼭대기에 웅장하게 자리 잡고, 우첼로와 보티첼리 같은 예술가가 그린 그림이 도시 성당들을 장식하고, 젊은 지식인들은 길거리 모퉁이에서 플라톤을 논하고, '위대한 로렌초'가 제공한 다채로운 야외극이 활발하게 진행되었다. 이제 세상은 결코 예전과 같지 않을 것이었다.

하지만 뭔가 다른 일 역시 벌어지는 중이었다. 새로운 여흥, 새로운 경이, 새로운 아이디어의 흐름, 이런 것들의 수면 아래에서는 점점 더 커지는 혼란의 저류低流가 있었고 거기에 더하여 더욱더 커지는 분노도 있었다. 특히 민중 사이에서는 그런 분노가 더 심각했다. 그들은 광장에서의 축제가 끝난 뒤 비좁고 악취가 풍기는 빈민가 거리를 터덜터덜 걸어 집으로 돌아가면서 아무것도 변하지 않았다고 느꼈다. 뭔가 변한 게 있다면, 삶이 더 나빠졌다는 것이었다. 이제 잉글랜드와 저지대국가 사람들은 외국에서 의복을 수입하지 않고 그들 고유의 멋진 의복을 만들어 입기 시작했다. 그리하여 양모의 해외 판매가 줄었고, 그 여파로 피렌체 섬유 산업은 불황을 겪었다. 늘 그랬듯이 양모를 소모하는 사람들이 가장 먼저 고통을 겪었다. 양모 세공인들도 많이 해고되었고, 그들과 그 가족은 극빈 상태로 떨어져 공공 자선에 의존해 살아가야 했다. 그러면서 주요 가문들의 새로운 통치 방식, 새로운 건물, 새로운 화려한 생활 방식에 대해 냉소적인 시선은 더 깊어졌다.

사회적 혼란이 심화되는 가운데 사치 풍조는 점차 사회의 모든 계층에 스며들기 시작했다. 하지만 그런 상황에서도 희망과 확실성을 제공하는 것처럼 보이는 단 한 사람이 있었으니 바로 도미니크회 수도사 사보나롤라였다(화보 22). 그의 열정적 설교는 새로운 근본주의 기독교를 선포했고, 예전의 단순하고 소박한 방식으로 돌아가야 한다고 가열 차게 주장하고 나섰다. 파멸에 대한 그의 열정적 예언이 힘을 얻기 시작하자, 시민들은 지배 엘리트의 사치스럽고 화려한 생활 방식에 등을 돌리기 시작했는데, 그런 혐오스러운 생활 방식으로 사는 전형적 사례가 바로 메디치 가문이었다. 점점 더 많은 시민이 못생기고 덩치도 작으며 걸쭉한 사투리를 쓰는 수도사가 주장하는 새롭고 소박한 생활 방식을 지지하면서, '위대한 로렌초'의 통치를 거부하려는 방향으로 기울고 있었다.

나름으로 애를 썼지만 '위대한 로렌초'는 커지는 사보나롤라의 영향력에 맞서 싸우는 것이 불가능함을 깨달았다. 금전에 의한 매수, 은밀한 강압, 위협까지 시도했지만 그 어떤 것도 사보나롤라에게는 통하지 않는 듯이 보였다. 이제 로렌초의 위중해지는 질병은 그의 판단력을 흐려놓기 시작했다. 그는 점차 자기 목숨에 대한 통제력을 잃는 동시에 도시에 대한 통제력도 잃기 시작했다. 시민들은 피렌체 통치자들의 사악함에 분노하는 사보나롤라의 설교를 듣기 위해 떼 지어 몰려들었다. 이제 피렌체 시민들에게 점점 더 큰 지배권을 행사하는 사람은 도시의 카리스마 넘치는 통치자가 아니라, 자칭 '왜소한 수도사'였다.

'위대한 로렌초'는 임종 자리에서 사보나롤라에게 직접 호소하기로 마음먹었다. 그는 수도사에게 카레지 별장에서 만나자고 초대했다. 놀랍게도 사보나롤라는 로렌초의 초대에 응했다.

두 사람의 만남에 대해 여러 목격자의 조금씩 다른 이야기가 전해진다. 하지만 핵심적인 측면에서 모두 의견을 같이한다. 사보나롤라가 '위대한 로렌초'의 침실에 들어섰을 때 그의 가족과 친구들이 침대 맡에 모여 있었는데, 이 '왜소한 수도사'는 매우 침착해 보였다. 그는 죽어가는 통치자를 보고도 전혀 주눅 들지 않았다. 그 순간 로렌초는 거의 자신도 모르게 비타협적인 수도사에게 은밀하고도 사소한 감탄 이상의 깊은 감정을 느꼈다. 그는 사보나롤라에게 축복을 청하는 것으로 입을 뗐다. 사보나롤라는 조심스럽게 로렌초를 축복하는 데 동의했다. 단, 그가 세 가지 약속을 지키겠다고 동의해야 한다는 조건을 달았다. 로렌초는 동의한다는 듯이 고개를 끄덕였다. 첫째로 사보나롤라는 죄를 회개하고 진정한 유일신을 믿는지 물었다. 로렌초는 그렇다고 대답했다. 둘째로 사보나롤라는 영혼이 구원받길 바란다면 고리대금업을 통해 축적한 부정한 부를 포기해야 하며, 시민들에게 '부당하게 빼앗은 것'을 돌려줘야 한다고 했다. 이에 로렌초는 이렇게 대답했다. "수도사님, 그렇게 할 것입니다. 제가 못 한다면 후계자들에게 그렇게 하도록 당부할 것입니다." 마지막으로 사보나롤라는 로렌초에게 피렌체 시민에게 자유를 돌려주고 진정한 공화제를 그들에게 허락하라고 요구했다. 이 마지막 요구에 로렌초는 대답하지 않고 머리를 돌려 벽을 바라보았다. 이에 사보나롤라는 한동안 침묵을 지키며 로렌초를 계속 응시했다. 마침내 '왜소한 수도사'는 결심한 듯이 보였다. 그는 빠르게 로렌초에게 축복을 해주고는 별장을 떠났다.

그다음 날 '위대한 로렌초'가 죽었고, 피렌체 통치자 자리는 장남인 피에로에게 넘어갔다.

지롤라모 사보나롤라는 1452년 9월 21일에 태어났고, '위대한 로렌초'보다 세 살 어렸다. 이 책에서 서술한 다른 사람들과 달리, 사보나롤라는 피렌체 출신이 아니고, 심지어 토스카나 지방 출신도 아니다. 그는 도시 국가 페라라 출신이었는데, 그곳은 피렌체에서 아펜니노산맥 너머 북쪽으로 100여 킬로미터 떨어진 곳이다. 하지만 그가 발자취를 남기고 필생의 업적을 성취한 곳은 피렌체다. 그가 공화국에 미친 영향은 심원했으며 오래 지속되었다. 그의 영향력은 공화주의의 자유를 지지하는 시민들의 신념으로부터 힘을 얻었다. 그리고 그는 시민들의 그런 믿음에 불을 지를 줄 알았다. 반면에 이 자유의 비전에는 단순하고 소박한 근본 기독교에 대한 편협한 신념이 동반되었다. 근본 기독교란 곧 예수에게서 시작해 그의 제자들이 옹호했던 기독교를 말한다. 이 두 가지 이질적 요소, 즉 자유와 청교도주의가 늘 사보나롤라의 신념에서 중대한 역할을 했다는 것을 명심해야 한다. 그의 사고 방식에서 사회 정의와 근본 기독교는 상호 불가분한 것이었다.

사보나롤라가 태어난 페라라는 르네상스 공화국은 아니었지만 피렌체와 유사한 측면이 있었다. 그곳의 전제주의 통치자 보르소 공작은 교양 높은 에스테 가문의 혼외 후손이었으며, 재능 있는 지역 예술가들을 고용하여 자신의 이미지를 좋게 만들어야 한다고 생각했다. 페라라의 중심 시가지에는 탑을 갖추고 해자를 두른 험준한 성이 있었는데, 예술가들은 이곳의 내부 성벽과 홀과 방을 열심히 장식하기 시작했다. 사보나롤라는 할아버지 미켈레에게 직접 이 화려한 궁정 소식을 들어서 알게 되었다. 그의 할아버지는 궁정 시의로 일했고 어린 지롤라모의 성격 형성에 막대한 영향을 미쳤다.

미켈레 사보나롤라는 당대에 일류 의사 중 한 사람으로, 그의 걸작 의학서《머리부터 발가락까지 의학 실습》은 당대 의학 지식을 총괄했다. 이 계몽주의 저작물은 미켈레가 인생에 대해 점점 더 엄격하고 중세적인 태도를 보이지 않았더라면 그를 인문주의 사상의 선구자로서 자리매김하게 해주었을 것이다. 실제로 미켈레가 다섯 살 된 손자를 교육하기 시작했을 때도 그의 의학서에는 그런 중세적 신념이 스며들어 있었다. 사보나롤라의 전기 작가 로베르토 리돌피Roberto Ridolfi에 따르면,

미켈레가 "노년에 집필한 저서들은 에스테 궁정의 의사가 집필한 것이라기보다는 지나치게 규칙을 찾고 훈계하는 박식한 은둔자가 쓴 것 같은 중세적 특징을 보인다." 미켈레의 위압적 성격은 똑똑하지만 쉽게 영향을 받는 어린 지롤라모 사보나롤라에게 크나큰 영향을 미쳤고 그의 마음에 중세풍의 완고하고 권위주의적인 원칙을 주입했다. 이탈리아 여러 지역에서 이미 그런 완고한 원칙은 역사 속으로 사라지는 중이었는데 시대착오적 교훈을 주입했던 것이다. 사보나롤라는 평생을 탁월하지만 극단주의적인 할아버지의 가르침에서 벗어나지 못했다. 미켈레는 1466년에 여든한 살의 나이로 사망했는데, 당시 기준에서 볼 때 이례적으로 장수한 것이다.

어릴 때 할아버지에게 교육받은 이후 사보나롤라는 페라라의 공립학교에 다녔다. 그곳에서 고전 교육을 받았고, 현대 학문도 받아들여 페트라르카의 시도 배웠다. 이런 근대적이고 자유로운 교육은 의학을 배워 걸출한 할아버지의 뒤를 따르려는 의도로 페라라 대학에 입학했을 때도 계속되었다. 대학에서 사보나롤라는 새로운 인문주의에 관한 가르침도 받았다. (나중에 그는 이런 사상을 공격하는데 그것에 무지한 사람은 아니었다.)

사보나롤라의 아버지 니콜로는 미켈레 사보나롤라가 죽었을 때 약간의 재산을 물려받았고, 보르소 공작의 궁정에 채용되어 들어갔다. 여기서 니콜로는 몇몇 부도덕한 궁정 신하들에게 사기를 당했다. 아버지가 남긴 유산으로 은행을 설립하라고 꼬드겼는데 거기에 넘어간 것이다. 이렇게 하여 순식간에 재산을 모두 날렸다. (이 일로 그의 아들은 도저히 은행가를 좋아할 수가 없게 되었다.) 이제 지롤라모는 의학 공부를 그만두려 했지만, 아버지는 계속 공부하라고 고집했다. 그의 집안은 성공한 의사가 벌어들이는 수입이 간절하게 필요했다. 이즈음 젊은 지롤라모는 시를 쓰기 시작했다. 또한 옆집에 살던 아가씨 라우도미아 스트로치를 사랑했는데, 그녀는 그가 열등한 사회적 지위의 남자라는 이유로 청혼을 거부했고 이는 지롤라모에게 큰 상처로 남았다.•

그의 앞날을 보여주기라도 하려는 듯, 사보나롤라의 시는 실연에 따르는 실망과 낙담을 토로하는 내용이 아니었다. 인생에는 육욕보다 더 중요한 것이 있었다. 그는 종말의 풍경을 심사숙고하는 〈세상의 파멸에 관하여〉, 혹은 교황과 교황청이 보여주는 사악함을 호되게 질책하는 〈교회의 폐허에서〉와 같은 시를 썼다. 사보나롤라의 시에서 드러나는 공통 주제는 사회적 불평등이었다.

아버지가 고리대금업의 죄악에 종사하면서 집안의 유산을 몽땅 날렸다는 사실 때문에 사보나롤라는 점차 종교에 집착하기에 이르렀다. 동시에 인간의 신체 해부를 강조하는 의학을 공부하면서 인간의 육신에 점차 혐오를 느꼈다. 이 모든 일이 1474년 봄에 정점에 이르렀다.

5월의 어느 축일에 사보나롤라는 페라라에서 도망치기로 결심한다. 그는 포강 삼각주의 푸르른 평지와 습한 공기를 따라 긴 여정을 떠났다. 80여 킬로미터를 걷고 나서야, 성벽을 갖춘 작은 도시 파엔차에 도착했는데 그곳 거리는 축일을 기리는 방문객으로 번잡했다. 하지만 온갖 시장 가판대, 길거리 행상, 인형극 무대에서 사람들이 무신론적 환락에 빠져 있는 모습을 보고 너무도 역겨워진 그는 산타 고스티노 성당

• 스트로치는 메디치 가문 다음으로 은행업으로 부를 축적한 피렌체의 부유한 가문이었다. 1433년, 이 가문 사람들은 코시모 데 메디치가 추방되었을 때 알비치를 지지했다. 이듬해에 피렌체로 돌아온 코시모는 스트로치가를 노리고 카스타토를 대폭 도입했고, 이로 인해 그 집안은 피렌체에서 추방되었다.

으로 피신했다. 여기서 한 수도사가 그날의 설교를 하고 있었는데, 아득한 목소리가 어둑하고 조용한 공간 속에서 울려 퍼졌다. 그 수도사의 설교문은 〈창세기〉에서 가져온 내용이었다. 하느님은 아브라함에게 이렇게 말한다. "네 고향과 친족과 아버지의 집을 떠나…." 사보나롤라는 나중에 신의 목소리가 자신을 향한다는 사실을 그 즉시 알아보았다고 말했다. 그날부터 사보나롤라는 성직자가 되기로 결심한다.

하지만 막상 용기를 내어 집에서 도망치기까지는 1년이 걸렸고, 그리하여 고향 마을에서 남쪽으로 50킬로미터 정도 떨어진 대도시 볼로냐로 갔다. 여기서 도미니크회 수도원에 들어갔고, 청빈·순결·순종의 삶을 살기로 맹세했다. 사보나롤라는 타고난 총명함 덕분에 쉽게 종단에서 윗자리로 올라갔다. 하지만 이와 동시에 그가 보여주는 과도하게 독실한 모습이 상급자들을 짜증 나게 만들어, 마침내 그들은 그가 수도원에서 나가주길 바랐다. 그렇게 하여 1482년에 사보나롤라는 피렌체의 산 마르코 수도원에 파견되었다.

서른 살의 사보나롤라는 아펜니노산맥을 따라 외롭게 오랜 시간을 걷고 난 뒤 피렌체에 도착했다. 여기서 그는 평생 본 적 없는 화려한 도시를 마주했다. 심지어 산 마르코 수도원조차 자신이 방문했던 다른 수도원들과 달랐다. 앞에서 살펴본 것처럼, 그 수도원 건물은 코시모 데 메디치가 피렌체 통치자로 있던 생애 말년에 재단장되었고, 개인 예배당에까지 호화로운 프레스코화가 그려져 있었다. 코시모는 깊이 생각할 필요가 있을 때면 그곳에서 시간을 보냈다. 코시모는 또한 막대한 재산을 축적할 수 있게 해준 고리대금의 죄업을 씻어내려는 노력의 일환으로 수도원에 후한 기부금을 내놓았다. 도미니크회 수도사들은 더는 빈곤하게 살지 않았고, 생존을 위해 현지 신자들의 자선에 기댈 필요도 없었다. 수도사들은 저마다 가구가 비치된 방을 소유했고, 수도원 식량은 전부 코시모의 손자이자 당시 피렌체의 통치자인 '위대한 로렌초'가 제공했다. 수도사들은 올리브, 생선, 과일, 달걀이 풍성한 식사를 즐겼고, 선임 수도사들은 개인 방에서 호화로운 식사를 했으며, 때로는 지역 고관들을 위해 만찬을 주최하기까지 했다. 이는 사보나롤라가 익숙한 삶의 방식이 전혀 아니었고, 장차 그런 호화로운 생활을 바라지도 않았다.

사보나롤라는 수행해야 할 업무를 맡았는데 거기에는 수련 수도사들에게 논리학을 가르치는 일도 포함되었다. 그가 보여준 뛰어난 지성과 모범적인 금욕주의, 종교적 열의를 접한 젊은 수련 수도사들은 곧 헌신적인 추종자가 되기 시작했다. 추종자들 중엔 보통 학생들보다 나이가 많은 수도사도 있었다. '왜소한 수도사'에겐 뭔가 카리스마 넘치는 면이 있었다. 그의 가르침에 의해, 젊은 수련 수도사들 역시 도시의 일상에서 드러나는 빈부 격차에 고통을 느끼기 시작했다. 훌륭한 새 건물들이 들어섬으로써 사치스러운 도시라는 평판이 있었는가 하면 거기에 대비되는 가난한 사람들이 겪는 고통스러운 비참함이 있었다. 게다가 가난한 사람들은 양모 산업의 침체로 점점 더 심한 경제적 타격을 입었다.

산 마르코 수도원 건너편 거리를 가로지르면 코시모 데 메디치가 고대 조각품을 모아두려고 마련한 탁 트인 정원이 있었다. 이곳은 '위대한 로렌초'가 즐겨 찾는 장소여서, 그는 초록색 화단과 대리석 유물이 놓인 그늘진 길을 따라 산보하기를 좋아했다. 사보나롤라의 수도실은 이 정원이 내다보이는 위치였다. 전설에 따르면, 그가 창문 너머로 처음 본 로렌초의 모습은 햇빛이 드는 정원을 따라 산책하는 모습이었다고 한다.

사보나롤라가 맡은 업무 중 하나는 산 지미냐노라는 언덕 꼭대기의 성벽 두른 작은 마을에서 사순절 설교를 하는 것이었다. 사보나롤라는 수련 수도사들에게는 진지한 어조로 말했지만, 일반 신자를 상대로 설교할 때 이런 방법은 그리 성공적이지 못했다. 나중에 그는 이렇게 썼다. "내겐 목소리도 힘도 설교 능력도 없었다. 그래서 모든 사람이 내 설교에 지루함을 참지 못했다." 그리고 이렇게 탄식하는 말을 남기기도 했다. "나는 심지어 닭 한 마리조차 겁줄 수가 없었다."

사보나롤라는 설교도 제대로 하지 못하는 자신의 모습에 창피함을 느꼈고, 이 사건은 결국 "교회의 재앙이 가까이 다가왔다"라는 영적 계시를 받았을 때 영적 위기로 이어졌다. 그는 그 계시를 자신만의 비밀로 간직했지만, 다음 사순절에 자신의 종말론적 경험을 산 지미냐노 설교의 주제로 삼기로 마음먹었다. 이 설교를 하던 중에 그는 환시를 다시 보며 몽환에 빠져들었다. 그는 자신의 목소리를 찾았고, 자신의 주제를 찾았다. 사보나롤라는 설교단에서 현재의 피렌체 상황을 개탄하며 격분했고, 겁먹은 신도들에게 '적그리스도, 전쟁, 역병이나 기근'의 도래를 경고했다.

사보나롤라는 피렌체로 돌아왔을 때 자신의 새로운 설교에 대해 아무 말도 하지 않았다. 이어진 몇 년 동안 그는 순회 설교자의 임무를 맡아 이탈리아 북부 여러 도시를 떠돌며 설교를 했다. 이 시기에 그는 확실히 자신감을 얻었고, 자신의 운명은 종말론적 메시지를 세상에 전하는 것이라는 생각을 더 굳혔다. 여행하는 동안 사보나롤라는 '위대한 로렌초'와 가까운 친구인 인문주의 철학자 조반니 피코 델라 미란돌라의 관심을 끌었다. 피코 델라 미란돌라는 나름으로 인문주의 사상을 품고 있었는데도 사보나롤라의 설교에서 드러나는 영적 고결함에 깊이 감화되었다.

이즈음 '위대한 로렌초'는 교황청에서 경력을 쌓고 있던 젊은 아들 조반니에 대한 걱정이 더 깊어가고 있었다. 조반니는 총명함을 타고났지만 게으르고 방종하다는 점은 누구도 부정하지 못했다. 그는 진지한 모습으로 교회에서 고위 성직자의 역할을 완수해야 했다. 그렇게 하자면 메디치 궁전의 예술가와 사상가보다 더 박식하고 정통 신학에 통달해야만 했다. 마찬가지로 '위대한 로렌초'도 피렌체에 만연한 듯한 일반적인 영적 불안감에 점점 더 걱정이 커졌다. 그는 자신도 이런 사태에 어느 정도 책임이 있다고 느꼈다. 축제와 외설적인 여흥 행사를 관례적으로 제공하며 시민들을 즐겁게 해주려 했으니 말이다. 피코 델라 미란돌라에게서 사보나롤라 이야기를 들은 로렌초는 그의 설교가 자신의 아들과 그 무렵의 피렌체 시민들에게 적합할 수도 있겠다고 판단했다. 그리하여 도미니크회에 미치는 자신의 영향력을 통해 사보나롤라를 피렌체로 돌아오게 했다. 그래서 '왜소한 수도사'는 다시 한번 1490년 여름에 산 마르코 수도원으로 돌아와 그곳에 머무르게 되었다.

사보나롤라는 이제 자신의 설교로 마음대로 신도들을 장악할 수 있는 무척 재능 있고 노련한 설교사가 되어 있었다. 그는 자신의 신학 사상이 지향하는 방향, 즉 교회 전체를 개혁해야 한다는 생각이 점차 확고해졌다.

피렌체로 돌아오고 몇 달 지나지 않아 사보나롤라의 연설은 대규모 군중을 끌어들였다. 그러자 산 마르코 수도원 교회에서 설교하는 대신 장소를 대성당으로 옮기게 되었다. 여기서 그는 자신의 개혁 주제를 폭넓게 언급하기 시작했다. 이내 그는 온갖 형태의 부패한 권력을 맹비난했다. 특히 시민들에게 정당한 자유를 허용하지 않는 참주들은 더 맹렬한 비난의 대상이 되었다. 더 나아가, 참주의 지지자들도 질책했다. 가난한 사람들이 곤궁에 빠지는 동안 호화롭게 사는 부유하고 유력한 가문들이 그런 이들이었다. 이런 공격은 개인의 이름을 구체적으로 거명하지 않았고 그 어떤 이름도 나오지 않았다. 사보나롤라의 공격이 그처럼 일반적인 것이었을 때, 그것은 예수의 가르침과 일치했다.

처음에는 사보나롤라의 가르침과 교회의 방만한 행동 사이의 갈등은 막연히 암시되기만 했다. 하지만 당면한 사태와 교황청을 향한 그의 분노가 깊어지면서 공격 강도가 차츰 거세졌다. 그는 곧 교회 자체와 그곳의 타락한 성직자들을 공격했다. 이젠 '천벌'이 도래하기 전에 모두가 뉘우쳐야 할 때라고 역설했다.

사보나롤라의 가르침이 피렌체 시민들에게 미친 영향은 즉각적이고 극단적이었다. 도시는 전에 그런 말을 들어본 적이 없었다. 피렌체 사회는 분열되었고, 사보나롤라의 열광적 설교는 빈곤층에게 파고들어 열렬한 추종자를 많이 만들어냈다. 그러는 동안 맹비난의 대상이 된 부유층과 중산층은 사보나롤라의 추종자들을 격렬하게 비난하면서, 그들을 가리켜 '피아뇨니piagnoni'라고 불렀다. 이 말은 문자 그대로 해석하면 '울며 보채는 자들', 혹은 '울며 한탄하는 자들'이라는 뜻이다. 상황은 이제 사보나롤라가 더 끔찍한 예언을 하면서 결정적 국면으로 들어섰다. 동시에 그는 마음을 심란하게 하는 환시를 보기 시작했다. 이런 환시에 환호하던 그는 '주님의 칼이 땅 위의 공중에 어떻게 매달려 있었는지', 이 칼이 인류를 얼마나 '빠르고 확실하게' 내리쳤는지 상세히 말했다. 이내 그는 여기서 더 나아가 심판과 시련이 로마를 강타하고, "새로운 키로스 대왕•이 산맥 너머에서 올 것이고, 그 왕이 지나간 자리엔 죽음과 파멸만 있을 것"이라고 예언했다. 그런 다음에야 비로소 교회의 부활이 가능하다고 내다보았다.

피렌체 시민들은 흥분하여 들끓었고, 상황은 이제 감당할 수 없을 정도로 통제를 벗어나고 있었다. 하지만 '위대한 로렌초'는 우유부단하게 주저하고 있는 듯이 보였다. 당시 로렌초는 통풍에 지독하게 시달려 침대에 누워 있어야 했고 어디로 가려고 하면 들것에 실려서 이동해야 했다. 친구들과 고문들은 사보나롤라를 도시에서 추방해야 한다고 강력히 주장했지만, 로렌초는 자신이 사보나롤라를 도시로 초대했기에 식언하는 것을 망설이는 듯했다.

사보나롤라는 동료 수도사들에게 아주 인기 높았기에 1491년 7월에 산 마르코의 수도원장으로 선출되었다. 메디치 파벌은 사보나롤라가 새 수도원장으로 선출된 즉시 통치자인 '위대한 로렌초'를 방문해 감사 인사를 하는 관습을 지키지 않았다고 격분했다. (이런 관습은 산 마르코 수도원에 많은 도움을 준 코시모 데 메디치에게 감사를 표하면서 시작되었지만, 메디치 가문이 패권을 행사하던 시기 내내 도시의 종교 기관들 사이에서 하나의 전통으로 굳어진 일이기도 했다.) 산 마르코 수도사들이 사보나롤라에게 로렌초를 만나 인사하라고 권했을 때 사보나롤라는 이렇게 반문했다. "내가 누구 덕분에 수도원장이 됐습니까? 하느님입니까, 로렌초입니까?" 그들이 하느님이라고 답하자, 사보나롤라는 곧바로 선언했다. "그렇다면 나는 주님께 감사드려야 합니다."

'위대한 로렌초'는 사보나롤라에 대응해 뭔가 행동에 나서야 한다는

• 기원전 6세기의 페르시아 키로스 대왕은 바빌론에서 이스라엘인들을 자유롭게 풀어주고 고향으로 돌아가 예루살렘 사원을 재건하도록 허락했다. 유대교와 기독교 전통에 따르면, 키로스는 당사자가 모르는 가운데 신의 도구로 사용된 듯이 보였다.

걸 알았다. 하지만 그는 공적 선언은 일절 하지 않았는데, 그렇게 하면 도시의 분열을 부채질할 것이라는 우려 때문이었다. 그 대신 은밀히 산 마르코 수도원에 사람을 보냈다. 처음에는 사보나롤라에게 선동적인 연설을 그만두라고 설득했다. 하지만 아무 효과도 없자 위협하기 시작했다. 사보나롤라는 여전히 부패한 통치자들을 통렬히 비판하면서 구체적으로 이름을 거명하지는 않았지만, 이제 모든 시민은 맹비난의 대상이 로렌초라는 것을 명백히 알게 되었다.

로렌초의 지지자들로 구성된 또 다른 대표단이 산 마르코에 도착했을 때 사보나롤라는 엄청난 역사적 중요성을 띤 환시를 경험했다고 알렸다. 빌라리에 따르면 그 상황은 이러했다.

> 사보나롤라는 피렌체와 이탈리아 정세를 언급하기 시작했는데, 이런 문제에 심원한 지식을 갖고 있다는 것을 보여주어서 듣는 이들이 깜짝 놀랐다. 그는 산 마르코의 성구 보관실에 와 있던 많은 목격자들 앞에서 곧 이탈리아에 대격변이 벌어질 것이라고 예언했다. 이어 구체적으로 '위대한 로렌초', 인노켄티우스 8세, 나폴리의 페란테 왕 모두가 조만간 죽을 것이라고 예언했다.

이 예언에 대한 소문은 빠르게 도시 전역으로 퍼지기 시작해 일대 화제를 불러일으켰는데, 확실히 사보나롤라는 그런 반응을 기대했다.

사보나롤라의 예언은 처음 들을 때는 충격적으로 들릴지 몰라도 실은 그리 선풍적이지 않았다. 산 마르코 수도원에는 정문을 거쳐 로마를 오가는 수도사들이 끊임없이 출입했고, 이탈리아 전역에 퍼진 다른 도미니크회 수도원에서 오는 수도사도 많았다. 이 수도사들은 그들이 거쳐온 도시, 마을, 지역에서 최신 소식이나 나도는 풍문을 듣고 왔다. 빌라리는 사보나롤라의 깊은 정치적 지식은 듣는 사람들을 깜짝 놀라게 했을지 모르지만, 함께 있던 수도사들도 똑같이 놀랐을지는 불확실하다고 말했다. 산 마르코 수도원장인 사보나롤라는 메디치 은행 관리인처럼 이탈리아 최신 정세에 관한 정보를 풍부하게 얻을 수 있었다. 또 피렌체 시민들은 '위대한 로렌초'의 건강 상태가 위중하다는 것을 이미 알고 있었다. 추기경단은 임시로 선출한 교황인 인노켄티우스 8세가 허약한 건강과 쾌락주의적 생활 방식으로 앞으로 몇 년 버티지 못할 것이라는 주장을 믿었다. 실제로 많은 사람이 그가 바티칸에서 7년을 버티자 깜짝 놀랐다. 그와 동시에 나폴리의 페란테 왕이 예순여덟 살까지 버틴 것은 기적 같은 일이었다. 나폴리 왕의 점차 심각해지는 피해망상 증세와 다른 정서 불안 징후들을 생각하면 그처럼 오래 버틴 것은 참으로 놀라운 일이었다. 이런 측면에서 본다면 사보나롤라의 예언은 심오한 계시라기보다 상황을 잘 파악하고 추측한 것에 지나지 않는다.

'위대한 로렌초'가 사보나롤라를 카레지 별장으로 초청한 것도 이 무렵이다. 사보나롤라가 로렌초에게 던진 직설적인 요구 세 가지는 신을 향한 로렌초의 신앙, 세속 재산의 포기, 피렌체 시민에게 진정한 민주적 권리를 허용하는 문제였다. 이렇듯 사보나롤라의 근본주의적 종교 신념은 불가분하게 사회적 불평등과 연결되었다. 로렌초가 세 번째 질문에 대답하기를 꺼렸는데도 사보나롤라가 로렌초에게 병자 성사를 해주자 현장에 있던 많은 사람이 놀랐다. 로렌초가 사보나롤라의 이상주의를 어느 정도 존중한 것은 분명했고, 사보나롤라도 마지못해 정치적 경쟁자에 대한 존경심을 표한 듯하다. 과거에 메디치 궁전 옆, 부서진 조각상들을 즐비하게 수집해놓은 정원을 산보하던 '위대한 로렌초'의 카리스마 넘치는 모습을 산 마르코 수도원의 창문 너머로 처음 흘낏 보았을 때, 이 야심 찬 젊은 수도사의 마음에 어떤 생각이 오갔을까? 나중의 여러 결과를 다 알고 있는 관점에서 짐작해보자면, 사보나롤라에게도 저런 권력을 휘두르고 싶다는 무의식적 갈망이 있었을 것이다.

로렌초는 1492년 4월에 숨을 거두었다. 그로부터 넉 달도 채 되지 않아 인노켄티우스 8세가 로마에서 죽었다는 소식이 전해졌다. 사보나롤라의 예언에 따르면 나폴리의 페란테 왕만 살아 있었다. 그리고 소문에 따르면 그 역시 와병 중이었다. 피렌체 시민들 사이에선 웅성거리는 소리가 커지기 시작했다. 사보나롤라는 어떻게 그런 일이 닥칠 것을 미리 알 수 있었을까? 그가 주장하는 것처럼 하느님의 말씀을 실제로 들을 수 있는 진정한 예언자가 아니라면 불가능한 일이 아닌가?

이즈음 사보나롤라는 또 다른 '엄청난 환시'를 보았다. 이 환시가 보여주는 극적인 강렬함은 공중에 매달린 주님의 칼이 등장하는 이전의 환시에 견줄 만했는데, 이번에는 이런 것을 봤다고 주장했다.

> 검은 십자가가 온 땅 위를 덮듯이 놓여 있었다. 이 십자가 위엔 '신의 분노 십자가'라는 단어가 새겨져 있었다. 하늘은 새까맣게 변했고, 번개가 번쩍이며 주변을 밝혔다. 우르릉거리며 천둥소리가 났고, 어마어마한 폭풍이 우박을 동반하며 지상을 강타하여 사람들이 떼로 목숨을 잃었다. 그러다가 하늘은 이제 밝아졌고 예루살렘 중심부에서 황금색 십자가가 나타나 하늘로 오르더니 온 세상을 밝게 비추었다. 이 십자가 위엔 '신의 자비 십자가'라는 글자가 새겨져 있었으며, 세상 모든 민족이 몰려와 그것을 경배했다.

사보나롤라가 종교적 진리에 광적으로 집착했음을 고려할 때 이런 환시가 순전히 거짓으로 지어낸 말일 가능성은 거의 없다. 현대의 신경 과학과 '환시'에 관한 여러 연구들은 그것이 실제로 눈앞에서 벌어지는 것처럼 보이는 환시였을 것이라고 판단한다. 그런 환시를 보는 당사자 두뇌의 국부적 활동을 검사한 신경 과학자들은 이렇게 보고했다. 이런 정신적 상태에 들어간 사람은 실제로 자신이 봤다고 주장하는 그 광경을 '본다.' 마찬가지로 어떤 대상이 자신에게 말하는 '목소리'를 들었다고 주장할 때 그 당사자의 특이한 두뇌 활동은 그런 목소리를 실제로 듣는다는 것이다. 이처럼 환시를 보거나 환청을 듣는 경우, 당사자는 자신의 심리적 상태가 환시나 환청을 만들어냈다고 보지 않으며, 그런 시각적 광경이나 청각적 소리가 어떤 강력한 외부의 출처로부터 실제로 왔다고 확신한다고 한다.

사보나롤라의 환시나 환청의 진실성에 대한 의문과는 무관하게, 그를 추종하는 시민들은 그런 것에 미신에 가까운 믿음을 보였다. 그 후에 벌어진 여러 사건이 그런 믿음을 더 확고하게 했다. 1494년 1월, 나폴리의 페란테 왕이 죽었다는 소식이 들려왔다. 사보나롤라 예언의 진실성은 이제 완벽하게 증명되었다.

그리고 더 많은 일이 벌어졌다. 이제 '위대한 로렌초'는 세상을 떠났고, 이탈리아반도에서 권력 균형을 유지해줄 사람은 없었다. 새 나폴리 왕 알폰소 2세는 새 교황 알렉산데르 6세와 동맹을 맺었다. 이런 사태 진전을 위협으로 받아들인 밀라노의 루도비코 스포르차는 자신을 보호하기 위해 프랑스의 샤를 8세에게 도움을 요청했다. 나폴리 왕좌가 자기 것이라고 계속해서 주장해온 샤를 8세가 그 좋은 기회를 놓칠 리 없었고, 루도비코가 자신을 초청했다는 구실을 내세우며 나폴리 왕국을 차지하기 위해 대규모 군대를 거느리고 알프스산맥을 넘어 이탈리아로 쳐들어왔다. 프랑스 왕은 자신의 앞길을 가로막는 저항 세력을 전부 제거했다. 외세를 불러들여 위기를 극복하려 했던 어리석은 루도비코 스포르차는 결국 프랑스에 밀라노를 빼앗겼다. 이제 사보나롤라의 예언은 확실해졌다. "산맥을 넘어와 지나간 자리에 죽음과 파멸을 남겨놓을 것"이라고 예언했던 그 '새로운 키로스 대왕'이 바로 샤를 8세라는 것이었다.

몇 년 전, 그 누구도 프랑스의 침공을 예상하지 못했던 때에 나온 사보나롤라의 예언은 또 한 번 섬뜩할 정도로 적중했다. 이러한 사태를 합리적으로 설명한다면, 그것은 놀라운 우연의 일치였을 뿐이다. 이때는 오스만튀르크에게 콘스탄티노플이 함락되기 40여 년 전이다. 이 시기 이후로 오스만은 발칸반도를 거쳐 무자비하게 진군해 베네치아에서 300킬로미터도 채 안 되는 곳까지 다가왔다. 1480년, 그들은 심지어 아드리아해를 건너 이탈리아 본토 남부의 오트란토를 단기간 점령하기까지 했다. '산맥을 넘어' 이탈리아로 들어올 새로운 키로스에 관한 사보나롤라의 예언은, 그가 평소에 오스만의 정복 활동을 두려워한 데서 영감을 얻었는지도 모른다. 다시 말해 정복군이 알프스산맥을 넘어서 오는 것이 아니라, 동쪽 발칸반도의 산맥을 넘어서 올지도 모른다는 두려움이 있었을 것이다.

'위대한 로렌초'의 사망 이후 그의 장남 피에로가 권력을 물려받았다. 그가 '불운한 피에로'라는 별명을 얻은 데는 그럴 만한 충분한 이유가 있다. 오만하고 충동적인 성격의 피에로는 권좌에 오르자마자 아버지가 신뢰하는 고문들을 권력에서 소외시켰다. 그런 상황에서 샤를 8세는 이탈리아를 침공하자마자 삽시간에 밀라노를 무너뜨렸다. 프랑스 왕은 나폴리를 향해 남쪽으로 진군을 준비하면서 피에로에게 전령을 보내 피렌체의 지원을 요구했다. 피에로는 즉시 용병대를 고용해 토스카나 국경 요새들에 병력을 배치했는데, 이들의 임무는 샤를 8세의 대군이 지나가는 경로에서 프랑스군을 막아내는 것이었다. 하지만 우월한 프랑스군은 순식간에 한 곳을 제외하고 그 요새들을 모두 점령했고 방어하던 병사들을 무자비하게 학살했다.

언덕 정상에 있는 사르차넬로 요새는 나폴리를 향해 남진하는 길을 내려다보는 난공불락의 천연 요새였는데, 프랑스군은 이 장애물을 포위하고 공성전을 벌였다. 그렇다고 프랑스군의 진군이 중단되었는가? 아니면 일시적 차질에 불과해 점령 후에 대대적으로 피렌체에 복수를 자행할 것인가? 이제 피렌체는 일대 혼란에 빠졌다. 많은 사람이 샤를 8세의 요구를 그대로 받아들이는 데 적극적으로 찬성했다. 그러는 사이 사보나롤라는 계속해서 프랑스 왕과 그의 군대가 '신의 천벌'이라고 설교했다. 그는 신도들에게 큰소리로 외쳤다. "오오, 피렌체여, 네 죄, 네 잔혹함, 네 탐욕, 네 욕정으로 많은 고난과 시련이 네게 거듭될 것이다." 곤팔로니에레인 피에로 카포니와 시뇨리아는 그러한 사태가 그렇게 되어가자 당황하여 어쩔 줄 몰라했다.

이 시점에 피에로 데 메디치는 자신이 직접 문제를 해결하기로 마음먹었다. 아버지 로렌초가 나폴리로 페란테 왕을 만나러 간 과거의 영웅적 고사를 모방하여, 자신이 직접 샤를 8세와 대면해 위기를 돌파해야겠다고 생각한 것이다. 그는 시뇨리아와 미리 상의도 하지 않은 채 말을 타고 도시를 빠져나가 프랑스군이 주둔한 도시의 서쪽 교외로 갔다. 그는 자기 혼자 힘으로 피렌체를 구할 생각이었다.

하지만 문제는 피에로 데 메디치에게 이렇다 할 현실적인 계획이 없었다는 것이다. 그는 사르차넬로 성벽 아래 프랑스 주둔지에 도착하자마자 붙잡혀서 곧바로 프랑스 왕과 그의 궁정 신하들 앞으로 끌려갔고, 자기도 모르게 위압되었다. 상황을 더 악화시킨 것은 프랑스 왕과 그의 신하들이 피에로를 노골적으로 홀대했다는 것이다. 피에로가 어떻게든 타협해보려 하기도 전에 샤를 8세는 사르차넬로가 당장 항복해야 하고 프랑스군이 피렌체 휘하의 리보르노와 피사의 항구를 점령할 수 있게 하라는 과도한 요구를 내놓았다. 샤를 8세는 이런 요구를 성사시키면 피렌체를 완전히 차단시켜 자기 마음대로 주무를 수 있다는 것을 잘 알았다.

피에로 데 메디치는 협상해보려는 시늉조차 하지 않은 채 즉시 프랑스 왕의 요구를 수용하여, 프랑스 왕과 고문을 깜짝 놀라게 했다. 샤를 8세는 고문들과 상의하더니 더 큰 요구 사항을 들고 나왔다. 피렌체의 안전을 바란다면 자신에게 20만 플로린을 제공하라는 것이었다(이는 터무니없이 큰 금액이었다). 그에 더하여 자신과 휘하 병력이 피렌체를 통과할 수 있도록 하라고 요구했다. 피에로는 동의했고, 프랑스 왕이 피렌체에 머무르는 동안 메디치 궁전을 사용할 수 있도록 해주겠다는 말까지 했다. 피에로의 굴복은 그보다 더 완벽하고 그보다 더 치욕적일 수 없었다.

2주 동안 자리를 비운 피에로 데 메디치는 1494년 11월 8일에 피렌체로 돌아왔는데, 그의 무조건 항복 소식은 도시 전역으로 빠르게 퍼졌다. 피에로와 그의 수행단은 곤팔로니에레에게 공식적으로 그 소식을 전하려고 팔라초 델라 시뇨리아에 갔으나, 피에로는 문전박대를 당했고 궁전 문은 굳게 닫혀 열리지 않았다. 이어 팔라초 델라 시뇨리아 안에서 곤팔로니에레인 카포니가 라 바카의 종을 울리라고 지시해 광장에서 열리는 의회에 모든 시민을 소환했다. 피에로 데 메디치와 그의 수행원들이 어떻게 해야 할지 몰라 당혹스러워하는 사이 피렌체 시민들이 도시 전역에서 광장으로 끊임없이 몰려들기 시작했다. 그들은 이내 피에로와 그의 수행단에게 야유를 퍼붓고 돌을 던지면서 의회에서 쫓아내려 했다. 군중은 이어 피에로를 반역자라고 외치기 시작했다. 상황이 그렇게 돌아가자 피에로와 수행원들은 일신의 안전을 위해 말을 타고 서둘러 메디치 궁전으로 피신했다.

피에로의 동생인 열아홉 살 추기경 조반니는 형이 샤를 8세를 만나러 갔다는 소식을 듣자마자 로마에서 피렌체로 길을 떠났다. 시민들에게 모욕을 당한 형이 메디치 궁전으로 돌아왔을 때, 조반니 추기경은 형의 사기를 북돋우려고 최선을 다했지만 아무런 소용이 없었다. 피에로는 이미 심신이 망가진 사람이었다. 샤를 8세를 찾아간 일의 과중한 부담감과 피렌체 시민들의 철저한 냉대가 너무나 모욕적이어서 그는 더 버틸 수가 없었다. 이때 '불운한 피에로'는 온몸의 힘이 다 빠져버려서 그런 위기에서 메디치 지지자를 결집하거나 메디치 정치 기구를 작동시키는 관례적 조치를 취할 수가 없었다. 그런 지지자나 정치 기구는 이제 없는 것이나 마찬가지였다. 게다가 그런 기구를 기름칠하여 작동시킬 돈도 수중에 없었다. 드 루버는 그때의 상황을 이렇게 기술했다.

> 메디치 은행은 당시 파산 직전이었다. 지점 대다수가 문을 닫았고, 여전히 유지되는 곳들은 숨을 헐떡이는 중이었다. 오랜 세월 메디치 은행의 기둥이 되었던 로마 지점조차 무너지는 중이었다. … 메디치 가문이 로마 지점에 진 부채는 그들의 자본보다 1만 1243플로린 더 많았다. 여기에 더하여 젊은 추기경 조반니는 별도로 7500플로린을 빚지고 있었다.

'불운한 피에로'가 심리적 붕괴 상태에 빠져 온몸이 마비된 듯이 보이자, 조반니 추기경은 마지막으로 용맹한 시도를 해보기로 했다. 그는 얼마 남지 않은 충성스러운 메디치 지지자들로 구성된 무장 용사들과 함께 말을 타고 여러 거리를 누비며 유명한 메디치 가문의 결집 구호를 외쳤다. "팔레! 팔레!" 하지만 야유만 받았고, "포폴로 에 리베르타(시민과 자유)!"라는 구호만 되돌려받았다. 몰려드는 인파가 너무나 위협적이어서 조반니 추기경과 그 지지자들은 메디치 궁전의 뜰로 황급히 말머리를 돌릴 수밖에 없었고, 그들이 궁전 안으로 들어오자 궁전 문은 굳게 닫혔다.

한밤중에 '불운한 피에로'와 조반니 추기경은 들고 갈 수 있는 귀중품을 최대한 황급히 챙겼다. 이어 어둠을 틈타 피에로는 가난한 수도사로 위장하고 도시에서 도망쳤다. 그의 동생도 곧 비슷한 변장을 하고 그 뒤를 따랐다. 이튿날 시뇨리아는 공식적으로 '불운한 피에로'와 그의 가문을 추방하고 그의 목에 5000플로린의 현상금을 걸었다. 그러는 사이 군중은 메디치 궁전으로 들이닥쳐 남은 재산을 약탈하기 시작했다. 코시모 데 메디치는 '50년 안에 우리 메디치 가문은 추방될 것'이라고 예측했다. 이 예측은 불과 30년 만에 실현되었다.

16

사치품들의 모닥불

사보나롤라 이야기

그 무렵 한 가지 핵심적 사건이 발생했다. 11월 1일에 '불운한 피에로'가 협상 차 샤를 8세를 만나러 간 사이, 사보나롤라는 설교단에 올라 대성당에 잔뜩 몰려든 대중을 향해 설교하기 시작했다. 이제 도시에서는 오로지 그의 목소리만이 시민들의 주의를 끄는 듯이 보였다.

그다음 날에도 그는 설교했다. 그리고 셋째 날에도 여전히 열성적인 장광설을 펼쳤다. 리돌피에 따르면 이러했다. "그가 나중에 회고한 것처럼 이렇게 사흘 동안 그는 가슴속 혈관이 거의 터질 것 같은 목소리로 설교단에서 열정적으로 크게 소리쳤고, 거의 중병에 걸린 수준으로 육체적 피로를 느꼈다."

피에로 데 메디치가 도시에서 도망친 뒤, 점점 더 줄어들긴 했어도 아직은 힘이 남은 메디치 지지자들이 갈등을 일으키면서 시 당국은 거의 마비 상태에 빠졌다. 사보나롤라의 설교만이 기적적으로 시민들에게 질서를 지키라고 강제할 수 있는 듯했다. 만토바 대사가 보낸 한 서신 내용은 이러했다. "도미니크회의 한 수도사가 피렌체 시민들에게 너무 겁을 준 나머지 그들은 오로지 그의 설교에만 매달린다." 시민들이 보기에 신의 목소리를 자처하는 사보나롤라의 목소리는 유일한 희망이었다.

권력이 이제 사실상 사보나롤라의 손에 넘어갔다는 걸 마지못해 인정할 수밖에 없던 곤팔로니에레 카포니와 시뇨리아는 '70인 위원회'를 소집했다. 이 위원회는 '위대한 로렌초'가 메디치 가문의 권력을 강화하기 위해 설립한 조직이었다. 11월 4일, 카포니는 모임에 참석한 위원들에게 피렌체를 구하는 유일한 길, 혹은 적어도 당면한 샤를 8세의 위협을 모면할 유일한 방법은 프랑스 국왕에게 대표단을 보내 자비를 청하는 것뿐이라고 말했다. 이 대표단은 피렌체 시민을 진정으로 대표하는 네 대사로 구성될 것이었다. 카포니도 자원하여 대사가 될 터이지만, 이 대표단을 이끄는 최적임자가 "성스러운 삶을 살며 … 용맹하고 지적이며, 대단한 능력과 높은 평판을 모두 갖춘 사람"이 되었으면 한다는 의견을 냈다. 다들 그가 지금 사보나롤라를 언급한다는 것을 알아차렸다.

여러 차례 설교한 뒤로 만성적 신경 쇠약에 시달렸음에도 불구하고 사보나롤라는 카포니의 제안을 거부할 수 없었다. 그 제안에 응하면 이제 공식적으로 도시의 유력 인사로 확증될 터였기 때문이다.

이 시점에 관련자들의 동기에 의문을 제기해볼 만하다. 카포니는 일이 틀어졌을 경우를 대비해 희생양으로 삼고자 사보나롤라를 대표자로 지명한 것일까? 사보나롤라는 권력욕을 도저히 억제할 수 없었던 것일까? 그런 복합적 동기는 그 이후 여러 사건이 진행되는 내내 명심해야 할 사항이다.

11월 5일, 사보나롤라와 동료 대사들은 프랑스 진영을 향해 길을 나섰다. 상황이 위급하고 프랑스 왕과 그 신하들에게 기품 있는 인상을 남길 필요가 있었는데도 사보나롤라는 '왜소한 수도사'에게 걸맞은 복장으로 걸어서 가겠다고 고집했다. 다른 대사들은 관례에 따라 도시의 정복으로 차려입고 말에 탄 채 뒤따라가는 수밖에 없었다. 사보나롤라는 평소에 입던, 낡아서 올이 다 드러난 헌털뱅이 옷을 입었고, 성무일도서聖務日禱書만 휴대했다.

그렇게 피렌체 대표단은 사르차넬로 요새를 포위하고 있던 샤를 8세와 휘하 군대를 만나러 갔다. 그들은 시골 지역을 지나가다 술을 마시고 흥청거리는 사람들에게서 프랑스인들이 사르차넬로 요새에서 철수하여 다른 곳으로 갔다는 소식을 들었다. 하지만 어디로 갔단 말인가? 아무도 모르는 것 같았다. 피렌체 대표단은 길을 계속 갔고, 들르는 마을마다 프랑스군의 행선지에 대해 들은 소식이 없는지 물었다. 이건 아무리 봐도 상서로운 시작이라고 할 수 없었다.

'불운한 피에로'와 조반니 데 메디치가 피렌체에서 도피한 바로 그날인 11월 8일, 샤를 8세는 피사로 진군했고, 피렌체의 지배로부터 벗어난 것에 기쁨을 주체할 수 없던 시민들은 프랑스 왕을 환영했다. 그리고 며칠 뒤, 사보나롤라와 피렌체 대표단은 피사에서 마침내 스물네 살의 샤를 8세를 만났다.

샤를 8세의 성격과 외모는 프랑스 왕가에서 자주 벌어진 근친혼의 영향을 많이 받았다. 그의 지성은 그리 뛰어나지 못했고, 얼굴은 사람을 당황하게 할 정도로 못생겼다. 다리는 짧았고, 발은 평발이었는데 과도하게 컸다. 피렌체 역사가 구이차르디니에 따르면 그는 이런 모습이었다. "그의 사지는 신체 비례에서 지나치게 어긋나 사람이라기보다 마치 괴물 같아 보였다."

천진난만함으로 유명했던 그의 행동 역시 기이했다. 기묘하게도 아이 같아 보이지만 위협적인 분위기를 풍기며 중얼거리는 습관은 옆에 있는 사람들을 불편하게 만들었다. 이런 모습이었음에도 높은 왕좌에 앉아 주변에 고문단을 시립시키고 화려한 궁정 장식물을 옥좌 주위에 진열한 채 앉아 있으면 이 땅딸보 왕도 장대하고 인상적인 군주처럼 보였다. 그야말로 중세의 영광을 모조리 누리는, 유럽에서 가장 강력한 군주의 분위기를 풍겼다.

피렌체 대표단은 절차에 따라 국왕의 대형 막사로 안내되었다. 사보나롤라는 의연하게 샤를 8세를 향해 이렇게 외쳤다. "오오, 폐하! 지난 몇 년 동안 제가 예측한 것처럼 당신께서는 주님의 대리인이자 성스러운 심판의 상징으로서 여기에 오셨습니다. 우리는 기쁜 마음과 웃는 얼굴로 폐하를 환영합니다."

샤를 8세는 이미 고문들에게 사보나롤라의 예언 능력에 대해 보고받았는데, 그런 신비한 능력은 간신히 글을 읽고 쓸 줄 아는 젊은 국왕의 미신적 성격에 매력적으로 다가왔다. 왕은 몸을 앞으로 기울여 사보나롤라가 하는 말을 골똘히 들었다. 사보나롤라가 갑작스럽게 어조를 바꾸어 만약 휘하 군대를 동원해 피렌체에 피해를 입힌다면, "주님이 보내시긴 했어도 주님께서는 당신의 도구에 끔찍한 보복을 가할 수도 있습니다"라는 경고를 할 때조차 프랑스 왕은 가만히 듣고만 있었다.

공식 접견이 끝나자 샤를 8세는 다른 세 피렌체 대사에게 물러나도 좋다고 했지만, 사보나롤라는 개인 면담을 하고자 하니 자리에 남으라고 했다. 그 자리에 있던 프랑스 외교관 필리프 드 코민에 따르면 두 사람은 '주님이 사보나롤라에게 밝혔던 것'에 관해 논의했다고 한다. 옷도 추레하고 샌들을 신은 남루한 외양인데도 사보나롤라는 샤를 8세와 당황하는 신하들에게 강렬한 신앙과 특이한 행동으로 깊은 인상을 남긴 듯하다.

사보나롤라와 다른 세 대사는 마침내 피렌체로 돌아가는 여정에 올랐다. 가는 길에 그들은 지도자가 없는 시뇨리아가 완전히 와해되기 직전이라는 소식을 들었다. 도시에 도착하자마자 사보나롤라는 그날 바로 대성당에서 설교할 것이라는 소식을 널리 알리게 했다. 피렌체 시민은 대성당이 터져나갈 정도로 몰려들었고, 들어가지 못한 사람들은 외부 광장에 남아서 서성거렸다. 사보나롤라는 거기에 모인 신도들에게 메디치 가문이 타도된 것에 주님께 감사해야 한다고 목소리를 높였다. 프랑스 군대가 곧 피렌체로 올 것이고, 입성 준비를 위해 도시 성벽 외부에서 진을 칠 것이라고 말했다. 그는 인산인해를 이룬, 겁에 질린 얼굴들을 향해 프랑스인을 폭력으로 맞서려 하지 않고 환영한다면 도시에 아무런 피해도 없을 것이라고 장담했다.

한 주도 채 지나지 않아 샤를 8세는 대군을 이끌고 도시 성문을 통과했다. 프랑스 군인들이 거리를 진군할 때 피렌체 시민들은 길가에 나와 줄서서 환호를 보내고 다소 초조하게 이렇게 외쳤다. "프랑스 만세Viva Francia! 프랑스 만세!" 프랑스 군인의 대열이 워낙 길어서 성문을 모두 통과하는 데 자그마치 두 시간이 걸렸다. 전부 1만 명이었다. 동시대 보고에 따르면 추가로 1만 명이 피사 외부에서 진을 치고 있었다.

1만 명이나 되는 프랑스 군인들은 정문에 특별히 칠을 해서 표시한 민가를 임시 숙소로 썼다. 그 뒤 며칠 동안 팽팽한 긴장이 이어졌다. 그러는 사이 프랑스 국왕은 카포니와 시뇨리아를 상대로, 피에로 데 메디치가 약속했던 20만 플로린을 내놓으라고 윽박질렀다. 몇 건의 폭력 사태만 제외하면 상황은 그런대로 통제되어 있었다. 이 불안한 평화는 단기간에 그쳤다. 결국 카포니는 샤를 8세에게 15만 플로린밖에 없으며, 그것이 가진 돈의 전부라고 통보했다.

11월 25일, 카포니와 행정부는 팔라초 델라 시뇨리아에서 열리는 웅장한 공개 의식에 참석했고, 거기에 모인 피렌체 시민들 앞에서 협정을 체결할 예정이었다. 하지만 전령이 협정 조건을 읽기 시작했을 때 샤를 8세는 시뇨리아가 약속했던 15만 플로린이 아닌 12만 플로린으로 낮춰서 기재한 것을 알게 되었다. 분노한 프랑스 국왕은 벌떡 일어서서 이렇게 위협했다. "이렇게 나온다면 우린 나팔을 불어야 할 것이야!" 피렌체 전역에 주둔 중인 휘하 병사들에게 무장하고 도시를 약탈하라고 하겠다는 말이었다. 하지만 카포니는 태연하게 대답했다. "나팔을 불면 우리도 종을 쳐야겠지요." 그것은 전통적인 전쟁 소집의 선언으로서 모든 시민을 동원해 도시를 방어하겠다는 의지의 표명이었다.

한동안 침묵이 흘렀다. 샤를 8세에겐 1만 명의 강력한 병사가 있었지만, 시가전이 벌어진다면 그들은 시민들을 상대로 스스로를 지켜야 할 터였다(당시 도시 주민은 7만 명으로 추정된다). 게다가 시민들은 모든 거리와 뒷길을 속속들이 알고 있어서 시가전에서 우위에 있었다. 그러자 샤를 8세는 이렇게 농담을 던졌다. "카포니 이 사람아, 카포니, 자네 참 카퐁capon〔거세한 수탉〕 같구먼!" 이런 농담조의 대답이 긴장된 상황을 어느 정도 누그러뜨렸고, 그리하여 협정이 체결되었다.

하지만 샤를 8세와 그의 군사들이 협정과 무관하게 도시를 약탈할 계획을 세웠다는 소식이 흘러나왔다. 대회의실에 다시 모인 카포니와 시뇨리아는 사보나롤라를 불러들여, 그에게 샤를 8세를 만나 휘하 군인들을 자제시키도록 설득해달라고 요청했다. 동시대 기록에 따르면, 사보나롤라는 곧장 샤를 8세를 만나러 그가 머무르는 메디치 궁전으로 갔다. 자신을 막으려 한 프랑스 군인들을 밀어젖히고 안으로 들어간 사보나롤라는 프랑스 왕이 머무르는 방으로 들어갔다. 여기서 그는 샤를 8세가 완전 무장을 하고 휘하 병력을 이끌고서 도시를 약탈할 준비가 되어 있음을 알아보았다. 사보나롤라는 샤를 8세 앞에 우뚝 서서 황동 십자가상을 들고 이렇게 선언했다. "그대와 그대의 부하들은 당장 멈추지 않으면 주님에 의해 파멸당하리라."

샤를 8세는 내심 불쾌했지만, 곧 아이 같은 존경심을 내보이며 사보나롤라를 환영했다. 그러나 갑옷은 여전히 벗으려 하지 않았다. 사보나롤라는 이제 논리적으로 그를 설득하기 시작했다. 프랑스 왕과 그의 병력이 피렌체에 오래 머물수록 나폴리 원정 추진력이 더 무뎌진다는 점을 지적했다. 그러고 나서 샤를 8세에게 이렇게 선언했다. "이제 주님의 종이 전하는 목소리에 귀를 기울이십시오. 더는 지체하지 말고 남쪽으로의 여정을 이어가십시오. 우리 도시를 망치려고 하지 마십시오. 그렇게 하려 들면 주님의 분노가 폐하의 머리 위에 떨어질 것입니다."

그다음 날 프랑스 국왕과 휘하 부대는 피렌체 밖으로 진군하여 피사 외부에 진을 친 병력과 합류했고, 나폴리를 향해 남하했다. 시민들은 그 같은 사태 발전에 깜짝 놀랐다. 사보나롤라가 카포니의 도움을 받지 않고 거의 혼자 힘으로 피렌체를 구해낸 것이다.

만약 피렌체가 프랑스군에게 약탈되었다면 도시는 회복되지 못했을 가능성이 크다. 르네상스의 영향력이 이탈리아 전역에 퍼지기 시작했지만, 그 원천인 도시가 불에 타서 사라졌다면 르네상스의 동력이 과연 보존되었겠는가? 설령 보존되었다 하더라도 그 특성은 변하고 말았을 것이다. 그리고 르네상스의 기세와 영향력은 사라졌을 것이다. 앞으로 살펴보겠지만, 피렌체는 여전히 르네상스에 제공할 것이 많았다. 특히 예술, 과학, 정치에선 더더욱 영감의 원천이었다. 이런 주요 분야에서 도시의 영향력은 철저히 피렌체 특유의 것임이 드러날 것이고, 나아가 유럽이 근대로 이행하도록 촉진할 것이다.

여하튼 피렌체가 파괴되지는 않았지만, 르네상스를 탄생시킨 바로 그 정신은 상당히 사라진 것처럼 보였다. 사보나롤라는 물리적으로 피렌체를 구했고 더 나아가 영적으로 도시를 구원하는 일에 착수했다. 이는 철저히 사보나롤라의 방식을 따랐다. 1378년에서 1382년까지 이어진 촘피 반란 이후 100년 이상이 훌쩍 지났고, 처음으로 피렌체는 시민의 자유 투표로 선출하는 정부를 갖게 되었다. 사보나롤라는 외형적으로 정의, 민주주의, 공화정을 가져왔다. 마침내 시민은 자유를 되찾았다. 하지만 이런 자유를 그들은 어떻게 표현했는가? 사보나롤라는 이제 메디치 가문이 아니라, 피렌체 시민들이 주님께 답해야 한다고 판단했다. 이제 세속적 불의는 사라지고 시민들은 하느님의 정의를 얻을 터였다. 그들은 평등하고 자유로울 것이었다. 하지만 주님 앞에서 평등하고 소박하고 경건한 생활을 할 때, 그런 때에만 자유로울 것이었다.•

당연하게도 피렌체 시민들은 사보나롤라가 그들의 생활 방식에 제약을 가하려는 데 전반적 합의에 이른 것은 아니었다. 동시대 피렌체인 일기 기록자 루카 란두치가 남긴 두 가지 기록은 이제 도시에서 벌어지

• 이 특정한 시기에 피렌체에서의 정의 확립은 중요한 질문을 던진다. 르네상스는 누구를 위한 것이었나? 누가 그것으로 혜택을 보았는가? 분명 아무런 권리가 없는 하층민들은 그런 혜택을 보지 못했다. 그들이 장기적으로 '낙수 효과'를 통해 이런 인문주의 발전으로 혜택을 보았을 것이라는 주장은 논쟁의 소지가 있다. 하지만 20세기 경제학자 존 메이너드 케인스(John Maynard Keynes)가 한 "장기적으로 우리 모두는 죽는다"라는 말과 같이, 장기적인 낙수 효과는 어느 분야에서나 반드시 발생하는 것이 결코 아니라는 사실이 증명되었다.

려 하는 일의 문제적 특징을 잘 보여준다. 새로운 선거 이후 그는 기쁜 마음으로 1495년 1월 1일(현대식 날짜로 환산)에 다음과 같은 기록을 남겼다.

새로운 시뇨리아가 직무를 시작했고, 시뇨리아 광장 전체를 시민들이 가득 메운 모습을 보는 것은 무척 즐거웠다. 이는 다른 때와 크게 다른, 굉장히 새로운 일이었다. 공정한 정부가 피렌체에 들어서고, 우리가 굴종에서 벗어난 일에 주님께 감사드린다. 그리고 이 모든 일은 수도사[사보나롤라]가 착수해서 이루어졌다.

비슷한 시기에 란두치는 사보나롤라가 설교 중에 어떤 모습을 보였는지 기록했다. "그는 설교 중에 계속 국정을 거론했고, 시민들이 동의하지 않을까봐 노심초사했다. 국정을 요리에 비유한다면 누군가는 끓이길 바랐고 다른 누군가는 굽길 바랐다. 모두가 다른 의견을 지녔다. 누군가는 수도사에게 동의했지만, 누군가는 반대했다. 그가 없었다면 피렌체는 유혈 사태를 겪었을 것이다."

사보나롤라는 이제 자신이 꿈꾸던 '하느님의 도시'를 세우고자 했고, 이어지는 몇 달 동안 그의 근본주의 기독교 신앙은 피렌체 시민들 사이에서 더 단단히 자리 잡았다. 거기에는 몇 가지 급격한 변화가 따랐다. 부인과 딸은 종신 서약을 하고 수녀원에 들어가기 시작했으며, 시민들은 가발을 쓰는 일이나 밝은 색깔의 옷 착용하기 등을 포기했다. 물론 자발적으로 그렇게 한 사람도 있었지만, 점점 커가는 사회적 압박을 견딜 수 없어서 마지못해 따라간 사람도 있었다. 자신의 사회적 지위를 중요하게 여기는 사람들은 정기적으로 교회에 참석한다는 사실을 널리 알려야 했다. 그리고 청년들 사이에서도 획기적 변화가 생겨났다.

이제 외부의 영향을 쉽게 받는 청소년들이 사보나롤라의 근본주의 사상을 열렬히 받아들였다. 그 결과, 사보나롤라는 그들을 하나의 집단으로 조직했고, 순결을 의미하는 흰옷을 입혀서 거리로 내보냈다. 십자가상과 촛불을 갖춘 제단이 교차로에 설치되었고, 그곳에서 소년들은 찬송가를 부르며 행인들에게 걸음을 멈추고 자신들과 함께 기도에 참여하라고 권유했다. 예전에 사육제 기간에 거리를 돌아다니며 '자선금'을 요구했던 깡패 무리를 뺨칠 정도로, 사보나롤라의 흰옷 입은 청소년들은 집집마다 문을 두드리며 빈곤한 사람을 위한 구호금을 겸허하게 요청했다.

란두치는 이 '사보나롤라의 소년단'이 점차 얼마나 대담해졌는지, 얼마나 더 그들의 행동이 압제적으로 변했는지를 서술했다. "몇몇 소년은 자진하여 비아 마르텔리를 걸어가는 한 소녀의 베일 지지대를 빼앗아버렸는데, 그녀의 가족은 그런 무례한 짓에 매우 소란스럽게 항의했다. 이 모든 일은 사보나롤라가 소년들에게 여자들의 부적절한 장식품에 항의하라고 권장했기 때문에 벌어진 일이었다."

사보나롤라는 자신이 특히 혐오했던 도박꾼을 향해서도 그와 비슷한 억압적 행동을 권장했다. "누군가 '사보나롤라의 아이들이 온다!' 하고 외치면 도박꾼들은 평소의 난폭한 모습과 완전히 판이하게 곧바로 도망쳤다."

이런 청교도적 제약 속에서도 많은 시민은 사보나롤라의 억압을 그저 그대로 받아들일 만하다고 생각했다. 민주적인 '하느님의 도시'가 도래하기 전에 그들이 고통받았던 억압에 비하면 그래도 낫다고 본 것이다. 시민들은, 교묘하게 스며들어 시민들을 타락시키는 '위대한 로렌초'

와 그 정치 기구의 억압을 물리치고 그 대신 새로 발견된 거룩함 덕분에 해방감을 느끼는 것처럼 보였다. 이 시절을 회고한 란두치는 나중에 이렇게 말했다. "나는 이 짧았던 신성한 시기를 직접 목격할 수 있었음에 주님께 감사한다. 그 당시 나는 주님께서 성스럽고 순수한 삶을 우리에게 돌려주시길 간절히 기도했다. … 이 얼마나 축복받은 때였던가."

그러한 상황은 1497년 첫 몇 주 동안 정점에 이르렀다. 이전 정권은 사순절 40일 단식에 앞선 며칠 동안 사육제가 개최될 때 흥청망청 놀 기회를 제공했다. 이젠 사육제 기념행사는 일절 금지되었으며, 그 대신 사보나롤라는 '사치품들의 모닥불'을 계획했다. 그는 도시 전역에서 각종 사치품을 모조리 수집하라고 지시했다. 여기에는 그가 증오하던 모든 것이 포함되었다. 고문서부터 거울과 악기까지, 그림부터 고대 철학자와 인문주의 작가의 저작까지. 단테의 작품들조차 사보나롤라의 비난에서 벗어나지 못했다. 이 모든 물품은 피아차 델라 시뇨리아 한가운데에 거대한 무더기로 쌓아 올려져 사순절 전날 태워질 것이었다.

이런 '사치품들'은 사보나롤라의 가르침을 따르던 피아뇨니가 가가호호 돌아다니며 수집한 것이었다. 독선으로 가득 찬 피아뇨니는 예전에 모욕으로 받아들여졌던 별명에 부합하는 열광적인 태도를 보였다. 사회 모든 계층, 즉 촘피와 민중부터 시뇨리아 구성원까지 전부가 집단 히스테리의 파도에 휩쓸렸다. 보티첼리조차 전향자가 되어 자기 그림 상당수를 장작더미 위에 올려놓고 불태웠다. 바사리는 보티첼리가 어떻게 "설득에 넘어가 사보나롤라의 열렬한 지지자가 되어서 자기 그림을 포기하고 그 결과 수입이 없어서 큰 고통에 빠지게 되었는지" 그 경위를 서술했다.

1497년 2월 7일, 사순절 전날에 사치품들은 광장 한가운데에 산더미처럼 집결되었고 이어 성대하게 소각되었다. 곤팔로니에레와 시뇨리아, 행정부의 고위층은 팔라초 델라 시뇨리아의 발코니에 나와서 이 광경을 내려다봤다. 우뚝 솟은 사치품들의 무더기 위로 모닥불이 탁탁 소리를 내며 불타올랐고, 전령의 나팔이 팔라초에서 요란한 소리로 연주했고, 라 바카가 울렸다. 그 화형식을 보러 모인 많은 시민이 박수를 쳤고, 사보나롤라의 소년단이 부르는 찬송가를 따라 불렀다.

사순절 기간에 사보나롤라는 대성당 설교단에서 더 맹렬한 설교를 여러 차례 했다. 3월 4일, 그는 마음을 단단히 먹고 이렇게 선언하기까지 했다. "수도사들 사이에서 통하는 격언이 있습니다. '로마에서 온 자는 믿지 마라.' 아아, 내 말을 들어라, 너 사악한 교회여! 로마 교황청에 있는 자들은 그동안 내내 영혼을 잃어가고 있었습니다. 그들은 타락한 자들입니다." 거명하지 않은 채 그는 말을 이어갔다. "로마에 있는 걸 즐거워하는 자들을 만나면 여러분은 그들이 구워졌다는 걸 알아보실 겁니다. 맞습니다, 그들은 구워졌지요. 제 말이 무슨 말인지 아시겠습니까?" 이런 말을 듣고 모든 사람은 사보나롤라가 언급한 사람이 누군지 알아들었다. 다름 아닌 교황으로, 장차 지옥에서 '구워질' 것이라는 이야기였다.

사보나롤라는 막강한 적을 선택했다. 현재 바티칸을 차지한 교황 알렉산데르 6세는 저 악명 높은 보르자 가문 출신이었다. 이전 교황들과 달리, 알렉산데르 6세는 노골적으로 혼외 자식들을 버젓이 공인했고, 다 큰 자식들을 바티칸으로 데려와 고위 보직을 내주고 함께 살기까지 했다. 그런 자식 중에는 체사레 보르자와 그의 여동생 루크레치아 보르자도 있었는데, 남매의 악명은 아버지에 버금갈 정도였다. 실제로 보르자 가문은 남의 재산을 훔쳐서 조성한 막대한 부, 퇴폐적 '여흥', 그리고 비밀리에 행하는 암살과 독살 등으로 이탈리아 전역에서 악명을 떨치고 있었다.

알렉산데르 6세는 타락했을지언정 무척 강력하고 단호한 교황이었다. 그는 교활한 꾀와 사기술에 무척이나 능했다. 사보나롤라가 교회의 타락을 비판하는 설교를 한 지는 한참 되었지만, 교황을 직접 규탄하기는 그때가 처음이었다. 이런 규탄은 겉으로는 약간 위장되어 있었을지 모르지만, 그 뜻만은 명확했다. 사보나롤라의 대담한 행동은 곧 로마 교황청에까지 알려졌다.

오랫동안 알렉산데르 6세는 피렌체 시민들에게 점점 더 깊이 영향력을 행사하는 사보나롤라를 주시해왔다. 1495년 7월, 교황은 사보나롤라에게 교황의 회칙을 내려보냈다.

> 우리는 미래에 벌어질 일들에 관한 당신의 언급이 당신이 아닌 주님으로부터 온 것이라는 주장을 들었습니다. 따라서 우리는 사목 업무를 다하기 위해 당신을 만나 논의하고자 합니다. 그래야 당신의 입장을 더 잘 이해하고 주님의 뜻을 실행에 옮길 수 있기 때문입니다.

교황의 회칙은 은근하면서도 유화적 속임수의 느낌이 물씬 담겨 있었다. 리돌피는 이 편지의 특징에 대해 '보르자 가문의 독살용 달콤한 과자에 비견할 만한 독특한 문서'라고 말했다. 사보나롤라는 이상주의자이기는 해도 물색 모르는 멍청이는 아니었다. 그는 위험을 무릅쓰고 로마로 가면 알렉산데르 6세의 손아귀에 붙잡혀 다시는 피렌체로 살아 돌아올 수 없다는 것을 잘 알았다.

사보나롤라는 알렉산데르 6세에게 답신을 보내 로마까지 길고 고된 여정을 수행하기엔 자신이 너무 쇠약하다고 변명하며 초청을 정중하게 거절했다. 사실 사보나롤라가 언제나 진실을 고집했다는 점을 생각하면 이는 거의 맞는 말이었다. 그는 피렌체 정치에 매일 관여하는 것은 물론이고 정기적으로 열정적인 설교를 했고, 그 때문에 한동안 설교를 포기할 수밖에 없을 정도로 체력이 고갈되었다.

사보나롤라가 연설을 재개하자 알렉산데르 6세는 다른 전략을 시도했다. 이제 피렌체 내부에서도 사보나롤라에게 반대하는 움직임이 점차 커지기 시작했다. 주요 반대 집단은 아라비아티arrabbiati('분노한 사람들')라고 불렸다. 이들은 폭 넓은 계층으로부터 지지자를 끌어왔는데 소시민부터 주요 가문의 사람들까지 다양했다. 실제로 공격적인 젊은 귀족들은 피아뇨니를 괴롭히는 데 주된 역할을 했다. 아라비아티는 사보나롤라가 도시의 세속 정부에 개입하는 데 분개했고, 나아가 몇몇은 옛 메디치 통치 시대의 회복을 선호하기까지 했다. 사보나롤라 저항 세력은 쇠퇴하는 경제 상황 때문에 더욱더 힘을 얻었다. 피렌체는 이제 피사의 항구를 통하는 주요 수출 경로를 차단당했는데, 샤를 8세가 그 항구를 '일시적으로 점령'했기 때문이었다. 이러한 상황은 길게 늘어진 장마로 더 악화되어 흉작까지 뒤따랐다. 란두치는 그런 사정을 이렇게 서술했다. "이 시기 내내 비가 오지 않은 날이 하루도 없었고, 폭풍우가 11개월 정도 쉼 없이 지속되었다. 비가 안 오고 한 주가 지나간 적이 없었다."

아라비아티는 사보나롤라 암살 시도를 두 차례 실패한 뒤에 교황에게 개입해달라고 탄원했다. 하지만 이번에도 알렉산데르 6세는 노골적 대립은 피하려 했다. 그 대신 사보나롤라가 허영심이 있으리라 잘못 판단하고서 '왜소한 수도사'에게 추기경의 붉은 모자를 제안하는 서신을 보냈다. 사보나롤라는 교황이 자신의 성격을 오판한 데 기분이 상하여, 자신은 '피로 붉게 물든' 모자를 바랄 뿐이라고 오만하게 답했다. 몇몇은 이를 순교에 대한 언급이라고 해석했다. 사보나롤라는 이미 극단적 환시 속에서 자신의 최후를 보았던 것일까? 혹은 이렇게 순교하는 것이 불가피한 결과라고 내다보았을까? 그렇게 하여 사후에 성인의 반열에 들고 자신의 꿈은 죽은 다음에나 충족될 것이라고 예상했던 걸까?

피렌체는 농촌 지역의 흉년과 홍수에 시달려 도시로 흘러 들어온 굶주린 농부들 때문에 고통받기 시작했다. 이 일로 시민들 사이에선 분열이 한층 더 심해졌다. 란두치는 사보나롤라가 "아버지와 자식, 남편과 아내, 형제와 자매를 어떻게 분열시켰는지" 서술한다. 1497년 5월, 격분한 알렉산데르 6세가 마침내 사보나롤라를 파문하는 회칙을 내리면서 설교를 금지했다. 그 조치가 상황을 더 나쁘게 만들었다. 사보나롤라는 교황의 파문 결정을 무시하고 설교를 계속하기로 마음먹었다. 많은 이들이 파문된 도미니크회 수도사가 대성당에서 미사를 올리는 광경에 큰 충격을 받았고, 적어도 한 차례 신도들 사이에서 소요가 일어났으며, 또 다른 암살 시도가 있었으나 실패로 돌아갔다.

설교하는 중에 사보나롤라는 자신의 신성한 사명을 결정적으로 확증하고자 기적을 수행할 것이라고 넌지시 암시하기 시작했다. 그와 경쟁하던 한 프란체스코회 설교자는 이 기회를 놓치지 않고 사보나롤라에게 '불의 시련'으로 그것을 증명해 보이는 것이 어떻겠느냐고 도전하고 나섰다. '불의 시련'이란 길이 15미터가 넘는 달구어진 석탄 위를 맨발로 걸어가는 것으로, 주님께서 그런 시련을 겪는 자가 타 죽을지 아니면 기적적으로 아무 문제 없이 지나갈 수 있을지 결정하신다는 것이었다. 사보나롤라는 이런 도전을 무시하기로 했지만, 광신적인 추종자 한 사람이 그 도전을 받아들여 자신이 사보나롤라를 대신해 그 시련을 받겠다고 나섰다. 그 추종자의 요구는 정식으로 받아들여졌고, '불의 시련'을 행할 날짜가 합의되었다.

4월 7일 새벽, 시민들은 피아차 델라 시뇨리아에 줄지어 모여들었고, 모두 '불의 시련'에서 기적이 벌어지는지 자기 눈으로 직접 보고자 했다. 정오가 되자 팔라초 델라 시뇨리아 앞쪽 광장에 사람들이 더 밀려들지 못하게 민병대가 광장 입구를 모조리 봉쇄했다. 오래 기다린 끝에, 오후 1시에 프란체스코회 대표단 200명이 시련 참가자를 대동하고 도착했다. 30분 뒤, 250명에 달하는 도미니크회 대표단이 촛불을 들고 찬송가를 부르며 광장으로 왔다. 그들은 참가자 뒤를 따랐고, 십자가상을 꽉 쥐고 있었다. 그들 뒤에서는 성찬식의 빵을 높이 들고 따르는 사보나롤라도 있었다. 빵은 성찬식에서 예수의 몸이 될 것이었다.

시뇨리아 위원들은 시련의 진행을 지켜보고자 팔라초에서 나왔다. 이제 시련의 진행 과정을 두고서 두 대표단 사이에서 언쟁이 끝없이 이어졌다. 그 논쟁에는 폭넓은 주제가 들어 있었는데, 주요 주제는 도미니크회 소속 시련 참가자가 발끝까지 내려오는 붉은 망토를 입는 데 프란체스코회는 반대한다는 것이었다. 그들은 몸을 망토로 가리면 '무슨 속임수를 쓸지' 어떻게 아느냐고 항의했다. 그러는 사이 군중은 점점 더 소란스러워졌고, 기다림에 지친 나머지 당장이라도 '불의 시련'이 시작되길 바랐다. 아라비아티와 사보나롤라 지지자들 사이에서 소동이 벌어지기 시작했다. 광장 입구에 배치된 민병대는 질서를 되찾으려고 군중을 밀고 나아갔다. 현장에 입회한 시뇨리아 위원들은 무엇을 해야 할지 난감해졌다. 이 모든 일이 벌어지는 가운데 갑자기 폭풍우가 불어왔고, 천둥과 번개가 하늘을 뚫고 번쩍거리더니 폭우가 쏟아졌다. 많은 사람이 그것을 주님께서 '불의 시련'에 불쾌감을 느끼신 징조로 받아들였다. 그럼에도 군중은 그대로 자리를 지켰는데, 어떻게든 기적, 혹은 기적이 없음을 목격하고 싶었기 때문이다. 마침내 폭풍우는 갑자기 시작되었듯이 갑자기 그쳤다.

하지만 이 단계에서 시뇨리아는 사태가 너무 많이 진전되어 걷잡을 수 없는 상태에 도달했다는 결론을 내렸고, 그 상황이 대규모 폭동으로 변질될까 우려했다. 이에 그들은 팔라초 델라 시뇨리아에서 공식 전령을 소환하여 '불의 시련' 행사가 공식적으로 취소되었다고 선포했다.

이제 늦은 오후였고 햇빛도 사라지는 중이었다. 아라비아티는 사보나롤라가 도미니크회 참가자에게 시련에 응하지 말라는 지시를 내렸다는 소문을 퍼뜨리기 시작했다. 심지어 피아뇨니 중 일부도 의심을 품기 시작했다. 왜 사보나롤라가 직접 '불의 시련'에 참여하지 않았나? 군중의 분위기는 일변했다. 프란체스코회 대표단은 군중을 뚫고 나아가 광장을 떠났지만, 도미니크회 대표단이 떠나려 하자 군중이 그들의 뒤를 쫓았다. 거리를 따라 군중이 뒤쫓아오자 도미니크회 대표단은 산 마르코 수도원으로 돌아가 문을 굳게 걸어 잠갔다.

그다음 날 도시는 기괴할 정도로 조용하고 거리는 한산했다. 그러다 오후가 되자 사보나롤라 반대파가 나타났고, 여러 거리에서 실랑이를 벌이기 시작했다. 이런 충돌 중 일부는 전면적 싸움으로 번졌다. 저녁이 되자 거대한 군중이 산 마르코 수도원 밖에 모여 분노에 찬 목소리로 사보나롤라의 이름을 불러댔다. 시간이 더 지나 밤이 되자 군중이 수도원을 기습했다. 결국 사보나롤라는 포로가 되어 그의 가장 강력한 지지자 두 명과 함께 바르젤로로 끌려갔다. 이어지는 며칠 동안 그는 투옥된 수감자들에게 습관적으로 가해지는 고문을 당했다. 사보나롤라는 고문을 이기지 못하여 자신의 예언과 환시가 모두 날조였다고 고백했다. 하지만 나중에 자신의 그런 자백을 번복했다. 똑같은 과정이 계속 반복되었고, 세 번째에는 고문 후유증으로 몸이 지나치게 허약해져서 그런 자백을 번복할 수조차 없었다.

5월 23일, 사보나롤라와 그에게 충성하던 두 동료는 피아차 델라 시뇨리아로 끌려 나와 이단으로 정죄되고 사형이 선고되었다. 이 세 사람은 모두 팔라초 델라 시뇨리아 앞에 세워진 교수대에서 처형되었다(화보 25). 공중에서 이리저리 흔들리는 목매달린 시신은 그 아래 피워놓은 장작불에 의해 소각되었다. 마침내 그들의 시신은 뒤섞인 잿더미와 함께 치워졌고, 그 재는 아르노강에 뿌려졌다. 그렇게 하여 사보나롤라의 성유물聖遺物은 아무것도 남지 않았다.

몇몇 역사가는 사보나롤라가 피렌체에서 권력을 잡아가는 에피소드 전체를 종교 개혁의 전조로 본다. 다음 세기에 종교 개혁은 기독교 교회를 가톨릭과 개신교로 갈라놓는다. 전조라는 주장이 옳든 아니든, 사보나롤라의 몰락은 분명 피렌체 역사에서 중대한 전환점이 되었다. 이제 근본주의라는 멍에에서 벗어난 도시는 그 후 부패하지 않은 순수한 공화정을 겨우 15년 정도만 누렸을 뿐이고, 그 이후에 자유로운 공화정은 소멸하여 혼란스러운 통치로 이어졌으며 결국 독재적인 절대 군주정이 들어섰다. 하지만 이 전환기에 피렌체는 르네상스의 세 가지 고유한 요소, 즉 정치·예술·과학을 완전히 바꿔놓는 중요한 세 사람을 배출한다.

17

통치에 대한 역설적 통찰

마키아벨리 이야기

'마키아벨리적Machiavellian'이라는 형용사는 기만적이고 무자비한 특징을 보이는 정치의 대명사가 되었다. 사람들은 그의 가장 잘 알려진 저술 《군주론Ii Principe》에서 공들여 기술한 그의 사상을 가리켜, 현실 정치의 본질, 즉 세련된(혹은 모호한) 겉치장을 벗겨낸 정치적 기술에 지나지 않는다고 보았다. 《군주론》은 군주에게, 권력을 얻는 방법과 그것을 유지하는 방법에 대해 무자비하고 몰도덕적인 조언을 하는 책이다. 이처럼 단순명료해 보이는 (혹은 지나치게 현실적인) 저술은 정치의 복잡미묘함과 오류에 정통한 사람만이 써낼 수 있는 것이다.

마키아벨리는 현실 정치와 외교의 세상에서 폭넓은 전문 지식을 얻었고, 이런 소중한 체험은 《군주론》보다 더 두껍고 더 심오한데도 종종 도외시되는 그의 《로마사 논고Discorsi sopra la prima deca di Tito Livio》에 집약되어 있다. 이 후기 저작의 균형 잡힌 날카로운 통찰은 다음과 같은 문장들에서 잘 드러난다. "시민정은 군주정보다 낫다." "잘 정돈된 공화국에서 헌법을 초월하는 조치를 내려야 할 필요는 절대 없을 것이다." 이런 선의의 지침은 무자비한 참주의 몰도덕적 태도 앞에서는 그다지 힘을 발휘하지 못한다. 그렇지만 장기적으로 볼 때, 참주들은 별로 인기가 없고, 역사가 증명했듯이 민주주의에 대한 낙관론이 승리한 경우가 많았다. 《군주론》에서 서술한 무자비한 조언과 《로마사 논고》에 담긴 풍부한 정치 경험을 서로 조화시키기는 불가능하다. 마키아벨리는 그의 저술에서도 그렇지만 삶에서도 수수께끼 같은 인물이다.

마키아벨리는 극도로 복잡미묘한 인물이었고, 자신의 삶과 저술의 진지한 태도를 유머 감각으로 눙치는 버릇이 있었다. 심지어 관복 입은 눈부시게 빛나는 저 유명한 공식 초상화(화보 23)에서조차 그의 얼굴은 풍자적 미소의 희미한 흔적이 어른거린다. 마키아벨리는 《군주론》에서 정말로 진지하게 그런 무자비한 조언을 한 것인가, 아니면 이 역설 가득한 저서는 인생과 인간에 대한 가장 비관적인 관점을 반영한 것인가? 이는 대답하기 쉽지 않은 질문이다. 유머의 가벼운 흔적(혹은 아이러니가 가미된 진실 말하기)은 마키아벨리의 또 다른 대작인 8부 구성의 《피렌체의 역사》에서도 발견된다. 예를 들어 피렌체에서 가장 큰 군사적 승리 중 하나로 여겨지는 안기아리 전투에 관한 서술은 이러하다.

> 적국에서 수행된 전쟁 중에 공격하는 쪽이 이보다 약하게 부상을 입은 사례는 없다. 그렇게 엄청난 패배를 당하고 전투가 네 시간이나 지속되었는데도 오직 한 사람만 전사했다. 그것도 적의 무기나 어떤 명예로운 수단에 의해 상처를 입은 것이 아니라 말에서 떨어져 짓밟혀 죽었다. 전투원들은 당시 거의 위험하지 않은 교전만 했다. 거의 모두가 말을 타고 갑옷을 입었으며, 항복만 하면 목숨은 보전할 수 있었으니 목숨을 걸 필요조차 없었다. 싸우는 동안에는 갑옷이 그들을 지켜주었고, 더는 저항

할 수 없을 때는 항복함으로써 목숨을 안전하게 지켰다.

기록에 따르면 8000명이라는 많은 사람이 이 '전투'에 참여했다고 한다. 우리는 용병대장이 전쟁을 더없이 진지하게 수행하기보다 전쟁을 일종의 게임으로서 어떻게 선호했는지를 엿볼 수 있다. 하지만 마키아벨리의 서술(혹은 폭로)이 피렌체의 드높은 영광에 기여했다고는 도저히 말할 수 없다.

마키아벨리의 저술에서 우리는 그가 과학적 방식으로 집필했다는 확실한 증거를 엿볼 수 있다. 그는 객관적 경험(혹은 증거)에 의지해 거기서 적절한 판단을 끌어냈다. 따라서 종교적·도덕적 권위, 혹은 아리스토텔레스식 권위는 싹 무시해버렸다. 그는 《군주론》에서 이렇게 말한다. "모든 무장한 예언자는 승리자였고, 모든 비무장의 예언자는 실패자였다." 그는 전자에 모세, 로물루스, 키로스, 무함마드를 포함시켰다. 그는 후자로 사보나롤라를 거론했다. 《로마사 논고》에서 그는 이런 말을 남기면서 은연중에 아이러니를 풍긴다. "종교가 있는 곳에서 사람은 온갖 부류의 선을 예상한다. 따라서 종교가 없는 곳에서 사람은 그와 정반대를 예상한다." 이는 마키아벨리의 《군주론》이라는 책에 들이닥친 운명을 잘 묘사한 말이다. 《군주론》은 종교적 권위에 전혀 호소하지 못했고, 그 때문에 이 책의 저자는 온갖 죄악을 방조하는 악당으로 매도되었다.

사보나롤라의 성공과 몰락은 그 시기에 피렌체에서 성장한 마키아벨리에게 결정적 영향을 미쳤다. 우리는 마키아벨리의 서신을 통해 그가 스물여덟 살이던 1498년 3월 2일과 3일, 두 번에 걸쳐 사보나롤라의 설교를 들었다는 사실을 알 수 있다. 그 설교에 대한 마키아벨리의 논평은 날카로운 동시에 그만의 개성을 잘 보여준다. 그는 이렇게 썼다. "그의 설교는 거대한 공포로 시작합니다. 그 설교 속에서 이루어지는 설명은 그것들을 자세히 검토하지 않는 사람들에게 매우 효과적입니다." 그는 사보나롤라가 어떻게 "시대의 분위기를 따라가고, 그것에 부합하게 자신의 거짓말을 적절히 조정하는지" 꿰뚫어보았다. 하지만 동시에 "그는 엄청나게 대담한 태도로 설교하기 때문에 … 청중에게 적잖은 존경심을 불러일으킵니다"라면서 사보나롤라의 카리스마를 인정하기도 했다.

이렇게 말하는 마키아벨리는 환상이 거의 없는 교양 높은 지식인의 자세를 취한다. 그는 사보나롤라의 설교에 넘어가지 않았고, 이 수도사의 신앙이나 진실, 그 어느 쪽도 받아들이지 못한 듯하다. 아닌가? 그는 받아들였는가? 마키아벨리는 평범한 편지를 쓴 것이 아니었다. 그것은 그가 작성한 중요한 첫 임무 보고서로, 로마 교황청 주재 피렌체 대사 리차르도 베키에게 위협적인 수도사 사보나롤라의 행적을 보고한 것이었다. 마키아벨리는 십중팔구 자신의 말 혹은 평가가 교황 알렉산데르 6세에게 직접 전달될 것임을 알았을 것이다. 그렇다면 마키아벨리는 자신의 보고서를 몰래 읽어볼 상대방의 비위에 맞추어 그런 글을 썼던 것일까?

1498년 3월, 피렌체는 또 다른 혹한을 견디고 있었다. 루카 란두치는 그때 상황을 이렇게 전했다. "당시 추위가 지독했고 아르노강은 꽁꽁 얼어붙었다. … 지상에는 두 달 이상 서리가 계속 생겼다." 굶주린 소작농들은 구호품을 얻고 피신처를 찾고자 피렌체로 몰려들었다. 사보나롤라는 그 전해에 교황으로부터 파문을 당했고, 칙령에 따라 설교도 금지되었다. 알렉산데르 6세와 사보나롤라 사이의 종국이 빠르게 다가

오는 중이었다.

교황의 희망에 부응하여 피렌체 시뇨리아는 사보나롤라가 대성당에서 설교하는 걸 금지했지만, 사보나롤라는 산 마르코 수도원의 자기 교회에서 설교하면서 그 금지령을 따르지 않았다. 마키아벨리가 사보나롤라의 설교를 들으러 갔던 장소가 바로 이곳이다.

마키아벨리가 사보나롤라를 무척 경멸하는 글을 쓴 것은 그리 놀라운 일이 아니다. 긴 세월이 흐른 후, 그는《군주론》에서 사보나롤라를 모세와 무함마드 같은 부류와 비교한다. 앞으로 살펴보겠지만, 마키아벨리의 1498년 서신은 일종의 구직 행위로, 자신을 가장 보기 좋게 드러내기 위해 쓴 글이었다. 이처럼 구직 활동이 주안점이었으니 사보나롤라에 대한 공평하면서도 예리한 해석은 주 목적이 될 수 없었다. 무엇보다도 그 자신이 그 점을 잘 알았다.

니콜로 마키아벨리는 1469년 5월 3일에 피렌체의 올트라르노 구역에서 태어났다. 마키아벨리 가문은 베스푸치 가문과 친밀하게 지내는 이웃이었다. 니콜로는 공증인의 장남으로 태어났다. 그의 아버지는 물려받은 채무 탓에 사회적 경력에 짙은 그림자가 드리워져서 공직에 나아가지 못하는 상황이었다. 마키아벨리 가문은 오래된 귀족 가문으로 소급되는 혈통이었지만, 15세기 후반이 되자 상대적으로 궁핍한 처지로 몰락했다. 마키아벨리는 나중에 이렇게 썼다. "나는 가난한 집안에서 태어났다."

그런 상황에서도 그는 훌륭한 라틴어 교육을 받았다. 다시 말해 당시 널리 유행하는 계몽된 인문주의 학문보다는 수사법, 논리학, 문법 등으로 구성된 구식 아리스토텔레스식 학문을 익혔다는 뜻이다. 그의 지식인 아버지는 집에 고대 고전들이 갖추어진 훌륭한 서재를 두었다. 이런 두꺼운 책들을 살펴보면서 어린 니콜로는 기원전 1세기 시인이자 철학자인 루크레티우스에게 매혹되었고, 그 철학자의 보편적·과학적 접근법과 인간의 본성에 대한 과감한 시각에서 깊은 인상을 받았다.

이때는 피렌체가 정치적으로 어수선한 시기여서 마키아벨리는 어린 시절과 성인 초기에 여러 역사적 사건들을 직접 목격했다. 파치 음모와 그에 따른 유혈 낭자한 사태가 벌어졌을 때 그는 고작 아홉 살이었다. 《피렌체의 역사》에서 이때를 돌이켜보며 어떻게 '거리에 토막 난 시신이 즐비했는지'를 회상했다. 나중에 '위대한 로렌초'의 사망과 메디치 가문의 축출은 물론이고, '사치품들의 모닥불', 교수형을 당한 사보나롤라의 시신이 공중에 매달린 채 불태워진 일도 기억했다. 그 시기에 도시 인구는 약 7만 명이었는데, 이는 소문이 사람들 사이에 자유롭게 유통될 수 있는 정도의 적은 인구다. 무슨 말인가 하면, 설혹 그가 사건들을 직접 목격하지 않았더라도 그 일들에 관한 새로운 설명을 사람들에게 들었으리라는 뜻이다.

마키아벨리의 '구직' 서신은 매우 인상적인 글이다. 사보나롤라의 몰락 직후 피렌체 행정부가 프라테스키frateschi(사보나롤라에게 동조하는 자들)를 숙청할 때 마키아벨리는 제2 서기장으로 임명되었다. 이 직책은 도시 행정부에서 중간급 간부 정도의 자리였다. 마키아벨리는 분명 영향력 강한 어떤 후원자들을 배후에 두고 있었다. 그의 아버지가 교제했던 식자층이 그 배후였는지 모른다. 이 식자층은 아마 사촌인 '위대한 로렌초'에게 유산을 도둑질당한 로렌초 디 피에르프란체스코 데 메디치와 연관이 있었을 것이다. 그 무렵 피렌체에 남은 메디치 방계 인사들은 추방된 메디치 직계와 거리를 두기 위해, 자신들의 성을 데 메디치에서 일 포폴라노il Popolano('민중의 사람')로 바꾸었다.

마키아벨리가 한 달 뒤 피렌체 공화국의 외교를 책임지는 '10인 전쟁 위원회' 위원으로 빠르게 승진한 것은 이런 후원자들이 밀어준 덕분이었을 것이다. 1년 사이에 마키아벨리는 여러 가지 사소하지만 까다로운 외교 임무를 수행하기 위해 해외로 파견되었고 뛰어난 기량을 발휘하며 훌륭하게 임무를 수행했다. 그가 피렌체로 보낸 명확하면서도 기민한 보고서를 보면 그가 외교 업무에 타고난 소질이 있었을 뿐만 아니라 이례적일 정도로 날카로운 통찰력을 지녔음을 짐작할 수 있다. 그러는 동안 그가 행정부 친구들에게 보낸 사적인 편지는 흥미진진했고 자신을 웃음거리로 삼는 재치가 번뜩였으며, 편지의 수신인들은 그런 우스갯소리에 '웃다 쓰러질 뻔했다.' 특히 한 천박한 편지는, 비록 관련 사건이 다소 과장되긴 했으나, 그가 어두운 밤에 속아서 추한 노파와 동침한 무척 우스운 내용이 쓰여 있다. 그의 친구들은 마키아벨리의 이름을 가지고 장난삼아 '일 마키아il Macchia'라는 별명을 붙였는데, 이것은 그가 남성성을 과시한다는 함축적 의미를 담은 동시에 '얼룩' 혹은 '티'라는 뜻도 있다. 이미 젊은 시절부터 그는 뭔가 말썽꾼 같은 반항아 기질이 있었던 것 같다.

이즈음 마키아벨리의 아버지가 사망하여 산타 크로체 성당의 가족묘에 묻혔다. 이때 마키아벨리와 관련된 흥미로운 일화가 있다. 한 수도사가 그에게 다가와 어떤 다른 가문에서 여러 사람의 시신을 당신네 가족 묘지에 부정한 방법으로 묻었으니 그 시신들을 들어내야 하지 않겠느냐고 제안하자 그는 이렇게 답했다. "그렇군요. 그래도 그대로 두시죠. 아버님이 워낙 대화를 좋아하시는 분이라 더 많은 사람을 곁에 두면 오히려 좋아하실 겁니다." 이런 반응은 마키아벨리의 복잡한 성격을 적나라하게 보여준다. 워낙 감정도 없이 무정해 보일 뿐 아니라 어떤 사람들에게는 주관 없는 사람처럼 보일지 모르지만, 깊이 생각해보면 그런 대답은 아버지를 향한 애정을 보여주는 것이기도 했다. 그는 또 공허한 절차나 실속 없는 경건한 태도를 속속들이 꿰뚫어보고 무시하는 태도를 보였다.

자신의 외교적 능력을 입증한 마키아벨리는 이번에는 좀 더 큰 임무를 맡았다. 그는 프랑스 국왕에게 파견될 핵심 대표 두 사람 중 한 명으로 선택되었다. 그가 맡은 임무는 무척 복잡하고 중요한 것으로, 피렌체의 위태로운 상황을 생각할 때 그 중요성은 명확했다.

이 시기에 이탈리아는 그 특유의 혼란스럽고 배신이 판치는 상태로 되돌아갔다. 까다롭게 굴던 샤를 8세는 1498년에 사망했고, 더 능력 있는 루이 12세가 그 뒤를 이었다. 하지만 프랑스는 이미 밀라노를 점령하면서 이탈리아에 영구적 발판을 확립해놓은 터라 사정이 크게 바뀌었다. 음험하고 술수에 능한 교황 알렉산데르 6세는 자기 아들 체사레 보르자(화보 24)를 프랑스 왕가에 장가 보내 프랑스와 동맹 맺을 기회를 포착했다. 교황의 축복과 프랑스 용병부대의 지원으로 체사레는 피렌체에서 아펜니노산맥을 넘어 교황령의 일부인 이탈리아 북부 중앙의 로마냐를 점령하는 군사 작전을 성공시켰다. 그러나 체사레 보르자는 영토를 더 넓히려는 야심을 품고 이번에는 아펜니노산맥 서쪽, 무방비 상태의 피렌체를 침공하려고 노렸다.

문제를 더 복잡하게 만든 것은, 피렌체가 당시 지중해 무역의 관문인 피사의 항구를 탈환하려는 전쟁을 치르고 있었다는 것이다. 이 전쟁을 추진하기 위해 피렌체는 이탈리아 용병부대를 고용하여 현지에 파견했고 그 부대는 피사를 포위 공격하는 중이었다. 하지만 곧 용병들이 이 포위 공격을 질질 끈다는 점이 명백해졌다. 그들은 도시 점령을 감행하면서 목숨을 위태롭게 하기를 꺼렸다(용병들의 그런 태도 때문에 고용 계약도 끝이 났다). 그렇게 하여 피렌체는 값비싸고 터무니없는 전쟁을 서쪽에서 벌이는 동시에 예측할 수 없는 체사레 보르자의 공격이라는 동쪽으로부터의 위협에 동시에 직면했다.

이제 시뇨리아는 공화국을 오랜 세월 독립국으로 남을 수 있게 한 외교적 전문 기술을 보여주어야 할 때였다. 그들은 즉시 밀라노의 루이 12세와 접촉했고, 강인한 스위스인과 프랑스인으로 구성된 용병부대를 고용해 피사에 투입한 불성실하고 다루기 힘든 이탈리아인 용병부대를 대체했다. 단번에 시뇨리아는 궁지에서 벗어났다. 피렌체 사람들은 프랑스 병력을 활용하는 한 보르자가 피렌체를 공격할 수 없다는 것을 알아챘다. 보르자 역시 프랑스의 지원에 기대고 있었기 때문이다. 프랑스 군인들은 절대로 서로 공격하지 않을 것이었다. 게다가 이 군인들을 고용함으로써 피렌체는 루이 12세의 보호 아래 놓였다.

하지만 사태가 해결되기 무섭게 다른 곤경이 발생했다. 프랑스인과 스위스인 용병들은 피사 외곽에 도착했을 때 거액을 받기 전까지는 싸우지 않겠다고 버텼다. 그들의 지휘관에 따르면 한동안 급료를 받지 못했고 밀린 액수도 상당하다고 했다. 유감스럽게도 그들의 이전 고용주인 루이 12세는 이제 밀라노를 떠나 프랑스로 돌아가버렸다.

마키아벨리를 공동 외교 사절로 프랑스에 파견한 것은 이 같은 교착상태를 해결하기 위해서였다. 그는 그 외교적 임무를 비용을 많이 들이지 말고 최대한 빠르게 해결하라는 짤막한 지시를 받았다. 당시 피렌체 외교관에게는 특별한 외교적 능력만이 아니라 그에 걸맞은 신체적 강인함도 요구되었다. 이탈리아 북부로 가서 알프스산맥을 넘는 급행 말을 타려면 무엇보다도 엄청난 지구력이 있어야 했다. 1500년 7월 18일에 출발한 마키아벨리와 동료 사절은 피렌체에서 프랑스 중부 느베르의 프랑스 궁궐에 이르는 800여 킬로미터 거리를 3주도 안 되어 주파했다. 그곳에서 그들은 매우 하찮은 사람 취급을 받으며 소국의 외교관이라는 신분을 처절하게 절감했다. 루이 12세의 선임 고문인 조르주 당부아즈에 따르면 당시 국왕은 더 중요한 문제에 깊숙이 관여하고 있었다. 그는 유럽에서 두 번째로 강한 나라인 스페인을 상대로, 나폴리 왕국을 어떻게 점령하고 분할할지 협상하는 중이었다. 그보다 중요도가 떨어지는 피렌체 문제는 순서를 기다려야 했다.

피렌체 사절들이 루이 12세 알현을 허락받기까지는 꼬박 13일이 걸렸다. 마키아벨리는 국왕을 만나서도 기 죽지 않았고, 피렌체에 보내는 급보에 루이 12세의 "오만함이 그의 우유부단함을 은폐하고 있다"라고 통찰력 있게 논평했다. 그런 통찰력은 무척 훌륭했으나, 마키아벨리 자신도 잘 알았듯이 그런 우유부단한 태도는 피렌체가 비싼 대가를 치르도록 했고, 자칫하면 도시의 독립적 지위까지 잃을 수도 있었다. 다음 급보에서 마키아벨리는 다음과 우울한 상황을 전했다. "프랑스인들은 자국의 힘에 눈이 먼 상태입니다. 그들은 무장한 상대방이나 기꺼이 그들에게 돈을 주려는 세력만 고려의 대상으로 여깁니다."

협상은 지지부진했고, 마키아벨리는 급보에서 이렇게 보고할 수밖에 없었다. "프랑스 국왕은 스위스인 용병들에게 3만 8000두카트를 지급해야 한다고 투덜거렸습니다. … 그는 우리가 그 금액을 지급해야 한다고 말했고, 피사와 그 주변 영토를 독립국으로 만들겠다고 위협하기까지 했습니다."

시뇨리아는 이미 곤궁에 빠져 허덕이는 시민들로부터 그런 돈을 짜내야 할지 말지 망설였다. 그러는 사이에 마키아벨리는 체류 자금이 떨어져갔고, 시뇨리아에 그런 궁핍한 사정을 밝히는 서신을 보냈다. 하지만 자금은 전혀 마련되지 않아 여름에서 가을로 넘어갈 때까지 그는 하염없이 기다리며 궁궐 주변을 서성여야 했다. 시뇨리아는 체사레 보르자가 리미니로 진군하는 모습을 지켜봤는데, 그곳은 아펜니노산맥을 넘으면 피렌체에서 동쪽으로 불과 100여 킬로미터 떨어진 곳이다. 그들은 이어 교황 알렉산데르 6세와 그의 아들이 피렌체에 메디치 가문의 통치를 복원하려 한다는 사실을 알게 되었다. '불운한 피에로'는 추방 이후 로마에 머물면서 군사를 모으는 중이었다. 이에 혼비백산한 시뇨리아는 마키아벨리에게 서신을 보내 프랑스 국왕이 원하는 액수를 모두 기꺼이 지급하겠다고 말하라고 지시했다. 마키아벨리의 답신은 그리 안심할 만한 내용이 아니었다. "이탈리아에서 발생한 여러 일에 관해 국왕은 다른 어떤 이탈리아 세력보다 교황을 더 높이 존중합니다."

이런 명백한 좌절에도 불구하고 마키아벨리는 보르자에게 피렌체 영토를 침략하려는 어떠한 시도도 하지 말라고 경고하는 루이 12세의 명령서 사본을 간신히 받아냈다. 이제 겨울이 다가오는 중이었고 마키아벨리는 자금이 몹시 부족해 더는 급행으로 보고서를 보낼 여력이 없었으며, 궁궐에 출입해도 괜찮을 만큼 깨끗한 옷을 준비하는 것조차 어려움을 겪었다. 그는 피렌체로 돌아가도록 해달라고 시뇨리아에 간청했지만, 시뇨리아는 루이 12세가 직접 서명하고 봉인한 서면 조약을 확보해 프랑스의 보호를 확실히 보장받기 전까지 프랑스에 그대로 남으라고 지시했다.

마키아벨리는 프랑스 궁궐에서 시간을 낭비하지는 않았다. 외교 임무에 나설 때마다 그는 늘 외교 문서와 함께 안장 가방에 책들을 챙겨 갔다. 이때 그는 무척 유익한 카이사르의 《갈리아 전기Commentarii de Bello Gallico》를 가져간 것으로 알려져 있다. 마키아벨리는 갈리아(프랑스)에서 펼친 군사 작전에 대한 카이사르의 명확하고 날카로운 서술이 그의 정치적 동기를 감추고 있음을 잘 알았다. 마키아벨리는 이제 박식하고 유력한 추기경 당부아즈와 친하게 지낼 정도로 프랑스 궁정의 비위를 맞추는 데 성공한다.

마키아벨리는 자신의 외교적·정치적 지식에 관해 한 치도 부끄러움이 없었고, 추기경과의 대화에서 프랑스 정책을 제안하는 것마저 서슴지 않았다. 만약 루이 12세가 이탈리아를 지배하려는 목적을 달성하고자 한다면 역사적 교훈을 잊어서는 안 될 것이라고 일침을 놓기도 했다. 마키아벨리는 나중에 《군주론》에서 개략적으로 이렇게 말했다. "국왕이 자기 나라와 관습과 문화가 다른 어떤 나라를 통치하고자 한다면 그는 당연히 자신에게 동조하는 사람들과 친분을 구축해야 한다." 그가 당부아즈 추기경에게 잘 설명한 대로, 현재의 상황에서 친분을 구축해야 할 대상은 교황청이 아니라 피렌체라는 뜻이었다. 그리고 프랑스 왕은 신뢰할 수 없는 세력, 즉 알렉산데르 6세와 교황청의 힘을 키워주는 일을 해서는 안 된다고 힘주어 말했다. "이렇게 하면 프랑스 왕은 프랑스 국력을 약화시킬 것이기 때문이다." 더욱이 프랑스 왕은 밀라노의 루도비코 스포르차가 저지른 잘못을 번복하지 않는 편이 좋을 터였다. 그는 국내에 프랑스라는 강력한 외세를 불러들여 파멸을 자초했다. 바로 그때 루이 12세는 프랑스와 유일하게 경쟁할 수 있는 외세인 스페인을 이탈리아로 불러들여 나폴리 왕국을 나누려 하는데, 나폴리라는 목표를 두고 정확히 루도비코와 동일한 잘못을 저지르려는 중이라는 지적이었다.

마키아벨리는 훗날 추기경 당부아즈의 반응을 회고하며 이렇게 말했다. "그는 내게 이탈리아인이 전쟁을 전혀 모른다고 말했지만, 나는 프랑스인이야말로 정치를 전혀 모른다고 대답했다. 거의 언제나 두루 적용되는 일반 원칙이 하나 있다. 누구든 다른 세력이 강력해지도록 도와주는 자는 자멸할 뿐이다."

이 결론은 사실 나중의 사태 진전을 다 알고 난 뒤에 얻은 통찰에서 나왔지만, 추기경 당부아즈에게 한 말은 마키아벨리가 이미 그런 생각을 하고 있었음을 보여준다. 마키아벨리는 이론과 실제 모두에서 정치 분야의 이해도와 능력을 키우는 중이었다. 이런 일반 원칙에서 그가 내린 분석의 강점이 분명히 드러난다. 이처럼 외교관 경력 초기에도 그는 눈앞에서 벌어지는 일에 내재된 근본 원리를 이해하고자 애썼다. 말하자면 철학자의 정신을 보여주었다. 그는 과학이라는 뼈대에 정치와 역사적 사건의 피와 살을 덧붙이고자 했다.

마키아벨리는 1501년 1월까지 피렌체로 돌아오지 못했다. 그가 프랑스로 파견되어 족히 여섯 달은 지난 때였다. 그는 피렌체가 또다시 위태로운 상황에 빠졌다고 생각했다. 국고는 텅 비었고, 도시엔 동원할 무력이 없었으며, 루이 12세의 경고에도 불구하고 성마른 체사레 보르자가 여전히 호시탐탐 피렌체를 엿보며 위협했다.

그해 봄, 마키아벨리는 서른둘이 되었고 여름에 중매결혼을 했다. 신부는 상사인 '전쟁 위원회' 위원장의 10대 딸 마리에타 코르시니였다. 이 무렵 마키아벨리는 피렌체 관가에서 떠오르는 별이었다. 중매결혼이었어도 마키아벨리는 어린 신부를 점점 더 좋아하게 되었고, 시간이 오래 걸리는 해외 임무를 맡아 파견될 때면 늘 그녀를 그리워하는 듯했다. 실제는 어땠는지 모르지만 겉으로는 그렇게 보였다. 친구들에게 보낸 우스꽝스러운 편지에서는 방탕한 분위기를 풍겼지만 말이다.

그로부터 1년 뒤, 마키아벨리는 가장 시간이 오래 걸리고 가장 중요한 임무에 참여한다. 볼테라 주교인 프란체스코 소데리니와 함께 체사레 보르자에게 외교 사절로 파견된 것이다. 마키아벨리는 보르자가 피렌체를 어떻게 할 생각인지 알아내라는 지시를 받았다. 이 일은 마키아벨리의 생애에서 가장 신경 쓰이는 경험 중 하나였다.

보르자는 피렌체 대표단을 맞이하는 자리가 최대한 효과를 내도록 무대를 꾸몄다. 아펜니노산맥을 가로지르며 이틀 동안 고단한 여정을 마친 끝에 우르비노에 도착한 마키아벨리와 소데리니 주교는 그 즉시 떠밀리듯 어둡고 인적 없는 공작의 궁전으로 안내되었다. 여기서 그들은 전신에 검은 옷을 걸친 보르자를 대면했는데, 그의 턱수염은 가물거리는 단 하나의 촛대에서 흘러나오는 빛으로 음산하게 번들거렸다.

보르자는 마키아벨리와 주교를 질책하면서 피렌체가 자신을 초청해 용병대장으로 쓰지 않는다면 온갖 방법으로 보복하겠다고 화난 목소리로 위협했다. 용병대장이 된다면 그는 무력을 갖추지 못한 이 도시를 자기 마음대로 주무를 수 있게 될 터였다. 보르자의 그런 모습에 적잖게 겁을 먹었음에도 마키아벨리는 상대방이 허세를 부린다고 평가했다. 그래서 보르자가 피렌체로 돌아가 '대답'을 받아오라고 했는데도 귀국한 마키아벨리는 시뇨리아에 당면한 위협은 없다면서 안심시킬 수 있었다. 하지만 시뇨리아는 그의 말을 확신할 수 없었는데, 그런 반응은 무리가 아니었다. 그래서 마키아벨리는 보르자에게 다시 가서 피렌체의 '외교 사절'로 활동하며 보르자가 움직일 때마다 그의 궁중을 따라다니며 피렌체에 정기적으로 보고하라는 지시를 받았다.

그 후 반년 동안은 마키아벨리 경력 전체에서 가장 고통스러우면서도 가장 중요한 시기였다. 이 기간에 보르자는 역사의 '악당 갤러리'에 들어가도 전혀 손색 없을 정도의 배신과 복수 행각을 마구 자행했다. 살인, 배신, 복수를 향한 거의 광적인 욕구, 더 많은 살인, 그리고 거기에 동반되는 악의적 타락, 이 모든 것이 보르자 행동의 구체적 특징이었다. 시뇨리아는 보르자가 벌이는 행위가 무엇을 의미하는지 정확히 알아야 했다. 하지만 마키아벨리는 피렌체로 보내는 자신의 보고서가 모두 보르자에 의해 은밀히 개봉되어 읽힌다는 것을 알아챘다. 따라서 외교적 은밀함, 교묘한 속임수, 높은 수준의 은밀한 암시를 요구했다. 마키아벨리가 훗날 이렇게 적은 것은 놀라운 일이 아니다. "오랜 세월 나는 믿는 바를 말하지 않았고, 말한 걸 믿지 않았으며, 실제로 내가 진실을 말했더라도 수많은 거짓말로 그것을 감추어놓아 찾기 어렵게 만들었다."

하지만 그렇게 몇 달이 흐르자 마키아벨리는 기이하게도 자신이 보르자에게 끌린다는 것을 알아차렸다. 온갖 공포, 타락과 별개로 공작이 카리스마 있는 인물임은 부정할 수 없었다. 게다가 군사적 성공까지 거두었으니 그런 성공은 마키아벨리를 매혹하기에 충분했다. 마키아벨리가 나중에 《군주론》에서 모범적 군주로 보르자를 제시한 것은 그리 놀라운 일이 아니다.

일반 이론을 추구하는 마키아벨리에게 마치 발을 맞추기라도 한듯, 보르자는 그에게 이런 사고방식을 갖게 만들었다. 성공하기 위해, 그리고 성공을 계속 유지하기 위해 군주는 '비르투virtù와 포르투나fortuna'가 필요하다. '비르투와 포르투나'라는 문구, 혹은 선언적 격언은 폭넓은 해석의 여지가 있다. 비르투에는 '미덕'부터 '사내다움'에 이르기까지 많은 의미가 있다. 여기에는 힘뿐만 아니라 남성다움(비르vir, 라틴어로 '남자'라는 뜻)이라는 뜻이 함축되어 있다. 보르자가 바로 그런 힘을 보여주었다. 하지만 마키아벨리는 포르투나가 동반되지 않는다면 이 힘은 아무것도 아니라고 생각했다. 포르투나는 행운 혹은 운명, 혹은 포착해야 할 기회를 의미한다. 보르자가 이런 포르투나를 잘 이용하는 한 그의 기회주의는 성공을 거두었다.

이듬해에 마키아벨리는 체사레 보르자의 아버지인 교황 알렉산데르 6세가 중병에 걸려 사망하자 로마로 파견되었다. 체사레도 똑같은 질병으로 자리에 누워 있었다. 질병의 원인은 널리 소문이 난 관절 중독이 아니라, 아마도 말라리아였을 것이다. 곧 그의 아버지와 숙적 관계였던 고위 추기경이 교황으로 선출되어 율리우스 2세가 되었다. 마키아벨리가 보르자의 '궁정'을 방문했을 때, 로마냐에서 군사 작전을 벌이던 보르자를 지원한 포르투나는 이제 사라지고 없었다. 체사레의 운은 다했다. 마키아벨리가 문병하면서 병상에서 지켜본 체사레는 완전히 다른 사람이었다. 포르투나가 떠나버리면 그 누구도 자신의 운명을 지배할 수 없는 법이었다.

그로부터 9년 뒤, 마키아벨리도 이와 비슷한 운명의 역전을 맞닥뜨려 엄청난 고통을 겪는다. 이제 서른여섯인 추기경 조반니 데 메디치는 율리우스 2세에게서 교황청 군대의 통솔권을 위임받았다. '불운한 피에로'는 1503년에 죽었고, 1512년 9월에 그의 동생 조반니 데 메디치가 피렌체로 진군하여 마키아벨리가 그토록 충실하게 섬기던 공화정 정부를 무너뜨리고 메디치 가문을 다시 권좌에 복위시켰다. 정부의 포고에 의해 마키아벨리는 외교관 직위에서 '해고되고, 면직되고, 완전히 제거되었다.' 여기에 벌금 1000플로린이 부과되어 파산까지 하고 말았다. 게다가 피렌체에서 추방되어 도시 성벽의 남쪽으로 8킬로미터 남짓 떨어진 산탄드레아 인 페르쿠시나라는 작은 마을의 소규모 농지에서 살아야 했다.

그런데 더 나쁜 상황이 기다리고 있었다. 마키아벨리와 그의 가족이 산탄드레아로 이주하고 얼마 지나지 않아 반反메디치 음모가 피렌체에서 적발되었다. 음모자들이 자신들에게 동조할 것 같은 인물의 명단을 작성했는데, 여기에 마키아벨리의 이름도 들어 있었다. 마키아벨리는 그 소식을 듣자마자 서둘러 피렌체로 가서 자신의 결백함을 밝히려 했다. 하지만 도착한 즉시 체포되어 바르젤로의 감방에 갇혔다. 당시 관행에 따라 그는 고문 대상이 되었다. 당시 피렌체의 전통적인 고문 방식은 스트라파도strappado('떨어뜨리기')였는데, 구체적으로 다음과 같은 방식으로 자행되었다. 희생자의 두 손을 등 뒤에서 끈으로 단단히 묶은 뒤, 끈을 기다란 밧줄에 연결했다. 그 밧줄은 도르래에 감겨 위로 올라가는데, 그러면 희생자는 고문대 위 높다란 공중에 달랑 매달렸다. 그러다가 갑자기 감았던 밧줄을 풀어 희생자를 급격히 떨어뜨렸다가 그의 두 발이 땅에 닿기 직전에 갑자기 멈추었다. 이렇게 하면 손목이 급격하게 등 뒤로 더 꺾여서 희생자에게 극심한 고통과 충격을 안겼다. 희생자는 어깨가 부서지거나 팔이 비틀려 뜯겨 나가는 것 같은 통증을 느꼈다. 어깨 부상이나 팔 부상이 실제로 벌어지기도 했다. 마키아벨리는 이 스트라파도를 여섯 차례 겪었지만, 자백을 거부했다. (사보나롤라가 자신이 이단이라는 걸 자백하는 데는 세 번이면 충분했다.) 마키아벨리는 나중에 그 고문에 대해 이렇게 적었다. "나는 씩씩하게 고문을 견뎌낸 내가 자랑스러웠으며, 생각했던 것 이상으로 나를 남자답다고 여기게 되었다." 그는 그 음모와 관련해 전혀 사전 통지를 받은 바가 없었지만, 누가 개입된 일인지 짐작 가는 바가 있었는지도 모른다. 마키아벨리는 지금 이 순간의 극심한 고통을 피하기 위해 어떤 것이든 자백한다면 자신도 처형되고 만다는 것을 잘 알았다.

어느 날 아침, 그는 감방에서 음산한 기분을 느끼며 잠에서 깼다. 새벽이 되기도 전에 사형 선고를 받은 몇몇 음모자가 관례에 따라 찬송가를 부르는 소규모 성가대를 대동하고 처형장으로 끌려가는 소리가 들려왔다. (성가대는 사형수가 난리법석을 피우고 저주를 퍼붓는 걸 방지하기 위해 일부런 그런 식으로 따라갔다.) 감방에서 불안한 나날을 보내는 몇 주 동안 마키아벨리는 몸이 몹시 쇠약해졌다. 그는 그때 일을 나중에 이렇게 서술했다. "속이 뒤틀리게 하는, 숨을 쉬기도 힘든 악취가 났다. … 금속 족쇄를 발목에 차고 스트라파도를 버텨내는 사람들의 비명을 듣고, 새벽 즈음에 처형장으로 끌려가는 사형수들을 따라가는 성가대의 찬송가를 들으며 잠에서 깨어났다."

1513년 3월, 율리우스 2세가 로마에서 죽고 추기경 조반니 데 메디치가 뒤를 이어 교황 레오 10세가 되었다. 이를 기념하는 행사의 일환으로 죄수들에게 사면이 허락되었으며, 마키아벨리도 비로소 감옥에서 풀려나와 자유의 몸이 되었다. 그는 창백한 유령 같은 모습으로 새로운 교황의 취임을 축하하는 군중을 헤치고 도시 성문 밖으로 나가 산탄드레아로 가는 길을 따라 걸었다. 그 후로는 자기 소유의 작은 농지에서 추방자로 살아갔다. 마흔셋에 마키아벨리의 인생은 끝난 것처럼 보였다.

그 이후 10여 년 동안 마키아벨리는 그가 사랑하고 고향으로 여겨온 도시에서 감질날 정도로 가까운 곳에서 추방자로 살았다. 역설적이긴 해도 그가 강제로 고립된 삶을 살지 않았더라면 지금 우리가 그의 소식을 듣는 일은 절대 없었을지도 모른다. 그랬으면 그는 피렌체의 짧은 공화정 통치 기간에 행정부 외교관을 지낸 인물 정도로 역사에 간단히 기록되었을 것이다.

하지만 마키아벨리는 포르투나가 자신을 버렸다는 사실에 좌절하지 않았다. 추방 생활을 하는 동안 그는 저술에 몰두했고, 당국의 환심을 살 작품을 써내겠다는 필사적 희망을 품었다. 그는 행정부에 복권되어 외교관 신분으로 되돌아가길 갈망했고, 예전에 누리던 명성을 되찾길 소망했다.

시급한 외교 보고서를 작성하며 보낸 외교관 생활 덕분에 그는 글쓰기의 기술을 온전히 익힐 수 있었다. 그는 과거에 외교관 자격으로, 거짓을 진실로 가장하고 진실을 거짓으로 가장하는 것은 물론이고 외교적 간계와 세심하게 공들인 위장술을 적극 발휘했다. 이러한 경력은 그의 저술 활동에 강력한 영향을 미쳤다. 그는 지속적으로 이렇게 중얼거렸다. "나는 믿는 바를 말하지 않았고, 말하는 바를 믿지도 않는다." 이런 기만적 특성은 영원히 그의 저술에 스며들어 그의 저작 내면에 흐르는 저 전반적인 모호한 분위기를 형성했다.

마키아벨리가 처음으로 집필한 책은 《군주론》이다. 이 책은 권력을 추구하고 그것을 유지하고자 하는 사람들을 위한 지침서로, 그들을 위한 몰도덕적이고 냉혹한 처방전이다. 그는 1513년 여름에 이 짧은 분량의 책을 집필하기 시작했고, 엄청난 영감 속에서 몇 달 만에 탈고했다. 《군주론》에서 마키아벨리는 자신의 경험에 의지했을 뿐만 아니라 타국 궁정에서 국왕 알현을 위해 몇 시간 동안 지루하게 기다리는 동안 수행한 폭넓은 독서 경험에서 나온 다수의 역사적 사례도 거론했다. 이 책의 내용은 확실히 새 메디치 정권의 환심을 살 만했다. 혹은 역설이 풍부한 마키아벨리 저작의 특징을 감안할 때, 이 책의 진정한 의도는 그보다 더 심오한 무엇이었을까?

현대의 미국 정치 이론가 메리 G. 디츠Mary G. Dietz는 마키아벨리가 실제로 "통치자가 이 책의 내용을 진지하게 받아들여 그대로 따른다면 그를 파멸로 몰고 가는, 굉장히 공들인 조언(독재자의 무도한 통치로 시민의 무장 봉기를 유도하는 것)을 한 것이다"라고까지 주장한다. 책의 내용은 분명 이런 자기파괴적 관점을 지지하는 듯이 보일 만한 요소들이 있다. 반면 《군주론》의 마지막 장은 냉소적 역설이나 불성실한 동기를 넘어, 또 다른 숨겨진 목적을 암시하는 듯하다. 이 마지막 장은 '야만인으로부터 이탈리아를 해방시키기 위한 권고'라는 소제목이 붙어 있다. 마키아벨리가 언급한 '야만인'은 프랑스와 스페인처럼 이탈리아를 침공했던 외세를 가리키는데, 그들의 군대가 마키아벨리의 사랑하는 조국을 파괴하니 반드시 물리쳐야 한다는 내용이다.

이것이 실제로 마키아벨리의 진짜 동기라고 가정한다면 우리는 이렇게 해석할 수 있다. 그가 역설한 도덕성의 부재는 그 자체로 목적이 아니라, 조국을 침공한 외국 군대를 몰아내고 시민의 자유와 안보를 지킬 수 있는 강력한 지도자의 한 가지 통치 수단이다. 이런 방법을 실천하면 이탈리아는 예전 로마 제국 시대와 같은 탁월한 국력을 회복할 수 있을 것이다. 통일 이탈리아는 많은 이탈리아인에게 꿈이었고, 마키아벨리도 그런 꿈을 간직하고 있었던 듯하다. 하지만 여기서 다시 자기모순적 요소가 생겨난다. 만약 마키아벨리가 주장한 강력한 군주가 그런 통치 방식을 따른다면, 그 군주는 이탈리아 백성의 자유, 안보, 위대함 따위는 전혀 신경 쓰지 않을 것이다. 그렇다면 《군주론》은 해방 군주가 아니라 독재자를 위한 지침서인 셈이다.

《군주론》에 숨겨진 모호한 동기는 책을 헌정하는 대상에서 더 잘 드러난다. 이 책은 본래 줄리아노 디 로렌초 데 메디치, 즉 '위대한 로렌초'의 셋째 아들에게 헌정하려 했다. 줄리아노는 마키아벨리가 외교관으로 활동하던 시기에 충실하게 섬긴 공화정 정부를 대체한 바로 그 인물이다. 유감스럽게도 마키아벨리가 《군주론》 집필을 마쳤을 때 줄리아노는 로마로 돌아갔고, 그의 스물세 살 난 친척 로렌초 디 피에로 데 메디치가 피렌체 통치자로 권좌에 올랐다. 따라서 마키아벨리는 그런 상황 변화에 맞추어 책을 헌정할 대상을 바꾸었다. 그 결과 텍스트 일부를 수정하게 되었다. 이렇게 되자, 이탈리아를 해방과 위대함으로 이끄는 위대한 군주의 정체성은 그리 중요한 문제가 아니게 되었다. 마키아벨리는 이렇게 주장하고 싶었던 것이다. '저, 마키아벨리는 모범적인 정치적 저술의 저자이면서 뛰어난 정치적 능력을 가진 인물입니다. 고명한 군주께서는 이런 자질을 알아보시고 저를 행정부 고위직으로 복귀시켜주십시오.'

하지만 피렌체 통치자, 혹은 실제로 메디치 가문 사람 누구도 마키아벨리를 복권시키기를 내켜하지 않았다. 그는 재야에서 수치스러운 추방자로 살아가야 했다. 따라서 그는 한동안 문학적 저술의 집필로 소일했는데, 상상력을 중시하는 문학적 특징은 그의 성격과 재능에 더할 나위 없이 잘 어울렸다. 그가 집필한 여러 문학 작품 가운데 《라 만드라골라La Mandragola(맨드레이크)》라는 희곡은 현재 새로운 이탈리아 언어로 쓰인 첫 희곡 걸작으로 널리 간주된다.

마키아벨리는 언젠가 시뇨리아의 옛 자리로 복귀하리라는 희망에 끈덕지게 매달렸다. 그리고 아주 잠시, 그 희망은 이루어질 듯이 보였다.

메디치 가문 교황인 레오 10세가 정치적 위기에 직면했을 때(대체로 그 자신이 만들어낸 위기였다) 은밀하게 대리인을 보내 마키아벨리의 조언을 구했다. 하지만 결국 마키아벨리의 조언은 무시되었고, 레오 10세는 위기 해결에 도움을 얻지 못했다.

그렇지만 그 후에 메디치가의 한 사람이 마키아벨리의 조언과 감각을 인정한 듯하다. 1521년에 교황 레오 10세가 사망하고, 2년 뒤 그의 혼외 태생 사촌이자 측근인 추기경 줄리오 데 메디치가 교황 클레멘스 7세로 선출되었다. 교황 취임 전에 추기경 줄리오 데 메디치가 마키아벨리에게 피렌체의 역사를 집필해달라고 의뢰했다. 이 같은 상황을 고려할 때, 그 책이 메디치 가문을 지지하는 방향으로 기울었다는 사실은 그리 놀라운 일이 아니다. 하지만 우리가 앞에서 피렌체가 대승을 거둔 안기아리 전투에 대한 마키아벨리의 서술을 살펴보았듯이, 그의 역사서에 역설적 요소가 없지는 않다. 이 책을 쓰던 시절에 마키아벨리는 훨씬 내용이 풍부하고 심오한 정치 논문《로마사 논고》도 완성했는데, 이 책의 전반적 논조는 공화주의에 동조적이다.

교황 클레멘스 7세는 마키아벨리가 집필한《피렌체의 역사》를 좋게 평가했고, 그 결과 마키아벨리는 피렌체 메디치 행정부에서 자리를 하나 얻었다. 하지만 그의 예전 직급과 권한에 비하면 시시한 자리인 도시 성벽 관리자로 임명되었다. 나중에 그는 보잘것없는 외교 임무를 맡아 루카로 파견되었다. 그는 두 번 다시 고위직에 오르지 못했다. 1527년, 가난하고 낙담했던 그는 쉰여덟의 나이에 세상을 떠났다.

하지만 마키아벨리의 사후 명성은 그가 황당무계한 꿈속에서조차 상상하지 못할 정도로 높아졌다. 1532년에《군주론》이 마침내 출판되었고, 마키아벨리가 환생했더라면 그 책이 유럽 전역의 통치자들에게 미친 영향을 흥미진진해하며 지켜보았을 것이다. 잉글랜드의 헨리 8세를 비롯해 그 책을 읽은 유럽 통치자들이 겉으로는 인자한 척하면서 속으로는 마키아벨리의 몰도덕적 조언을 글자 그대로 따랐으니 말이다. 몇 백 년이 흐르는 동안 《군주론》은 계속하여 악평 속에서도 그 진가를 인정받았다. 그리하여 나폴레옹, 레닌, 스탈린, 무솔리니, 히틀러, 사담 후세인 등이 침대 옆 탁자에 마키아벨리의 책을 올려두었다.

18

초월적 예술

미켈란젤로 이야기

마키아벨리의 《군주론》은 르네상스 인문주의 사상이 그 논리적 결론에 도달한 결과물이라고 말할 수 있다. 이 책은 궁극적 개인주의를 서술하긴 했으나 그 대상은 오로지 통치자였다. 이렇게 하여 이 책은 역설적이게도 반인문주의적 저술이 되었다.

미켈란젤로는 예술에서 그와 똑같은 인문주의적 성공을 거두었다. 무엇이 미켈란젤로의 〈다윗〉(화보 27)보다 더 인간적일 수 있겠는가? 이 작품은 매우 강력한 힘을 뿜어내고 실물 두 배 크기이지만, 완전한 누드여서 취약하다. 성경에서 나온 인물을 형상화했지만 전적으로 인문주의 시대의 산물이다. 또한 필리스틴족의 거인 골리앗을 완파한 새총까지 들고 있다. (그런 단순한 사실로 엄청난 공명을 불러일으키다니, 얼마나 놀라운가!) 당대의 피렌체 시민들은 그 조각상을, 메디치 가문에서 시작해 로마 교황청에 이르기까지 온갖 적들에 맞서 싸운 분투의 상징으로 여겼다.

마키아벨리와 마찬가지로, 미켈란젤로의 인격 형성기는 사보나롤라가 피렌체를 지배하던 시기에 해당한다. 이것이 이 두 사람을 성장시킨 공통의 유산이었으나 이에 대한 두 사람의 반응은 달라도 한참 다르다. 마키아벨리와 미켈란젤로는 거의 정반대 성격이었다. 미켈란젤로는 성실하고, 자부심이 강하고, 화를 잘 내며, 지독할 정도로 근면했다. 그는 또 신을 철저하게 믿었으며, 우리가 사보나롤라의 매혹적인 마력을 희미하게나마 알게 된 것도 미켈란젤로 덕분이다.

청년 미켈란젤로는 산 마르코 수도원 근처 코시모 데 메디치가 세운 정원에서 조각 기술을 연마했다. 그렇게 수련하던 중에 사보나롤라가 길 건너편 수도원 정원의 다마스크 장미나무 아래에서 동료 수도사들에게 설교하는 소리를 자주 듣게 되었다. 이는 미켈란젤로에게 절대 잊지 못할 경험이 되었다. 미켈란젤로의 성격엔 아주 어린 시절부터 깊은 영성이 스며들어 있어서 그는 자신도 모르게 사보나롤라가 무슨 말을 하는지 귀담아들었다. 그리고 한발 더 나아가, 미켈란젤로는 '왜소한 수도사'가 말하는 방식에 크게 매료되었다. 60년의 세월이 흐른 뒤, 애제자 아스카니오 콘디비에게 이렇게 털어놓기도 했다. "여전히 내 마음에 사보나롤라의 목소리가 생생하게 들려오는 것 같구나."

그럼에도 불구하고 미켈란젤로는 사보나롤라의 금욕주의 때문에 자신의 예술을 버리는 지경에까지 이르지는 않았다. 말년에 사보나롤라의 가르침에 매혹되어 인생을 완전히 망친 보티첼리와 달리, 미켈란젤로의 독실한 종교적 신앙심은 그의 예술적 욕구와 공존하는 불가분의 관계였다. 그는 예수의 겸허함을 철저히 믿었던 것과 마찬가지로 자신의 예술을 향한 엄청난 자부심도 버릴 수 없었다. 이런 영적 갈등은 평생 그를 괴롭힌 문제였다.

미켈란젤로 부오나로티는 1475년에 피렌체에서 남동쪽으로 55킬로미터 남짓 떨어진 토스카나 지방의 시골 마을인 카프레세에서 태어났다. 그의 가족은 몇 대에 걸쳐 소규모 은행업에 종사했지만, 가문에서 운영하던 은행은 아버지 대에 이르러 도산했다. 미켈란젤로의 아버지는 피렌체 공화국 산하에서 마을 촌장 비슷한 행정직을 얻음으로써 극빈 생활에서 벗어났던 것 같다. 부오나로티 가문은 예부터 내려오는 가계도를 자랑스럽게 여겼다. 집안 사람들은 자신들이 11세기 후반에 토스카나를 통치했던 이른바 그란 콘테사gran contessa, 그러니까 카노사의 마틸데 여백작의 후손이라고 믿었다. 이런 믿음을 뒷받침할 증거는 전혀 없었지만, 미켈란젤로의 자부심 강한 성격과 자신감을 이해하는 데에는 필수적 배경이다.

미켈란젤로가 어렸을 때 그의 어머니는 오랫동안 병고에 시달렸다. 그래서 어린 미켈란젤로의 양육은 젖어미에게 맡겨졌는데, 결국 그녀가 종일 그를 돌보는 유모이자 대리모가 되었다. 그 유모는 아르노 계곡 상류에 있는 세티냐노 마을에서 살았고, 그녀의 남편은 지역 대리석 채석장에서 일하는 사람이었다. 이런 유모 밑에서 자란 배경이 미켈란젤로에게 결정적 영향을 미친 것으로 보인다. 바사리에 따르면 미켈란젤로는 이렇게 자랑했다. "내게 훌륭한 점이 있다면, 시골에서 자랐다는 것이다. 나는 유모의 젖을 먹고 조각용 망치와 끌을 다루는 재주를 물려받았다." 이 역시 허구의 요소가 있다. 유아였던 미켈란젤로가 망치와 끌이 내는 소리를 계속 들었을 수는 있겠지만, 너무 어릴 때라 채석장에서 그런 도구를 직접 다룬 적은 없었다.

열세 살 무렵, 미켈란젤로는 피렌체의 아버지에게 보내져 아버지와 함께 살게 되었다. (그의 어머니는 그가 여섯 살 때 사망했다.) 아버지의 집은 산타 크로체 구역이라는 꽤 괜찮은 동네에 있었지만, 바로 근처에 빈민가와 극빈층 어부들이 사는, 금방이라도 쓰러질 듯한 오두막들이 있었다. 그의 아버지는 사회 문제에 초연했는데 (실재 여부가 의심스러운) 자신의 귀족 조상들이 그러했기 때문이라 했다. 그리하여 어린 미켈란젤로는 숨이 막힐 듯한 '옛 방식'을 고수하는 환경에서 성장했다. 마키아벨리와 마찬가지로 미켈란젤로도 구식 교육을 받아, 근대적 인문학적 학문 대신 문법과 수사법과 논리학을 배웠다.

미켈란젤로는 곧 암기식 학습에 질려버렸고, 무료한 시간을 보내기 위해 그림을 그렸다. 그러면서 예술가가 되기로 마음먹었고 르네상스 시기의 피렌체에서 손쉽게 접근할 수 있는 온갖 예술품을 찾아다니며 보았다. 특히 그는 구약 성경의 여러 장면을 열 개의 판에 나누어 묘사한 기베르티의 세례당 청동 문에 매료되었다. 나중에 미켈란젤로는 이 작품을 '천국의 문'이라고 불렀다. 이 문이 그에게 준 감명이 어찌나 컸는지 그 영향력은 그로부터 20여 년 뒤에도 미완성인 시스티나 예배당의 프레스코화에서 분명히 드러난다. 미켈란젤로는 인근 오래된 교회들에 있는 예술 작품에도 크게 흥미를 보였는데, 특히 조토가 그린 프레스코화에서 움직이는 인물들에게 관심이 깊었다. 15세기 후반 피렌체는 르네상스 작품들의 보고였지만 여전히 양식화된 르네상스 이전 시대의 종교적 분위기를 유지했는데, 미켈란젤로는 이 같은 초기 르네상스 예술 걸작들에 마음이 끌렸다.

미켈란젤로의 아버지는 예술가가 되겠다는 아들의 소망을 못마땅해했다. 지위 높은 가문의 위신에 한참 못 미치는 비천한 직업이라고 여겼기 때문이다. 이에 부자간에 심각한 말다툼이 여러 차례 벌어졌고, 미켈란젤로에 따르면 "그럴 때마다 흠씬 두드려 맞았다." 하지만 고집불통은 집안 내력이었고, 젊은 미켈란젤로의 완고한 성격이 마침내 승리를 거두었다. 그의 아버지는 내쫓듯이 아들을 기를란다요의 작업실로 보냈다. 이 예술가는 보티첼리를 격려하여 스승을 능가하게 만든 바로 그 화가다.

미켈란젤로는 기를란다요의 작업실에 들어갔을 때 열세 살이었는데, 당시에 도제로 들어가는 나이가 대체로 열 살이라는 점을 감안하면 꽤 늦은 나이였다. 하지만 미켈란젤로는 학습 속도가 빨랐고, 그 후 여러 사람이 그의 그림에 묘사된 인물들의 실물 같은 특징에서 기를란다요의 영향력을 알아보았다. 다른 이들은 미켈란젤로가 바로 직전 세대인 피렌체의 선배 예술가들, 특히 레오나르도와 보티첼리에게서 별로 영향을 받지 않았다는 점도 논평했다. 미켈란젤로는 실제 생활이나 예술 측면에서 그런 화가들을 기질적으로 싫어했다. 그의 전기 작가 로버트 S. 리버트Robert S. Liebert는 수수께끼 같은 말을 남기기도 했다. "미켈란젤로의 그림 스타일이 약진할 수 있었던 데에는 아주 먼 과거의 예술가들에게서 배운 것이 어느 정도 작용했다."

바사리에 따르면 1488년에 '위대한 로렌초'는 산 마르코 수도원 근처에 소유했던 정원을 대중에게 공개하기로 결정했고, 이곳을 조각을 가르치는 학교로 삼았다. 로렌초가 가르치기에 적합한 학생을 알아보기 시작할 무렵, 기를란다요는 당시 열네 살이던 미켈란젤로를 추천했다. 그 조각 학교는 도나텔로의 옛 제자 베르톨도 디 조반니가 운영했다. 그는 청동을 다루는 조각가로서 재능이 있었지만, "더는 일할 수 없을 정도로 나이를 먹은 상태였다." 그 결과 미켈란젤로는 거의 학습에 도움을 받지 못하고 정원 여기저기에 흩어진 고대 로마 조각상과 파편을 모방하면서 독학했다.

만년에 미켈란젤로는 자신에게 예술가로서 전적으로 혼자 공부했으며, 오로지 하느님께서 자신의 재능을 내려주었다고 자주 주장했다. 하지만 그의 작품에서 드러나는 증거는 이런 자랑이 거짓말임을 보여준다. 진흙과 밀랍으로 인물을 빚어내는 방법은 일흔 살의 베르톨도가 미켈란젤로에게 가르친 것으로 보인다. 이런 가르침 덕분에 경력 초기에 이미 미켈란젤로는 밀랍으로 만든 듯한 부드러운 외양의 대리석을 조각하는 뛰어난 능력을 갖출 수 있었다.

바사리는 미켈란젤로가 '위대한 로렌초'와 처음 만났을 때의 이야기를 전하는데, 이 사건은 미켈란젤로의 삶에서 하나의 전환점이 되었다. 미켈란젤로는 조각 정원에서 오래된 사티로스의 머리를 본떠 대리석 복제품을 조각하려는 중이었다. 이 머리는 "무척 늙고 주름이 졌으며, 코는 손상되고 입은 웃고 있었다." 미켈란젤로는 작업에 워낙 몰두한 나머지 로렌초가 뒤에 서서 그 조숙한 솜씨에 매우 감탄하면서 보고 있는 것을 전혀 눈치채지 못했다. 미켈란젤로는 심하게 망가진 사티로스의 얼굴을 개선하기 위해 그의 입 부분을 끌로 파내 그 안의 혀와 완벽한 두 개의 치열이 드러날 수 있도록 작업하는 중이었다. 뒤에 누군가 서 있는 것을 갑자기 알아차린 미켈란젤로는 몸을 휙 돌려 쳐다보았다. 로렌초가 소년을 안심시키려는 듯 미소를 지어 보이자, 소년은 얼굴이 몹시 붉어졌다. 로렌초는 몸을 앞으로 기울여 사티로스의 입을 가리키면서 그다지 정확하게 묘사된 것 같지 않다고 지적했다. 늙은 사티로스가 저렇게 완벽한 치열을 지녔다니, 이상하다는 것이었다. 미켈란젤로는 로렌초가 자리를 뜰 때까지 기다렸고, 사티로스의 치아 중 하나를 떼어내고 잇몸 부분을 살짝 패게 함으로써, 마치 치아가 방금 빠진 것같이 보이게 해놓았다. 로렌초는 다음에 그 작업장을 지나갈 때 더욱

더 흥미를 느꼈다. 무엇보다도 그는 젊은 조각가가 보여준 이례적 재능에 놀랐다. 그런 일이 있고 난 뒤, 미켈란젤로는 메디치 궁전 안에서 거주하면서 일하게 되었다. 그는 개인용 방을 제공받았고, 매달 근 5플로린에 달하는 금전적 지원을 받았다(이는 온전한 자격이 있는 장인이 자신과 가족 전체를 부양하는 데 필요한 급여의 절반에 해당하는 금액이다). 미켈란젤로가 궁전으로 이주하자 로렌초는 그에게 보라색 망토를 선사했고, 그의 아버지에겐 도시 관세청에 일자리를 주어 보상했다.

그 후 약 3년 동안 미켈란젤로는 메디치 궁전의 일원이 되어 로렌초와 그의 가족은 물론이고 다른 저명한 지식인 손님들과 함께 식사하기까지 했다. 그렇게 하여 그는 플라톤 철학자 피치노와 인문주의 시인 폴리치아노 같은 인물들과 어울렸다. 또 피렌체 아카데미로 알려진 로렌초의 비공식 토론 모임에도 때때로 참여했다. 로렌초의 지식인 집단에 초대받은 많은 예술가와 달리, 미켈란젤로는 공식 교육을 받았고 따라서 철학적 논의의 내용을 알아들을 수 있었다. 이런 식으로 플라톤 철학은 미켈란젤로의 편협한 종교적 믿음에 사상적 깊이를 더해주었고 폴리치아노가 읊은 시에서 영감을 받아 스스로 시를 써보게 되었다. 하지만 미켈란젤로는 이런 초기의 노력을 누구에게도 보이지 않았고, 피렌체 아카데미의 고매한 논의에 적극적으로 참여하지 않았다. 여전히 다른 이들에게는 뛰어난 지식인들 사이에서 수줍어하면서 말도 잘 꺼내지 못하는 촌스러운 10대 소년으로 보였다.

그런데 그것만이 미켈란젤로의 수줍음을 설명해주는 유일한 이유는 아니었다. 로렌초의 지식인들 중 여러 사람이 동성애자였고, 외부인의 시선이 닿지 않는 메디치 궁전 안에서 이 같은 성적 경향을 노골적으로 드러내기도 했다. 미켈란젤로는 자신도 그런 성향이 있음을 깨달았지만 단지 그것을 겉으로 표현하기가 부끄러웠던 것이다. 그러다 보니 때때로 거칠고 무뚝뚝하고 충동적인 사람처럼 보였다. 그가 초기에 쓴 훌륭한 스탄차 형식의 시는 그가 자신을 어떻게 보았는지 잘 보여준다.

타오르면서, 나는 그림자 속에 남아 있다.
지는 해가 노을 속으로 들어가자
다른 이들은 쾌락의 삶을 찾아 떠나갔지만,
나는 내 치수만큼의 땅에 홀로 누워 슬퍼하는구나.

메디치 궁전에서 그가 친밀감을 느낀 사람이 한 명 있었는데, 재능 있는 조각가 피에트로 토리자노였다. 그는 미켈란젤로보다 세 살 많았는데, 어느새 형 같은 사람이 되었다. 하지만 상황은 이내 곤란해졌다. 미켈란젤로와 함께 작업하게 된 토리자노는 미켈란젤로의 작업이 자신의 것보다 훨씬 뛰어나다는 사실을 확실히 깨달았다. 토리자노의 질투심 때문에 곧 두 사람 사이에 갈등이 생겼다. 토리자노는 갑자기 화를 내는 것으로 악명이 높았는데, 동시대 조각가 벤베누토 첼리니는 토리자노가 어느 날 미켈란젤로와 함께 있다가 벌인 일을 토리자노에게서 직접 들었다고 한다. "평소보다 화가 더 많이 나더라고. 그래서 주먹을 쥐고 코에 한 방 먹였지. 뼈하고 연골이 비스킷처럼 주먹 밑에서 바스러지는 소리가 났어. 그 친구, 내가 남긴 흔적을 무덤까지 가져가야 할 거야." 토리자노의 예측은 정확했다. 미켈란젤로에 대해 쓴 동시대 글들은 모두 그의 찌부러진 코를 언급했다.•

미켈란젤로의 내적 삶도 투쟁의 연속이었다. 그는 자신의 강력한 종교적 믿음과 자연스러운 인간적 정서를 서로 조화시키는 데 큰 어려움을 느꼈다. 특히 남자의 누드 형상에 마음이 끌릴 때는 더욱더 그런 조화를 달성하기가 어려웠다. 만년에 들어와 과거를 돌이켜볼 때조차 그는 젊은 시절의 고뇌를 해결하지 못해 안타까워했다.

> 만약 내가 젊은 시절에 이런 사실을 알았더라면 얼마나 좋았겠는가. 어느 날 내 마음으로 들어와 절로 사랑하게 된 아름다움의 광휘를 유지하는 일은 내게 끝없는 고통을 안겨주는 불꽃이었다. 이걸 예전의 젊은 시절에 깨달았더라면 내 눈에 번뜩이는 불을 얼마나 즐거운 마음으로 꺼버렸을 것인가.

그런 자기파괴적 감정은 예술의 창의성에 의해서만 가까스로 해소되었다. 이런 예술적 해소는 미켈란젤로의 초기 프리즈frieze(방이나 건물의 윗부분에 그림이나 조각으로 띠 모양의 장식을 한 것—옮긴이) 작품 중 하나인 〈켄타우로스의 전투〉에서 구현되었는데, 시인 폴리치아노가 지은 어느 시에서 영감을 받아 만든 작품이다. 르네상스의 전통을 따른 폴리치아노의 시는 기원전 1세기의 고대 로마 시인 오비디우스가 쓴 작품을 각색한 것이다. 고대의 전설에 따르면, 켄타우로스 무리는 그리스 왕 페이리토스의 결혼식 피로연에 참석하여 만취하는 바람에 왕의 신부를

• '위대한 로렌초'는 이 소식을 들었을 때 격분했다. 그러자 토리자노는 처벌이 두려워 피렌체에서 도망쳤다. 몇 년 뒤 그는 잉글랜드에 머물렀고, 이 북쪽 땅에 르네상스 예술을 도입하는 데 중요한 역할을 했다. 그는 헨리 8세에게 제작 의뢰를 받아 그의 부왕인 헨리 7세의 능묘를 조성했다. 이 작업에는 헨리 7세의 테라코타 흉상도 포함되었고, 이 조각상은 지금도 웨스트민스터 사원에서 볼 수 있다. 토리자노의 작품은 20세기 예술사학자 존 포프헤네시(John Pope-Hennessy)가 '알프스 북쪽에서 가장 뛰어난 르네상스 무덤'이라고 칭송한 바 있다.

비롯해 여자 참석자들을 납치해 강간하려 했다. 젊은 혈기의 미켈란젤로는 뒤얽히고 발버둥치는 켄타우로스들의 누드를 다채롭게 묘사했다. 여기서 우리는 기베르티가 제작한 세례당의 청동 문이 그에게 미친 영향을 발견할 수 있다. 하지만 미켈란젤로의 조각은 결코 '천국의 문'을 묘사한 것이 아니다. 오히려 우리는 잘 닦아놓은 반들거리는 대리석 속에서 감각적으로 몸부림치는 육체들의 지옥을 본다. 과도하게 뜨거운 청년의 마음에서 흘러나온 잠재의식적 판타지일지 모르는 이 무질서한 상태는 치밀한 구도 속에서 완벽한 예술적 기량으로 구현되어 있다. 이 같은 질서와 혼돈 사이의 긴장은 미켈란젤로의 마음에서 날뛰는 영육간의 고통스러운 갈등을 미학적으로 구현해놓은 것이다. 〈켄타우로스의 전투〉가 미켈란젤로의 개인 소유물로 남아 있고 미완성이었다는 사실에서 우리는 그런 사실을 충분히 엿볼 수 있다.

'위대한 로렌초'는 1492년 4월에 사망했는데, 이때는 미켈란젤로가 이 조각품을 거의 끝마쳐가는 중이었다. 몇몇 사람은 그가 멘토의 사망으로 정서적 충격을 받아 작품을 완성하지 못했다고 주장한다. 또 다른 사람들은 의도적 '논 피니토non finito'(미완성)라고 주장하면서 조각 기법에서 중대한 진보를 보여주는 작품이라고 평가한다. 이런 견해를 뒷받침하려는 듯, 겉보기에 미완성인 프리즈의 대충 깎은 배경과 상부층은 발버둥치는 형상들의 매끄러운 근육과 피부를 더 도드라져 보이게 한다.

콘디비는 '위대한 로렌초'의 사망 이후 미켈란젤로가 "슬픔에 짓눌려 … 여러 날 동안 아무것도 하지 못했다"라고 말했다. 이때 미켈란젤로는 메디치 궁전을 떠나 아버지의 집으로 돌아간 듯하다. 나중에 다시 메디치 궁전으로 돌아갔다고 하는데, 로렌초의 후계자 '불운한 피에로'

는 그에게 이렇다 할 중요한 작품을 의뢰하지 않았다. 전기 작가 리버트에 따르면 "피에로의 짧은 통치기 동안 미켈란젤로에게 제작 의뢰한 것으로 유일하게 기록된 작품은 눈사람뿐이다. 이는 메디치 가문이 후원하던 영광스러운 시대가 끝났음을 상징적으로 보여준다." 훌륭한 경쟁자인 레오나르도도 바로 이 시기에 그와 비슷한 방식으로 시간을 낭비하고 있었다. 그렇지만 레오나르도가 밀라노에서 루도비코 스포르차를 위해 얼음 조각상이나 깎으며 재능을 낭비할 수밖에 없었다는 사실이 미켈란젤로에게 그다지 큰 위안이 되지는 못했을 것이다.

피렌체는 이제 혼란스러운 시대로 들어서고 있었다. '새로운 키로스 대왕이 저 산맥을 넘어올 것이고, 그가 지나간 자리엔 죽음과 파멸이 가득할 것'이라고 사보나롤라가 예언한 시기가 바로 이 시기다. 그 예언은 이제 실현되는 듯 보였다. 샤를 8세가 프랑스 대군을 끌고 알프스 산맥을 넘어 남하해 왔다. 1494년 10월, 미켈란젤로는 고통스러운 악몽을 연속해서 꾸었다.• 콘디비의 말에 따르면 이러했다. "로렌초 데 메디치가 검은 옷을 입고 그에게 나타났는데, 워낙 누더기 같은 옷이어서 알몸이나 다름없었다. 그는 자기 아들 피에로에게 조만간 집에서 쫓겨날 것이며 절대 돌아오지 못할 것이라는 말을 전하라고 미켈란젤로에게 지시했다."

이 꿈은 미켈란젤로와 '위대한 로렌초' 사이의 긴밀한 관계를 보여준다. 몇몇은 로렌초가 알몸과 다를 바 없이 나타났던 것이 미켈란젤로가 동성애에 끌렸다는 사실을 암시한다고 주장하기까지 한다. 어느 쪽

• 콘디비에 따르면, 미켈란젤로는 어떤 '친구'가 이런 꿈을 꾼다고 자기에게 말했다고 한다. 그러나 이 '친구'가 바로 미켈란젤로 자신이라는 것이 널리 인정되는 의견이다.

이든, 미켈란젤로는 곧 두 번째 꿈을 보고했다. "로렌초는 이전과 같은 옷차림으로 나타났다. … 그가 미켈란젤로의 뺨을 세차게 때렸는데, 피에로에게 꿈의 내용을 전하지 않았기 때문이다." 열아홉의 미켈란젤로는 꿈의 내용에 너무 겁을 먹고 그만 도시에서 도망쳐버렸다. 그다음 달 '불운한 피에로'도 피렌체에서 도망쳤는데, 이는 메디치 가문의 공화국 지배가 끝났음을 알리는 사건이었다.

그로부터 2년 뒤, 미켈란젤로는 로마에 머물게 되었다. 여기서 그는 난생처음으로 완벽한 걸작을 완성하게 된다. 바로 프랑스 생드니 추기경이 자신의 묘석으로 쓰기 위해 제작 의뢰한 〈피에타〉다(화보 29). 이것은 십자가에 못 박힌 뒤 예수의 몸이 어머니 마리아의 무릎에 놓인 장면을 묘사한 조각상이다. 〈켄타우로스의 전투〉와 놀라울 정도로 대비되는 이 작품은 이 세상 것이 아닌 어떤 초월적 평온함을 드러낸다. 그리스도의 축 늘어진 머리와 야윈 알몸은 성모 마리아의 무릎을 가로질러 놓여 있다. 죽음을 앞두고 휴식에 들어간 그의 몸은 활력은 사라졌지만 얼굴은 평온하다. 예수가 십자가에서 겪은 격렬한 고통이나 마리아가 겪은 정신적 충격의 흔적은 거의 없다. 이런 고통이나 충격은 은근히 암시되어 있을 뿐이다. 예수의 손을 관통했던 못의 흔적, 십자가에 매달렸을 때 받은 공격으로 인한 옆구리의 상처는 매끈한 대리석으로 만든 피부에서 간신히 알아볼 수 있다. 우리가 목격하는 것은 마리아의 형언할 수 없는 연민이자, 그리스도가 죽음에서 다시 일어나 그를 믿는 사람들을 모두 구원하는 기적을 예고하는 어떤 순간이다. 마리아의 젊은 용모는 꾸밈없는 아름다움을 발산하고, 억제하는 감정의 깊이는 거의 신비한 느낌을 준다.

마리아의 얼굴에서 드러나는 이 젊음은 콘디비로 하여금 이런 의문을 품게 했다. 무릎에 놓인 서른셋의 예수를 낳은 사람이 어떻게 저리도 젊을 수가 있지? 50대 여성으로 묘사되어야 마땅한 게 아닌가? 미켈란젤로는 그런 의문에 이렇게 대답했다. "순결한 여자가 순결하지 못한 여자보다 훨씬 더 젊어 보인다는 걸 모르는가? 성모는 여자의 몸을 변화시킬 수 있는 호색한 욕망을 전혀 겪지 않았으므로 더욱더 그렇지 않겠는가?"

미켈란젤로는 당연히 그렇게 믿었겠지만, 바사리는 완전히 다른 가능성을 제기한다. 미켈란젤로가 구현한 성모 마리아의 젊은 이미지는 그의 생모와 유모 두 사람 다 젊은 나이에 죽었다는 사실에서 유래했다는 것이다. 그리하여 모성과 흠 없는 젊음이 영원히 그의 마음에서 동일한 것으로 각인되었다는 설명이다.

미켈란젤로의 개인적 심리는 종종 그의 작품에서 본질적 역할을 수행했다. 바사리의 주장을 더 들어보자. "그의 말투는 베일 속에 깊이 감추어져 있어서 모호했으며, 그의 언사는 어느 의미에서 보면 두 가지 뜻이 있었다." 그의 예술에 관해서도 똑같이 말할 수 있고, 특히 영감의 측면에선 더 모호했다. 그의 가장 훌륭한 작품은 세속적인(혹은 성적인) 심리와 심오한 영성이 서로 불가분하게 뒤섞여 있다.

미켈란젤로는 1500년까지 피렌체로 돌아오지 않았다. 이제 메디치 가문은 사라졌고, 사보나롤라도 처형된 지 2년이 지났다. 도시는 여전히 어떻게 변할지 모르는 변덕스러운 상황이었다. 경기 침체가 계속되었고, 피사와의 전쟁 역시 질질 끌었다. 용병들에게 지급하는 돈이 너무 많다는 불평의 목소리가 점차 높아졌고, 특히 그런 돈에 들어가는 세금을 많이 부담해야 하는 사람들 사이에선 원성이 자자했다. 시민들은 불만이 가득했고, 거리는 차츰 무법 상태로 바뀌어갔다.

도시의 그런 상황을 보여주는 사례는 보티첼리가 생애 만년에 떨어진 비참함에서 잘 드러난다. 화가는 이제 영락했다. 메디치 가문을 위해 탁월하고 다채로운 그림을 그리던 시절의 영광은 사라진 지 오래였고, 사보나롤라의 설교에 감동해 금욕하던 것조차 과거의 일이었다. 사람들은 보티첼리가 칙칙하고 닳아빠진 낡은 망토를 걸치고 목발에 기댄 채 발을 질질 끌며 거리를 걷는 모습을 멈춰 서서 지켜봤다. 병들어 몸도 제대로 가누지 못하는 비참한 노인이 된 그는 결국 1510년에 죽었고, 그 뒤로 그의 명성은 깨끗이 증발해버렸다. 바사리가 그에 관해 남긴 논평은 분명히 멸시하는 투였고, 심지어 비슷한 이름의 동시대 무명 화가와 그를 혼동하기까지 했다. 놀랍게도 우피치 미술관에 〈비너스의 탄생〉이 전시되기까지는 무려 300년이 넘는 시간이 흘러야 했다. 그로부터 근 100년이 더 지나 빅토리아 시대의 예술 애호가 월터 페이터Walter Pater가 피렌체를 방문하여 보티첼리라는 화가를 '갑작스럽게 발견'했다. 이렇게 하여 근 400년이 흐른 후에야 비로소 보티첼리는 마침내 정당한 인정을 받기에 이르렀다.

1500년대 초, 보티첼리가 누더기를 걸치고 피렌체 거리를 따라 겨우 몸을 끌고 다닐 때 피렌체 정부는 지도자를 두지 못해 무능력하고 무질서의 상태였다. 사보나롤라의 포퓰리즘 개혁조차 사람들의 기억에서 사라진 지 오래였다. 이런 상태는 임기 두 달의 곤팔로니에레가 자주 바뀌면서 무익한 정책 변화를 시도한다는 사실로 더 악화되었다. 그러다 1502년에 도시 정치 체제에 급진적 변화가 도입되었다. 피에로 소데리니가 종신 곤팔로니에레로 선출된 것이다. 그 후 몇 년 사이에 소데리니는 마키아벨리의 조언을 따라 도시 젊은이 중에서 뽑은 병력으로 새롭게 민병대를 조직했다. 이제부터 피렌체는 자국 시민으로 구성된 민병대를 동원하여 직접 전쟁에 임할 수 있게 되었고, 더는 부패하고 신뢰할 수 없는 용병대장에게 의지하지 않아도 되었다.

소데리니는 정치 분야에서 별로 능력을 발휘하지는 못했지만 정직한 정치인이었다. 당시에 그런 정직함은 장점이었다. 피렌체는 유능하고 야심 있는 지도자, 도시의 평판을 개선하여 이탈리아 전역에 알리는 데 열중하는 그런 지도자를 원하지 않았다. 그렇지만 정직한 소데리니는 한 가지 야심을 품고 있었는데 피렌체라는 도시에 영원한 흔적을 남기는 것이었다. 그는 도시의 훌륭한 예술가들이 이룬 업적에 대해 열변을 토했고 그들을 잘 활용해야 한다고 생각했다. 소데리니가 당선되기 직전에 (아마도 그가 손을 쓴 것이겠지만) 당국은 미켈란젤로에게 대성당 근처 창고에 있던 거대한 대리석 덩어리로 다윗 상을 제작해달라고 의뢰했다. 방치된 대리석은 오래전에 토스카나 북부 카라라에서 가져온 것이었다. 그곳의 채석장은 이탈리아에서도 최상급 백색 대리석이 나오는 것으로 유명했다.

다윗 상 제작 의뢰는 도시의 시민적 자긍심을 회복하기 위한 조치로, 소데리니는 스물여섯 살의 청년 미켈란젤로가 대성당 옆 창고에서 방해받지 않고 홀로 작업하도록 해주었다. 소데리니는 미켈란젤로가 미완성 작품을 대중에게 보여주는 데 공포증이 있다는 사실을 알았다. 예술가는 무지한 구경꾼의 사소한 말에 화를 잘 낸다고 알려져 있었다. 소데리니가 허용한 그런 이상적인 작업 환경에다 마음대로 조각상을 만들 수 있는 자유가 있었는데도 미켈란젤로는 만만찮은 일을 맡았다는 것을 금세 깨달았다. 여러 다른 예술가들이 이미 이 높이 5.5미터짜리 대리석 덩어리로 작업해보겠다고 나섰다가 제대로 된 작품은 만들지 못하고 대리석만 처참하게 훼손시켰을 뿐이었다. 게다가 설상가상으로 그 대리석 덩어리는 이제 40년이나 방치되어 있었다. 미켈란젤로의 최근 전기 작가 윌리엄 E. 월리스William E. Wallace에 따르면, "대리석은 채석장에서 갓 가져왔을 때 가장 잘 조각할 수 있고, 세월이 흘러 비바람에 노출되면 굳어져서 점점 다루기 힘들어진다."

그러나 미켈란젤로는 열성적으로 작업에 나섰고, 곧 자신에게 주어진 엄청난 대리석 덩어리에 매혹되어 돌에 열심히 끌을 들이댔다. 밤낮을 가리지 않고 깨지기 쉬운 돌을 자르고, 깎고, 매끄럽게 닦아냈다. 홀로 작업하며 몇 달이 지나는 동안, 호기심 많은 행인들은 거대한 목조 창고 문 뒤에서 끊임없이 망치와 끌을 두드려대는 소리가 흘러나온다는 것만 알았다. 숨 막히는 더위가 계속되는 여름에 미켈란젤로는 웃통을 벗어젖히고 일했는데, 땀이 눈으로 줄줄 흘러들었다. 손가락마저 얼어버리는 몹시 추운 겨울에는 온몸을 미라처럼 천으로 둘둘 감고서 작업했는데, 뿜어져 나오는 입김이 시야를 흐릿하게 했다. 이내 그는 조각 중인 다윗 상을 자기 자신과 완전히 동일시하기 시작했다. 우리는 이제 이런 동일시 경향이 작업 초창기부터 존재했다는 것을 안다. 한 예비 스케치에 그가 남긴 짧은 시를 통해 그 사실을 엿볼 수 있다.

새총을 든 다윗
그리고 활을 든 나
미켈란젤로.

'활'은 미켈란젤로가 돌에 매끄러운 구멍을 뚫을 때 쓰던 목재 도구를 가리킨다. 이 시는 자신을 골리앗과의 싸움에 나서는 다윗에 비유한 미켈란젤로의 자부심을 잘 보여준다.

미켈란젤로가 실물 두 배 크기의 〈다윗〉을 완성하기까지는 3년이 걸렸다. 무척 흥미롭게도 동시대 기록에 따르면 이 상은 본래 브루넬레스키의 돔 밑에 있는 대성당 지붕에 세워놓을 계획이었다. 이러한 계획은 〈다윗〉이 다소 과장된 양상을 갖게 된 배경을 설명해준다. 이 조각상은 지상 높이에서 사람들에게 관람될 예정이었던 것이다. 그래서 조각상의 신체적 특징과 표현을 한참 아래쪽에 있는 관중에게 전달하기 위해서는 다소 과도하게 강조될 필요가 있었다. 그러나 지금 우리가 보는 것처럼 가까이에서 보면 〈다윗〉은 테리빌리타terribilità, 즉 엄청나게 위압적인 힘을 가진 것처럼 보인다.

완성된 작품은 매우 인문주의적이었고, 인간이라는 것이 무엇인지를 보여주는 위대한 걸작이었다. 하지만 동시에 이 조각상은 플라톤 이데아의 구현이라는 명백한 이상주의적 특징도 지니고 있다. 이때부터 미켈란젤로의 작품은 조각과 그림 모두에서 점점 더 매너리즘 양식(16세기 이탈리아에서 생겨나 서유럽으로 퍼진 미술 양식으로, 대담한 왜곡과 과장을 특징으로 한다—옮긴이)이 되어가고, 테리빌리타 양상을 강조한다. 이러한 특징은 시스티나 예배당 천장에 그린 프레스코화에서 더욱더 명백해진다.

1505년, 미켈란젤로는 전사戰士 교황이라 알려진 교황 율리우스 2세의 부름을 받고 로마로 갔다. 율리우스라는 교황명은 율리우스 카이사르에서 따왔을 뿐만 아니라 교황 자신도 자신의 무용을 뽐내려는 듯, 페루자와 볼로냐를 점령하기 위한 군사 작전에서 직접 군대를 통솔하기도 했다(그는 로마에 있던 모든 추기경에게 자신과 함께 갈 것을 명령했다). 율리우스 2세는 이전 어느 르네상스 교황과도 견주지 못할 유산을 남기려고 열심히 동분서주했다. 그는 자신의 무덤이 당대 최고의 예술가로 인정받는 자, 즉 미켈란젤로가 설계하고 짓고 장식해야 한다고 결정했다. 무덤엔 미켈란젤로와 그의 조수들이 만든 40개의 조각상이 들어가야 하는데, 5년 동안 작업을 모두 끝내라는 지시를 내렸다. 율리우스 2세의 성격은 단호했다. 그는 이제 예순둘의 고령이었지만, 자신이 그곳에 누울 때가 오기 전에 그 장엄한 능묘가 완성되는 모습을 직접 지켜보겠다고 단단히 별렀다.

몇 년 동안 이어진 이 능묘 작업은 미켈란젤로의 또 다른 탁월한 걸작을 탄생시키는 계기가 되었다. 그 대표 작품은 수염을 엄청나게 길게 기르고 근육질의 몸을 자랑하는 〈모세〉인데, 무릎에 십계명 명판을 올려둔 채 앉아 있고 머리에선 전설적인 뿔 두 개가 솟아올라 있다. 이 뿔에 관한 이야기는 기원후 5세기에 유대어에서 라틴어로 번역한 성 히에로니무스의 라틴어 성경 〈탈출기〉 34장 29절에 나온다. "모세는 시나이산에서 내려왔다. 산에서 내려올 때 모세의 손에는 석판 두 개가 들려 있었다. 모세는 주님과 함께 말씀을 나누고 얼굴에서 뿔이 솟아났으나, 그것을 의식하지 못하였다."• 오늘날 로마 중심부 산 피에트로 인 빈콜리 성당에서 볼 수 있는 미켈란젤로의 〈모세〉가 드러내는 압도적 존재감은 말로 표현하기가 거의 불가능하다.•• 이 작품은 말 그대로 테

• 이 절은 의미가 복잡하여 온갖 해석이 나왔다. 몇몇 사료는 이 사례에서 모세의 얼굴이 빛났다고 주장했다. "뿔처럼 광선을 발했다"라는 해석이다. 어떤 사료들은 성 히에로니무스가 '빛나는' 혹은 '광선을 발사하는'이라는 뜻의 유대어 단어 '카란(קָרַן)'을 잘못 해석해 실수를 저질렀다고 주장한다.

•• 20세기 초, 지크문트 프로이트는 이 웅장한 작품 앞에서 그 의미와 그것이 미친 영향을 가지고 몇 시간 동안 정신 분석을 하며 보냈다. 그는 조각상이 자신에게 일으키는 감정을 풀어보려 애썼으나 그렇게 할수록 오히려 감흥에 대한 묘사가 단순해지고 상상력은 축소되고 말았다. 미켈란젤로의 〈모세〉가 미치는 영향력은 간단히 말해, 묘사가 불가능하다.

리빌리타가 구현되어 있다.

다행스럽게도 미켈란젤로는 율리우스 2세의 능묘를 완성한다는 거의 불가능해 보이는 작업을 잠시 중단하고, 다른 일을 하도록 여러 차례 조치를 받았다. 이 같은 '전환 조치' 중 가장 큰 일은 시스티나 예배당 천장에 그림을 그리는 것이었는데, 이는 능묘 작업과 거의 동등할 정도로 힘든 일이었다. 콘디비에 따르면 산 피에트로 대성당 짓는 일을 하던 건축가 도나토 브라만테는 미켈란젤로를 질투했다. 브라만테 자신이 율리우스 2세의 능묘를 조성하는 책임자가 되었어야 한다고 생각했다는 것이다. 미켈란젤로에게 망신을 주어 그 일에서 쫓아내기 위해 브라만테는 교황을 설득하여 미켈란젤로에게 시스티나 예배당 천장에 그림 그리는 작업을 의뢰하도록 유도했다. 브라만테는 미켈란젤로가 회화에 미숙하다고 추측했고, 이런 결점은 특히 프레스코화 작업에서 더 분명하게 노출되리라고 보았다. 프레스코화 작업은 회반죽이 축축하고 '신선할(프레스코fresco)' 때 빠르게 붓질을 해야 하기 때문에 경험이 없으면 잘 해내기가 힘들었다.

미켈란젤로는 처음에 이 작품의 제작을 맡기를 꺼렸지만, 율리우스 2세는 퇴짜를 용납하지 않는 사람이었고, 얼마나 사나웠는지 미켈란젤로조차 위압당해 굴복할 정도였다. 하지만 미켈란젤로가 막 일을 시작하려고 할 때 율리우스 2세는 다시 이탈리아반도에서 벌어진 전쟁에서 직접 전투를 치러야 했는데, 이번 상대는 프랑스였다. 율리우스 2세가 로마를 떠나 있는 동안 미켈란젤로는 기회를 포착하고 로마에서 도망쳐 서둘러 피렌체로 돌아왔다. 여기에서 그는 다시 한번 자신이 좋아하는 조각 작업에 몰두했다.

자신이 로마를 비운 사이에 무슨 일이 벌어졌는지 마침내 알게 된 율리우스 2세는 격분했고, 무려 다섯 번이나 피렌체로 연달아 전령을 보내 당장 미켈란젤로에게 로마로 돌아오라고 요구했다. 미켈란젤로가 명령을 계속 무시하자 율리우스 2세는 피렌체의 곤팔로니에레인 소데리니에게 위협적인 서신을 보냈다. 그러나 소데리니도 '교황의 분노가 지나가리라 보고' 그 요청을 무시했다. 하지만 소데리니의 그런 생각은 오판이었다. 그는 교황에게서 두 번째, 세 번째 서신을 받고는 결국 미켈란젤로를 소환했다. 콘디비에 따르면 소데리니는 미켈란젤로에게 이렇게 말했다. "자네는 교황 성하를 시험하려고 했는데, 이건 프랑스 국왕도 감히 하지 않는 일이네. … 자네를 두고 율리우스 2세와 전쟁을 벌여 공화국 전체를 위태롭게 할 생각은 조금도 없네. 그러니 교황의 요구대로 로마로 돌아가게."

이에 미켈란젤로는 교황의 분노를 두려워하게 되었다. 여러 사료에 따르면 그는 로마로 돌아가서 교황의 분노를 고스란히 치러내는 게 아니라, 동쪽으로 여행 떠날 계획을 세웠다. 이전에 미켈란젤로가 대단한 건축가라는 소문을 들은 오스만의 술탄 바예지드 2세가 프란체스코회의 중개를 통해 그에게 초청하고 싶다는 뜻을 전한 일이 있었다. 콘스탄티노플로 와서 '금각만Golden Horn'을 가로지르는 다리를 놓아달라는 것이 술탄의 뜻이었다.• 소데리니는 이런 터무니없는 계획을 그만두도

• 도저히 그럴듯하게 들리지 않지만, 이 이야기는 사실이다. 우리는 술탄 바예지드 2세가 이전에 레오나르도 다빈치에게도 비슷한 초청을 했음을 안다. 레오나르도가 이 다리를 설계할 생각이었다는 증거는 1502년에 작성된 수첩에서 발견할 수 있다. 거의 150여 미터에 걸친 이 다리는 당시까지 세상에서 가장 큰 다리가 될 수도 있었지만, 레오나르도는 이 계획을 포기했다. 거의 500년 뒤인 2001년에 이보다 규모가 작은 이 다리의 모형이 실제로 오슬로에서 남쪽으로 25킬로미터 정도 떨어진 오스의 E18 고속도로를 가로질러 완공되었다.

록 미켈란젤로를 설득했고, 결국 미켈란젤로는 로마로 돌아가 율리우스 2세를 만나야 했다.

미켈란젤로는 이제 시스티나 예배당 천장에서 진지하게 작업을 시작했다. 애초에 교황은 열두 사도의 모습을 크게 그려 넣을 계획이었다. 하지만 예술에 관해서라면 미켈란젤로는 율리우스 2세만큼 고집이 셌고, 교황도 그에게 설득되어 "미켈란젤로 좋을 대로 하라"라는 지시를 내렸다.

미켈란젤로의 계획은 대단히 야심 찬 것이어서 율리우스 2세의 계획은 그 앞에선 한참 빛을 잃었다. 미켈란젤로는 열두 사도 대신 천장 전체를 300명의 인물로 꾸밀 생각이었고, 성경에서 묘사된 여러 주요 장면을 보여주려 했다. 이 일에 그는 4년 넘게 매달렸고, 작품 자체가 비범한 물리적·창의적 업적이 된다. 시스티나 예배당 천장은 길이가 40미터, 너비가 10여 미터다. 또한 예배당 바닥에서 천장까지의 높이는 20미터에 이른다. 그림을 그리려면 미켈란젤로는 특별히 건축한 비계가 필요했다. 천장에서 작업을 진행할 때 전후좌우로 이동 가능한 비계여야 했다. 널리 알려진 이야기는 미켈란젤로가 비계에 등을 대고 누워서 그림을 그렸다고 하는데, 사실은 비계를 딛고 서서 그렸다. 그렇게 하면 손을 뻗어 머리 위에 있는 천장에 쉽게 닿을 수 있었기 때문이다. 바사리에 따르면 "작업은 지극히 불편한 환경에서 수행되었고, 그는 위를 보며 머리를 젖힌 채 작업해야 했다."

이렇게 완성된 프레스코화는 그 구도의 광대함과 복잡성에서 압도적 규모임은 물론이고, 세밀하게 검토해보면 나중에 서양 예술의 전형이 될 놀라운 독창성을 지닌 이미지로 가득하다. 이런 것들 중 가장 잘 알려진 것은 미켈란젤로가 하느님을 묘사한 패널인데, 하느님은 천사들에게 들려 하늘에 붕 뜬 채로 집게손가락을 아래로 뻗는다. 그 아래 땅에서는 드러누운 아담이 하느님을 향해 손가락을 뻗는다. 이는 다름 아닌 생명의 불꽃을 최초의 인간에게 전하기 직전의 순간이다(화보 28).

이보다 덜 알려졌지만, 하늘과 땅을 창조하고자 구름을 가르기 위해 올라가는 하느님의 이미지도 광채가 난다. 이 이미지는 천장화를 위해 비계에 오르는 미켈란젤로 자신의 모습을 그린 드로잉을 연상시키는데, 이 드로잉은 하느님의 창조 행위처럼 하루 만에 완성되었다는 이야기가 있다. 평소와 마찬가지로 미켈란젤로는 자신이 작업하는 작품의 주제와 자신을 동일시했다.

자신의 예술에서 신이 되길 갈망한 그였지만, 인간이기에 작업 중에 감당해야 하는 육체의 허약함을 너무나 잘 알았다. 한 시에서 그는 홀로 오랜 시간 높은 곳의 비계에서 작업하는 것이 어떤 영향을 미쳤는지 묘사한다. "비계라는 우리에서 살면서 나는 갑상선종을 키웠다."

> 내 수염은 하늘로 올려지고, 목덜미는 뒤로 꺾인다.
> 척추는 고정되고, 흉골은 비틀려 하프가 된다.
> 얼굴은 조금씩 떨어지는 물감으로 얼룩지고
> 허리는 튀어나온 아랫배를 파고든다.
> 내 엉덩이는 안장처럼 내 무게를 견디고
> 확실한 발판이 없는 내 두 발은 앞뒤로 버둥거린다.

하지만 이런 고통스러운 작업으로부터 하느님이 창조의 물결을 가르고, 인류는 공포에 질린 채 서로를 밀치며 홍수로부터 도망치려 하고, '최후의 심판'에서 지옥에 떨어진 자들이 공포와 흉측한 고통에 떠는 절묘한 이미지들이 나왔다.

미켈란젤로는 자신이 단테의 《신곡》을 통째로 외울 정도로 무척 잘 안다고 주장했다. 물론 아주 속속들이 안다고 할 정도까지는 아니었겠지만 그래도 실제로 미켈란젤로의 시에는 단테를 모방한 요소가 여럿 포함되어 있고, 그러면서도 자신의 독특한 고통받는 영성이 잘 구현되어 있다. 생애 마지막에 남긴 시들 중 한 편에서 미켈란젤로는 이렇게 노래했다.

내게 소중한 건 잠이다. 피해와 수치가 계속되는 동안에
돌 속에서 더 많은 잠을 자야 한다.
보지 않고 느끼지 않는 건 축복이다.
부드럽게 말하고, 나를 깨우지 말고, 울지도 말아라.

아, 저 소중한 잠. 긴 세월을 살아오는 동안 날마다 오랜 시간 거대한 대리석 덩어리를 깎고 윤을 내며 자신을 혹사한, 몹시 피곤한 사람만이 그런 소중한 잠을 갈망할 수 있다. 그리고 돌 속에서 '더 많은 잠'을 자야 하는 것이다. 다시 말해 사후에도 남아 있을 그의 작품 속에서 잠이 드는 것이다.

바사리에 따르면 미켈란젤로는 '하나가 아닌 세 가지 예술 모두에서' 뛰어났다. 그의 조각품은 후대의 로댕에게 영감을 줄 것이고, 시스티나 예배당 프레스코화는 라파엘로와 틴토레토 같은 화가들에게 구도와 채색을 알려줄 것이었다. 그의 시는 레오파르디와 릴케 같은 뛰어난 시인들에게 영감을 주었다. 20세기 후반에 미켈란젤로의 시는 심지어 그가 탁월하지 못했던 예술 분야인 음악에 종사하는 사람에게까지 영감을

주기도 했다. 러시아 작곡가 쇼스타코비치는 미켈란젤로의 시들을 소재로 후기 교향곡을 작곡했다. 쇼스타코비치는 미켈란젤로의 영적 고뇌를 빌려와 독재 체제에서 살아가는 사람의 고단한 삶을 표현했다.

앞서 전문을 인용한, 미켈란젤로가 만년에 쓴 시는 그를 존경하던 피렌체 사람 조반니 스트로치에게 보낸 답신에 들어 있었다. 스트로치는 피렌체 산 로렌초 교회에 있는 메디치 가문의 무덤에 미켈란젤로가 세운 조각상 〈밤〉의 인물이 마치 살아 있는 것 같아서 "눈을 뜨면 말을 걸 것 같다"라고 말했다. 그러나 미켈란젤로의 시는 그런 칭찬에 동의하지 않는다. 그의 조각상은 영원히 깨지 않고 계속 잠들어 있을 것이고, 그 역시 그런 잠을 갈망했다. 이 시는 메디치 가문이 다시 복위한 피렌체에 마지막으로 몇 차례 방문했던 어느 시기에 쓴 것으로, 복권된 메디치 가문의 지배 아래 놓인 피렌체의 상황에 대한 환멸을 드러낸 것이다. 그는 조국 피렌체를 사랑했지만, 역설적이게도 1564년 여든아홉에 사망할 때까지 생애 말년을 로마에서 보냈다.

긴 생애를 살아가는 동안 미켈란젤로는 여섯 교황에게 고용되었다. 율리우스 2세 사후 34년이 지난 다음에야 완성된 그의 능묘 공사를 맡아 일한 뒤에는 메디치 가문 교황인 레오 10세와 그의 사촌 클레멘스 7세를 위해 일했고, 이어 파울루스 3세, 파울루스 4세, 피우스 4세를 위해 일하며 만년에는 성 베드로 대성당 공사를 감독했다.

미켈란젤로는 살아 있는 동안 메디치 가문의 흥망성쇠를 목격했다. 앞에서 살펴본 대로, 사보나롤라의 죽음 이후 곤팔로니에레 소데리니가 공화국을 15년간 통치하다가 스페인 군대의 침략으로 붕괴되었고, 그 후 추기경 조반니 데 메디치(레오 10세)가 율리우스 2세의 군대를 이끌고 와서 도시를 재점령했다. 1513년부터 1537년까지 도시는 '불운한 피에로'의 친척과 후손이 연달아서 서툴게 통치했다. 그러다가 1537년 메디치 가문의 통치권은 피에르프란체스코 데 메디치에서 내려온 방계에 돌아갔다. 일찍이 보티첼리와 다른 초기 르네상스 예술가들의 관대한 후원자였던 그의 아들 로렌초 디 피에르프란체스코의 종손인 코시모 데 메디치는 '국부'로 선포되었던 탁월한 선조 코시모의 전례를 따라 피렌체의 통치자가 되었고, '토스카나 대공 코시모 1세 데 메디치'라는 호칭을 썼다.

메디치 가문은 여러 차례 정략결혼을 통해 이제 유럽의 유수한 귀족 가문으로 인정받기에 이르렀다. 1530년대 초, 교황 클레멘스 7세는 어린 친척인 카테리나 데 메디치를 프랑스 왕위 계승자와 결혼하도록 주선했다. 카테리나의 남편은 결국 프랑스 국왕의 앙리 2세로 즉위했고, 그녀는 왕비가 되었다. 1559년에 앙리 2세가 죽자 카트린 드 메디시스(지금 그녀는 이 명칭으로 알려져 있다)는 프랑스의 실질적 통치자가 되었고, 그 이후 40년 동안 그 자리를 지켰다.

대공 코시모 1세는 피렌체를 1537년부터 1569년까지 통치했다. 피렌체 공화국 체제는 정치적으로나 명목상으로나 오래전에 끝났다. 토스카나는 이제 대공국으로 인정되었다. 모스크바나 룩셈부르크 같은 공국의 지위를 획득한 것이다. 대공 코시모 1세는 전제 군주의 지위를 확립했고, 광범위하고 효율적인 행정부를 세웠다. 이 행정부는 우피치uffizi라고 알려진 거대한 건물에 들어가 있었는데, 이 건물은 현재 도시의 가장 핵심적인 미술관으로 쓰이고 있다. 이름이 보여주는 것처럼 이곳은 처음엔 대공의 행정부가 있는 사무실(우피치)이었다.

대공 코시모 1세는 후원을 잘하는 것으로도 유명했는데, 특히 두 피렌체 예술가에게 열성적으로 대했다. 그 두 예술가는 역설적이게도 그림이 아니라 저술로 더 유명하다. 그중 한 사람인 조르조 바사리에게 코시모 1세는 우피치를 설계하라고 의뢰했다. 하지만 바사리는 방대한 걸작 저술인《가장 저명한 화가, 조각가, 건축가 들의 생애》로 오래 지속되는 명성을 얻었다. 이 전기는 늘 믿을 만한 것은 아니지만, 르네상스 시기에 크고 작은 역할을 한 많은 예술가들(주로 피렌체 사람)에 관한 알려지지 않은 세부와 일화를 전해준다. 그가 전하는 검증되지 않은 소문들은 상당수가 진실일 것 같은 설득력 있는 분위기를 풍기며, 치마부에에서 시작해 미켈란젤로에 이르기까지 여러 예술가가 유럽의 획기적 변화에 이바지한 사정을 생생하게 기록했다. 바사리는 1511년에 태어났고, 자신보다 연상의 동시대 사람인 미켈란젤로와 친구 사이가 되었다. 미켈란젤로는 바사리가《가장 저명한 화가, 조각가, 건축가 들의 생애》에서 온전히 인정하면서 무척 예리하고 깊이 있게 서술한 예술가다.

코시모 1세가 후원한 또 다른 예술가는 벤베누토 첼리니다. 그의 매너리즘풍 작품은 전적으로 미켈란젤로의 분위기를 따른다. 하지만 첼리니는 그의《자서전》으로 널리 기억된다. 그가 쉰여덟의 나이인 1558년부터 쓰기 시작한 이 책은 질풍노도와 같은 삶이 자세히 기록되어 있다. 여러 혼외 자녀의 아버지가 된 일, 남색, 투옥, 적진에서 달아난 사건 등이 기록되어 있고, 이 모든 것은 그가 무척 여행을 자주 떠나는 사람임을 확실히 알려준다. 그는 또한 여러 역사적 사건이 펼쳐지는 현장에 있었다. 특히 1527년 신성로마제국의 황제 카를 5세에게 고용된 것으로 보이는 거친 용병들이 로마를 약탈하는 현장도 직접 목격했다. 이 약탈 사건은 첼리니의 친구인 메디치 가문 출신의 교황 클레멘스 7세 때의 일이었는데, 교황은 당시 교황령 요새인 산탄젤로 성으로 도피했다. 총안이 있는 흉벽 높은 곳에서 그는 용병들이 '영원의 도시'를 마구 학살하고, 약탈하고, 강간하고, 방화하는 모습을 맥없이 지켜보기만 했다.

첼리니는 또 프랑수아 1세가 통치하던 시절에 프랑스를 방문했는데, 이 왕은 그로부터 25년 전 청년 시절에 연로한 레오나르도 다빈치를 우호적으로 대해주었다. 젊은 프랑수아 1세의 품에서 레오나르도가 사망한 이야기를 첼리니 덕분에 우리는 들을 수 있다. 또한 레오나르도 사후에 〈모나리자〉가 프랑스 국왕의 욕실에 보관되었음을 알게 된 것도 첼리니 덕분이다. 바사리는 〈모나리자〉를 단 한 번도 보지 못했지만, 《가장 저명한 화가, 조각가, 건축가 들의 생애》에서 목격자에게서 들은 이 그림의 정보를 자세히 서술한다. 그 제보자는 아마도 첼리니였을 텐데, 바사리는 그와 껄끄러운 관계였는데도 몇 차례 만났다.

하지만 이 불가사의한 그림, 황혼의 신비스러운 음영陰影이 주인공의 저 유명한 미소를 비추는 이 유명한 그림에 관한 결정적 발언권은 분명 레오나르도에게 돌아가야 한다. 레오나르도는 《회화에 관한 논문》에서 이렇게 썼다. "밤이 다가오는, 흐린 날씨의 거리에서, 남녀의 얼굴에 나타나는 저 섬세하고 우아한 표정을 한번 관찰해보라." 이러한 발언은 〈모나리자〉에서 드러난 빛과 그 효과를 지적한 것이다. 하지만 모나리자의 미소에서 나타나는 암시는 이런 표면적 효과보다 훨씬 더 깊은 곳을 가리킨다.

19

증명의 시대를 열다

갈릴레이 이야기

르네상스 후기의 서양 세계를 변화시키는 데 이바지한 세 피렌체인 중 마지막 인물을 다룰 때가 되었다. 마키아벨리의 현실적 정치와 미켈란젤로의 초월적 예술을 거쳐 근대의 첫 과학자, 갈릴레오 갈릴레이가 등장했다(화보 30).

먼저 그의 아버지인 빈첸초 갈릴레이를 잠시 알아볼 필요가 있다. 그 역시 르네상스에 크게 기여한 인물이기 때문이다. 빈첸초는 오래된 피렌체 가문의 후손이었지만, 가문의 재산이 이미 사라져버린 뒤라 적개심 가득하고 까다로운 성격이 되고 말았다. 하지만 젊은 시절 그는 재능 있는 수학자이자 천재적인 류트 연주자였다. 음악적 재능을 알아본 후원자 조반니 데 바르디가 음악 교육을 더 받으라며 그를 베네치아로 보냈다. 여기서 빈첸초는 당대에 가장 뛰어난 음악 이론가 조세포 차를리노를 사사했는데, 이 스승은 고전적 대위법의 전통을 굳게 믿는 사람이었다. 대위법은 엄격한 규칙들에 따라 하나의 멜로디를 다른 멜로디와 함께 쓰거나 연주하는 기법이어서 다성 화음을 만들어낼 수 있다.

대위법은 중세에 하나의 순수 예술로 발전했고, 아주 세련되어 수학적 간결함과 아름다움이 돋보였으며, 악보에서 나타난 형식적 추상은 물론이고 소리에서도 숭고함을 구현했다.

스승의 이런 엄격한 구속은 자유분방한 빈첸초 갈릴레이의 창의적 기질과 어울리지 않았다. 제자는 음악은 추상적 정신보다는 귀에 서정적 아름다움을 전해야 마땅하다고 생각했다. 빈첸초는 그런 목적에 부합하는 성악을 작곡하기 시작했다. 그렇게 하여 빈첸초는 오페라 탄생의 서막을 열었다. 또다시 르네상스 정신이 승리를 거두었다. 저 오래된 서정적 과거를 되살림으로써 인류를 중세의 속박으로부터 해방시킨 것이다.

빈첸초 갈릴레이는 토스카나 궁정의 음악가로 들어갔다. 그 호전적 기질 때문에 친구를 많이 사귀지는 못했어도 인문주의자 집단의 주요 회원이 되었고, 조반니 데 바르디 백작 저택에서 정기적으로 모이는 집단인 '카메라타 데 바르디'를 조직하기도 했다. 여기서 피렌체 학자 지롤라모 메이는 고대 그리스 연극이 단순히 말로 하는 것이 아니라 노래로 진행되었다는 이론을 소개했다. 이 아이디어에 자극된 빈첸초는 1582년에 단테의 《신곡》 중 〈지옥 편〉에 나오는 반역적 정치가 우골리노를 주제로 작곡을 했는데 이 곡은 나중에 획기적 작품으로 판명되었다. 1597년경 음악가 야코포 페리, 시인 오타비오 리누치니가 합작하여 오늘날 최초의 오페라로 여겨지는 작품 〈다프네〉를 만들었다. 이 작품은 고대 그리스 신화에서 아폴론이 님프 다프네와 사랑에 빠지는 이야기를 들려준다. 이 이야기는 연극 형태로 전개되는데, 각각의 인물은 저마다 독립적인 역할을 노래로 전개한다. 다시 한번, 피렌체는 전에 뛰어나지 못했던 영역에서 르네상스의 또 다른 특징을 만들어냈다.

빈첸초의 아들 갈릴레오는 1564년에 가족이 피사에서 살던 시기에 태어났다. 부모는 갈릴레오가 열 살 때 피렌체로 돌아갈 예정이었다. 이 건방진 붉은 머리카락의 아들은 아버지의 반항적 기질은 물론이고 수학적 능력까지 물려받았다. 가정생활은 전혀 평화롭지 않았다. 빈첸초의 부인 줄리아는 저명한 토스카나 암만나티 가문 출신으로, 자신보다 수준이 한참 떨어지는 남자와 결혼했다고 생각했으며, 남편을 시비나 거는 식충이 정도로 여겼다. 줄리아는 잔소리꾼 남편을 아예 제쳐두고 똑똑하지만 까다로운 어린 아들에게 온 정성을 기울였다. 갈릴레오는 관심의 중심에 서는 데 익숙해졌고, 그에 맞추어 자신만만한 아이로 성장했다. 하지만 그런 밝은 표정 아래에는 불안정한 가정생활에서 연유한 불확실성이 도사리고 있었다. 그의 자만심은 강렬한 야망을 은폐하는 것이었고, 오만함은 빈약한 정서에서 나오는 것이었다.

가족이 피렌체로 이주한 직후 갈릴레오는 피렌체에서 남동쪽으로 약 25킬로미터 떨어진 곳에 있는 수도원 학교에 보내졌고, 그곳에서 전통적인 문법, 수사법, 논리학 등을 배웠다. 열여섯 살 때 갈릴레오가 수도사가 되고 싶다고 하자 아버지는 당장 수도원에서 나오게 하여 피사 대학으로 보내 의학을 공부하게 했다. 의사가 되면 궁핍한 가족에게 필요한 돈을 벌어다주리라 기대했던 것이다. 2년 뒤, 방학을 맞아 피렌체에 머물던 갈릴레오는 궁중 수학자 오스틸리오 리치의 강연을 듣게 되었다. 이 강연에 참석하기 전 갈릴레오의 수학적 능력은 대수代數 관련 지식에서 조숙한 재능을 보여주는 정도였다. 유클리드 기하학에 관한 리치의 강연은 그에게 수학의 핵심, 즉 고대 그리스식 증명의 엄격함, 세상은 자명한 공리들을 기반으로 한다는 추상적 세계를 알려주었다.

피사 시절, 갈릴레오의 공부는 주로 갈레노스의 의학과 아리스토텔레스의 과학으로 구성되었다. 이 고대 그리스인들은 모두 별개의 분야에서 거장이었지만, 1500년이라는 시간이 흐르는 동안 고대인들의 연구에서는 큰 오류들이 발견되었다. 예를 들어 아리스토텔레스는 화살이나 던져진 돌 같은 투사체가 직선으로 이동하다가 갑자기 추진력을 잃고 수직으로 땅에 추락한다고 주장했다. 이는 다른 관찰자들이 지적한 대로, 사실이 아니다. 그러나 아리스토텔레스에게는 '권위'가 있었고 그 저술은 신성불가침이라는 이유로 그런 오류에 의문을 품어서는 안 되었다. 반항적 기질과 독창적 사고방식을 가진 갈릴레오는 그런 학문에 의문을 품었고, 자신만의 설명을 찾아 나섰다.

이 시기에 갈릴레오에게 벌어진 두 가지 사례가 기억할 만하다. 둘 다 사실이 아닐 수도 있지만, 그의 사고방식을 잘 보여준다. 첫째는 공중에서 낙하하는 물체에 관한 것이다. 아리스토텔레스에 따르면 무거운 물체는 언제나 가벼운 물체보다 더 빠르게 땅에 떨어진다. 전설에 따르면 갈릴레오는 이 주장을 입증할 공개 실험을 수행했으며, 그 유명한 '피사의 사탑' 꼭대기에서 다른 질량을 가진 두 가지 물체를 땅으로 떨어뜨렸다. 나중에 그는 이런 글을 남겼다.

> 아리스토텔레스는 100큐빗•에서 떨어진 100파운드의 공이 1큐빗에서 떨어진 1파운드 공보다 더 빠르게 땅에 닿는다고 가르친다. 나는 두 물체가 동시에 땅에 닿는다고 주장하겠다. 실제로 실험해보면 큰 공이 작은 공을 2인치〔약 5센티미터〕로 이기는 것을 볼 수 있다. 사람들은 이 2인치를 들이대면서 아리스토텔레스가 옳다고 말하려 한다. 나의 사소한 오류만

• 대략 60센티미터 정도 된다. 따라서 100큐빗은 대략 피사의 사탑 높이가 된다.

언급하고 이런 거대한 잘못에 대해서는 아무 말도 하지 않는다.

갈릴레오는 자신의 주장을 명확하게 입증했다. (우리가 현재 아는 것처럼 이 2인치 차이는 공기의 저항으로 설명된다.) 그리고 그는 치멘토cimento를 수행함으로써 자신의 주장을 입증했다. 치멘토란 '시련'이나 '시험'을 뜻하는데, 다른 말로 하면 실험이다. 갈릴레오가 과학적 방법으로서의 실험을 강조했기 때문에, 그의 피렌체 제자들은 훗날 '아카데미아 델 치멘토'를 창설한다. 이 경우, 과학과 실험은 같은 뜻이다. 이는 갈릴레오 사고방식의 핵심이었고, 그가 주도한 과학 혁명의 본질이기도 하다. 훗날 그는 이런 말을 남기기도 했다. "과학의 문제에서 1000명의 권위는 1명의 겸손한 증명보다 못하다." 1000명의 학자가 하는 말도 단 한 번의 실험으로 틀렸다는 것이 입증될 수 있다는 뜻이다.

하지만 과학은 단순한 실험 이상의 것이다. 우선 우리는 실험의 목적이 무엇이고 어떤 대상을 실험할지를 인지해야 한다. 이 영역에서 과학은 상상력을 요구한다. 갈릴레오는 이에 대해 이렇게 설명한다. "모든 진실은 발견만 하면 이해하기가 쉽다. 문제는 그것을 발견하는 것이다." 갈릴레오는 이제 유클리드 기하학에서 발전하여 아르키메데스의 실용적 수학으로 나아갔다. 아르키메데스는 독창적인 수학적 도구로 유명하다. 적의 목선을 불태우기 위해 태양 광선을 집중시키는 윤을 낸 거울, 낮은 곳에서 높은 곳으로 물을 퍼 올리는 나선형 양수기 같은 것이 구체적인 사례다. 과학은 실험의 문제인 동시에 발명의 문제이기도 하다. 이 발명은 갈릴레오가 피사에서 보낸 학창 시절에 비롯된 두 가지 사례 중 두 번째에 의해 설명된다.

어느 일요일 아침, 갈릴레오는 피사 성당에 앉아 설교를 듣다가 높다란 천장에 기다란 철사로 연결되어 매달린 등에 정신이 팔렸다. 추처럼 좌우로 흔들리는 등을 보며 갈릴레오는 손목의 맥박을 재어 두 흔들림의 시간을 측정해보았다. 그는 매번 흔들림으로 생겨나는 호弧의 길이와 무관하게 호를 완성하는 데에는 언제나 같은 시간이 걸린다는 사실을 발견했다. 영감이 번뜩인 갈릴레오는 추와 맥박의 순서를 바꾸어서, 맥박을 재기 위해 추를 사용하면 어떨까 하는 생각을 했다. 그는 학생 기숙사로 돌아와 줄의 길이가 서로 다르고 무게도 다른 여러 추를 비교해가며 실험해보았다. 그러다가 마침내 추가 사람의 맥박을 재는 데 활용될 수 있음을 증명했다. (이 개념이 확장되면서 나타난 것이 진자시계로, 최초로 정확한 시계가 되었다. 하지만 이 실물은 거의 한 세기가 지나 네덜란드 과학자 크리스티안 하위헌스가 개발할 때까지 기다려야 했다.)

이런 발견에 흥분한 갈릴레오는 대학 의학부 교수들에게 그것을 서둘러 보여주었다. 의학부 교수는 젊은 제자의 발명에 무척 감명해 곧장 그것을 훔쳤다. 이런 방해 속에서도 맥파계(풀실로줌pulsilogium이라는 이름으로 알려진다) 덕분에 갈릴레오는 피사에서 명성을 조금 얻었다. 이 도구의 견본은 이내 이탈리아 전역의 대학 의학부에서 활용되었지만, 갈릴레오는 자신의 발견을 온전히 인정받지 못했으며, 어떤 금전적 보상도 받지 못했다. 특허권 개념, 발명의 보호와 보상에 관한 법령은 그 당시 아직 폭넓게 인정되지 않았다.•

• 1450년, 베네치아에서 발명가들에게 발명한 것을 당국에 등록하라고 요구하는 칙령이 반포되었고, 이렇게 하면 그들은 10년 동안 발명을 보호받았다. 우리가 살펴본 것처럼 비슷한 칙령이 이보다 30여 년 전 피렌체에서 선포되었고, 브루넬레스키가 노가 달린 바지선인 일 바달로네의 특허를 받기 위해 활용했으나 상업적 성공은 거두지 못했다. 게다가 이 칙령은 특허권을 겨우 3년간만 보호했고, 갈릴레오의 시대에 토스카나 지역에서 거의 효력이 정지되었다.

이런 이유로 이 시기에 과학 분야에서는 비밀 유지, 스파이 활동, 표절이 중요한 역할을 했다. 이러한 사정 때문에 본격적인 과학은 본의 아니게 연금술, 점성술 같은 사이비 과학의 관행에 따르도록 강요되었다. 갈릴레오는 후에 당대 주요 천문학자 중 한 사람이 되지만, 놀랍게도 필요할 때면 점성술에 의존해야 했다. 특히 현금이 부족할 때 점성술을 이용해 사람들에게 점을 봐주고 돈을 받았다. 그는 학창 시절과 그 후 몇십 년 동안 궁핍하게 살았기 때문에 그런 난처한 상황에 놓였던 것이다. 갈릴레오는 피사에서 발명가로서 어느 정도 명성을 얻기는 했지만, 동시에 선술집과 유곽에서 술에 취해 흥청거리는 탕자로도 악명 높았다.

갈릴레오는 수업을 들을 때 곤란한 질문을 던져 교수를 난처하게 만드는 습관이 있었다. 예를 들면 아리스토텔레스는 무거운 물체가 가벼운 물체보다 더 빠르게 낙하한다고 했는데, 왜 우박은 전부 크기와 무관하게 똑같은 속도로 땅에 떨어지는지 물었다. 이 경우, 교수는 즉답했다. 더 가벼운 우박이 하늘 낮은 곳에서 떨어지기에 똑같은 속도로 떨어지는 것처럼 보일 뿐이다. 갈릴레오는 그런 설명을 비웃었지만, 주변엔 그를 도와주는 친구가 별로 없었다. 곧 학우들을 비롯해 모든 사람이 갈릴레오가 너무 똑똑해서 탈이라고 생각했다. 피사 대학에서 4년을 보낸 갈릴레오는 결국 학위도 돈도 없이 그곳을 떠나야 했다.

아버지는 아들이 가정 형편을 개선해줄 의사 자격증도 따지 못하고 피렌체로 돌아온 것이 영 못마땅했다. 그러나 의사 자격증이 없다고 갈릴레오의 자신감이 움츠러드는 일은 없었고, 당장 수학자로 자리를 잡으려고 공개 강연을 여러 차례 벌였다. 하지만 강연에 사람들이 거의 오지 않아서 곧 그 생각을 포기했다. 결국 아버지 빈첸초가 궁정에 어떻게든 연줄을 대어 갈릴레오는 명망 있는 플라톤 아카데미에서 때때로 강연을 할 수 있었다. 이 준공식적 인문주의 기관은 100년도 더 전에 코시모 데 메디치의 후원으로 설립되었다가, 대공 코시모 1세에 의해 10년 전에 부활했다. 갈릴레오가 요청받은 강연 주제 중 하나는 인문주의 학문과 거의 관련이 없었고 그나마 수학과 약간 연관되는 것이었다. 연로한 학자들 사이에서 격렬하게 벌어지던 어떤 논쟁을 정리해달라는 것이었는데, 바로 단테의 《신곡》 중 〈지옥 편〉에서 묘사된, 지옥의 지리와 규모가 어떠한가를 확실히 밝혀달라는 것이었다.

이 무렵 코시모 1세의 자리는 아들인 대공 프란체스코 1세가 물려받은 상황이었는데, 그는 과학에 관심이 많아서 메디치 궁전에 전용 실험실까지 만들었다. 불행하게도 그는 갈릴레오에게 거의 도움을 주지 못했는데, 1587년에 자신의 열병을 치료하고자 스스로 만든 영약 때문이었다. 갈릴레오의 전기 작가 제임스 레스턴James Reston에 따르면 이 영약은 "악어의 도관導管, duct에서 추출한 것, 호저, 알파카 산양, 인도 가젤의 분비물을 섞은 것이었다." 프란체스코 1세의 죽음이 섬뜩하고 고통스러웠을 것임은 자명했다. 곧 갈릴레오는 피렌체에서 위대한 과학자가 되겠다는 꿈은 결코 실현할 수 없다는 사실을 깨달았다.

놀랍게도 1589년에 갈릴레오는 모교인 피사 대학에서 수학과 교수 자리를 얻었다. 그 자리도 그리 오래 유지할 수 없으리라는 것은 예측되는 바였지만, 이 기간에 갈릴레오는 그의 첫 주요 저술인 《운동에 관하여De Motu》를 완성했다. 이 책은 공기와 물을 통과하는 물체의 움직임에 관한 혁명적인 새 개념을 정립한 논문이다. 심지어 그는 아르키메데스의 유명한 부력 실험(아르키메데스가 "유레카!"라고 외쳤다고 알려진, 그 유명한 실험)을 개선하려는 대담한 시도도 했다. 이를 해내고자 갈릴레오는 '작은 천칭'(라 빌란체타la bilancetta)으로 알려진 천칭을 발명했다. 지극히 섬세한 이 도구는 만들어 운용하려면 엄청난 전문 기술 지식이 필요했지만, 일단 만들어놓으면 아주 작은 무게 차이까지 감지할 수 있었다. 과학자들이 점차 정교한 실험을 수행하기 시작하면서 그런 도구는 수요가 더 늘었다.

더 중요한 것은 갈릴레오가 유클리드 기하학에서 배운 내용을 활용해 물리학의 엄격한 증명에 적용하기 시작했다는 것이다. 마찬가지로 자신의 과학적 개념을 강화하기 위해 수학적 측정을 활용했다. 여기서 우리는 이제 싹을 틔우는 과학 혁명의 출발점, 그리고 과학과 아리스토텔레스 철학이 분기되는 갈림길을 본다. 아리스토텔레스를 따르는 학자들은 거의 수학을 경멸했고, 그중 다수가 수학을 점성술의 들러리보다 약간 나은 정도로 여겼다.•

《운동에 관하여》에서 갈릴레오는 뛰어난 과학적 방법을 선보였는데, 그것은 동시대 과학자의 아이디어를 몰래 가져와 개선하는 방법이었다. 그는 자신의 관점에서도 또 역사의 관점에서도 이런 방법이 정당하다고 보았는데, 어떤 아이디어의 발견자(혹은 발명자)가 그 아이디어의 피상적 측면만을 이해하는 반면, 자신은 그것의 본질을 꿰뚫어보기에 그렇다는 것이었다. 이런 사례는 전설적인 피사의 사탑 실험에서 나타난 것과 같은, 낙하하는 물체에 관한 갈릴레오의 이론에서 찾아볼 수 있다. 본래 그는 이 실험의 아이디어를 기원전 2세기의 고대 그리스 천

• 연금술이 새로운 학문인 화학에 통합되는 많은 실험적 기법을 발전시킨 것처럼, 점성술도 행성과 별자리 등이 움직이는 경로나 행성끼리 겹쳐 보이는 시점 같은 것들을 계산하기 위한 여러 수학 기법이 생겨나는 데 중요한 역할을 했다.

문학자 로도스의 히파르코스에게서 '얻었다.' 낙하하는 물체의 동시성에 관한 히파르코스의 이론은 르네상스 시대의 고전 학문 부흥의 일환으로서 이탈리아에서 유통되기 시작했고, 특히 피렌체에서 그 개념이 널리 유통되었다. 그렇기는 해도 낙하하는 물체들의 실제 속도 사이에선 작은 차이가 있는데, 이는 공기의 저항 탓이다. 갈릴레오는 이런 차이에도 불구하고 자신의 이론, 즉 모든 물체가 똑같은 속도로 떨어진다는 생각이 옳다고 주장했다. 대담하게도 그는 실험이 진공 상태에서 수행된다면 물체는 정확히 똑같은 속도로 떨어질 것이라고 말했다. (이는 거의 400년이 흐른 뒤에야 극적으로 그 정당성이 입증되었다. 1971년, 데이비드 스콧David Scott은 달에서 망치와 깃털을 떨어뜨리고 동시에 표면에 닿았을 때 이렇게 소리쳤다. "이것 봐요, 갈릴레오가 옳았다니까.")

1591년에 아버지가 사망하자, 갈릴레오는 어머니와 여러 어린 동생을 부양해야 하는 유일한 가족 구성원이 되었다. 갈릴레오가 대학에서 받던 연봉은 60플로린이라는 보잘것없는 액수였다. 이는 동료 교직원들이 그를 어떻게 보았는지 잘 보여주는 대목인데, 그들 중 대다수가 적어도 이 금액의 두 배를 받았다. 결국 그는 더 많은 돈을 벌 수 있는 자리를 찾기 시작했다. 다행히 갈릴레오의 뛰어난 과학적 지식에 관한 소문이 퍼지기 시작했고, 새로 즉위한 토스카나 대공 페르디난도 1세도 그 소문을 들었다. 대공은 나중에 갈릴레오를 가리켜 '매우 뛰어난 토스카나 수학자 중 하나'라고 말했다. 이런 추천의 도움으로 갈릴레오는 베네치아 공화국의 명망 높은 파도바 대학 수학부 교수로 임명되었다. 여기서 그는 기하학, 의학, 천문학을 가르쳤다. (그는 때때로 궁할 때면 부업으로 점성술로 점을 쳐서 돈을 벌었다.)

갈릴레오가 뛰어난 업적의 상당 부분을 성취한 것이 바로 이 파도바 시절이다. 여기서 그가 받은 첫 봉급은 180플로린이었으나, 피렌체의 가족에게 남겨두고 온 채무를 겨우 갚을 수준이었다. 하지만 그는 이내 '기하학적·군사적 나침반'을 발명하여 수입을 늘렸다. 이 단순한 걸작은 반원형 황동 호弧 위에다 경첩으로 연결한 두 개의 황동 자尺를 부착한 것이었다. 이 도구에는 치수를 나타내는 선들이 새겨졌다. 명칭이 보여주는 것처럼 이 도구는 기하학적 목적, 즉 정다각형 만들기 같은 작업에 사용될 수 있었다. 더 좋은 점은 이 도구가 포탄 같은 발사체의 궤적을 계산하는 데에도 이용될 수 있다는 점이었다. 이것은 아리스토텔레스의 발사체 방향에 관한 이론과 정면으로 배치되었지만, 가장 중요한 사실은 실제로 효과가 있었다는 점이다.

여러 명백한 이유로 이 도구는 곧 엄청난 수요를 창출했고, 갈릴레오는 충분한 추가 수입을 올릴 수 있었다. 하지만 여러 가지 이유, 특히 제작 방법이 간단해 사람들이 똑같이 따라 만드는 법을 배우는 통에 발명가에게 주어지는 수입은 곧 줄어들고 말았다. 하지만 언제나 독창적인 갈릴레오는 새로운 발명 등을 통해 더 많은 돈을 벌어들여 손실을 만회했는데, 그렇게 수입을 올리는 방법에는 자기 학생들에게 독창적인 기하학적 목적의 도구 사용법을 가르쳐주고 돈을 받는 것도 포함되었다. 예를 들면 원주를 동일한 부분으로 나누는 것, 평행 6면체•를 정육면체로 변형시키는 고급 작업 등이 있었다.

갈릴레오는 최선을 다해 피렌체의 가족을 부양했지만, 수입이 일정치 않아서 썩 도움이 되지는 못했다. 게다가 그의 생활 방식도 안정적이지 않았다. 그는 이내 파도바에서 40킬로미터밖에 안 떨어진 베네치

• 6면을 갖춘 삼차원적 형태로, 각 면은 평행 사변형이다.

아의 지적이면서도 쾌락주의적인 환락에 푹 빠져들었다. 동시에 집에서도 보헤미안 방식의 삶을 계속 이어갔다. 그는 집을 한 채 마련해 마리나 감바라는 그 지역 여성과 동거해 세 아이를 낳았다.

갈릴레오가 조수潮水 이론을 발전시키기 시작한 것도 베네치아에 있을 때다. 그는 이미 폴란드 사제인 코페르니쿠스가 반세기 전에 제시한 태양중심설을 들어서 알고 있었다. 지구와 행성이 어떻게 태양 주위에서 원 궤도로 움직이는지를 설명한 이론인데, 지구가 우주의 중심이라는 교회의 천동설과 모순되었다. 갈릴레오의 이론에 따르면 조수는 바다에서 물결의 움직임으로 발생하는데, 이는 태양 주위를 지구가 지나면서 자전自轉하기 때문에 발생했다. 태양중심설은 토스카나 태생 추기경 벨라르미네로부터 노골적인 공격을 받았다. 추기경은 코페르니쿠스 가설이 "태양이 지구 주위를 돌지 않고, 지구가 태양 주위를 돈다는 진정한 물리적 입증"이 있어야 정당화될 수 있다고 주장했다. 갈릴레오는 조수 이론이 바로 그런 주장을 입증한다고 주장했다.•

한편 갈릴레오가 망원경을 발명하게 된 것은 오류와 표절이 가득했던 조수 이론의 경우와 비슷한 코미디가 있었던 덕분이다. 1609년 7월,

---

• 이는 사실인가 하면 사실이 아니기도 하다. 우리는 이제 갈릴레오의 조수 이론이 틀렸다는 것을 안다. 조수는 달의 중력에 따른 인력의 영향을 받는다. 하지만 갈릴레오가 이런 잘못된 정리로 도출한 결론은 정확했다. 과학에서 이런 경우, 즉 잘못된 이론이 정확한 결론으로 이어진 경우는 많다. 앞에서 우리는 서쪽으로 항해하면 중국에 도착한다는 콜럼버스의 잘못된 이론이 어떻게 유럽의 아메리카 대륙 발견으로 이어졌는지 살펴보았다. 17세기 독일의 연금술사 요아힘 베허는 불[火]과 비슷한 신비로운 물질인 플로지스톤(phlogiston)이 널리 알려진 여러 가지 반응을 설명해준다고 주장했는데, 나중에 플로지스톤이 실제로 존재하지 않는다는 사실이 밝혀졌다. 하지만 이런 시도를 통해 추가로 여러 가지 반응을 발견할 수 있었다. 마찬가지로 19세기 물리학자들은 지구를 둘러싸고 있다고 믿은, 공기와 유사한 물질인 에테르라는 것을 통해 전자기와 빛, 중력의 전달을 설명할 수 있었다. 하지만 아인슈타인의 상대성 이론으로 이 역시 존재하지 않는다는 사실이 밝혀졌다.

그는 베네치아에서 지식인 친구들과 주말을 보내던 차에 네덜란드 미델뷔르흐의 안경 제작자 한스 리페르스헤이가 멀리 있는 물체를 바로 앞에 있는 것처럼 보이게 할 수 있는 도구를 발명했다는 소문을 들었다. 하나의 관에 두 개의 렌즈가 들어 있는 그 도구는 페르스피칠룸perspicillum(안경)이라는 이름으로 알려졌다.

이 기적과도 같은 도구를 한 번도 본 적이 없었는데도 갈릴레오는 즉시 그것이 어떻게 작동하는지 파악했으며, 하나를 직접 만들어보고자 파도바로 떠났다. 그는 시각 효과를 열 배로 증대시키는 법을 곧 알아냈다. 처음부터 갈릴레오는 페르스피칠룸의 상업적 잠재력이 어마어마하다는 것을 알아보았다. 그는 2주 만에 베네치아로 돌아와 자신의 도구를 베네치아 총독과 그의 통치 자문 회의에 판매하고자 했다. 그가 설명한 것처럼 이 장치는 수평선 저 멀리에 있는 적함들을 공격 몇 시간 전에 발견할 수 있어서 도시 방어에 필수적인 제품이 될 수 있었다.

다행히도 이때 갈릴레오의 한 베네치아인 친구가 베네치아 당국의 기만적인 정치 방식에 관해 알려주었다. 그 친구는 새로 만든 도구를 총독에게 판매하려 들지 말고, 아예 '공화국을 위해' 무료로 제공하라고 했다. 당국은 갈릴레오의 후한 기부에 크게 감명했고, 감사의 뜻을 표하기 위해 500두카트를 제공하는 동시에 파도바 대학 당국에 그의 연봉을 평생 1000두카트로 올려주라고 즉각 지시했다. 그로부터 일주일 만에 첫 페르스피칠룸이 베네치아에 도착해 시장에 나왔고 하나에 1두카트도 안 되는 가격으로 판매되었다. 갈릴레오는 이 제품을 단순히 장난감 정도로 치부했다. 그러나 시장에서 파는 제품은 확대 능력이 별로 높지 않아서, 자신이 사용할 페르스피칠룸의 확대 능력을 32배까지 개량했다.

갈릴레오는 이어 페르스피칠룸의 발명가 권리를 선제적으로 주장하고 나섰다. 그는 도구에 텔레스코페telescope(망원경. '멀리'를 뜻하는 고대 그리스어 '텔레tele'와, '보다'를 뜻하는 고대 그리스어 '스코페scope'를 합성한 명칭)라는 새로운 이름을 붙였다. 갈릴레오는 투지 넘치게, 자신의 발명권을 거부하는 사람들에게 격렬한 반응을 보였다. "어떤 멍청이라도 그런 물건을 우연히 발견할 수 있다. 하지만 나는 이론적 논리로 그것을 발견한 사람이고, 이런 일에는 진정한 독창성이 요구된다."

하지만 갈릴레오가 가장 유명해진 이유는 망원경을 밤하늘에 들이대 천문학적 관찰을 하자는 생각을 했기 때문이다. 여기서도 갈릴레오가 이런 행동을 한 최초의 인물은 아니다. 갈릴레오가 페르스피칠룸에 관한 소식을 듣기 넉 달 전에 이미 잉글랜드 과학자 토머스 해리엇은 확대 능력이 여섯 배가 되는 물건을 사용해 달을 조사했고, 달 표면의 원시적 지도를 그리는 데까지 나아갔다. 하지만 갈릴레오의 최초 반달 조사는 훨씬 더 상세한 내용을 보여주었을 뿐만 아니라 자신이 관찰하는 대상에 대한 폭넓은 지식에서 도움을 얻었다. 그리고 더 중요한 건, 이 관찰 대상이 지닌 진정한 의미였다. 그는 은은히 빛나고, 부분적으로 그늘이 지고, 반원형의 하얀 원반을 본 것이 아니라, 거대하고 신비로운 어떤 세상을 보았다. 달의 표면을 면밀히 검토한 결과, 명백하게 둥근 분화구, 산맥, 바다처럼 보이는 것이 발견되었다. 그는 이것이 아리스토텔레스 천문학의 종말을 의미한다는 것을 깨달았다. 천체는 결국 완벽한 영역이 아니었다. 천체의 세계는 우리 지구와 무척 유사한 지리를 보이는 세상이었다.

그 이후 몇 년 동안 갈릴레오는 여러 뛰어난 발견을 통해 태양계를 체계적으로 탐구했다. 그는 태양을 관찰했고, '스스로 소멸하는 것처럼 보이는' 검은 반점들을 발견했다. 그는 '금성의 위상'을 관찰했는데, 그 움직임은 차고 기우는 달의 위상과 비슷했다. 또 토성의 고리가 어떻게 생겼는지 그림을 남기기도 했다. 이어 목성이 위성들을 거느렸다는 사실을 발견했다. 지구 주위를 회전하는 달과 비슷하게, 목성엔 네 개의 달이 있었다(화보 31). 그는 이 위성들에 '메디치의 별들Medicea Sidera'이라는 명칭을 붙였는데, 파도바 대학 교수가 되도록 후원해준 피렌체 통치자에게 감사를 표하기 위해서였다. 그 당시 통치자였던 대공 코시모 2세는 자신의 가문을 영원히 기억하게 해준 공로에 화답하여 갈릴레오를 토스카나 '최고 철학자이자 수학자'로 지명했다. 그는 이런 명예로운 직책에 더하여 후한 봉급을 받았고, 피렌체를 내려다보는 언덕에 있는 빌라 디 벨로스구아르도에 입주할 권리도 얻었다.

갈릴레오는 가족과 함께 파도바를 떠났지만, 파도바 출신 아내 마리나는 데려오지 않았는데 갈릴레오가 그녀를 위해 사준 집에 그대로 남기를 바랐기 때문이다. (마리나는 갈릴레오가 떠나고 1년도 되지 않아 그가 남긴 지참금을 가지고 다른 남자와 결혼했다.) 이제 갈릴레오는 재정적으로 안정되었고, 베네치아에서 지낼 때보다 훨씬 더 훌륭한 대우를 받았다. 이러한 대접에 고무된 그는 무한한 자신감을 얻었다. 그는 연구를 계속했을 뿐만 아니라 자신의 연구 결과를 공표할 때가 되었다고 판단했다. 이런 결과들이 태양을 중심으로 하는 자신의 지동설이 옳다는 것을 의심의 여지 없이 증명한다고 확신한 것이다.

갈릴레오의 연구는 로마에서 다시금 추기경 벨라르미네의 주목을 끌었다. 추기경은 이제 바티칸에서도 높은 위치에 있었고, 로마 종교 재판소장도 겸하고 있었다. 1600년, 벨라르미네는 도미니크회 수도사이자 개인주의 사상가 조르다노 브루노의 기소와 처벌을 담당하기도 했다. 브루노는 매우 참신한 과학자이자 점성술부터 연금술까지 온갖 형이상학적 관습을 믿는 철저한 신비주의자인, 참 흥미로운 사람이었다. 그는 중세주의자이면서 르네상스인이었다. 그의 우주론 사고는 그가 살았던 시대를 한참 앞선 것이었다. 그는 코페르니쿠스의 태양 중심 개념을 옹호했을 뿐만 아니라, 우주가 무한하고 다른 여러 태양계를 거느렸다고 믿었다. 추기경 벨라르미네의 법정에 불려간 브루노는 자신의 주장을 철회하길 거부했고, 그 결과 이단으로 몰려 사형을 선고받아 화형되었다. 그는 알몸으로 화형대에 거꾸로 매달렸고 자신의 신념을 떠들어댈 수 없도록 입엔 재갈이 물려졌다.

1616년, 갈릴레오는 추기경 벨라르미네에 의해 로마로 소환되어 자신의 견해를 옹호하게 되었다. 이 단계에서 벨라르미네는 태양중심설에 어느 정도 공감하는 단계까지 발전한 것처럼 보이지만, 어떻게 지동설을 성경의 가르침과 일치시킬 수 있는지 강한 의구심을 품었다. 놀랍게도 추기경은 갈릴레오를 경고만 하고 풀어주기로 결정했다. 그는 갈릴레오에게 코페르니쿠스 세계관을 '고수하거나 옹호해서는' 안 되지만, 여전히 '수학적 추정'으로서 논의할 수는 있다고 통지했다.

갈릴레오는 피렌체로 돌아갔고, 개인적으로 이렇게 주장했다. "성경은 하늘에 이르는 길을 보여주지만, 하늘이 움직이는 길을 보여주지는 않는다." 1621년에 추기경 벨라르미네가 사망했고, 2년 뒤에 우르바누스 8세가 새로 교황이 되었다. 갈릴레오는 교황의 허락을 받아 코페르니쿠스의 견해와 정통적인 '아리스토텔레스적' 견해 모두를 지지하는 여러 주장을 담은 책을 썼다.

1632년에 갈릴레오는 《두 주요 세계관에 관한 대화》를 완성했는데, 많은 측면에서 평생에 걸쳐 쌓은 과학적 생각을 요약한 책이었다. 문제가 되는 '대화'는 '현명한 살비아티와 불행한 심플리초' 사이의 대화다. 교회의 우주론을 옹호하는 심플리초('단순한 자')는 그 이름에 교회의 천동설을 은근히 조롱하는 뜻이 담겨 있었다.

갈릴레오는 로마로 소환되어 자신의 입장을 해명해야 했다. 1633년 2월, 그는 재판에 회부되었다. 갈릴레오는 자신이 심각한 상황에 처해 있음을 알아챘지만, 여전히 무고함을 강조했다. 전하는 이야기에 따르면, 7월 어느 날에 그는 만약 이단 고백을 거부할 경우 자신에게 사용될 고문 도구를 직접 보았다. 지독히 겁을 먹은 갈릴레오는 지구가 태양 주위를 돈다는 자신의 세계관을 '포기하고, 저주하고, 혐오하는 데' 동의했다. 하지만 그는 재판이 끝난 직후 나지막하게 중얼거렸다고 한다. "그래도 여전히 지구는 돈다."

그는 고문을 받지 않게 되었으며 화형대에 묶여 브루노의 전철을 따라갈 가능성도 모면했다. 그 대신 무기 금고형을 선고받았다. 하지만 이제 예순아홉의 고령인 데다 메디치 가문의 강력한 지지를 받고 있었기에 피렌체로 돌아가도록 허용되었고, 빌라 디 벨로스구아르도에서 가택 연금 상태에 놓였다.

갈릴레오를 자택에 구금시킬 수는 있었지만, 그의 과학 사상은 그런 식으로 구속할 수 있는 것이 아니었다. 이제 파도바 대학에 그의 강의를 들으러 온 유럽 전역의 학생들은 고향으로 돌아간 지 한참되었는데, 그중 다수가 고국에서 교수가 되었다. 갈릴레오의 저술은 네덜란드에서 출판되었고, 곧 사본들이 주요 유럽 대학에서 유통되었다. 이렇게 과학 혁명이 시작되었고, 이젠 막을 수 없는 대세라는 것이 곧 드러난다.

그 무렵은 마르틴 루터가 유럽을 갈라놓을 종교 개혁에 착수한 지 반세기가 지난 시점이다. 로마 가톨릭교회는 새로 부상한 개신교 국가들을 더는 마음대로 통제할 수 없었는데, 그런 국가는 독일어를 사용하는 영토부터 잉글랜드, 스칸디나비아반도와 그 너머까지 확대되었다. 역사적으로 갈릴레오는 프랑스 철학자이자 수학자 르네 데카르트, 의학 분야에 대변혁을 일으킬 혈액 순환을 발견한 잉글랜드 의사 윌리엄 하비, 코페르니쿠스가 처음 제기한 이론을 수학적으로 수정하여 태양 주변 행성들의 진정한 구형 궤도를 계산한 독일 천문학자 요하네스 케플러 같은 후대의 위대한 사상가 및 발명가와 견주어도 전혀 손색이 없는 인물이다. 과학은 이제 추측에서 측정으로 옮겨 가는 중이었다. 이는 갈릴레오가 남긴 유명한 말 그대로다. "세상은 수학의 언어로 적혀 있다." 이 말은 인류의 가장 결정적 통찰임이 증명된다.

갈릴레오는 일흔일곱에 사망했다. 이 무렵 그는 노쇠하고 눈이 멀었다(이는 텔레스코페로 태양을 집중적으로 관찰한 결과임이 거의 틀림없다). 갈릴레오가 죽고 1년 뒤, 아이작 뉴턴이 잉글랜드에서 태어났다. 그리하여 과학의 상속권은 계속 이어졌다.

에필로그

피렌체에서 고전 지식의 부활로 시작된 현상은 처음엔 건축에 영향을 미치고 인문주의 사상에 영감을 불어넣었는데, 나중에는 새로운 회화 양식으로 한층 강화되었다. 인류가 세상을 바라보는 시야는 더 크게 확대되었다. 르네상스 사상은 온갖 분야의 학문과 기술에 빠르게 영향을 미쳤다. 갈릴레이가 '신세계'에 발을 내디딘 콜럼버스와 비교되는 데에는 다 이유가 있다.

피렌체에서 처음으로 태동한 르네상스는 날개를 활짝 펼치고 유럽 대륙 전역으로 날아감으로써 근대를 열어젖혔다. 서유럽은 이제 새로운 사상을 적극적으로 받아들였고 그런 사상을 활용하고 검증하는 새로운 방법도 함께 받아들였다. 이런 개방적 태도야말로 르네상스의 핵심이다. 이 개방성은 한 작은 이탈리아 도시 국가에서 생겨났는데, 그곳 시민들은 자국의 (다소 부패한) 민주주의를 신뢰했다. 하지만 역설적이게도 바로 이처럼 다소 부패한 상태가 도시에 충분히 안정성을 제공했다.

이런 새로운 사상을 탄생시킨 세계는 다른 여러 문화권에서 비롯된 사상에도 개방적이었다. 아랍의 수학에서 시작해 중국의 회화와 화약까지, 극동의 향신료부터 '신세계'의 채소까지 받아들였다. 그리하여 인류의 생활 양상이 변화했고, 특히 서양은 그런 변모가 현저했다. 지도 제작법, 정치, 천문학, 철학, 예술, 과학은 절대 예전으로 되돌아갈 수 없게 되었다.

이런 분야들에 도입된 새로운 여러 방법은 피렌체에서 퍼져 나가 이탈리아 전역, 유럽 전역, 그리고 그 너머까지 확대되어 근대 세계의 토대를 놓았다. 대담하고도 창의적인 통찰력을 지닌 갈릴레이가 일반적 통념에 품었던 의문(이어서 그가 추론과 실험 대상으로 삼았던 의문)은 르네상스 사상의 꼭짓점이기도 하다. 이러한 사고방식은 진보적이었다. 역설적으로, 이는 진보의 시대를 가져왔을 뿐만 아니라 기존의 통설通說에 의문을 품는 새로운 회의적 세계관도 가져왔다.

르네상스의 이 같은 역설적 기풍은 뒤이은 여러 세대에 걸쳐 엄청난 영향을 미쳤다. 17세기 프랑스인 데카르트는 뛰어난 재능을 지닌 창의적 과학자이자 철학자였다. 그가 이른바 '데카르트 좌표'를 발견한 것을 계기로 두 가지 서로 이질적인 수학 분야가 병합되었다. 미지수를 포함한 공식을 활용했던 대수학은 이제 그래프의 형태로 평면에 나타낼 수 있게 되었다. 대수학과 기하학은 하나로 통합되어, 미지수 계산과 공간 문제의 해법은 동일한 것이 되었다.

하지만 데카르트는 창의적이었을 뿐만 아니라 엄청난 회의론자였고, 이로 인해 그는 최초의 근대적 철학자로 자리매김되었다. 철학자로서 데카르트는 온갖 지식에 의문을 품기 시작했고, 우리가 하는 생각과 지각을 모조리 의심했다. 어떻게 우리의 지각이 꿈같은 환상이 아니라는 것을 알 수 있는가? 데카르트는 이런 문제를 깊이 파고들어 우리 사고와 경험의 가장 심원한 토대에도 의문을 제기했다. 그렇게 하여 마침내 하나의 최종적이고 반박의 여지가 없는 결론에 도달했다. "나는 생각한다, 그러므로 나는 존재한다." 내가 다른 모든 면에서 속임을 당했다 할지라도 이것 하나만은 진실이었다. 이것 하나만은 의심할 수 없는 것이었다. 새로운 지식은 이제 이처럼 반박의 여지가 없는 사실 위에서 건설된다.

세월이 흐르고 해협을 건너 영국에서 철학자 데이비드 흄이 비슷한 의문 제기의 과정에 나섰다. 그는 갈릴레이와 비슷한 토대를 옹호해야 한다고 결론 내렸다. 다시 말해 경험이 지식의 기반이고, 그 지식은 실질적인 실험으로 확증되어야 한다는 것이다.

예술 역시 르네상스 인문주의를 발판으로 계속 발전해, 네덜란드 화가 렘브란트의 심오한 내면적 깊이와 벨라스케스의 기술적 통찰력을 성취했다. 동시에 많은 사람이 대서양을 횡단해 '신세계'로 건너가 사상의 자유를 추구했다. 새로운 아메리카 대륙의 북부에 정착한 급진적인 사람들은 구대륙과 절연된 상태에서 세상을 바라보는 독립적인 방식을 발전시켰다. 이를 통해 유럽의 낡은 확실성에서 벗어나 르네상스의 민주주의 이론을 기반으로 독자적 혁명과 독립을 완수했다. 이 혁명적 사상은 구세계로 역수출되어 이제는 낡아버린 유럽의 확실성을 한층 더 흔들어놓아 유럽 대륙에서 혁명이 벌어지게 했다.

그런가 하면 레오나르도의 기계공학적 독창성과 갈릴레이의 발명가 정신은 과학적 민주주의를 탄생시켰다. 이렇게 하여 르네상스는 계몽주의 시대로 나아갔고 그 이후 산업혁명으로 이어졌다. 우리가 지금 아는 세상은 이때 탄생했는데, 그 원초적 모습은 꿈, 자부심, 탐욕, 정치적 현실주의, 기술, 공상, 비통함, 그 밖의 많은 것으로 이루어져 있었다. 암울한 중세 도시 피렌체의 치고받고 싸우는 가문들 사이에서 뿌려진 새로운 사상의 씨앗은 기적적으로 꽃피어 멀리멀리 퍼져서 현대라는 잘 다듬어진 정원으로 발전했다. 물론 그 과정에서 찌꺼기가 남는 것은 불가피한 일이었다.

감사의 말

늘 그렇듯 이 책을 연구하고 집필하고 수정하는 동안 많은 곳에서 지원과 인도와 격려를 받았다. 하지만 그중 나는 소수만 언급할 수밖에 없다. 이에 소외감을 느끼는 사람들이 있을 텐데, 그런 이들에게는 사과의 마음을 전한다. 무엇보다 나는 탁월한 에이전트인 소호 에이전시의 줄리언 알렉산더에게 감사를 전해야 한다. 이 책이 출판되는 데 그는 중대한 역할을 했다. 또 애틀랜틱 북스의 제임스 나이팅게일에게도 도와주어 감사하다는 말을 전한다.

많은 피렌체 주민과 피렌체를 잘 아는 사람들이 온갖 조언, 통찰력, 팁을 내게 전해주었고, 수많은 귀중한 자료를 살펴보도록 인도했다. 여러 도서관에서 저술을 살폈지만, 그중에서도 런던 도서관과 영국 국립도서관에 특히 신세를 졌다. 영국 국립 도서관의 인문학 2열람실에 근무하는 상냥하고 친근한 직원들에게 특히 사의를 표한다. 유일하게 아쉬운 점은 이 책을 집필하는 마지막 단계에 '코비드-19' 때문에 이 도서관들이 폐쇄되었다는 것이다. 이런 조치 탓에 부득이 재확인하고자 했던 자료와 사실에 접근하는 데 제약을 받았다.

편집 단계에서 도서관 폐쇄 중에 먼 토론토에서 일하는 제마 웨인은 소중한 사람 이상임이 드러났다. 그녀의 지식과 통찰력 있는 제안은 이 책의 마지막 단계에서 크나큰 역할을 했다. 내 파트너 어맨다 부시 역시 영국과 해외에서의 몇십 년에 걸친 교직 경험과 수명에 관한 전문 지식으로 여러 가지 의견을 제시했다. (나는 이 책을 그녀의 딸에게 헌정했다.)

내가 받은 모든 지원과, 정보를 끌어낸 여러 전문적 출처가 있음에도 이 책에서 사실을 제시하는 데 오류가 있다면, 그것은 전적으로 내 책임이다.

옮긴이의 말

르네상스 인문주의와 근대의 탄생

이 책은 이탈리아 르네상스를 작동시킨 피렌체의 사람, 사건, 사물, 사상, 이렇게 네 가지 요소를 입체적으로 제시하면서 르네상스의 초창기를 다룬 역사서다. 그중 사람은 대략 40여 명의 국제적 피렌체 명사들로 대표되고, 사건은 16세기의 이탈리아가 외세의 침략을 받으면서 밀라노, 베네치아, 피렌체, 교황령, 나폴리 5대 강국으로 분열되어 합종연횡을 거듭하는 역사를 말하며, 사물은 르네상스 회화의 주요 특징인 원근법, 갈릴레이의 망원경, 보티첼리의 그림, 미켈란젤로의 조각, 레오나르도 다빈치의 기술적 발명품, 마키아벨리의 《군주론》 등을 들 수 있다. 마지막으로 사상은 사람·사물·사건의 배후에서 작동하는 인문주의(휴머니즘)를 가리키는데, 신성보다는 인간, 천상보다는 지상, 추정보다는 실험을 강조하는 사상이다.

이 책에서 다루어진 시기는 1265년부터 1642년까지 대략 400년이다. 피렌체는 기원후 476년에 고대 로마 제국이 멸망한 이후, 500년 가까이 고트족, 비잔티움 제국, 롬바르드족의 지배를 받다가 12세기에 자치 도시가 되었다. 13세기에 들어와 친교황파인 교황당과 친황제파인 황제당으로 분열되어 서로 싸우다가 결국 교황당이 승리를 거두었으나, 이 당은 다시 자주파인 백파와 친교황파인 흑파로 분열되었다. 15세기에 들어와서는 부유한 은행가이며 예술 애호가인 코시모 데 메디치의 통치를 받았다.

이 무렵 피렌체의 정치 상황이 계속 혼란스러운 것을 틈타 1494년에 프랑스 왕 샤를 8세가 군대를 이끌고 이탈리아를 침략했다. 당시 피렌체 통치자인 메디치 가문의 '불운한 피에로'는 피사를 프랑스군에게 넘겨줌으로써 샤를 8세의 비위를 맞추려 했다. 이러한 굴욕적 행위에 분노한 피렌체 시민들이 반란을 일으켰고 그 결과 메디치 가문은 권좌에서 일시적으로 추방되었다. 이러한 권력의 공백을 틈타 광신적 수도사 사보나롤라가 도시의 지도자로 부상했다. 그러나 지나치게 교조적이어서 시민들에게 반발을 샀고, 나아가 교황 알렉산데르 6세와 불화함으로써 권좌에서 쫓겨나 결국 형장의 이슬로 사라졌다. 그 후 피렌체에 공화정이 다시 들어서고(1498년) 정부 수반은 온건한 피에로 소데리니가 맡았으나, 이번에는 스페인 군대의 침략으로 공화국이 붕괴되고 1512년 9월에 메디치 가문이 피렌체의 권력을 다시 탈환하면서 피렌체의 민주 정부는 해산된다. 그 이후 피렌체는 토스카나 대공국으로 발전했고 메디치 가문 사람들이 1737년까지 전제 군주로서 200년 동안 토스카나 공국을 통치했다.

이 책《피렌체 사람들 이야기》는 이러한 역사적·정치적 배경을 바탕으로 피렌체 르네상스의 추진력이었던 메디치 가문의 성장과 발전을 상술한다. 이 가문은 무력을 전혀 갖추지 않은 채 다른 네 강국 사이에서 세력 균형을 잡으며 피렌체의 문화를 창달하고 금융과 무역을 번창시켜 도시의 발전을 도왔다. 그리하여 피렌체는 200년 동안 황금기를 구가했으며 정신적·예술적 발전이 만개했다. 이 시기에 마르실리오 피치노와 피코 델라 미란돌라 같은 학자, 안젤로 폴리치아노 같은 시인이 메디치 가문의 후원 아래 지식인 집단을 이루어 '피렌체 아카데미'를 결성하는 등 사상적으로 메디치를 뒷받침했다. '국부' 코시모 메디치는 로마의 교황청을 상대로 때로는 혼인으로, 때로는 사업(금융업)으로, 때로는 관직 수수로 관계를 유지하면서 권력의 줄타기를 아슬아슬하게 유지해갔다. 이렇게 하여 메디치 가문은 '국부', 그의 아들 '위대한 로렌초', 그리고 그 후예가 계속해서 권력을 유지할 수 있었다.

메디치 가문 외에 예술, 천문학, '신세계' 탐험, 정치, 군사, 과학 분야 등에서 크게 기여한 사람들도 등장한다. 중세의 세계관을 일목요연하게 정리한 단테, 피암메타와 라우라라는 여성에게서 진리의 본모습을 보았다는 보카치오와 페트라르카, 《군주론》의 저자 마키아벨리, 인간성의 복잡 미묘함을 〈모나리자〉의 미소로 그려낸 레오나르도, 플라톤의 이데아를 〈프리마베라〉와 〈비너스의 탄생〉이라는 그림으로 형상화한 보티첼리, 전투를 잘하여 큰돈을 번 용병대장 호크우드, 용병대장에서 일국의 통치자 지위까지 올라간 스포르차 등을 다룬다. 또 14세기의 프라토 상인인 다티니, 그의 아내 마르가리타, 서녀 지네브라 이야기(5장)는 용병대장 호크우크 바로 다음에 배치되어 있는데, 이 이야기는 600년 전 사람들도 현대인들과 똑같은 희로애락 속에서 살았다는 인상을 주어 읽는 재미를 한층 북돋는다.

이처럼 많은 인물을 등장시키는 것은 어느 한 사람의 전기를 집중적으로 다루는 것보다 어렵고, 나아가 그 인물들을 일관된 주제나 환경 속에 배치하여 그 시대의 요약이나 초상이 되게 하는 것은 더더욱 어렵다. 가령 토머스 칼라일의 《영웅 숭배론》은 열 명의 영웅을 제시하나, 그 영웅들은 서로 교류하거나 소통하지 않으며 사상적으로 연결되지 않는다. 그러나 《피렌체 사람들 이야기》에 등장하는 인물들은 르네상스가 만들어낸 영웅들 혹은 보통 사람들로, 새로운 사상의 발전, 상업과 무역의 확대, 개인적 자유의 획득이라는 공통의 목표에 기여한다.

이 책이 단테로 시작한 것은 의미가 있다. 단테 이전에 이미 유럽에는 무슬림 지배하의 스페인에서 플라톤과 아리스토텔레스의 철학서가 역수입된 상황이었다. 중세 천 년 동안 거의 사라져버린 고전 시대의 인간 중심 사상이 다시 소개된 것이다. 이때 가장 핵심적인 것이 행복의 문제였다. 일찍이 고대 그리스-로마 사상은 '지금, 여기'에서 행복을 추구할 수 있다고 가르친 데 반해, 중세 사상은 그런 것은 사후 세상에서나 얻어지는 것이라고 가르쳤다. 이 같은 세계관의 충돌은 중세 유럽의 신학자, 철학자, 과학자 들에게 큰 충격이었다. 그러자 토마스 아퀴나스가 그 둘을 조화롭게 일치시켰다. 그러니까 지상의 행복은 천상의 행복을 미리 보여주는 예고편이라는 생각이었다. 단테는 이러한 아퀴나스의 사상을 《신곡》에 그대로 구현했다. 다시 말해 지상은 지옥이고 인간은 사후에 연옥을 거쳐서 천국에 도달함으로써 비로소 온전한 행복을 맛볼 수 있다는 것이다.

그러나 르네상스 시대에 들어오면 천상보다는 지상이 더 중시되어 인간이 모든 사물의 척도로 등장한다. 이러한 발전은 단테가 《신곡》을 쓴 이후에 이미 예고된 사상 흐름이었다. 단테는 〈지옥 편〉과 〈천국 편〉을 균형 있게 서술했으나, 단테 이후의 이탈리아 사람들은 지상의 것을 더 강조하여 〈지옥 편〉에 집중했다. 《신곡》에 대비해 '인곡人曲'이라고 불리는 보카치오의 《데카메론》은 이러한 흐름의 결과물이다. 특히 이 소설의 맨 마지막을 장식하는 그리셀다 이야기는 중세 같았더라면 지상에서 벌어진 일은 결국 천상의 예고편이라는 식으로 서술되었을 것이다. 가령 순종적인 여성 그리셀다는 하느님의 말씀에 온전히 복종하며 모든 고통을 받아들이는 욥에, 그녀를 가혹하게 시험하는 갈티에리 후작은 하느님에 비유될 수 있었겠지만, 천상보다 지상의 일에 더 관심이 많은 보카치오는 그런 암시나 비유를 전혀 하지 않는다.

이러한 인간 중심의 사상적 흐름은 신학에도 영향을 미쳐서 신학자들은 지상의 행복을 중시하게 되었고 이것이 가톨릭교회의 가르침을 개혁하려는 마르틴 루터의 종교 개혁으로 이어졌다. 이 종교 개혁이 칼뱅주의를 가져왔고 이 신학적 가르침이 19세기의 자본주의 사상을 난만하게 꽃피게 했다는 것은 익히 알려진 사실이다.

그런데 르네상스 시대의 피렌체에서 천상과 지상의 갈등을 무엇보다 잘 보여주는 것이 사보나롤라와 마키아벨리라는 동시대의 두 인물이다. 마키아벨리는 사보나롤라가 실패한 것은 천상에서나 구현할 수 있는 것을 지상에서 추구하려 했기 때문이라고 진단하면서, 《군주론》 6장에서 사보나롤라와 같은 비무장 예언자는 실패할 수밖에 없다고 말한다. 그러면서 인간은 약한 사람에게는 강압적으로, 강한 사람에게는 교활하게 대하는, 사자와 여우의 두 가지 측면을 갖고 있으므로 군주 역시 그러한 자질을 갖추어야 한다고 주장했다.

인간의 복잡성에 대한 관심은 레오나르도의 유명한 그림 〈모나리자〉에 이르러 절정에 달한다. '모나리자'의 미소는 무엇을 의미하는가? 레오나르도는 언제나 자기 마음속에서 어른거리는 어두운 것(혹은 정체불명의 악)을 의식했고 그것이 조콘다의 미소를 만들어냈다. 그 미소는 마음의 어두운 곳을 밝히기 위한 등불이었다. 바로 이런 문제 인식에서 인간은 언제나 '실제의 나What I am'와 '겉으로 보이는 나What I seem'가 불일치하는 존재인데, 그 불일치 혹은 신비함에 대하여, 레오나르도의 그림은 알 수 없는 수수께끼의 미소로 응답한 것이다.

이러한 내적 갈등은 미켈란젤로의 조각 작품 〈다윗〉에서도 엿볼 수 있다. 이 조각상은 인간이라는 존재가 무엇인지 깊이 성찰하는 인문주의 사상을 잘 보여준다. 헤겔은 《정신현상학》에서 인간의 개별적 감각에서 정신이 생겨나 여러 단계의 발전을 거쳐 최종적으로 보편 이성에 도달한다고 했는데, 감각이 '정'이라면 정신은 '반'이 되고, 다시 이 '정'과 '반'이 종합되어 보편 이성이 생겨난다는 것이다. 사실 이런 사고는 플라톤의 《향연》에서 나오는, 이데아로 발전하는 과정을 정교하게 재규정한 데 지나지 않는다. 대리석이라는 물질로부터 사람(다윗)이 나오고 다시 그 사람으로부터 영혼이 나오고, 마지막으로 그 영혼에서 신성의 빛이 나오는 과정은 플라톤과 헤겔이 말한 이데아와 보편 이성을 그대로 구체화한 것이다. 미켈란젤로의 조각상은 이러한 과정을 하나의 형상으로 응축해놓은 것이다. 이렇게 하여 〈다윗〉은 돌에서 시작해 빛으로 나아가는 '존재의 사슬chain of being'을 보여준다.

이 책에서 다룬, 단테의 베아트리체, 보카치오의 피암메타, 페트라르카의 라우라가 세 시인에게 각각 평생에 걸친 이상과 진리의 모델이 되었다는 점도 흥미롭다. 이 세 여성은 바로 중세와 결별한 이탈리아 르네상스 문학에 결정적 영감을 준 인물들이다. 철학자 니체는 진리는 여자의 형상을 하고 있다고 말했고, 괴테는 《파우스트》 말미에서 영원한 여성성이 하늘 높이 우리를 들어 올린다고 했는데, 이 말은 여성이 곧 진리라는 뜻이다. 노자는 《도덕경》 1장에서 진리는 말할 수 있으면 더는 진리가 아니라고 설파한 다음, 20장에서 "나는 유독 진리를 아름답게 여기는데 그것이 내게 생의 자양을 주는 식모食母이기 때문"이라고 말한다. 그러니까 노자 또한 진리를 여성으로 파악한 것이다. 여기서 우리는 진리의 불확실성 혹은 인간 존재의 모순성, 즉 〈모나리자〉의 미소를 다시 만난다.

진리 혹은 궁극의 실재가 무엇인지 알고 싶어 한 것은 플라톤 이래로 인류의 오랜 소망이었다. 피렌체의 두 철학자 피치노와 피코 델라 미란돌라는 플라톤 사상과 신플라톤주의에서 그 답을 찾으려 했다. 플라톤의 라틴어 번역자로 유명한 피치노는 플라톤주의와 기독교 사이에서 조화를 시도했다. 피코 델라 미란돌라는 기독교, 플라톤주의, 아리스토텔레스, 카발라 등을 종합하는 900개의 철학적 테제를 발표했다. 이 두 철학자를 통해 피렌체에 소개된 플라톤 사상은, 지상을 천상의 예고편 정도로 여기던 피렌체 사람들에게 아주 놀라운 것이었다. 플라톤은 《국가》 10권에서, 이데아가 있고 그 이데아를 구현한 대상이 있고 다시 그 대상을 노래한 작품이 있다고 말한다. 그러니까 아름다움의 이데아가 구체적 사물이나 대상과는 무관하게 존재하는데, 아름다운 여인이나 그 여인을 그려놓은 초상화는 모두 이 이데아에 도달하기 위한 예비 과정이라는 것이다.

이어 신플라톤주의는 이런 주장을 더 정교하게 발전시켜, 아름다운 여인의 초상화는 실은 아름다움의 이데아를 흘낏 엿보게 해주는 간접적 매개물이라고 주장한다. 그러니까 지상의 아름다움은 절대적 아름다움의 이미지이고, 예술과 자연은 절대적 실재(이데아)를 복사한 것이지만, 이중 예술이 더 나은 복사판이라는 것이다. 화가가 그린 여성은 실물이 아니라 예술적 해석이 추가된 이상적 여성, 다시 말해 화가가 그 여성을 보며 생각하는 아름다움의 이데아를 구체적으로 표현해놓은 것이기 때문이다.

우리는 흔히 '진, 선, 미'라는 표현을 쓰지만 실제로는 '미, 선, 진'의 순서로 인식의 단계가 올라간다. 아름다움의 구체적 모습을 보고 그것이 좋은 것임을 알게 되고, 더 나아가 아름다움의 이데아(진)를 생각하기에 이른다. 메디치 가문이 키워낸 피렌체 화가 보티첼리의 그림 〈비너스의 탄생〉과 〈프리마베라〉는 이러한 과정을 분명하게 보여준다. 이 두 그림은 고대 그리스 정신과 르네상스 정신이 유쾌하게 혼합되어 있다. 그 생명력과 운동성, 그림 전체에서 풍겨 나오는 자연의 자유로운 공기를 느낄 수 있다. 조개에서 태어난 비너스의 모습은 무대에 선 오페라 가수를 연상시킨다. 소프라노 가수는 보티첼리의 비너스 같은 모습으로 무대에 나섬으로써 자신이 부르는 노래의 아름다움을 구체적으로 보여준다. 구체적인 것을 통해 추상성으로 나아간다는 신플라톤주의의 이상은 〈프리마베라〉에서도 엿볼 수 있다. 이 제목은 '봄의 귀환'이라는 뜻인데, 봄이라는 추상적 아이디어도 결국 이런 구체적 인물이나 나무, 정령 등에 의탁하지 않고서는 그 모습을 알 수가 없다는 것이다.

이 책에서 이런 식으로 여러 피렌체 저명인사를 소개하며 르네상스 이야기를 펼쳐가다가 마지막 장에 갈릴레이가 등장하는 것도 의미심장하다. 갈릴레이는 과학의 방식은 실험이라고 주장했다. 새로운 지식은 삼단논법 같은 추론적 형태의 사고방식이 아니라, 구체적 사물에 대한 과학적 관찰과 검증으로 확인되어야 한다고 보았다. 기존의 발견이나 발명은 사물의 피상적 측면만을 관찰했을 뿐이고, 이제 그 본질까지 꿰뚫어보는 과학적 방법이 필요하다는 것이다. 이는 과거 고전 시대의 철학자나 사상가의 사상을 가져와, 그것을 더욱 심화하려는 르네상스 인문주의의 현실적이고 실용적인 사고방식에 부합하는 노선이었다.

갈릴레이의 과학 혁명은 17세기에 들어와 더 심화되어 데카르트의 "나는 생각한다, 그러므로 나는 존재한다"라는 유명한 명제를 유도했다. 그러나 이것은 고전 시대에 성 아우구스티누스가 이미 설파한, "나는 세상에 의해 기만당하지만, 그래도 나는 존재한다"라는 명제를 약간 다르게 말한 것에 지나지 않는다. 이렇게 하여 피렌체는 예술, 사상, 과학, 제도, 정치 등 여러 분야에서 고전 시대의 인문주의 사상을 부활시켜 근대 세계를 열었는데, 이것이 계몽주의로 발전하여 그 논리적 결과로 산업혁명이 생겨났고, 대량으로 생산된 제품을 판매하기 위해 해외 시장을 개척하려다 보니 대항해 시대가 열렸고 이것이 제국주의의 발달로 이어졌으며, 그런 다음에는 미국 혁명과 프랑스 혁명으로 이어져 오늘날의 서구 세계가 확립되었다.

피렌체 르네상스를 다룬 여러 편의 명작이 이미 국내에 소개되어 있다. 마키아벨리의 《피렌체의 역사》는 도시의 역사라기보다 고대 로마 제국 멸망 이후의 이탈리아 전체 역사를 다루는데, 메디치 가문의 의뢰로 집필되었기에 메디치가에 친화적인 편견이 작용한다. 야코프 부르크하르트의 《이탈리아 문예 부흥사》는 비록 이탈리아 르네상스의 가치를 최초로 알아본 획기적 저서이기는 하나 이미 낡아버린 정보가 많고 흥미로운 이야기, 즉 서사성이 부족하다. 미국 역사가 조지 프레더릭 영의 《메디치》는 메디치 가문의 편년체 역사인데, 주로 메디치 가문 사람들의 흥망성쇠를 다룰 뿐, 이탈리아 르네상스, 그리고 유럽에 전파된 르네상스를 전반적으로 조망하는 거시적 관점은 부족하다.

이들에 비하여 이 책 《피렌체 사람들 이야기》는 우선 풍부한 에피소드와 감동적인 서사를 갖추고 있고, 많은 최신 정보를 소개하며, 14세기부터 16세기까지 피렌체 르네상스에 집중하여 인문주의의 여러 양상을 보여주고, 더 나아가 프랑스와 스페인, 오스만 제국 등 주변 국가들의 상황도 함께 결부시켜 당시의 상황을 서술했다는 점에서 한결 주제 의식이 선명하다. 르네상스의 역사에 관심이 많은 독자라면 꼭 읽어 볼 만한 책이다.

이종인

참고문헌과 더 읽을거리

이 책은 학술 서적이라기보다는 대중이 읽을 책으로 집필된 것이기에 몇십 쪽에 이를 수 있는, 정확하지만 장황한 출처 목록을 철저하게 제시하지는 않겠다. 그렇게 되면 책값이 큰 폭으로 올라갈 테니.

각 장마다 내가 찾아본 여러 책을 열거했고, 더 깊이 있는 독서를 위해 추천하고 싶은 책들도 나열했다.

문장을 인용한 저술은 대다수가 본문에 책 제목이 등장한다. 그렇지 않은 인용구들은 아래에서 각 장에 제시된 참고문헌에서 가져온 것이다. 어떤 경우든 인용구의 정확한 출처는 명시된 저술의 색인을 활용하면 쉽게 확인할 수 있다. '프로젝트 구텐베르크'와 비슷한 여러 웹사이트는 출처를 찾는 데 꽤 도움이 되며, 특히 저작권이 소멸된 오래된 출처는 찾기가 더 쉽다. 그저 인용구만 입력해도 검색 엔진이 그것이 쓰인 책과 페이지로 당신을 정확하게 안내할 것이다. 몇 안 되는 경우이지만, 이 책에서 제시된 번역문은 모두 내가 번역했다.

본문 전반

Burckhardt, Jacob, *The Civilization of the Renaissance in Italy*, trans. S. G. C. Middlemore, Penguin Books, 1990.

Cronin, Vincent, *The Florentine Renaissance*, Pimlico, 1992.

Gillispie, Charles Coulton, *Dictionary of Scientific Biography*, Scribner's. 여러 권으로 되어 있고 1970년부터 증보판이 계속 나오고 있다. (이 참고서는 이 책의 여러 장에서 자주 인용되었다.)

Grendler, Paul F. (ed.), *Encyclopedia of the Renaissance*, six vols, Scribner's, 1999.

Hale, John Rigby, *The Civilization of Europe in the Renaissance*, Athaneum, 1994.

Johnson, Paul, *The Renaissance: A Short History*, Modern Library, 2000.

Miller, David, et al. (eds), *The Blackwell Encyclopaedia of Political Thought*, Wiley-Blackwell, 1998.

Nauert, Charles Garfield, *Historical Dictionary of the Renaissance*, Scarecrow Press, 2004.

Plumb, J. H., *The Italian Renaissance*, Houghton Mifflin, 2001.

Vasari, Giorgio, *The Lives of the Artists*, two vols., ed. and trans. George Bull, Penguin Classics, 2003, 2004. (이 참고서는 이 책의 여러 장에서 자주 인용되었다. 특히 예술가 관련 정보를 많이 인용했다.)

1. 요동치는 정세와 위대한 서사시

Burge, James, *Dante: An Introduction*, Sharpe Books, 2018.

Burge, James, *Dante's Invention*, History Press, 2010.
Dante, *Divine Comedy*, three vols, trans. Dorothy L. Sayers, Penguin, 1962.
Dante, *Vita Nova*, trans. Andrew Frisardi, Northwestern University Presa, 2012.
Villani, Giovanni, *Villani's Chronicle: Being Selections from the First Nine Books of the Croniche Fiorentine*, trans. Rose E. Selfe, ed. Philip H. Wicksteed, Archibald Constable & Co., 1906.

2. 부, 자유, 재능

Brucker, Gene A., *Florence, the Golden Age, 1138–1737*, Abbeville Press, 1984.
de Roover, Raymond, *The Rise and Decline of the Medici Bank, 1397–1494*, W. W. Norton, 1966.
Devlin, Keith, *The Man of Numbers: Fibonacci's Arithmetic Revolution*, Bloomsbury, 2012.
Reinhard, Wolfgang (ed.), *Power Elites and State Building*, Clarendon Press, 1996.
Staley, Edgcumbe, *The Guilds of Florence*, FB&C Ltd, 2015. (특히 은행가 및 환전상과 관련하여.)

3. 난세에 빛나는 밝은 눈

Encyclopedia Britannica, 'Dolce stil nuovo–Italian literature', 2019, https://www.britannica.com/art/dolce-stil-nuovo.
Martines, Lauro, *Power and Imagination: City-states in Renaissance Italy*, Pimlico, 2002.
Vasari, *Lives of the Artists*, 'Giotto'.

4. 토스카나 문학의 거장들

Boccaccio, Giovanni, *The Decameron*, trans. G. H. McWilliam, Penguin Classics, 2003.
Hollway-Calthrop, H. C., *Petrarch: His Life and Times*, Methuen, 1907.
Jansen, Katherine L., Joanna Drell and Frances Andrews (eds), *Medieval Italy: Texts in Translation*, University of Pennsylvania Press, 2009.
Symonds, John Addington, *Giovanni Boccaccio as Man and Author*, Leopold Classic Library, 2015.

5. 전쟁과 평화

Caferro, William, *John Hawkwood: An English Mercenary in Fourteenth-Century Italy*, Johns Hopkins University Press, 2015.
Mallett, Michael, and William Caferro, *Mercenaries and Their Masters: Warfare in Renaissance Italy*, Pen & Sword Military, 2009.
Origo, Iris, *The Merchant of Prato: Daily Life in a Medieval Italian City*, Penguin Modern Classics, 2017.
Saunders, Frances Stonor, *Hawkwood: The Diabolical Englishman*, Faber & Faber, 2004.
또한 Antonino Pierozzi, Antonino, Archbishop of Florence, *Chronicles*: the

anonymous Ferrarese contemporary who wrote the *Chronicon Estense*; Marco Battaglia, the chronicler of Rimini; and Donato di Neri, *Chronach Senese*. (이 연대기 기록자들을 추적하고 싶다면 Saunders의 걸작 서지를 참고할 것.)

6. 돔

Coonin, A. Victor, *Donatello and the Dawn of Renaissance Art*, Reaktion Books, 2019.
King, Ross, *Brunelleschi's Dome: The Story of the Great Cathedral in Florence*, Vintage, 2008.
Manetti, Antonio, *The Life of Brunelleschi*, Pennsylvania State University Press, 1970.

7. 수학에 뛰어난 예술가들

Bertelli, Carlo, *Piero della Francesca*, trans. Edward Farrelly, Yale University Press, 1992.
Borsi, Franco, and Stefano Borsi, *Paolo Uccello*, Thames & Hudson, 1994.
Gombrich, E. H. J., and D. Eribon, *A Lifelong Interest: Conversations on Art and Science*, Thames & Hudson, 1993.
Hudson, Hugh, *Paolo Uccello: Artist of the Florentine Renaissance Republic*, VDM Verlag, 2008.
van der Waeren, Bartel L., *A History of Algebra*, Springer, 1985.

8. 돈을 댄 사람들

Kent, Dale, *Cosimo de' Medici and the Florentine Renaissance: The Patron's Oeuvre*, Yale University Press, 2000.
Cavalcanti, Guido, *Complete Poems*, trans. Anthony Mortimer, OneWorld Classics, 2010.
Vasari, *The Lives of the Artists*.
Strathern, Paul, *The Medici: Godfathers of the Renaissance*, Jonathan Cape, 2003.
Ross, Janet, *Lives of the Early Medici: As Told in Their Correspondence*, R. G. Badger, 1911.

9. 르네상스가 날개를 펴다

Asimov, Isaac, *Asimov's Biographical Encyclopedia of Science and Technology*, Doubleday, 1964. (특히 알베르티와 토스카넬리 기사를 참조할 것.)
de Roover, *The Rise and Decline of the Medici Bank*.
Fernández-Armesto, Felipe, *Amerigo: The Man Who Gave His Name to America*, Random House, 2008.
Hibbert, Christopher, *Florence: The Biography of a City*, Penguin Books, 1994.
Pohl, Frederick Julius, *Amerigo Vespucci: Pilot Major*, Octagon Books, 1966.
Tavernor, Robert, *On Alberti and the Art of Building*, Yale University Press, 1998.
Vespucci, Amerigo, *The Letters of Amerigo Vespucci and Other Documents Illustrative of his*

Career, trans. Clements R. Markham, Gale Ecco, 2012.

10. 메디치 가문의 부상

Frieda, Leonie, *Catherine de Medici: A Biography*, Phoenix, 2005.

Gill, Joseph, *The Council of Florence*, Cambridge University Press, 1959.

Hibbert, Christopher, *The House of Medici: Its Rise and Fall*, William Morrow and Company, 1975.

Kent, Dale, *Cosimo de' Medici and the Florentine Renaissance*, Yale University Press, 2000.

Martines, Lauro, *April Blood: Florence and the Plot Against the Medici*, Oxford University Press, 2003.

Strathern, *The Medici*.

11. 메디치 가문의 예술가

Burckhardt, *The Civilization of the Renaissance in Italy*.

Campbell, Lorne, *Renaissance Portraits, European Portrait-Painting in the 14th, 15th, and 16th Centuries*, Yale University Press, 1990.

Legouix, Susan, *Botticelli*, Chaucer Press, 2004.

Lightbown, R. W., *Sandro Botticelli: Life and Work*, Abbeville Press, 1989.

Vasari, *The Lives of the Artists*. (바사리는 보티첼리의 가치를 완벽하게 이해하지 못한 듯하다. 그럼에도 그의 생애, 친구, 생활 환경에 대해서는 유용한 정보를 제공한다.)

12. '위대한 로렌초'

de' Medici, Lorenzo, *The Complete Literary Works*, ed. and trans. Guido A. Guarino, Italica Press, 2016.

Hibbert, *The House of Medici*.

Roscoe, William, *The Life of Lorenzo de' Medici: Called the Magnificent*, ed. Thomas Roscoe, Carey and Hart, 1842.

Unger, Miles J., *Magnifico: The Brilliant Life and Violent Times of Lorenzo de' Medici*, Simon and Schuster, 2008.

Strathern, *The Medici*.

13. 르네상스인의 상상력

Bramly, Serge, *Leonardo: The Artist and the Man*, Penguin Books, 1994.

Kemp, Martin, *Leonardo*, Oxford University Press, 2004.

Nicholl, Charles, *Leonardo da Vinci: The Flights of the Mind*, Allen Lane, 2004.

White, Michael, *Leonardo: The First Scientist*, Little, Brown, 2000.

14. 급변하는 정세
de Roover, *The Rise and Decline of the Medici Bank*.
Parks, Tim, *Medici Money: Banking, Metaphysics and Art in Fifteenth-Century Florence*, Profile Books, 2004.

15. 보이지 않는 흐름
Plumb, J. H. (ed.), *The Penguin Book of the Renaissance*, Penguin Books, 1982.
Villari, Pasquale, *Savonarola*, two vols, trans. Linda Villari, T. F. Unwin, 1888.

16. 사치품들의 모닥불
Landucci, Luca, *A Florentine Diary from 1450 to 1516*, trans. Alice de Rosen Jervis, J. M. Dent & Sons, 1927.
Martines, Lauro, *Power and Imagination*.
Martines, Lauro, *Scourge and Fire: Savonarola and Renaissance Italy*, Jonathan Cape, 2006.
Strathern, Paul, *Death in Florence: The Medici, Savanarola, and the Battle for the Soul of the Renaissance City*, Vintage, 2010.

17. 통치에 대한 역설적 통찰
Capponi, Niccolò, *An Unlikely Prince: The Life and Times of Machiavelli*, Hachette Books, 2010.
Machiavelli, *Niccolò, Discourses*(on Livy), trans. Harvey C. Mansfield and Nathan Tarcov, University of Chicago Press, 2009.
Machiavelli, Niccolò, *Florentine Histories*, trans. Laura F. Banfield and Harvey Mansfield, Princeton University Press, 1988.
Machiavelli, Niccolò, *Machiavelli and His Friends: Their Personal Correspondence*, trans. James B. Atkinson and David Sices, Northern Illinois University Press, 2004.
Machiavelli, Niccolò, *The Prince*, trans. Tim Parks, Penguin Classics, 2014.
Viroli, Maurizio, *Niccolò's Smile: A Biography of Machiavelli*, I. B. Tauris, 2001.

18. 초월적 예술
Condivi, Ascanio, *The Life of Michelangelo*, trans. Charles Holroyd, Scribner's, 1903.
Harford, John S., *The Life of Michael Angelo Buonarroti; With Translations of Many of His Poems and Letters*. 또한, *Memoirs of Savonarola, Raphael, and Vittoria Colonna*, Longman, Brown, Green, Longmans, and Roberts, 1857.
Vasari, *Lives of the Artists*.
von Einem, Herbert, *Michelangelo*, Methuen, 1973.

19. 증명의 시대를 열다

Drake, Stillman, *Galileo at Work: His Scientific Biography*, Dover Publication, 1995.

Galilei, Galileo, *Sidereus Nuncius* (별 세계에 대한 보고), 1610.

Galilei, Galileo, *De Motu Antiquora* (운동에 대하여), c.1590. (갈릴레오 저작의 번역본은 '프로젝트 구텐베르크'에서 무료로 열람할 수 있다.)

Reston, James, *Galileo: A Life*, HarperCollins Publishers, 1994.

White, Michael, *Galileo Antichrist: A Biography*, Weidenfeld & Nicolson, 2007.

화보 도판 출처

1. Leemage/Universal Images Group via Getty Images
2. ⓒ Arte & Immagini srl/Corbis via Getty Images
3. IanDagnall Computing/Alamy Stock Photo
4. ⓒ Alinari Archives/Corbis via Getty Images
5. Zvonimir Atletic/Shutterstock.com
6. Pavel Ilyukhin/Shutterstock.com
7. kavalenkava/Shutterstock.com
8. Wikimedia Commons
9. Wikimedia Commons
10. ⓒ Alinari Archives/Corbis via Getty Images
11. Samuel H. Kress Collection, National Gallery of Art
12. DeAgostini/Getty Images
13. kavalenkau/Shutterstock.com
14. Wikimedia Commons
15. Wikimedia Commons
16. Leemage/Corbis via Getty Images
17. Wikimedia Commons
18. Wikimedia Commons
19. Wikimedia Commons
20. Wikimedia Commons
21. Fine Art Images/Heritage Images/Getty Images
22. Leemage/Corbis via Getty Images
23. DeAgostini/Getty Images
24. The Picture Art Collection/Alamy Stock Photo
25. Leemage/Corbis via Getty Images
26. Wikimedia Commons
27. Wikimedia Commons
28. Wikimedia Commons
29. pandapaw/Shutterstock.com
30. Mondadori Portfolio via Getty Images
31. Photo12/Universal Images Group via Getty Images

찾아보기

ㄱ

ㄴ

ㄷ

ㄹ

ㅁ

ㅂ

ㅇ

ㅈ

ㅊ

ㅋ

ㅌ

ㅍ

ㅎ

피렌체 사람들 이야기
단테부터 갈릴레이까지, 세상을 바꾼 르네상스인들

1판 1쇄 2023년 7월 27일
1판 2쇄 2024년 7월 4일

지은이 | 폴 스트래던
옮긴이 | 이종인

펴낸이 | 류종필
편집 | 이정우, 권준, 이은진
경영지원 | 홍정민
표지 디자인 | 석운디자인
본문 디자인 | 이미연
교정교열 | 문해순

펴낸곳 | (주)도서출판 책과함께
주소 (04022) 서울시 마포구 동교로 70 소와소빌딩 2층
전화 (02) 335-1982
팩스 (02) 335-1316
전자우편 prpub@daum.net
블로그 blog.naver.com/prpub
등록 2003년 4월 3일 제2003-000392호

ISBN 979-11-92913-23-0 03920